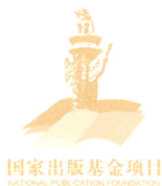

国家出版基金项目
NATIONAL PUBLICATION FOUNDATION

马克思主义经典著作基本观点研究丛书

MAKESI ZHUYI JINGDIAN ZHUZUO JIBEN GUANDIAN YANJIU CONGSHU

丛书主编：俞可平等

马克思主义经典作家关于政治经济学一般原理的基本观点研究

顾海良 | 主编

人民出版社

编者引言

《马克思主义经典作家关于政治经济学原理的基本观点研究》是在"马克思主义经典作家关于政治经济学一般原理的基本观点研究"课题研究基础上编写而成的。

"马克思主义经典作家关于政治经济学一般原理的基本观点研究"课题的基本思路和方法是：首先，通过对马克思、恩格斯、列宁著作中有关政治经济学基本原理的基本观点的梳理，对马克思主义经典作家有关政治经济学原理的基本观点作出力求完整的、准确的阐述，由此形成第一项研究成果《经典原论——马克思恩格斯列宁政治经济学原理论要》。其次，通过对国内外学者有关马克思、恩格斯、列宁关于政治经济学基本原理研究评价的主要观点，特别是20世纪西方学者有关马克思主义政治经济学理论研究评价的主要观点的分析评价，其中主要包括各方论争的历史背景、主要观点、论争脉络以及对后世影响等方面的分析评价，形成第二项研究成果《百年论争——20世纪马克思主义政治经济学理论探索》[①]。最后，在前两项研究的基础之上，对马克思、恩格斯、列宁关于政治经济学基本原理和主要理论，以及20世纪

[①] 该成果已经正式出版，最后定名为《百年论争——20世纪西方学者马克思经济学研究述要》，经济科学出版社2014年版。

相关研究和论争作出总体性阐释，对哪些是必须长期坚持的马克思主义政治经济学基本原理，哪些是需要结合新的实际丰富和发展的理论判断，哪些是必须破除的对马克思主义政治经济学理论的教条式理解，哪些是必须澄清的附加在马克思主义政治经济学名下的错误观点作出回答，以此完成第三项研究成果《当代新探——马克思主义政治经济学的当代意义》。

本书是在第一项研究成果的基础上编写而成的，集中于马克思主义经典作家关于政治经济学基本原理的论述。在总课题的设计中，"马克思主义经典作家关于劳动价值理论和剩余价值理论的基本观点研究"和"马克思主义经典作家关于所有制和分配理论的基本观点研究"，同时列为专门的子课题。为了保持并体现政治经济学基本原理的完整性，对这两个子课题研究的相关理论问题，在本书中还是有所涉及，但在具体论述中还是有所区分的。

《马克思主义经典作家关于政治经济学原理的基本观点研究》分作十二章，涉及马克思、恩格斯、列宁关于政治经济学对象、方法、结构体系、社会经济发展基本形态、劳动价值论、剩余价值论、商品经济一般规律和资本主义商品经济、资本积累、资本循环和周转与社会资本再生产及经济危机、资本主义发展阶段和历史进程、垄断资本主义发展、未来社会经济特征等主要理论。

本书由课题首席专家顾海良教授主编，主要编写成员有颜鹏飞教授、王元璋教授、乔洪武教授和余永跃教授。各章撰稿人如下：

第一章至第三章　　顾海良　余永跃

第四章　　　　　　颜鹏飞

第五章　　　　　　顾海良　余永跃

第六章	乔洪武　曾召国
第七章	王元璋
第八章	王元璋　杨丽艳
第九章	乔洪武　梁向东
第十章	颜鹏飞　范卫青
第十一章	乔洪武　抑平生
第十二章	王元璋

本书初稿完成于 2007 年，此次正式出版时，我对全书体系结构作了适当调整，对初稿作了多方面修改、补充，对相关论述作了完善，引文也作了统一校核。特此说明。

顾海良

2016 年 2 月于北京

目　录
CONTENTS

编者引言 ⋯⋯⋯⋯⋯⋯⋯⋯⋯⋯⋯⋯⋯⋯⋯⋯⋯⋯⋯⋯⋯⋯⋯⋯⋯⋯⋯ 001

第一章　政治经济学对象的论述 ⋯⋯⋯⋯⋯⋯⋯⋯⋯⋯⋯⋯⋯⋯⋯ 001

　　第一节　古典政治经济学家的基本观点 ⋯⋯⋯⋯⋯⋯⋯⋯⋯⋯ 002

　　第二节　马克思、恩格斯基本观点的发展阶段 ⋯⋯⋯⋯⋯⋯⋯ 009

　　第三节　马克思、恩格斯的基本观点 ⋯⋯⋯⋯⋯⋯⋯⋯⋯⋯⋯ 018

　　第四节　列宁的基本观点 ⋯⋯⋯⋯⋯⋯⋯⋯⋯⋯⋯⋯⋯⋯⋯⋯ 028

第二章　政治经济学方法的论述 ⋯⋯⋯⋯⋯⋯⋯⋯⋯⋯⋯⋯⋯⋯⋯ 033

　　第一节　古典政治经济学家的基本观点 ⋯⋯⋯⋯⋯⋯⋯⋯⋯⋯ 034

　　第二节　马克思、恩格斯基本观点的发展阶段 ⋯⋯⋯⋯⋯⋯⋯ 042

　　第三节　马克思、恩格斯的基本观点 ⋯⋯⋯⋯⋯⋯⋯⋯⋯⋯⋯ 045

　　第四节　列宁的基本观点 ⋯⋯⋯⋯⋯⋯⋯⋯⋯⋯⋯⋯⋯⋯⋯⋯ 064

第三章　政治经济学体系结构的论述 ⋯⋯⋯⋯⋯⋯⋯⋯⋯⋯⋯⋯⋯ 067

　　第一节　古典政治经济学家的基本观点 ⋯⋯⋯⋯⋯⋯⋯⋯⋯⋯ 068

　　第二节　马克思、恩格斯关于"结构"的基本观点 ⋯⋯⋯⋯⋯ 070

　　第三节　"五篇结构计划"的形成及基本观点 ⋯⋯⋯⋯⋯⋯⋯ 076

第四节 "六册结构计划"的提出及其基本观点 ……………………… 080

第五节 《资本论》"四卷结构"的形成及基本观点 ………………… 084

第四章 社会经济发展基本形态的论述 ……………………………… 095

第一节 古典政治经济学家的基本观点 ……………………………… 096

第二节 马克思、恩格斯理论的发展阶段 …………………………… 124

第三节 马克思、恩格斯的基本观点 ………………………………… 136

第五章 劳动价值论的论述 …………………………………………… 155

第一节 古典政治经济学家的基本观点 ……………………………… 156

第二节 马克思、恩格斯基本观点的发展阶段 ……………………… 163

第三节 马克思、恩格斯的基本观点 ………………………………… 173

第六章 剩余价值理论的论述 ………………………………………… 195

第一节 古典政治经济学家的基本观点 ……………………………… 196

第二节 马克思、恩格斯创立剩余价值理论的过程 ………………… 198

第三节 马克思对剩余价值理论的系统论述 ………………………… 204

第七章 商品经济规律和资本主义商品经济的论述 ………………… 229

第一节 古典政治经济学家的基本观点 ……………………………… 230

第二节 马克思、恩格斯的基本观点 ………………………………… 233

第八章 资本积累理论的论述 ………………………………………… 259

第一节 古典政治经济学家的基本观点 ……………………………… 260

第二节 马克思、恩格斯的基本观点 ………………………………… 269

第三节 列宁的基本观点 ……………………………………………… 280

第九章 资本循环和周转及社会资本再生产理论的论述 …………… 285

第一节 古典政治经济学家的基本观点 ……………………………… 286

第二节　马克思、恩格斯基本理论的研究过程 ………………………… 293

第三节　马克思、恩格斯的基本观点 …………………………………… 297

第十章　资本主义发展阶段和历史进程的论述 ………………………… 317

第一节　古典政治经济学家的基本观点 ………………………………… 318

第二节　马克思、恩格斯的基本观点 …………………………………… 320

第三节　列宁基本观点的发展 …………………………………………… 332

第十一章　垄断资本主义理论的论述 …………………………………… 343

第一节　古典政治经济学家的初步探索 ………………………………… 344

第二节　马克思、恩格斯和列宁基本观点的发展 ……………………… 348

第三节　马克思、恩格斯的垄断资本理论 ……………………………… 356

第四节　列宁的垄断资本理论 …………………………………………… 364

第十二章　未来社会经济特征的论述 …………………………………… 375

第一节　空想社会主义者的基本观点 …………………………………… 376

第二节　马克思、恩格斯的基本观点 …………………………………… 384

第 一 章

政治经济学对象的论述

政治经济学的对象问题，不仅关系到政治经济学这门科学同其他社会科学相区别的界限问题，而且决定着政治经济学这门科学本身的性质问题。政治经济学对象的科学确立是马克思主义政治经济学形成的重要标志之一。马克思主义政治经济学对象的确立，表明马克思主义政治经济学已经从资产阶级政治经济学中分离出来，同资产阶级古典政治经济学有了本质区别，成为一门崭新的无产阶级政治经济学。

第一节　古典政治经济学家的基本观点

政治经济学作为一门独立的科学，在 18 世纪中叶已经有了相当程度的发展。自此以后的近百年间，资产阶级古典政治经济学家对政治经济学对象作过一定程度的探讨。马克思认为，"古典政治经济学在英国从威廉·配第开始，到李嘉图结束，在法国从布阿吉尔贝尔开始，到西斯蒙第结束"①。

总体上讲，古典政治经济学将财富的生产和分配关系作为研究对象。一方面，财富的生产和分配的关系问题是当时最重要的社会问题，是需要古典政治经济学家们致力于解答的基本理论和重要政策问题；另一方面，研究财富的生产和分配的关系也是古典政治经济学区别于其他经济学的基本点。在古典政治经济学之前，重商主义者从经济现象的外部联系上对资本主义生产方式作了初步探索，他们主要从流通领域探讨财富和金银货币问题。

古典政治经济学并没有科学地规定政治经济学的对象。古典政治经济学

---

① 《马克思恩格斯全集》第 31 卷，人民出版社 1998 年版，第 445 页。

家像他们同时代的所有思想家一样，不可避免地带有他们所处时代的和阶级的局限性，以及相应的理论上和方法上的局限性。古典政治经济学家们要么把政治经济学主题看作是"富国裕民"，增进国民财富的科学，如亚当·斯密在他的《国民财富的性质和原因的研究》（1776）中认为的那样；要么把政治经济学的主要问题归结为对"分配规律"的探讨，如大卫·李嘉图在《政治经济学及赋税原理》（1817）中认为的那样；要么当作是对"人们的物质福利问题"的研究，如让·沙尔·列果尔·西斯蒙第在《政治经济学新原理》（1819）中宣称的那样。

一、配第的基本观点

威廉·配第（William Petty，1623—1687）是英国古典政治经济学和统计学的创始人，也是英国皇家学会的创始人之一。他在政治经济学研究上的成就是多方面的，完成的经济学著作有《赋税论》（1662）、《政治算术》（1690）、《献给英明人士》（1691）、《爱尔兰的政治解剖》（1691）和《货币略论》（1695）。他在这些经济学著作中所作的探索，几乎涉及政治经济学的所有领域。在《政治算术》中，他把国民收入和国民财富作为政治经济学对象，最先提出要计算整个国家的国民收入与国民财富，即以综合的形式，大致推断一个国家的生产额，产品的消费、积累与出口的比例，社会各主要阶级与集团的收入情况等，从而初步划分了古典政治经济学对象的范围。

二、斯密的基本观点

18 世纪 60 年代，英国最先发生产业革命，历经 80 年，到 19 世纪 30—40 年代宣告完成。产业革命是以机器大工业为基础的工厂制度取代以手工技术为基础的工场手工业的革命，它使英国率先成为机器大工业占据主导地位的先进的工业国。亚当·斯密（Adam Smith，1723—1790）是工场手工业向机器大工业转变时期的英国资产阶级经济学家，是英国古典政治经济学理论体系的创立者。

斯密的《国民财富的性质和原因的研究》（即《国富论》，下文简称《国富论》），把政治经济学看作是研究财富的内容以及如何增进国民财富的科学。他认为："被看作政治家或立法家的一门科学的政治经济学，提出两个不同的目标：第一，给人民提供充足的收入或生计，或者更确切地说，使人民能给自己提供这样的收入或生计；第二，给国家或社会提供充分的收入，使公务得以进行。总之，其目的在于富国裕民。"①

在《国富论》中，斯密提出了政治经济学主题的问题。他在《国富论》一开始就提出："劳动生产力的这种改良的原因，究竟在那里？劳动的生产物，按照什么顺序自然而然地分配给社会上各阶级？这就是本书第一篇的主题。"② 从某种程度上讲，这一主题的说明划定了古典政治经济学的对象，即古典政治经济学是以财富的生产和分配问题为对象的。

斯密对国民财富的研究是从分工入手的。他在论及生产力概念时，已经意识到生产力对经济社会发展的决定作用问题。他指出："凡能采用分工制的工艺，一经采用分工制，便相应地增进劳动的生产力。各种行业之所以各个分立，似乎也是由于分工有这种好处。一个国家的产业与劳动生产力的增进程度如果是极高的，则其各种行业的分工一般也都达到极高的程度。"③斯密不仅看到了分工对提高生产力的积极作用，同时还看到了分工给社会造成的不平等和人的交往的片面性等弊病。他认为："分工一经确立，一个人自己劳动的生产物，便只能满足自己欲望的极小部分。他的大部分欲望，须用自己消费不了的剩余劳动生产物，交换自己所需要的别人劳动生产物的剩余

---

① ［英］亚当·斯密：《国民财富的性质和原因的研究》下卷，郭大力、王亚南译，商务印书馆1974年版，第1页。

② ［英］亚当·斯密：《国民财富的性质和原因的研究》上卷，郭大力、王亚南译，商务印书馆1974年版，第2页。

③ ［英］亚当·斯密：《国民财富的性质和原因的研究》上卷，郭大力、王亚南译，商务印书馆1974年版，第7页。

部分来满足。于是，一切人都要依赖交换而生活，或者说，在一定程度上，一切人都成为商人，而社会本身，严格地说，也成为商业社会。"①

斯密认为："一国土地和劳动的全部年产物，或者说，年产物的全部价格，自然分解为土地地租、劳动工资和资本利润三部分。这三部分，构成三个阶级人民的收入，即以地租为生、以工资为生和以利润为生这三种人的收入。此三阶级，构成文明社会的三大主要和基本阶级。一切其他阶级的收入，归根结底，都来自这三大阶级的收入。"② 这一论述反映了斯密对生产力和社会经济关系的某些联系的理解。

三、李嘉图的基本观点

19 世纪初，英国的大卫·李嘉图（David Ricardo，1772—1823）对已经走过一个半世纪历程的资产阶级古典政治经济学作了最后的结论。李嘉图是英国工业革命时期的资产阶级经济学家，李嘉图的全部理论和政策主张都是以反对和消除一切阻碍资本利润提高和生产力发展的因素为宗旨的。为此，他强调指出，劳动是创造价值的唯一的源泉，认为利润、地租等"收入"都是工人创造的劳动产品的转化形式，斥责土地所有者是社会经济发展的"赘疣"，证明资本主义社会三大阶级（工人阶级、资本家阶级、土地所有者阶级）之间存在着经济利益上的对立关系。

李嘉图在坚持劳动价值论的基础上，把分配当作一定社会中确定生产要素的最确切的表现，提出了分配是政治经济学研究的主要问题。"确立支配这种分配的法则，乃是政治经济学的主要问题。这门科学虽然已经由于杜阁、斯图亚特、斯密、萨伊、西斯蒙第等人的著作而得到了很大的改进，但

①　[英]亚当·斯密：《国民财富的性质和原因的研究》上卷，郭大力、王亚南译，商务印书馆 1974 年版，第 20 页。

②　[英]亚当·斯密：《国民财富的性质和原因的研究》上卷，郭大力、王亚南译，商务印书馆 1972 年版，第 240—241 页。

这些著作对于地租、利润和工资的自然过程没有提供令人满意的资料。"① 李嘉图在研究财富的生产和分配的问题时，认为财富在不同的阶级之间的分配取决于各阶级的生产力水平。他指出："土地产品——即将劳动、机器和资本联合运用在地面上所取得的一切产品——要在土地所有者、耕种所需的资本的所有者以及以进行耕种工作的劳动者这三个社会阶级之间进行分配。"在李嘉图的著作中，表达的观点是财富的生产和分配之间存在着一定的联系，他认为："在不同的社会阶段中，全部土地产品在地租、利润和工资的名义下分配给各个阶级的比例是极不相同的；这主要取决于土壤的实际肥力、资本累积和人口状况以及农业上运用的技术、智巧和工具。"②

李嘉图认为资本主义的历史使命是发展生产力，所以"对李嘉图来说，生产力的进一步发展究竟是毁灭土地所有权还是毁灭工人，这是无关紧要的"③。按照李嘉图的观点，在资本主义生产发展中，工人不可避免地要经受痛苦和牺牲，这是自然和永恒的现象。古典经济学家虽然在一定程度上承认资本主义存在剥削的事实，但他们根本不了解资本主义社会经济形态运动的规律。

李嘉图以强烈的经济自由主义观点，甚至在对论及济贫法时也反对国家的立法干预。他认为："工资正象所有其他契约一样，应当由市场上公平而自由的竞争决定，而决不应当用立法机关的干预加以统制"；"济贫法直接产生的明显趋势和这些明确的原理是南辕北辙的。与立法机关的善良意图相反，它不能改善贫民的生活状况，而只能使贫富都趋于恶化；它不能使贫者变富，而使富者变穷。当现行济贫法继续有效时，维持贫民的基金自然就会愈来愈多，直到把国家的纯收入全部吸尽为止，至少也要到把国家在满足其必不可

---

① ［英］彼罗·斯拉法：《李嘉图著作和通信集》第 1 卷，郭大力、王亚南译，商务印书馆1962 年版，第 3 页。

② ［英］彼罗·斯拉法：《李嘉图著作和通信集》第 1 卷，郭大力、王亚南译，商务印书馆1962 年版，第 3 页。

③ 《马克思恩格斯全集》第 26 卷第 2 册，人民出版社 1973 年版，第 125 页。

少的公共支出的需要以后留给我们的那一部分纯收入全部吸尽为止"①。

由于狭隘的阶级局限性，古典政治经济学家把自由主义经济体制看成是人类永恒的社会制度，把人看成是这种永恒制度下微不足道的因素，这就注定他们的理论不可能发现社会生产关系的本质，更不可能理解社会历史发展的根本原因。因此，当涉及资本主义的历史命运问题时，李嘉图的科学的"公正性"就荡然无存。一方面，他把资本看作是一种永恒的自然关系，以致原始人手中的石器、棍棒都具有了资本的规定性；另一方面，他又极力掩饰产业革命过程中就已初露端倪的资本主义生产力和生产关系之间的尖锐冲突，断然否定资本主义存在普遍的生产过剩的经济危机的可能性。他在历史和时代发展问题上所持的资产阶级的立场、所运用的非社会的和反历史的方法，得出的只能是这些与社会经济发展现实相悖的理论观点。李嘉图逝世后，资本主义社会的阶级斗争在实践和理论方面所采取的日益鲜明的和带有威胁性的形式，完全堵塞了资产阶级古典经济学科学发展的通道。

四、西斯蒙第的基本观点

在法国，古典政治经济学是通过让·沙·列·西斯蒙第（Jean Charles Lnard Simonde de Sismondi，1773—1842）对英国古典政治经济学派的修正和批判而完成的。西斯蒙第早年信奉斯密的经济学说，后期变成斯密和李嘉图的反对者。西斯蒙第经济学又被称作浪漫主义经济学。

西斯蒙第认为，许多经济学家都把政治经济学的对象搞错了，把政治经济学看作是对财富的研究，提出了单纯追求财富的种种政治经济学理论。西斯蒙第认为，政治经济学实际上是政治学的一部分，政治学是研究人类的普遍幸福，寻找人类走向幸福的近路，幸福既包括精神上的愉快，也包括物质

---

① ［英］彼罗·斯拉法：《李嘉图著作和通信集》第 1 卷，郭大力、王亚南译，商务印书馆 1962 年版，第 88 页。

上的充裕，所以就有了政治经济学。西斯蒙第认为，政治经济学就是提供政府学会管理全体财富的基本方法的科学。西斯蒙第反对重农学派和英国古典政治经济学主张自由放任的传统理论，把政治经济学的对象看作是研究由政府干预的人们的物质福利问题。他指出："从政府的事业来看，人们的物质福利问题是政治经济学的对象。"①

西斯蒙第认为，财富的生产和分配问题不只是一种单纯的经济现象。他认为，人类的幸福有两层意思，一是每个人都得到最大可能的幸福，二是所有人都得到幸福，立法者既要使杰出的个人得到充分发展，又要使其他人不会因此而受损。因此，政治经济学研究的核心问题就是收入的分配问题，而追求财富增多不是目的只是使所有人获得幸福的手段。西斯蒙第提出："我所给政治经济学下的定义是：研究一定的国家绝大多数人能够最大限度地享受该国政府所能提供的物质福利的方法的科学。事实上，这两个因素是立法者必须永远同时考虑的，即如何大量增加幸福和如何使幸福普及到各个阶级中去。如果财富对人口有利，立法者就应该设法谋求财富，如果人口可以分享财富，立法者就应该设法增加人口；立法者只有能够普遍提高所属人民的福利，他才能需求财富和人口。"②

与当时盛行的经济自由主义观点不同的是，西斯蒙第认为："政府是为了所属的全体人们的利益而建立的；因此，它必须经常考虑全体人民的利益。正如应当利用高级政治向一切公民广施自由、道德和文化的恩泽一样，政府应当通过政治经济学来为所有的人管理全民财产的利益；它应当设法维持秩序，使富人和穷人都享受到丰衣足食和安宁的生活，这种秩序不许国家里有任何人受苦，不许有任何人为自己的将来感到忧虑，不许有任何人不能以自己的劳动获得本人和自己的家庭所需的衣、食、住；要使人的生活变成一种享受，而不是一种负担。"③ 在西斯蒙第看来，"政治经济学的目的是、

---

① [瑞士] 西斯蒙第：《政治经济学新原理》，何钦译，商务印书馆 1977 年版，第 47 页。
② [瑞士] 西斯蒙第：《政治经济学新原理》，何钦译，商务印书馆 1977 年版，第 414 页。
③ [瑞士] 西斯蒙第：《政治经济学新原理》，何钦译，商务印书馆 1977 年版，第 22 页。

或者应当是为组成社会的人类谋求幸福"[1]。因而，他将这样的社会看成是一个理想社会："社会的一切运动都是互相关联的，一个运动带动另一个运动，如同钟表上的各种齿轮一样；但是，社会的运动也和钟表一样，要想这种运动互相关联，必须使发条的作用正常。"[2]

西斯蒙第严厉斥责资本主义制度给人们带来的深重灾难，确认资本主义社会的发展必然造成普遍的生产过剩的危机。他已经模糊地猜测到，资产阶级形式只是暂时的、充满矛盾的形式。但他并不理解引起资本主义经济危机的，并不是这一时代发展起来的社会化大生产本身，而是这一社会的生产关系的形式不再能适应它的物质内容。西斯蒙第往往把资本主义制度的种种弊端，看作是社会生产力迅猛发展的结果。因此，他极力赞颂小生产，鼓吹恢复宗法制和行会的原则，力图以小生产的原则和规范来填充资本主义生产关系。西斯蒙第的经济理论反映了小生产者的思想和要求，充满了经济浪漫主义色彩，具有典型的幻想特征，力图把资本主义社会拉回到理想化的小生产者的生产方式中去。这种浪漫主义的经济思想实质上是一种倒退的落后的思想，是根本无法实现的。显然，在世界历史发展的动力和资本主义发展历史趋势的问题上，西斯蒙第同样懵然无知。

第二节 马克思、恩格斯基本观点的发展阶段

马克思主义政治经济学对象的科学定位，对于从根本上克服古典政治经济学的缺陷和错误，准确分析社会经济运动过程的特征和规律，建立科学的马克思主义政治经济学理论体系具有重要的意义。马克思、恩格斯对政治经济学对象的科学探讨，是他们对政治经济学理论体系变革的重要组成部分。

---

[1] ［瑞士］西斯蒙第：《政治经济学新原理》，何钦译，商务印书馆1977年版，第282页。

[2] ［瑞士］西斯蒙第：《政治经济学新原理》，何钦译，商务印书馆1977年版，第525—526页。

一、19 世纪 40 年代和 50 年代马克思、恩格斯基本观点的发展

19 世纪上半叶，随着资本主义生产方式的发展，资本主义社会内部矛盾日益尖锐，无产阶级与资产阶级的阶级斗争逐渐成为主要矛盾，工人运动不断深入发展。资本主义时代的这一急剧变化，不仅迫使人们对一些深层次的问题作出反思，而且要求对一些理论问题作出科学的解释：资本主义制度为什么是剥削制度？这个剥削制度能否永恒存在下去？如果不能，要靠什么力量去推翻它？推而广之，人类历史发展的动力究竟是什么？陷入经济、政治、社会发展困境的资本主义究竟向何处去？时代的经济关系变化的事实，是马克思、恩格斯创立科学的世界观和新政治经济学的研究对象和理论体系的根源或基础。

19 世纪 30—40 年代，马克思、恩格斯生活的德国和西欧，资本主义经济和社会的发展正处在历史的转折关头。历史和时代的发展，迫切要求一种新的理论，以对人类社会历史发展的规律作出科学的说明，对资本主义时代发展的趋势作出科学的说明。马克思、恩格斯生逢其时，使他们有可能成为这一新理论的创立者。

19 世纪 40 年代初，马克思开始从事政治经济学研究时，就从社会的历史的整体关系上理解政治经济学的独特地位。在《1844 年经济学哲学手稿》中，马克思已从资产阶级社会的"整体的联系"上，把握政治经济学对象；他已明确地把对政治经济学的批判，看作是对资产阶级社会整体批判的有机组成部分。他已敏锐地觉察到：对社会整体结构和关系的把握，是确立政治经济学对象的必要前提。仅此而言，马克思就已超越了他以前的资产阶级古典政治经济学家的成就。

同时，马克思也主张"从当前的国民经济的事实出发"[①] 来建立政治经济学理论体系，从而杜绝了那种以脱离现实的一般的经济规定为研究出发点和

---

① 《马克思恩格斯文集》第 1 卷，人民出版社 2009 年版，第 156 页。

研究对象的非历史的和非社会的谬见。在这一点上，马克思既反对李嘉图所奉行的把资产阶级社会一切经济范围看作是永恒的观点，也极不赞成西斯蒙第诅咒现实、主张给资本和资本主义现实拴上"链条"的经济浪漫主义的观点。马克思所创立的政治经济学是立足于社会经济现实的科学，是以社会和经济的历史发展为基础的科学。

19 世纪 50 年代是马克思经济思想形成的重要时期。其中《1857—1858 年经济学手稿》是马克思自 1843 年以后的 15 年间政治经济学研究的光辉结晶。这部手稿中包括马克思没有完成的重要内容——《〈政治经济学批判〉导言》（以下简称《导言》）。

在《导言》中，马克思第一次完整地提出了政治经济学对象问题。《导言》一开始，马克思就提出："摆在面前的对象，首先是物质生产。在社会中进行生产的个人，——因而，这些个人的一定社会性质的生产，当然是出发点。"[1]马克思批判了资产阶级经济学家把生产看作是独立的个人行为的错误观点，认为"被斯密和李嘉图当做出发点的单个的孤立的猎人和渔夫，属于 18 世纪的缺乏想象力的虚构。这是鲁滨逊一类的故事，这类故事决不像文化史家想象的那样，仅仅表示对过度文明的反动和要回到被误解了的自然生活中去"[2]。资产阶级政治经济学的错误就在于没有能认识到，"人是最名副其实的政治动物，不仅是一种合群的动物，而且是只有在社会中才能独立的动物。孤立的一个人在社会之外进行生产——这是罕见的事，在已经内在地具有社会力量的文明人偶然落到荒野时，可能会发生这种事情——就像许多个人不在一起生活和彼此交谈而竟有语言发展一样，是不可思议的"[3]。

《导言》批判了资产阶级政治经济学中割裂或者并列社会经济运行过程中各环节之间相互联系的错误观点。马克思认为："他们所要说的是，生产不同于分配等等（参看穆勒的著作），应当被描写成局限在与历史无关的永

---

① 《马克思恩格斯文集》第 8 卷，人民出版社 2009 年版，第 5 页。
② 《马克思恩格斯文集》第 8 卷，人民出版社 2009 年版，第 5 页。
③ 《马克思恩格斯文集》第 8 卷，人民出版社 2009 年版，第 6 页。

恒自然规律之内的事情，于是资产阶级关系就被乘机当做社会一般的颠扑不破的自然规律偷偷地塞了进来。"① 割裂或者并列社会经济运行过程中各环节之间相互的联系是对现实的关系的扭曲，"反对政治经济学家的人们——不论这些反对者是不是他们的同行——责备他们把联系着的东西粗野地割裂了，这些反对者或者同他们处于同一水平，或者低于他们。最庸俗不过的责备就是，说政治经济学家过于重视生产，把它当做目的本身。说分配也是同样重要的。这种责备的立足点恰恰是这样一种经济观点，即把分配当做与生产并列的独立自主的领域。或者是这样的责备，说没有把这些要素放在其统一中来考察。好像这种割裂不是从现实进到教科书中去的，而相反地是从教科书进到现实中去的，好像这里的问题是要对概念作辩证的平衡，而不是解释现实的关系！"②

二、19 世纪 60 年代以后马克思、恩格斯基本观点的发展

19 世纪 60 年代是马克思经济思想发展的重要时期，其中最为显著的标志就是《资本论》第一卷德文第一版的问世。

在《资本论》第一卷德文第一版的"序言"中，马克思指出："我要在本书研究的，是资本主义生产方式以及和它相适应的生产关系和交换关系。到现在为止，这种生产方式的典型地点是英国。"③ 对这里提到的"生产方式"的理解，是准确把握马克思关于政治经济学对象基本观点的关键所在。

对"生产方式"的理解，存在着诸多不同的观点，其中主要有：生产方式是生产力与生产关系的统一；生产方式是生产力的同义语；生产方式就是生产关系；等等。这些不同理解产生的原因之一就是，马克思本人在不同的场合就在不同意义上使用过"生产方式"概念。在这里，重要的是要搞清楚，

① 《马克思恩格斯文集》第 8 卷，人民出版社 2009 年版，第 11 页。
② 《马克思恩格斯文集》第 8 卷，人民出版社 2009 年版，第 13 页。
③ 《马克思恩格斯文集》第 5 卷，人民出版社 2009 年版，第 8 页。

《资本论》一开始在研究对象意义上提出的"生产方式"应该作怎样的理解。

在马克思经济学文献中，马克思在由他校订和修改的《资本论》第一卷法文版中，对上述论述作了一个微小的修改。马克思在法文版中的表述如下："我要在本书研究的，是资本主义生产方式以及和它相适应的生产关系和交换关系。英国是这种生产的典型地点。"① 在这里，马克思把德文版中提到的"这种生产方式的典型地点是英国"，改为"英国是这种生产的典型地点"，其中的"生产方式"修改为"生产"。这一修改说明，马克思在这里使用的"生产方式"与"生产"有着同等的意义，是从生产的结合方式或者生产的社会存在方式意义上理解"生产方式"概念内涵的。

对"生产方式"作出"生产"意义上的理解，马克思作过如下论述："不论生产的社会的形式如何，劳动者和生产资料始终是生产的因素。但是，二者在彼此分离的情况下只在可能性上是生产因素。凡要进行生产，它们就必须结合起来。实行这种结合的特殊方式和方法，使社会结构区分为各个不同的经济时期。在当前考察的场合，自由工人和他的生产资料的分离，是既定的出发点，并且我们已经看到，二者在资本家手中是怎样和在什么条件下结合起来的——就是作为他的资本的生产的存在方式结合起来的。"② 显然，以劳动者和生产资料为"因素"的社会形式，在一般意义上，就是生产力的存在形式或运动方式；在特殊意义上，就是与一定的所有制关系相联系的劳动者和生产资料的结合形式或存在方式。劳动者和生产资料以雇佣劳动和资本的结合形成的特殊的生产方式，也就是资本主义特有的生产力的存在形式或运动方式。

在《资本论》第一卷法文版中，马克思在论及资本构成时曾经指出："一定的预积累（我们以后再研究它的起源）就成了现代工业，即我们称之为特殊的资本主义的生产方式或严格意义的资本主义生产的社会结合和技术工

---

① 《资本论》（根据作者修订的法文版第 1 卷翻译），中国社会科学出版社 1983 年版，第 2 页。

② 《马克思恩格斯文集》第 6 卷，人民出版社 2009 年版，第 44 页。

艺的整体的起点。"① 这就说明，马克思的"生产方式"不是单纯的"生产的技术方式"，而是在技术发展的过程中社会组织变化所表现出来的整体状态，也就是说，"生产方式"是社会生产力的运动方式。

科学技术本身并不创造新的生产关系，但是科学技术的进步却能通过生产力的中介作用，即生产力的社会运动方式，促进生产关系的变革以及新的生产关系的产生。恩格斯曾指出："我们视之为社会历史的决定性基础的经济关系，是指一定社会的人们生产生活资料和彼此交换产品（在有分工的条件下）的方式。因此，这里包括生产和运输的全部技术。这种技术，照我们的观点看来，也决定着产品的交换方式以及分配方式，从而在氏族社会解体后也决定着阶级的划分，决定着统治关系和奴役关系，决定着国家、政治、法等等。"②

19 世纪 70 年代后，马克思在其生命的最后 13 年，特别是在经历巴黎公社革命后，他的政治经济学研究视野发生了显著的变化。可以认为，在这之前，马克思政治经济学对象主要限于当时西欧资产阶级社会经济关系；1871 年之后，马克思政治经济学研究范围扩展为包括前资本主义社会经济关系为主要形式的"东方社会"在内的"世界历史"。也就是说，19 世纪 60 年代末以前，马克思政治经济学主要是以西欧资产阶级社会经济关系为对象的，形成的也是这一对象范围内的研究成果。19 世纪 70 年代初以后，马克思开始把政治经济学对象扩大到"世界历史"，即扩展为对人类社会经济关系演进的整体研究。

三、恩格斯在《反杜林论》中的基本观点

恩格斯在《反杜林论》中深刻揭示了马克思主义唯物史观与政治经济学

---

① 《资本论》（根据作者修订的法文版第 1 卷翻译），中国社会科学出版社 1983 年版，第 662 页。

② 《马克思恩格斯文集》第 10 卷，人民出版社 2009 年版，第 667 页。

之间的密切联系，从本质上探讨了政治经济学的一系列根本问题。恩格斯的探讨是从政治经济学对象和方法问题开始的，科学地阐明了政治经济学对象和区分了狭义政治经济学与广义政治经济学，从多方面丰富和发展了马克思主义政治经济学理论。

在《反杜林论》第二编"政治经济学"第一章"对象和方法"中，一开始，恩格斯就提出："政治经济学，从最广的意义上说，是研究人类社会中支配物质生活资料的生产和交换的规律的科学。"① 生产和交换作为社会生产总过程中的两个不同环节，处在社会经济运行的不同阶段，受着不同的经济条件的影响，因而各自具有不同的职能和特殊的运动规律。同时，作为社会经济运行的有机组成部分，生产和交换又是互相制约和互相影响的。在人类社会发展的初期，商品经济还没有产生的时候，没有产品的交换，产品的生产照常能够进行。但在存在产品交换的商品经济中，不仅生产决定着交换，没有产品的生产就不可能有产品的交换，而且交换也反作用于生产，没有交换就不会有生产，因为只有产品在交换中得到实现，社会再生产才能顺利进行。这就像数学中运用横坐标和纵坐标就能描述出一定的曲线运动一样，社会生产和交换的互相制约和互相作用也能显示出社会经济运行的基本过程。

恩格斯还从政治经济学对象意义上，对生产和交换同分配之间的关系作了阐释。

首先，恩格斯认为："随着历史上一定社会的生产和交换的方式和方法的产生，随着这一社会的历史前提的产生，同时也产生了产品分配的方式方法。"② 恩格斯以人类社会发展的历史事实为基础，作了如下四个方面的说明：一是在原始社会，无论是在以血缘关系结合而成的氏族公社内，还是在按地域结合而成的农村公社内，由于实行了生产资料的公有制，由于生产和交换的发展水平还十分低下，因此，产品只能采取平均分配的方式。当出现

---

① 《马克思恩格斯文集》第 9 卷，人民出版社 2009 年版，第 153 页。
② 《马克思恩格斯文集》第 9 卷，人民出版社 2009 年版，第 154 页。

产品分配上的比较大的不平等时，原始公社已开始瓦解了。二是在以土地个体所有制为基础，以个体劳动为前提的小农经济中的分配方式，同以土地私有制为基础，以阶级对立为前提的大农业经济中的分配方式，自然具有本质的区别。三是随着商品经济的发展，社会生产有了相当程度的发展，以交换为目的的产品生产，取代了自然经济中只是为了直接满足生产者自身需要的生产，这时，个人之间产品分配上的不平等就日益增长了。四是只有在现代资本主义大工业生产以及与之相适应的交换方式中，才会产生资本家阶级和雇佣工人阶级之间对立的分配关系，而这种分配关系在封建生产方式中显然是不可能产生的。以上几个方面的事实证明："分配就其决定性的特点而言，总是某一个社会的生产关系和交换关系以及这个社会的历史前提的必然结果。"①

其次，恩格斯认为："分配并不仅仅是生产和交换的消极的产物；它反过来也影响生产和交换。"②分配对生产和交换的反作用，主要表现在两个方面：一方面，在一种新的生产方式和交换方式产生时，会受到目的分配方式的阻碍，新的生产方式和交换方式必须经过长期的斗争才能取得和自己相适应的分配方式。另一方面，在一种生产方式和交换方式开始走向没落时，分配会同它们发生冲突。而且，这种生产和交换发展得愈快，分配也就愈快地达到同它们相冲突的阶段。在现代资本主义社会中，生产和交换得到了迅速的发展，产生了资本积聚于少数人手中而贫困积聚于一无所有的群众之中这种对立的分配形式，这种分配形式很快地达到了同资本主义生产和交换方式相冲突的阶段。

在对政治经济学对象作了以上分析之后，恩格斯提出了广义政治经济学和狭义政治经济学的问题。他认为，广义政治经济学是"一门研究人类各种社会进行生产和交换并相应地进行产品分配的条件和形式的科学"③。这种研

① 《马克思恩格斯文集》第9卷，人民出版社2009年版，第160页。
② 《马克思恩格斯文集》第9卷，人民出版社2009年版，第155页。
③ 《马克思恩格斯文集》第9卷，人民出版社2009年版，第156页。

究各种社会经济关系规律的经济科学，还有待于创造。但是，人们在研究资本主义经济关系的狭义政治经济学上已取得了很大的进展。

在对资本主义经济关系的研究中，政治经济学首先从对封建生产方式的批判中，证明了资本主义生产方式产生的必然性；然后又在对资本主义生产关系和交换关系的深入研究中，证明了资本主义生产方式的历史进步性；最后，在对资本主义生产方式的内在矛盾的分析中，进一步揭示了这一生产方式灭亡的客观必然性。导致资本主义生产方式灭亡的内在矛盾主要有：以生产形式和交换形式为主要内容的资本主义生产关系同生产力之间的矛盾；资本家阶级和雇佣工人阶级之间的尖锐对立。资本主义生产方式中这两个方面矛盾的不断激化，必然导致新的社会生产方式的产生。恩格斯对这一新的生产方式的基本经济规律作了科学的预言。他认为，在这一"为了有计划地合作而组织起来的社会"中，生产力的发展成了"以便保证，并且在越来越大的程度上保证社会全体成员都拥有生存和自由发展其才能的手段"[1]。恩格斯认为，要对资产阶级经济学进行全面批判，不仅要深入研究资本主义经济关系的性质，而且要对资本主义以前的经济关系的性质进行研究和比较。马克思在对资本主义经济关系的研究中，曾经对资本主义以前的社会经济关系进行过这种研究和比较。

在政治经济学说史上，产生于 17 世纪末的资产阶级古典政治经济学家，已对研究资本主义经济关系的狭义政治经济学作过深入的研究。但是，他们和当时其他的资产阶级思想家一样，都把资本主义经济关系看作是永恒的理性的表现，把历史的产生的客观经济规律看作是由人们本性决定的永恒的自然规律。资产阶级古典政治经济学的阶级属性及其方法论上的局限性，阻碍了他们建立科学的狭义政治经济学理论体系。马克思、恩格斯创立了科学的狭义政治经济学，并在此基础上，建立起科学的广义政治经济学。

---

[1] 《马克思恩格斯文集》第 9 卷，人民出版社 2009 年版，第 157 页。

第三节 马克思、恩格斯的基本观点

一、唯物史观是确立政治经济学对象的根本前提

19 世纪 40 年代后半期，在创立唯物史观过程中，马克思形成了以"生产力—生产方式（生产力的运动形式）—社会关系（生产关系）—理论、观念"为主要序列的社会结构理论，形成了社会和经济发展中现实和历史过程相统一的整体观念。正是在这一基础上，马克思才能选取社会生产关系这一特定层次，从生产关系与生产力、生产方式，以及与社会关系、理论、观念的相互联系上，把握政治经济学的对象。马克思从来没有脱离社会整体结构，孤立地研究生产关系，也从来没有把生产关系同社会整体结构混为一谈，模糊政治经济学的特定的研究对象。

这一时期，马克思对政治经济学对象的科学理解，在他对蒲鲁东政治经济学方法的批判中，得到了显著反映。马克思在批判蒲鲁东方法论的唯心史观实质时指出："在人们的生产力发展的一定状况下，就会有一定的交换 [commerce] 和消费形式。在生产、交换和消费发展的一定阶段上，就会有相应的社会制度形式、相应的家庭、等级或阶级组织，一句话，就会有相应的市民社会。有一定的市民社会，就会有不过是市民社会的正式表现的相应的政治国家。"① 每一社会的经济关系都只是社会整体结构的有机组成部分，形成一个统一的整体。只有在对社会整体结构正确理解的基础上，才能把握政治经济学的研究对象。

二、政治经济学对象及其内在结构

在《〈政治经济学批判〉导言》中，马克思首次系统地阐述了社会生产

---

① 《马克思恩格斯文集》第 10 卷，人民出版社 2009 年版，第 42 页。

的经济关系性质，"我们越往前追溯历史，个人，从而也是进行生产的个人，就越表现为不独立，从属于一个较大的整体：最初还是十分自然地在家庭和扩大成为氏族的家庭中；后来是在由氏族间的冲突和融合而产生的各种形式的公社中。只有到 18 世纪，在'市民社会'中，社会联系的各种形式，对个人说来，才表现为只是达到他私人目的的手段，才表现为外在的必然性。但是，产生这种孤立个人的观点的时代，正是具有迄今为止最发达的社会关系（从这种观点看来是一般关系）的时代"①。因而，"说到生产，总是指在一定社会发展阶段上的生产——社会个人的生产。因而，好像只要一说到生产，我们或者就要把历史发展过程在它的各个阶段上一一加以研究，或者一开始就要声明，我们指的是某个一定的历史时代，例如，是现代资产阶级生产——这种生产事实上是我们研究的本题"②。

在《导言》中，马克思从政治经济学对象意义上，首次系统分析了社会经济运行中生产和分配、交换、消费之间的辩证关系。

针对当时政治经济学流行的"三段论"的观点，马克思指出："生产、分配、交换、消费因此形成一个正规的三段论法：生产是一般，分配和交换是特殊，消费是个别，全体由此结合在一起。这当然是一种联系，然而是一种肤浅的联系。生产决定于一般的自然规律；分配决定于社会的偶然情况，因此它能够或多或少地对生产起促进作用；交换作为形式上的社会运动介于两者之间；而消费这个不仅被看成终点而且被看成最后目的的结束行为，除了它又会反过来作用于起点并重新引起整个过程之外，本来不属于经济学的范围。"③ 这些经济学家"把社会当做一个单一的主体来考察，是对它作了不正确的考察；思辨式的考察"，马克思认为："就一个主体来说，生产和消费表现为一个行为的两个要素。这里要强调的主要之点是：无论我们把生产和消费看做一个主体的活动或者许多个人的活动，它们总是表现为一个过程的

---

① 《马克思恩格斯文集》第 8 卷，人民出版社 2009 年版，第 6 页。
② 《马克思恩格斯文集》第 8 卷，人民出版社 2009 年版，第 6 页。
③ 《马克思恩格斯文集》第 8 卷，人民出版社 2009 年版，第 13 页。

两个要素，在这个过程中，生产是实际的起点，因而也是起支配作用的要素。消费，作为必需，作为需要，本身就是生产活动的一个内在要素。但是生产活动是实现的起点，因而也是实现的起支配作用的要素，是整个过程借以重新进行的行为。个人生产出一个对象和通过消费这个对象返回自身，然而，他是作为生产的个人和自我再生产的个人。所以，消费表现为生产的要素。"①

通过以上分析，马克思认为："可见，生产直接是消费，消费直接是生产。每一方直接是它的对方。可是同时在两者之间存在着一种中介运动。生产中介着消费，它创造出消费的材料，没有生产，消费就没有对象。但是消费也中介着生产，因为正是消费替产品创造了主体，产品对这个主体才是产品。产品在消费中才得到最后完成。"马克思举例说明生产与消费之间的这种辩证关系，"一条铁路，如果没有通车、不被磨损、不被消费，它只是可能性的铁路，不是现实的铁路。没有生产，就没有消费；但是，没有消费，也就没有生产，因为如果没有消费，生产就没有目的"②。

由于产品在消费中才得到最后完成而带来一个新的问题，"在社会中，产品一经完成，生产者对产品的关系就是一种外在的关系，产品回到主体，取决于主体对其他个人的关系。他不是直接获得产品。如果说他是在社会中生产，那么直接占有产品也不是他的目的。在生产者和产品之间出现了分配，分配借社会规律决定生产者在产品世界中的份额，因而出现在生产和消费之间"③。马克思认为："照最浅薄的理解，分配表现为产品的分配，因此它离开生产很远，似乎对生产是独立的。但是，在分配是产品的分配之前，它是（1）生产工具的分配，（2）社会成员在各类生产之间的分配（个人从属于一定的生产关系）——这是同一关系的进一步规定。这种分配包含在生产过程本身中并且决定生产的结构，产品的分配显然只是这种分配的结果。如

---

① 《马克思恩格斯文集》第 8 卷，人民出版社 2009 年版，第 18 页。
② 《马克思恩格斯文集》第 8 卷，人民出版社 2009 年版，第 15 页。
③ 《马克思恩格斯文集》第 8 卷，人民出版社 2009 年版，第 18 页。

果在考察生产时把包含在其中的这种分配撇开，生产显然是一个空洞的抽象；相反，有了这种本来构成生产的一个要素的分配，产品的分配自然也就确定了。正因为如此，力求在一定的社会结构中来理解现代生产并且主要是研究生产的经济学家李嘉图，不是把生产而是把分配说成现代经济学的本题。从这里，又一次显出了那些把生产当做永恒真理来论述而把历史限制在分配范围之内的经济学家是多么荒诞无稽。"[①]

马克思进一步分析了这种决定生产本身的分配究竟和生产处于怎样的关系。马克思认为："这种决定生产本身的分配究竟和生产处于怎样的关系，这显然是属于生产本身内部的问题。如果有人说，既然生产必须从生产工具的一定的分配出发，至少在这个意义上分配先于生产，成为生产的前提，那么就应该答复他说，生产实际上有它的条件和前提，这些条件和前提构成生产的要素。这些要素最初可能表现为自然发生的东西。通过生产过程本身，它们就从自然发生的东西变成历史的东西，并且对于这一个时期表现为生产的自然前提，对于前一个时期就是生产的历史结果。它们在生产本身内部被不断地改变。例如，机器的应用既改变了生产工具的分配，也改变了产品的分配。现代大地产本身既是现代商业和现代工业的结果，也是现代工业在农业上应用的结果。"[②]

同时，马克思对交换和流通作了说明。马克思认为："流通本身只是交换的一定要素，或者也是从交换总体上看的交换。既然交换只是生产和由生产决定的分配一方同消费一方之间的中介要素，而消费本身又表现为生产的一个要素，交换显然也就作为生产的要素包含在生产之内。"由此得出生产和交换的辩证关系，"交换就其一切要素来说，或者是直接包含在生产之中，或者是由生产决定"[③]。

在《导言》中，马克思提出了生产和交换、分配、消费的辩证关系，勾

① 《马克思恩格斯文集》第 8 卷，人民出版社 2009 年版，第 20 页。

② 《马克思恩格斯文集》第 8 卷，人民出版社 2009 年版，第 20—21 页。

③ 《马克思恩格斯文集》第 8 卷，人民出版社 2009 年版，第 22、23 页。

画了生产和交换、分配、消费的总体关系，强调了生产在总体中起到的统治地位的作用，以及生产同交换、分配、消费的作用和反作用关系。马克思的结论就是：这四个环节"构成一个总体的各个环节，一个统一体内部的差别"；在这一有机整体内，"一定的生产决定一定的消费、分配、交换和这些不同要素相互间的一定关系。当然，生产就其单方面形式来说也决定于其他要素"①。

马克思从一个全新的理论视角，对资产阶级社会生产关系的内在结构作了深入剖析，揭示了资产阶级社会有机体制的最深层的构造，强调"政治经济学不是工艺学"②。对政治经济学研究对象的严格限定，使马克思在从资产阶级社会整体结构中分离出社会生产关系层次之后，又能进一步深入社会生产关系内部，探明资本主义社会生产关系的内在结构。

三、政治经济学对生产力的社会方式的研究

社会生产力在马克思主义政治经济学对象中具有重要的意义。马克思主义政治经济学对资本主义社会本质的研究，同对资本主义社会生产力和科学技术变化的研究是密切地联系在一起的。恩格斯曾经指出："分工，水力特别是蒸汽力的利用，机器装置的应用，这就是从上世纪中叶起工业用来摇撼世界基础的三个伟大的杠杆。小工业创造了中间阶级，大工业创造了工人阶级，并把中间阶级的少数选民拥上宝座，但是，这只是为了有朝一日更有把握地推翻他们。"③在资本主义生产关系的形成和发展过程中，生产力的发展，尤其是科学技术的应用起着重要的作用。马克思曾经指出，机器只有在资本主义生产关系下才成为剥削雇佣劳动的资本，但同时，"对别人劳动（剩余劳动）的贪欲，并不是使用机器的人的独特本性，它是推动整个资本主义

---

① 《马克思恩格斯文集》第8卷，人民出版社2009年版，第23页。
② 《马克思恩格斯文集》第8卷，人民出版社2009年版，第9页。
③ 《马克思恩格斯文集》第1卷，人民出版社2009年版，第406页。

生产的动机"①。

生产力是社会经济发展中具有决定性的力量，生产力的每一次革命都改变着生产方式和生产关系，对生产力的变动中生产关系的变化以及生产关系的变革如何为生产力的发展开辟道路等问题的研究，正是马克思主义政治经济学研究的本题，也是马克思主义政治经济学不断发展的现实基础。

马克思主义政治经济学是以研究资本主义生产关系的运动及其规律为其主要任务的。但是，马克思主义政治经济学绝不仅仅研究资本主义生产关系，如恩格斯所指出的："经济科学的任务在于：证明现在开始显露出来的社会弊病是现存生产方式的必然结果，同时也是这一生产方式快要瓦解的征兆，并且从正在瓦解的经济运动形式内部发现未来的、能够消除这些弊病的、新的生产组织和交换组织的因素。"②

马克思主义政治经济学不研究生产力的全部内容，那是工艺学或其他科学研究的对象。政治经济学研究的是与社会生产关系变化相联系的社会生产力问题，也就是从社会生产力对生产关系变化影响和作用的角度，把社会生产力问题纳入政治经济学的对象或范围。离开了对前资本主义生产方式的分析，就不能清楚地看到资本主义生产方式产生的必然性。同样，没有对资本主义生产方式的科学分析，就不可能揭示资本主义生产关系和交换关系的本质，就不可能认识人类社会发展的全过程，就不可能科学地预测未来社会经济关系的基本特征。

四、政治经济学对象涉及前资本主义和未来社会

马克思晚年对政治经济学对象结构理解上发生了极其深刻的变化。当时，社会发生了急剧的变化，资本主义逐渐成为一个超越于西欧的一种社会

---

① 《马克思恩格斯文集》第 8 卷，人民出版社 2009 年版，第 290 页。
② 《马克思恩格斯文集》第 9 卷，人民出版社 2009 年版，第 156 页。

现象。马克思把自己研究的视野转到对"东方社会"问题的研究，转到对"跨越卡夫丁峡谷"问题的研究。马克思在他生命的最后 5 年留下了两部手稿，第一部是《人类学笔记》，专门研究东方社会的社会转型问题。第二部是《历史学笔记》，这是研究西欧社会怎样从前资本主义走向资本主义问题的。所以，19 世纪 70 年代以后，马克思对政治经济学的研究，不只在于继续《资本论》第一卷之后各卷的写作，而且也在"世界历史"的更为宽广的视野内展开政治经济学的研究。

19 世纪 70 年代以后，马克思还十分注重前资本主义和未来社会经济关系的研究。从 70 年代末到 80 年代初，马克思写了大量的研究古代社会经济关系及其演化问题的笔记。这些笔记对古代社会形态的基本特征、农村公社土地所有制的结构问题、东方社会发展的特殊性质及其特殊发展道路问题作了研究。马克思也结合无产阶级的实践，对未来社会经济关系的一般性质作了科学的预测。1872 年，在第一国际曼彻斯特支部讨论土地纲领问题时，马克思专门撰写了《论土地国有化》一文，对无产阶级革命胜利后，实行土地国有化的不同形式作了论述。两年以后，马克思还对"促进土地的私有制向集体所有制过渡，让农民自己通过经济的道路来实现这种过渡"[①]问题作了探讨，提出了未来社会所有制变革中的阶段性和公有制形式多样性的问题。1875 年，马克思在《哥达纲领批判》中，对共产主义第一阶段个人消费品的按劳分配原则作了周详的分析。19 世纪 70 年代初，马克思对未来社会生产的有计划形式作了论析，认为共产主义公有制经济与资本私有制经济的对立，在经济形式上表现为"联合起来的合作社按照共同的计划调节全国生产，从而控制全国生产，结束无时不在的无政府状态和周期性的动荡这样一些资本主义生产难以逃脱的劫难"[②]。马克思关于未来社会经济关系特征的理论观点，提供了进一步研究社会主义政治经济学的出发点和供这种研究使用的方法。

---

① 《马克思恩格斯文集》第 3 卷，人民出版社 2009 年版，第 404 页。
② 《马克思恩格斯文集》第 3 卷，人民出版社 2009 年版，第 159 页。

五、恩格斯关于广义政治经济学对象的探索

恩格斯在《反杜林论》中给政治经济学所下的经典的定义，和马克思的论述以及恩格斯在其他著作中的论述是完全一致和更加完善的。

恩格斯在《卡尔·马克思〈政治经济学批判〉》中指出："政治经济学从商品开始，即从产品由个别人或原始公社相互交换的时刻开始。进入交换的产品是商品。但是它成为商品，只是因为在这个物中、在这个产品中结合着两个人或两个公社之间的关系，即生产者和消费者之间的关系，在这里，两者已经不再结合在同一个人身上了。在这里我们立即得到一个贯穿着整个经济学并在资产阶级经济学家头脑中引起过可怕混乱的特殊事实的例子，这个事实就是：经济学研究的不是物，而是人和人之间的关系，归根到底是阶级和阶级之间的关系；可是这些关系总是同物结合着，并且作为物出现。诚然，这个或那个经济学家在个别场合也曾觉察到这种联系，而马克思第一次揭示出这种联系对于整个经济学的意义，从而使最难的问题变得如此简单明了，甚至资产阶级经济学家现在也能理解了。"① 基于这一认识，恩格斯在《反杜林论》中提出的政治经济学对象强调，任何社会进行生产和交换都不能离开一定的生产关系，都是在一定的生产关系的支配下进行的。"支配物质生活资料的生产和交换的规律"主要是指人类社会生产关系和交换关系的发展规律。但是，因为生产力与生产关系、经济基础与上层建筑之间有着相互作用、相互矛盾的关系，所以，在研究生产关系和交换关系的时候，还必须密切联系生产力和上层建筑，研究生产力的运动形式、研究上层建筑的作用方式等。只有这样才能更好地揭示社会生产关系和交换关系的发展规律。

马克思主义政治经济学对象的确立，包含了"政治经济学本质上是一门历史的科学"意蕴。这是因为，"人们在生产和交换时所处的条件，各个

① 《马克思恩格斯文集》第 2 卷，人民出版社 2009 年版，第 604 页。

国家各不相同，而在每一个国家里，各个世代又各不相同。因此，政治经济学不可能对一切国家和一切历史时代都是一样的"①。谁要想把火地岛的政治经济学与资本主义英国的政治经济学置于同样一些规律之下，那么，除了最陈腐的老生常谈之外，是不能揭示出任何东西的。也就是说，人类社会生产关系并不是抽象的、固定的、永恒不变的，它是随着社会生产力的发展而发展变化的，旧的生产关系迟早要为适合生产力发展的新的生产关系所代替。因此，支配生产和交换的规律与自然规律不同，它是具有历史性质的。

恩格斯从政治经济学的科学定义出发，深刻论述了生产、交换与分配这几个环节之间的辩证关系。恩格斯把生产与交换之间的相互影响、相互制约的关系比作"经济曲线的横坐标和纵坐标"，指出"生产和交换是两种不同的职能。没有交换，生产也能进行；没有生产，交换——正因为它一开始就是产品的交换——便不能发生。这两种社会职能的每一种都处于多半是特殊的外界作用的影响之下，所以都有多半是各自的特殊的规律。但是另一方面，这两种职能在每一瞬间都互相制约，并且互相影响，以致它们可以叫做经济曲线的横坐标和纵坐标"②。恩格斯进一步把分配纳入政治经济学的研究范围，着重阐明了生产、交换决定分配，分配又反作用于生产和交换的辩证关系，这就是："生产以及随生产而来的产品交换是一切社会制度的基础；在每个历史地出现的社会中，产品分配以及和它相伴随的社会之划分为阶级或等级，是由生产什么、怎样生产以及怎样交换产品来决定的。"③

恩格斯阐明马克思主义政治经济学是一门广义政治经济学，它不是研究某一种社会形态而是研究各种社会形态支配物质生活资料的生产和交换的规律的科学。恩格斯曾经指出，包括社会发展各个主要阶段的广义的政治经济学，尚有待于创立。他认为："虽然到 17 世纪末，狭义的政治经济学已经在

---

① 《马克思恩格斯文集》第 9 卷，人民出版社 2009 年版，第 153 页。
② 《马克思恩格斯文集》第 9 卷，人民出版社 2009 年版，第 153 页。
③ 《马克思恩格斯文集》第 3 卷，人民出版社 2009 年版，第 547 页。

一些天才的头脑里产生了，可是由重农学派和亚当·斯密作了正面阐述的狭义的政治经济学，实质上是 18 世纪的产儿，它可以和同时代的伟大法国启蒙学者的成就媲美，并且也带有那个时代的一切优点和缺点。我们关于启蒙学者所说的话，也适用于当时的经济学家。在他们看来，新的科学不是他们那个时代的关系和需要的表现，而是永恒的理性的表现，新的科学所发现的生产和交换的规律，不是这些活动的历史地规定的形式的规律，而是永恒的自然规律；它们是从人的本性中引申出来的。"[1] 他还指出，对于迄今为止在阐明资本主义以前各种社会形态的基本特征所做的一切，只能归功于马克思。至于马克思的前辈们，他们只是打算提供仅同资本主义生产方式有关的"狭义的政治经济学"。这自然是由于，在他们看来，经济科学不是一定历史时代的关系和需要的表现，而是永恒的理性的表现。

恩格斯进一步指出了创立广义政治经济学的重要任务。广义政治经济学是"研究人类各种社会进行生产和交换并相应地进行产品分配的条件和形式的科学"[2]。这就是说广义政治经济学不是研究某一种社会形态，而是研究人类各种社会形态进行生产和交换并相应地进行产品分配的条件和形式的科学。"要使这种对资产阶级经济的批判做到全面，只知道资本主义的生产、交换和分配的形式是不够的。对于发生在这些形式之前的或者在不太发达的国家内和这些形式同时并存的那些形式，同样必须加以研究和比较，至少是概括地加以研究和比较。"[3] 广义政治经济学不仅要研究资本主义社会形态，而且要对资本主义以前的社会形态进行研究和比较，只有这样才能更好地批判资产阶级经济学，阐明资本主义必然灭亡，社会主义必然胜利的客观规律。所以，创立广义政治经济学是无产阶级革命斗争的需要。

恩格斯认为："到目前为止，总的说来，只有马克思进行过这种研究和比较，所以，到现在为止在资产阶级以前的理论经济学方面所确立的一切，

[1] 《马克思恩格斯文集》第 9 卷，人民出版社 2009 年版，第 157 页。
[2] 《马克思恩格斯文集》第 9 卷，人民出版社 2009 年版，第 156 页。
[3] 《马克思恩格斯文集》第 9 卷，人民出版社 2009 年版，第 157 页。

我们也差不多完全应当归功于他的研究。"① 马克思创立了科学的狭义政治经济学，建立了资本主义以前各个社会形态的理论，建立了关于社会主义和共产主义的理论，为广义政治经济学奠定了基础。恩格斯则从广义上完善了马克思主义政治经济学的研究对象。

第四节　列宁的基本观点

19 世纪末，自由资本主义逐渐过渡到垄断资本主义——帝国主义时代。列宁就是在世界进入帝国主义时代登上政治舞台的，他以无比的勇气和智慧毅然接受了这些挑战，成为马克思主义最忠实最坚决的捍卫者。列宁清醒地认识到时代赋予俄国无产阶级的任务，就是摧毁沙皇专制制度这个当时最强大的反动势力堡垒。他运用马克思主义基本原理，创造性地分析和解决了俄国具体实际问题，写下了大量闪烁着智慧光芒的论著，捍卫和发展了马克思主义，把马克思主义推进到了列宁主义的新阶段。

列宁关于马克思主义政治经济学对象的基本观点，是对马克思、恩格斯基本观点的继承、捍卫和丰富、发展。

1894 年以前，列宁面临俄国民粹派和"合法"马克思主义者等一些小资产阶级、资产阶级思想流派的理论挑战。列宁运用马克思主义政治经济学基本原理，科学地分析了俄国社会经济发展的规律性，揭示了俄国的社会性质和社会各阶级的关系，战胜了民粹主义在理论上的挑战，特别是在政治经济学对象问题上，丰富和发展了马克思主义政治经济学基本理论观点。

1894 年春夏，列宁撰写的《什么是"人民之友"以及他们如何攻击社会民主主义者?》一文，深刻阐明了他对马克思主义政治经济学对象理解的基本观点。在论及马克思的唯物史观时，列宁指出："这个假设之所以第一次使科学的社会学的出现成为可能，还由于只有把社会关系归结于生产关

---

① 《马克思恩格斯文集》第 9 卷，人民出版社 2009 年版，第 157 页。

系，把生产关系归结于生产力的水平，才能有可靠的根据把社会形态的发展看做自然历史过程。不言而喻，没有这种观点，也就不会有社会科学。（例如，主观主义者虽然承认历史现象的规律性，但不能把这些现象的演进看做自然历史过程，这是因为他们只限于指出人的社会思想和目的，而不善于把这些思想和目的归结于物质的社会关系。）"①

基于唯物史观的基本观点和立场，列宁认为，马克思主义政治经济学对象的科学性就在于，"马克思在40年代提出这个假设后，就着手实际地（请注意这点）研究材料。他从各个社会经济形态中取出一个形态（即商品经济体系）加以研究，并根据大量材料（他花了不下25年的工夫来研究这些材料）对这个形态的活动规律和发展规律作了极其详尽的分析。这个分析仅限于社会成员之间的生产关系。马克思一次也没有利用这些生产关系以外的任何因素来说明问题，同时却使人们有可能看到商品社会经济组织怎样发展，怎样变成资本主义社会经济组织而造成资产阶级和无产阶级这两个对抗的（这已经是在生产关系范围内）阶级，怎样提高社会劳动生产率，从而带进一个与这一资本主义组织本身的基础处于不可调和的矛盾地位的因素"。列宁指出："《资本论》的骨骼就是如此。可是全部问题在于马克思并不以这个骨骼为满足，并不仅以通常意义的'经济理论'为限；虽然他完全用生产关系来说明该社会形态的构成和发展，但又随时随地地探究与这种生产关系相适应的上层建筑，使骨骼有血有肉。《资本论》的成就之所以如此之大，是由于'德国经济学家'的这部书使读者看到整个资本主义社会形态是个活生生的形态：有它的日常生活的各个方面，有它的生产关系所固有的阶级对抗的实际社会表现，有维护资本家阶级统治的资产阶级政治上层建筑，有资产阶级的自由平等之类的思想，有资产阶级的家庭关系。"②

1895年，恩格斯在伦敦与世长辞，列宁在撰写的《弗里德里希·恩格

---

① 《列宁专题文集　论辩证唯物主义和历史唯物主义》，人民出版社2009年版，第161页。

② 《列宁专题文集　论辩证唯物主义和历史唯物主义》，人民出版社2009年版，第161—162页。

斯》纪念文章中坚信，马克思主义政治经济学对象的科学性是与科学的研究方法密不可分的。列宁指出："与黑格尔和其他黑格尔主义者相反，马克思和恩格斯是唯物主义者。他们用唯物主义观点观察世界和人类，看出一切自然现象都有物质原因作基础，同样，人类社会的发展也是受物质力量即生产力的发展所制约的。生产力的发展决定人们在生产人类必需的产品时彼此所发生的关系。用这种关系才能解释社会生活中的一切现象，人的意向、观念和法律。生产力的发展造成了以私有制为基础的社会关系，但是我们现在看到，生产力的发展又夺走了大多数人的财产，将它集中在极少数人的手中。生产力的发展正在消灭私有制，即现代社会制度的基础，这种发展本身就是朝着社会主义者所抱定的那个目标前进的。"①

1897 年，列宁在《评经济浪漫主义》中指出："政治经济学的对象决不象通常所说的那样是'物质财富的生产'（这是工艺学的对象），而是人们在生产中的社会关系。"② 在《俄国资本主义的发展》中，列宁进一步指出："政治经济学决不是研究'生产'，而是研究人们在生产上的社会关系，生产的社会结构。这些社会关系一经彻底阐明和彻底分析，各个阶级在生产中的地位也就明确了，因而，他们获得的国民消费份额也就明确了。"③

1902 年，列宁在《社会革命党人所复活的庸俗社会主义和民粹主义》一文中，批驳了庸俗社会主义者和民粹主义者对政治经济学研究对象的错误理解。列宁指出："从收入来源中去寻找社会不同阶级的基本特征，这就是把分配关系放在首位，而分配关系实际上是生产关系的结果。这个错误马克思早已指出过，他把看不见这种错误的人称为庸俗的社会主义者。区别各阶级的基本标志，是它们在社会生产中所处的地位，也就是它们对生产资料的关系。占有某一部分社会生产资料，将其用于私人经济，用于目的在出售产品的经济，——这就是现代社会中的一个阶级（资产阶级）同失去生产资料、

---

① 《列宁专题文集　论马克思主义》，人民出版社 2009 年版，第 54 页。
② 《列宁全集》第 2 卷，人民出版社 1984 年版，第 171 页。
③ 《列宁专题文集　论资本主义》，人民出版社 2009 年版，第 31 页。

出卖自己劳动力的无产阶级的基本区别。再往下看。'两者的生活基础都是作为政治经济学的特定范畴的劳动。'作为政治经济学的特定范畴的不是劳动，而只是劳动的社会形式，劳动的社会结构，或者换句话说，是人们在参加社会劳动中的相互关系。这里是以另一种形式重复了我们上面已经分析过的庸俗社会主义的错误。"①

1905 年俄国革命失败后，沙皇俄国进入一个更为反动的年代，俄国革命党内外对马克思主义理论批评的声音也多有泛起，如列宁所揭示的："马克思学说在整个文明世界中引起全部资产阶级科学（官方科学和自由派科学）极大的仇视和憎恨，这种科学把马克思主义看做某种'有害的宗派'。"列宁再次勇敢地接受挑战，坚决地捍卫了马克思主义，他指出："也不能期望有别的态度，因为建筑在阶级斗争上的社会是不可能有'公正的'社会科学的。全部官方的和自由派的科学都这样或那样地为雇佣奴隶制辩护，而马克思主义则对这种奴隶制宣布了无情的战争。期望在雇佣奴隶制的社会里有公正的科学，正像期望厂主在应不应该减少资本利润来增加工人工资的问题上会采取公正态度一样，是愚蠢可笑的。"②列宁认为："政治经济学的对象决不象通常所说的那样是'物质的生产'（这是工艺学的对象），而是人们在生产中的社会关系。"③关于马克思主义政治经济学对象问题，列宁指出："马克思认为经济制度是政治上层建筑借以树立起来的基础，所以他特别注意研究这个经济制度。马克思的主要著作《资本论》就是专门研究现代社会即资本主义社会的经济制度的。"④

列宁作为杰出的马克思主义者，不仅忠诚地继承和捍卫了马克思主义政治经济学的基本原理，而且还丰富和发展了马克思主义政治经济学对象的理论。列宁在帝国主义和无产阶级革命时代创立了关于帝国主义的理论，在领

---

① 《列宁全集》第 7 卷，人民出版社 1986 年版，第 30 页。
② 《列宁专题文集 论马克思主义》，人民出版社 2009 年版，第 66 页。
③ 《列宁专题文集 论马克思主义》，人民出版社 2009 年版，第 66—67 页。
④ 《列宁专题文集 论马克思主义》，人民出版社 2009 年版，第 69 页。

导苏联社会主义革命和社会主义建设的实践中，对政治经济学社会主义部分的理论也有很大的发展。

在列宁的杰出著作《帝国主义是资本主义发展的最高阶段》以及其他许多著作中，他深刻地分析了帝国主义产生的经济根源、基本特征以及在帝国主义条件下由社会生产关系决定的各国无产阶级革命的规律问题。列宁从资本主义发展不平衡这一固有规律出发，提出在帝国主义条件下有可能在少数几个国家甚至在单独一个国家取得无产阶级革命的胜利。俄国十月革命的胜利正是在这一理论的正确指导下取得的。列宁关于社会主义经济建设和文化建设的理论，特别是关于对如何使一个经济落后的国家过渡到社会主义的问题而提出的新经济政策等都是在马克思主义政治经济学研究对象领域具有深远意义的探索，至今对于一些社会主义国家的经济建设仍然具有积极的指导意义。

第二章

政治经济学方法的论述

马克思主义政治经济学方法的形成过程，与马克思主义政治经济学对象的科学确定是紧密地联系在一起的。马克思主义政治经济学方法的创新，是马克思政治经济学科学革命的先导，也是马克思主义政治经济学发展的基本前提。

第一节　古典政治经济学家的基本观点

政治经济学不仅主要是随着社会经济关系和阶级斗争状况的发展而发展，而且它也同其他科学的发展有着极为密切的联系。例如，重商主义同朴素的经验论联系在一起；重农主义以自然秩序和自然法的观念为前提；斯密和李嘉图的经济学说则从经过发展的前人的自然科学的方法论出发。古典政治经济学形成和发展时期，正是西方近代经验主义和理性主义、自然法和功利主义以及人道主义哲学盛行的时期。古典政治经济学家们正是在同时代的哲学方法论的影响下，形成政治经济学方法的。

总体上讲，古典政治经济学家们是运用形而上学的方法去考察社会经济现象的。形而上学的方法也是资产阶级经济学家采用的方法。这样的方法论决定了古典政治经济学无法科学而准确地揭示资本主义社会经济形态的运动规律。

一、配第的基本观点

威廉·配第被马克思称为"政治经济学之父"。这位英国古典政治经济学的创始人早年曾加入伦敦哲学学会，研究培根的实验哲学。马克思曾经提到："一般说来，英国早期的经济学家都把培根和霍布斯当做自己的哲学家，而后来洛克成了英国、法国、意大利的政治经济学的主要'哲学家'。"①配第也不例外，他深受霍布斯的影响，将培根和霍布斯关于人可以并且应当去认识和利用自然规律的哲学思想应用于经济研究领域，认为在经济领域中同样存在着可以认知的规律，并把这些经济规律与自然规律相提并论。

　　配第在《政治算术》一书中宣称，他不采用"比较级或最高级的词语以及单纯作思维的论证"，而是采用了"这样的方法，（作为我很久以来就想建立的政治算术的一个范例，）即用数字、重量和尺度的词汇来表达我自己想说的问题，只进行能诉诸人们的感觉的论证和考察在性质上有可见的根据的原因"。这样的方法很显然受当时英国唯物主义经验论的认识论和方法论的影响。配第明确提出，他所使用的经济学方法，"在目前还不是常见的"②。在研究社会经济现象的规律时，配第应用了推算法、分组法，编制了原始的图表，计算了一系列的总量指标、相对指标和平均指标。配第在《政治算术》这本书中，应用数字、重量和尺度等算术方法，运用人口、土地、资源、资本、产业等大量数据，比较分析了英国、荷兰和法国三国的国情国力，提出英国的对策是只要通过执行正确的方针、政策，避其所短，扬其所长，就能富国强兵，以小胜大，将荷兰、法国取而代之。他认为《政治算术》和《爱尔兰政治解剖》两部著作，都符合永恒法则和真理标准，是有关国家的政治医术。在经济思想史上，《政治算术》是政治经济学作为独立科学分立的最初形式。

　　配第对经济现象的研究由流通过程深入到生产过程，提出了劳动量决定商品价值的劳动价值论基本思想。马克思在实现政治经济学科学革命时强调，真正的现代经济科学，只是当理论研究从流通过程转向生产过程的时候

---

①　《马克思恩格斯文集》第5卷，人民出版社2009年版，第448页注释111。

②　[英] 威廉·配第：《政治算术》，陈冬野译，商务印书馆1978年版，第8页。

才开始的。这种真正的现代经济科学开始于古典政治经济学，而威廉·配第则奠定了古典政治经济学发展的基础。

二、斯密的基本观点

亚当·斯密在大学期间跟随他的老师弗朗西斯·哈奇森主攻自然法哲学，并从哈奇森那里获得对自然秩序的信仰。斯密与同时代的一些哲学家也有密切的交往。他在大学任教期间主讲道德哲学，《道德情操论》就是根据他的讲稿编写而成的。斯密认为，人类的行为是由爱、同情、追求自由的欲望、正义感、劳动习惯和相互交换的倾向等多种动机决定的，人们经过细致地平衡这些动机，可以使人与人之间的利益不发生冲突。对自然秩序的信仰和演绎归纳法构成了斯密政治经济学的方法论特色。

斯密的政治经济学方法在《国富论》中得到充分体现。在《国富论》中，斯密紧密而有效地结合运用抽象演绎法和经验归纳法，将当时的经济学知识第一次完整而统一地归结在他的著作中，形成了对后世经济学影响极为深远的"理性经济人"和"看不见的手"等经济理论。

斯密从人类的利己本性出发，经验地归纳出人类的行为受多种动机所左右，其中人类"互通有无、物物交换、相互交易"的倾向，决定着交换行为的发生，推动着社会分工的发展，并提出"理性经济人"的假定以避免陷入循环论证。他提出："人类几乎随时随地都需要同胞的协助，要想仅仅依赖他人的恩惠，那是一定不行的。他如果能够刺激他们的利己心，是有利于他，并告诉他们，给他做事，是对他们自己有利的，他要达到的目的就容易得多了。无论是谁，如果他要与旁人做买卖，他首先就要这样提议。请给我以我所要的东西吧，同时，你也可以获得你要的东西：这句话是交易的通义。"[1]

---

[1] [英]亚当·斯密：《国民财富的性质和原因的研究》上卷，郭大力、王亚南译，商务印书馆1972年版，第13—14页。

斯密从人类的利己本性出发，抽象地演绎出"看不见的手"的论断。斯密认为，资本家"由于他管理产业的方式目的在于使其生产物的价值达到最大程度，他所盘算的也只是他自己的利益。在这种场合，像在其他场合一样，他受着一只看不见手的指导，去尽力达到一个并非他本意想要达到的目的。也并不因为事非出于本意，就对社会有害。他追求自己的利益，往往使他能够比在其真正出于本意的情况下更有效地促进社会的利益"①。

斯密的"理性经济人"和"看不见的手"对市场经济条件下从事经济活动的动因和动力等问题作了探讨，这和他信仰自然秩序的思想方法是分不开的。但是，"理性经济人"不是从对现实社会的真实分析中抽象出来，而是从纯理论的逻辑推论而来；而"看不见的手"将在利己心驱动下所追求的个人利益看成是与社会利益天然一致的，这种推论则陷入了形而上学的唯心主义的独断中。可以说，斯密始终没有摆脱抽象的人性论，在《国富论》中，斯密虽然对工人、资本家、地主等不同阶级的利益关系作了探讨，但并没有揭示这些阶级之间所存在的利益的对立关系。

马克思对斯密的政治经济学方法的缺陷做过分析，认为："斯密本人非常天真地活动于不断的矛盾之中。一方面，他探索各种经济范畴的内在联系，或者说，资产阶级经济制度的隐蔽结构。另一方面，他同时又按照联系在竞争现象中表面上所表现的那个样子，也就是按照它在非科学的观察者眼中，同样在那些被实际卷入资产阶级生产过程并同这一过程有实际利害关系的人们眼中所表现的那个样子，把联系提出来。这是两种理解方法，一种是深入研究资产阶级制度的内在联系，可以说是深入研究资产阶级制度的生理学，另一种则只是把生活过程中外部表现出来的东西，按照它表现出来的样子加以描写、分类、叙述并归入简单概括的概念规定之中。这两种理解方法在斯密的著作中不仅安然并存，而且相互交错，不断自相矛盾。"②

---

① ［英］亚当·斯密：《国民财富的性质和原因的研究》上卷，郭大力、王亚南译，商务印书馆 1972 年版，第 27 页。

② 《马克思恩格斯全集》第 26 卷第 2 册，人民出版社 1973 年版，第 181—182 页。

这里所指的第一种方法使斯密的政治经济学研究方法包含着宝贵的科学因素；而第二种方法使斯密的政治经济学研究方法不能从历史总体的角度出发，来考察资本主义经济的内在联系，只对资本主义经济的外部联系停留在现象主义的表面描述上，必然导致只能对资本主义制度进行非批判性的解释。针对斯密这种方法的错误，马克思指出："不论是斯密，还是后来所有的资产阶级经济学家，照例都缺乏对于阐明经济关系的形式差别所必要的理论认识，——他们都是粗略地抓住现成的经验材料，只对这些材料感兴趣。"[1] 斯密的政治经济学方法充满着二重性和矛盾性，其原因主要在于资产阶级经济学家总是把资产阶级制度看作天然的制度，把生产的资本主义形式当作生产的绝对形式，因而当作生产的永恒的自然形式。

三、李嘉图的基本观点

大卫·李嘉图最初热衷于自然科学，后来受斯密经济学著作的影响而对经济学产生了兴趣。李嘉图在一定程度上克服了斯密研究方法上的缺陷，继承和发展了斯密的古典政治经济学理论，成为英国古典政治经济学的集大成者。

李嘉图与斯密在研究经济学的一般方法上有很大的差别。斯密信奉的是由启蒙学者倡导、重农主义发展并经过自己改造的自然秩序论；李嘉图则深受以个人主义为基本出发点的边沁功利主义哲学的影响。

根据边沁功利主义的观点，李嘉图断言，人们追求个人利益与整个社会的利益并不冲突，而是相一致的，因为"在商业完全自由的制度下，各国都必然把它的资本和劳动用在最有利于本国的用途上。这种个体利益的追求很好地和整体的普遍幸福结合在一起"[2]。李嘉图认为，经济自由能为生产力的

---

① 《马克思恩格斯全集》第 26 卷第 1 册，人民出版社 1972 年版，第 72 页。

② [英] 李嘉图：《政治经济学及赋税原理》，郭大力等译，商务印书馆 1983 年版，第 113 页。

发展提供更大的可能性，有助于实现个人利益和社会利益结合。

李嘉图的观点同边沁功利主义也有某些区别。边沁以为资本主义社会关系是调和与和谐的，而李嘉图则认为资本主义社会存在着对立的阶级利益，资本主义生产正是建立在阶级利益相互对立的基础上。在这一方面，李嘉图不仅区别于边沁功利主义，而且也超出斯密的理论。对此，马克思曾作过这样的评价："李嘉图揭示并说明了阶级之间的经济对立——正如内在联系所表明的那样，——这样一来，在政治经济学中，历史斗争和历史发展过程的根源被抓住了，并且被揭示出来了。"[1]

李嘉图政治经济学研究主要运用抽象演绎法。李嘉图比斯密更彻底地探讨了资本主义生产的内在联系，在此基础上发现了劳动时间决定价值量的著名原理，并在很大程度上克服了在这一问题上的混乱和不彻底性。马克思赞赏李嘉图政治经济学研究方法中具有的科学上的诚实精神，认为"这是斯多葛精神，这是客观的，这是科学的"[2]，并高度评价了李嘉图对政治经济学发展的贡献。马克思同时也指出："李嘉图和其他政治经济学家的兴趣仅仅在于理解资本主义生产关系，并把它说成是生产的绝对形式。"[3]

政治经济学方法中的这种非历史和非社会的观点，使李嘉图的政治经济学理论存在一些致命的缺陷。一是李嘉图的整个政治经济学研究方法基本上都是定量分析，在许多方面缺乏定性分析，这是因为他不可能定性地去探讨经济范畴的历史起源；二是李嘉图否认资本主义实际存在的经济危机现象，认为人的需求是无限的，资本主义生产永远不会超过需求引起生产过剩的经济危机，事实上这种见解是与资本主义经济的真实情况相违背的；三是李嘉图将本应予以解决的社会对立永恒化，也就是将资本主义经济自然化和永恒化，认为资本主义经济是社会生产唯一可能的、绝对进步的自然形式，因此，他将阶级对立以及无产阶级的悲惨生活看作是社会生产得以发展的前提

---

① 《马克思恩格斯全集》第 26 卷第 2 册，人民出版社 1973 年版，第 183 页。

② 《马克思恩格斯全集》第 26 卷第 2 册，人民出版社 1973 年版，第 126 页。

③ 《马克思恩格斯全集》第 26 卷第 3 册，人民出版社 1974 年版，第 261 页。

条件，看作是符合自然规律的合理现象。李嘉图经济学中的庸俗气息在这里也显露出来了。

李嘉图不是古典政治经济学的超越者，他像斯密等资产阶级经济学家一样，在政治经济学方法上无法超越本阶级的局限性。李嘉图把资本主义生产方式看作是自然的、永恒的，特别是否认普遍存在的生产过剩的经济危机发生的可能性，实际上就是否认了资本主义存在对抗性矛盾的可能性。研究方法上的这种局限性决定，他不能实现英国古典政治经济学的根本变革。

四、法国古典政治经济学家的基本观点

弗朗索瓦·魁奈（Francois Quesnay，1694—1774）是法国重农学派创始人，他在经济学上的主要贡献在于提出了重农主义学说。重农学派是18世纪后半叶开始的二三十年间在法国出现的用以反对重商主义政策和封建剥削的经济学派。魁奈研究经济的一般方法来源于古希腊斯多葛哲学，后由近代启蒙思想家发展成为自然法理论。他应用并发挥了自然法理论，形成了自然秩序的思想。在这种思想方法的指导下，他初步意识到像自然过程不以人的意志为转移一样，经济过程同样具有可以认识的客观规律，从方法论上给政治经济学提出了认识客观规律的任务。

魁奈同时也是在马克思之前最早按照经济地位考察社会阶级结构的古典政治经济学家。他将社会成员划分为生产者、不生产者和土地所有者三个阶级，并对商品和货币在这三个阶级之间的流通作了逻辑分析，理论成果体现在魁奈一部十分重要的理论著作《经济表》中。它不仅概括了魁奈的理论和政策观点，还对社会总资本的再生产和流通过程问题进行了分析。曾经做过医生的魁奈，从人体血液循环得到启示，产生了经济社会货币与财富循环图的设想，认为社会支出的货币经过各种途径最后又返回原处，然后进行新的生产。

魁奈的经济研究方法也有其自身的局限性，他提出的"自然秩序"实际上是一个永恒的范畴，是超越阶级超越时代的，这就是说，由此所构成的资本主义制度是永恒不变的，这种思想方法带有明显的资本主义色彩。

西斯蒙第生活在一个社会大变革时代。18 世纪末，英国产业革命已将浪潮推及整个欧洲，在法国也同样发展起来。由于采用了先进技术，煤、铁、纺织等诸多行业产量猛增，极好地推动了资本主义经济的发展。但这种机器大工业的发展只是一小部分，小农阶级依旧占人口大多数。资本主义的发展给他们带来了巨大的冲击，造成广大劳动群众的破产或贫困。对小资产阶级而言，一方面要求保护资本主义商品生产制度的基础，另一方面面临反对大资本家的压力，于是幻想小生产方式阻止或延缓资本主义经济的发展。西斯蒙第成为这一阶级的代言人。

在政治经济学的研究方法上，西斯蒙第主张不可以用抽象法，认为这种方法过于空谈，并认为对经济问题的研究同样要把非经济因素考虑进去，比如道德、历史、文化等各种非经济因素。因此，针对斯密"看不见的手"，他提出了"慈善的手"[①]，认为立法者或国家应该运用这只"慈善的手"将财富合理地分配给社会。从某种意义上讲，他可以被看作是现代凯恩斯主义的先驱。他针对工人阶级贫困化的问题，主张通过改善收入分配制度，缓解乃至消除阶级对立，实现工人和资本家两大阶级的"联合"。西斯蒙第关注经济发展的人道价值，把人文关怀引入政治经济学研究。

总之，古典政治经济学家运用形而上学的方法考察社会经济现象，不能够揭示资本主义社会经济形态运动规律。他们所尝试运用的抽象方法是形而上学的，既过于抽象，又不够抽象。他们也不能够科学地运用从抽象上升到具体的方法，因此把简单的、抽象的范畴与复杂的、具体的范畴混为一谈。古典政治经济学家在某种程度上运用了逻辑方法，但是他们的逻辑方法，没有反映历史过程。他们使用了分析方法，但是他们不了解综合在研究社会经

---

① ［瑞士］西斯蒙第：《政治经济学研究》，何钦译，商务印书馆 1989 年版，第 25 页。

济现象过程中的必要性，忽略了运用综合方法。他们所尝试使用的逻辑方法、分析方法和演绎法及归纳法，都是从属于形而上学的方法。他们这种形而上学的研究方法导致他们的理论存在许多无法解决的难题。

第二节　马克思、恩格斯基本观点的发展阶段

马克思、恩格斯摒弃古典政治经济学家所运用的形而上学的方法，批判地继承他们所运用的抽象方法，建立了政治经济学的辩证方法论体系，实现了政治经济学研究方法的革命。

一、19 世纪 40 年代唯物史观的创立

马克思、恩格斯并不是天生的"马克思主义者"。他们来到人世间，同别人一样，展现在他们面前的也是一个已经存在的现实世界，感受到的也是已经存在的精神天地，接受的也是来自家庭、学校和社会的教育。他们也曾接触过那个时代占统治地位的唯心主义，接受过那个时代风行的资产阶级民主主义思潮。

当时，德国最负盛名的哲学家乔·威·费·黑格尔（1770—1831 年），在他那宏大而深邃的哲学体系中，第一次试图把整个自然界、历史和精神的世界描述为一个过程，即把它描写为处在不断的运动、变化、转变和发展中，并企图揭示这种运动和发展的内在联系。肯定事物是普遍运动和发展的，把事物的矛盾看作是运动和发展的内在动力，这种辩证法思想成为黑格尔哲学体系的"合理内核"。但是，黑格尔哲学体系在对历史和时代重大问题的解答上却毫无建树。一方面，黑格尔的辩证法是建立在唯心主义基础之上的，辩证发展的源泉被归结为"绝对精神"，历史发展的动力则被归结为"绝对精神"的作用；另一方面，黑格尔的辩证法也是不彻底的，他在肯定世间万事万物都在发展变化的同时，却断言他的哲学体系是"绝对精神"的

最后体现，普鲁士专制制度是"和谐的"，是德国历史发展的"顶峰"。历史和时代发展的辩证法，被他的唯心主义历史观所扼杀。

这一时期，当欧洲思想界围于黑格尔哲学体系而止步不前时，德国另一位哲学家路·费尔巴哈（1804—1872 年）却独树一帜，大胆地批判了黑格尔的哲学体系，提出了世界是物质的、自然界是不依赖人的意志而独立存在的等唯物主义的基本命题。但是，费尔巴哈的唯物主义是半截的，在对历史和时代问题的回答上，他又退缩到唯心主义立场上。他认定，人类社会发展的阶段性，仅仅是宗教变迁的结果；世界历史的发展是由远离物质经济基础的宗教和抽象的人"爱"所推动的。费尔巴哈在历史观上留有的唯心主义的印记表明，在有关历史和时代的重大问题上，资产阶级哲学大师们已不可能再有什么建树了。

19 世纪 40 年代，马克思、恩格斯已经逐步改造了黑格尔哲学和费尔巴哈哲学。他们一方面逐步吸取了黑格尔哲学的"合理内核"——辩证法，抛弃了它的唯心主义杂质；另一方面，又逐步吸取了费尔巴哈哲学的"基本内核"——唯物主义，抛弃了它的形而上学的糟粕，从而创立了既不同于黑格尔、又不同于费尔巴哈的崭新的辩证唯物主义的世界观。在辩证唯物主义创立之初，马克思、恩格斯就已经给自己提出了用唯物辩证法来研究政治经济学的任务。

二、19 世纪 50 年代总体方法论的形成

《1857—1858 年经济学手稿》生动记录了马克思经济思想过程的重要转折。在这部手稿中，马克思创立了被马克思称作总体方法在内的政治经济学研究的一系列科学方法。

1857 年秋，马克思在《1857—1858 年经济学手稿》写作之初，就从社会生产关系中生产和交换、分配、消费的辩证关系研究入手，对资本主义社会生产关系的内在结构作了新的探索，揭示了资产阶级社会有机体制的最深

层的构造。

在马克思之前，许多经济学家已对生产、分配、交换、消费等范畴作过研究。但是，他们的研究是在缺乏社会生产关系这一既定的结构前提下进行的。因此，他们的研究存在着两个基本的错误倾向：一是把这些范畴并列起来，使社会经济运动过程变成一个无时间秩序的非历史的过程；二是把这些范畴割裂开来，使社会经济运动过程成为各环节互不关联的孤立过程。马克思是在社会生产关系这一既定结构的前提下探讨生产和交换、分配、消费关系的。他认为，人类的物质生产都是"一定社会性质的生产"，"总是指在一定社会发展阶段上的生产"①，这就彻底摒弃了经济学思想史上以孤立的个人为研究出发点的"传统"观点。马克思还认为，在一定的社会生产关系中，生产和分配、交换、消费构成一个"有机整体"，这就是说，"它们构成一个总体的各个环节，一个统一体内部的差别。生产既支配着与其他要素相对而言的生产自身，也支配着其他要素"；"一定的生产决定一定的消费、分配、交换和这些不同要素相互间的一定关系。当然，生产就其单方面形式来说也决定于其他要素"，"不同要素之间存在着相互作用。每一个有机整体都是这样"②。

马克思对社会生产关系内在结构的理解，成为他在"政治经济学的方法"意义上提出总体方法及其基本内容的重要基础。

三、19 世纪 60 年代方法论体系的发展

恩格斯在对马克思《政治经济学批判》第一分册所作的书评中，曾经对马克思所使用的方法作了说明，这就是历史和逻辑相统一的方法。恩格斯认为，采用这一方法时，"逻辑的发展完全不必限于纯抽象的领域。相反，逻辑的发展需要历史的例证，需要不断接触现实"③。因此，马克思主义政治经

---

① 《马克思恩格斯文集》第 8 卷，人民出版社 2009 年版，第 6 页。
② 《马克思恩格斯文集》第 8 卷，人民出版社 2009 年版，第 23 页。
③ 《马克思恩格斯文集》第 2 卷，人民出版社 2009 年版，第 605 页。

济学的方法既不是抽象的演绎法，也不是对现实简单的归纳法，而是在历史、理论和现实统一中的政治经济学方法论体系。这一方法论体系从 19 世纪 50 年代形成起到 60 年代得到多方面的发展，特别是在《1861—1863 年经济学手稿》和《资本论》第一卷德文第 1 版及之后的修订版中得到更为充分的体现。

第三节　马克思、恩格斯的基本观点

一、唯物史观是政治经济学的根本方法

1843 年底，马克思在巴黎开始政治经济学的研究。他首先研读了大量的政治经济学文献，其中既包括亚当·斯密和大卫·李嘉图的著作，也包括当时正活跃在欧洲经济学界的弗·李斯特、约·雷·麦克库洛赫等人的著作。马克思还认真研读了恩格斯的《国民经济学批判大纲》。到 1845 年 11 月离开巴黎前夕，马克思已写了 7 本涉及政治经济学原理、政治经济学史、政治史和现实经济问题的笔记。这些笔记现在被称作《巴黎笔记》。

马克思在 1844 年上半年完成的《1844 年经济学哲学手稿》并不是严格意义上的经济学著作，而是用哲学语言和哲学思维来探讨经济学问题的著作。在对经济学理论的第一次探索中，马克思针对当时社会的主要矛盾，抓住了两个基本范畴展开他的政治经济学批判，一是私有财产，二是异化劳动。马克思认为："正如我们通过分析从异化的、外化的劳动的概念得出私有财产的概念一样，我们也可以借助这两个因素来阐明国民经济学的一切范畴。"①

但是，马克思当时还是一个劳动价值论的异议者。马克思对劳动价值论异议的原因很简单，他认为，李嘉图的劳动价值论抽象了"竞争"这一资本

---

① 《马克思恩格斯文集》第 1 卷，人民出版社 2009 年版，第 167 页。

主义社会最根本也是最重要的因素。如果讨论劳动创造价值问题时，抽象资本主义经济不可须臾离开的竞争，就会变得不可思议了。马克思当时认为，抽象了竞争而得出的劳动价值论的任何结论，都是毫无意义的。这说明，马克思一开始研究政治经济学时，并没有形成政治经济学的独特的方法，即他后来创立的抽象方法。马克思的《1844 年经济学哲学手稿》，突出了对当时社会现实的批判，即私有财产和异化劳动的批判。他主张"从当前的国民经济的事实出发"① 展开对资本主义经济关系现实的批判。对社会现实的批判，成为马克思开始经济学研究的最显著的思想脉络。

《1844 年经济学哲学手稿》对当时社会经济关系的批判没有完成，马克思似乎也感觉到，依靠他当时的理论准备是不可能完成这一批判的。实际上，马克思当时确实还无力打开"市民社会"或当时社会经济关系的"黑箱"。马克思还缺乏政治经济学研究的新的方法。要实现经济学上的科学革命，必须先实现方法论上的科学创新。马克思再次转换思路，在对社会的系统批判中，形成全新的世界观和方法论。这就产生了马克思和恩格斯在 1844 年下半年的完成的《神圣家族》著作和 1845—1846 年写就的《德意志意识形态》手稿。

在《神圣家族》和《德意志意识形态》这两部著述中，马克思和恩格斯形成了理解整个社会的系统方法，以及依据这一方法理解的社会的整体结构。这两部著述奠定了马克思主义唯物史观的基础。唯物史观方法，成为打开经济关系"黑箱"的最有效的工具，以此而形成的一系列新的范畴和概念，成为马克思主义政治经济学范式的基础。

在《神圣家族》中，马克思、恩格斯提出了要从粗糙的物质生产中寻找历史发展的根源这个历史唯物主义的核心问题。在《德意志意识形态》中，他们对物质生产是社会生活基础这一原理作了明确而肯定的概括和表述，提出"它不是在每个时代中寻找某种范畴，而是始终站在现实历史的基础上，

---

① 《马克思恩格斯文集》第 1 卷，人民出版社 2009 年版，第 156 页。

不是从观念出发来解释实践，而是从物质实践出发来解释各种观念形态"①。这就指明了唯物主义历史观和唯心主义历史观的根本不同之处，"这种历史观就在于：从直接生活的物质生产出发阐述现实的生产过程，把同这种生产方式相联系的、它所产生的交往形式即各个不同阶段上的市民社会理解为整个历史的基础，从市民社会作为国家的活动描述市民社会，同时从市民社会出发阐明意识的所有各种不同的理论产物和形式，如宗教、哲学、道德等等，而且追溯它们产生的过程"②。在这里，马克思和恩格斯已经确切地论证和表述了社会存在决定社会意识、经济基础决定上层建筑的思想和原理。

因此，19 世纪 40 年代是马克思、恩格斯在政治经济学研究中形成根本思想方法的重要阶段。正是在唯物史观的基础上，马克思才开始接受劳动价值论，才由一个劳动价值论的异议者转变为劳动价值论的赞成者。

1845 年和 1846 年，是马克思在政治经济研究方法上极其重要的转折点。这时，马克思在政治经济学的初步研究中取得了三个重要的成果。

第一，把唯物史观运用到政治经济学研究上，取得了政治经济学方法上的重大突破，这集中反映在他的《哲学的贫困》中。《哲学的贫困》最大的成就，就是首创了政治经济学的方法。在这部著作中，马克思开始接受李嘉图的劳动价值论。当然，从马克思经济思想的全过程来看，在这部著作中，马克思只是用唯物史观的方法来理解劳动价值论问题，还没有突破李嘉图在劳动价值论上的根本局限。

第二，由于唯物史观的建立，马克思在政治经济学研究中清楚地把握了当时资本主义经济关系的本质，发表了《雇佣劳动与资本》的演讲。这个演讲，抓住了资本主义据此旋转的轴心，即资本与雇佣劳动关系。但是，这个演讲仍然是一种现实的批判，针对现实存在的问题进行的批判，而不是更为深刻的、根本性的理论体系的批判。

---

① 《马克思恩格斯文集》第 1 卷，人民出版社 2009 年版，第 544 页。
② 《马克思恩格斯文集》第 1 卷，人民出版社 2009 年版，第 544 页。

第三，运用政治经济学理论探讨和解决现实经济问题，马克思发表了著名的《关于自由贸易的演说》。当时，英国关于自由贸易问题的争论极其激烈，焦点是两个问题：一个是贸易问题，一个是货币问题。如货币学派和银行学派就是当时货币问题争论的两个主要派别。

这三个成果，反映了唯物史观创立以后，马克思再次研究政治经济学时所发生的重大的变化。作为19世纪40年代马克思、恩格斯经济思想的总结，就是1848年初马克思、恩格斯合著的《共产党宣言》。《共产党宣言》对资本主义经济关系的历史演变作了深刻的论述，这些论述是建立在唯物史观基础上的。《共产党宣言》明确指出："人们的观念、观点和概念，一句话，人们的意识，随着人们的生活条件、人们的社会关系、人们的社会存在的改变而改变。"[①] 因此，"每一历史时代的经济生产以及必然由此产生的社会结构，是该时代政治的和精神的历史的基础"，唯物史观是《共产党宣言》始终贯彻的"基本思想"[②]。

二、政治经济学的总体方法论的基本观点

在《1857—1858年经济学手稿》开篇的《〈政治经济学批判〉导言》中，马克思在分析了社会生产关系的内在结构之后，立即对"政治经济学的方法"问题作了论述。长期以来，人们往往把马克思在这里提出的政治经济学的方法仅仅归结为"从抽象上升到具体的方法"，这是片面的。实际上，"从抽象上升到具体的方法"只是马克思这里提出的总体方法中的一个方面。总体方法有着更广泛、更深刻的内涵。要理解马克思总体方法的实质，首先必须理解构成这一方法论基础的"具体总体"和"思想总体"的序列结构。

19世纪40年代后半期，马克思在批判蒲鲁东主义形而上学的政治经济

---

① 《马克思恩格斯文集》第2卷，人民出版社2009年版，第50页。
② 《马克思恩格斯文集》第2卷，人民出版社2009年版，第9页。

学方法时就已提出："每一个社会中的生产关系都形成一个统一的整体"，但是，单凭主观臆断的"运动、顺序和时间的唯一逻辑公式"，根本无法理解这一客观的"同时存在而又互相依存的社会机体"①。这里已提出了"具体总体"和"思想总体"序列结构理论的基本思想。

在《导言》中，马克思提出了"生产是总体"的命题。这一命题包括两个方面的内容。

第一，生产不仅具有特殊的社会性，而且它本身还是在一种特定的系统中运动，在一个由各生产部门构成的"总体"中运动的。如马克思所指出的："生产也不只是特殊的生产，而始终是一定的社会体即社会的主体在或广或窄的由各生产部门组成的总体中活动着。"②

第二，这一"总体"内部的各个构成部分，并不是一种并列的关系，而是一种有序的结构关系。这是因为："在一切社会形式中都有一种一定的生产决定其他一切生产的地位和影响，因而它的关系也决定其他一切关系的地位和影响。这是一种普照的光，它掩盖了一切其他色彩，改变着它们的特点。这是一种特殊的以太，它决定着它里面显露出来的一切存在的比重。"③

在资本主义生产总体中，资本就是这种"普照的光"，就是这种"特殊的以太"，就是资产阶级社会中支配一切的经济权力。对此，马克思进一步作了补充说明："在资本处于支配地位的社会形式中，社会、历史所创造的因素占优势。不懂资本便不能懂地租。不懂地租却完全可以懂资本。资本是资产阶级社会的支配一切的经济权力。它必须成为起点又成为终点。"④

一定社会的关系中的"总体"，马克思常常称之为"具体总体"。在"现实的人"面前，这种"具体总体"一开始往往表现为"一个浑沌的关于整体的表象"。只有经过思维加工，并且在思维中作为一个精神上的具体再现出来

① 《马克思恩格斯文集》第1卷，人民出版社2009年版，第603—604页。
② 《马克思恩格斯文集》第8卷，人民出版社2009年版，第10页。
③ 《马克思恩格斯文集》第8卷，人民出版社2009年版，第31页。
④ 《马克思恩格斯文集》第8卷，人民出版社2009年版，第31—32页。

时，它才成为"一个具有许多规定和关系的丰富的总体"。正是在这一意义上，马克思指出："具体总体作为思想总体、作为思想具体，事实上是思维的、理解的产物；但是，决不是处于直观和表象之外或驾于其上而思维着的、自我产生着的概念的产物，而是把直观和表象加工成概念这一过程的产物。"①

因此，一方面，"思想总体"起始于"具体总体"，严格地说，起始于"一个浑沌的关于整体的表象"；另一方面，"思想总体"又再现出"具体总体"，严格地说，再现出"一个具有许多规定和关系的丰富的总体"。显然，这种再现绝不是简单的摹写，而是经过人的思维所"专有的方式"掌握世界的产物。这种人脑的"专有的方式"，或者说是现实的人所运用的"理论方法"，就是马克思所谓的总体方法。

以上的分析表明，马克思在对政治经济学作了多年探讨（马克思认为这是他一生的"黄金时代"）之后，在对"具体总体"和"思想总体"序列结构深入理解的基础上，才明确地提出总体方法的。马克思关于总体方法的基本要点可以概括如下。

第一，作为政治经济学对象的"具体总体"，是社会关系整体这一大系统中的一个最深层的结构。在从 1843 年到 1858 年长达 15 年的理论研究中，马克思对"具体总体"有了两个根本方面的认识：

一方面，马克思已认识到社会生产关系这一"具体总体"在整个资产阶级社会关系总体中的地位，它是社会关系总体的一个有机组成部分，是这一社会关系总体的基础，是理解社会关系整体这一大系统全部秘密的出发点。

另一方面，马克思已揭示了社会生产关系这一"具体总体"的内在结构。马克思既深入理解了资本主义经济中异化劳动、私有制和社会生产关系的内在联系，又完全搞清了社会生产关系中生产和交换、分配、消费的有机联系。由此可见，马克思已完成了对作为政治经济学对象的"具体总体"的两个重要的"限定"：一是从社会整体结构中分离出"社会生产关系"这一

---

① 《马克思恩格斯文集》第 8 卷，人民出版社 2009 年版，第 24—25 页。

相对独立的层次结构，马克思在 19 世纪 40 年代后半期已理解了这一点；二是深入社会生产关系结构内部，揭示出结构内部各要素的有序运动的基本性质，马克思在 19 世纪 50 年代末期写作《导言》时已理解了这一点。

第二，"思想总体"对"具体总体"的再现是一个过程，这一过程"决不是具体本身的产生过程"，而"只是思维用来掌握具体并把它当作一个精神上的具体再现出来"的过程。作为这一过程结果的"具体总体"，是经过"加工"的、是"思维着的头脑的产物"。马克思在"思想总体"再现"具体总体"过程中创立了独特的总体方法。

第三，"思想总体"对"具体总体"的再现，是由一系列经济范畴来构造和完成的。这些范畴的最突出的特征在于：

其一，范畴所反映的"主体"及范畴本身的既定性。马克思指出："在研究经济范畴的发展时，正如在研究任何历史科学、社会科学时一样，应当时刻把握住：无论在现实中或在头脑中，主体——这里是现代资产阶级社会——都是既定的。"[1]

其二，范畴所反映的"主体"的局部性和单面性。马克思多次提到，"范畴表现这个一定社会即这个主体的存在形式、存在规定、常常只是个别的侧面"，总体内的任何一个范畴都只是"作为一个具体的、生动的既定整体的抽象的单方面的关系而存在"[2]。

其三，在总体内，范畴的先后次序的排列并不取决于它们在历史上起决定作用的先后次序，而是"由它们在现代资产阶级社会中的相互关系决定的"，是"在于它们在现代资产阶级社会内部的结构"[3]。

马克思在《导言》中对总体范畴特征的这些界定，在以后运用总体方法建立资本主义经济学理论体系过程中又有了进一步的发展。在《导言》中，马克思只是论述了总体方法的一般规定性。总之，《导言》对政治经济

---

[1] 《马克思恩格斯文集》第 8 卷，人民出版社 2009 年版，第 30 页。
[2] 《马克思恩格斯文集》第 8 卷，人民出版社 2009 年版，第 30、25 页。
[3] 《马克思恩格斯文集》第 8 卷，人民出版社 2009 年版，第 32 页。

学的方法作了科学的论述，这是马克思一生对这一问题所作的唯一的周详论述，马克思通过对"具体总体"和"思想总体"序列结构的论述，提出他所作称的总体方法，提出了建立政治经济学理论体系的"抽象上升到具体"的方法等。马克思总体方法在《资本论》创作过程中得到了最充分的运用，并在最后完成的《资本论》第一卷及以后几卷的手稿中得到更为完善的体现。

三、政治经济学的研究方法和叙述方法

在《资本论》第一卷德文第一版的"序言"（写于 1867 年）和"第二版跋"（写于 1873 年）中，马克思对政治经济学方法论作过更为广泛的阐释。他认为："分析经济形式，既不能用显微镜，也不能用化学试剂。二者都必须用抽象力来代替。"[①] 他提出："在形式上，叙述方法必须与研究方法不同。研究必须充分地占有材料，分析它的各种发展形式，探寻这些形式的内在联系。只有这项工作完成以后，现实的运动才能适当地叙述出来。这点一旦做到，材料的生命一旦在观念上反映出来，呈现在我们面前的就好像是一个先验的结构了。"[②] 马克思认为，政治经济学并不是从"先验的"材料出发，而是从实在的经济现实出发的。研究方法按其过程可以分作三个主要环节，这也是研究方法的三个基本要素：一是充分地占有材料；二是分析所有材料的各种发展形式；三是寻求这些形式的内在联系。在研究方法和叙述方法的关系中，研究过程的结果是叙述过程的起端，只有运用研究方法得出的理论结论，才有叙述方法的理论阐述和理论体系呈现。

研究方法和叙述方法，实际地涵盖了马克思政治经济学方法论的主要方面。在《导言》中，马克思集中于"抽象上升到具体"方法，亦即叙述方法

[①] 《马克思恩格斯文集》第 5 卷，人民出版社 2009 年版，第 8 页。
[②] 《马克思恩格斯文集》第 5 卷，人民出版社 2009 年版，第 21—22 页。

的概述。在《导言》之外的其他的政治经济学著述中，马克思对研究方法也作过多方面的阐释。择其要义，一是提出现象具体和规律一般关系的方法问题。马克思在《1861—1863 年经济学手稿》中指出："不言而喻，应当时刻记住，一旦在我们面前出现某种具体的经济现象，决不能简单地和直接地用一般的经济规律来说明这种现象……如果我们没有事先对那些比我们这里现有的关系远为具体的关系进行研究，就连解释这些情况也是不可能的。"① 任何规律都是对具体事物的一般性的、共同性的认识和提炼，很显然，对于具体事物是不能直接用这些规律来解释的，因为这些具体事物有着许多未被规律提炼的、在规律之外的更为丰富的复杂的因素或规定。只有把这些复杂的因素或规定一一加以考察之后，才可能得出可信的适合于复杂现象的结论。经济规律不能简单地、直接地说明任一特定的经济现象，只有在对某一特定经济现象的具体关系作了更多研究之后，经济规律才可能作出一定程度的"说明"和"解释"。

二是对"历史哲学"和"万能钥匙"的贬谪。对"历史哲学"和"万能钥匙"的评说，是马克思对政治经济学研究方法的重要概述。马克思晚年时，欧洲的许多社会主义者把《资本论》第一卷中的一些重要论断看作是一把"万能钥匙"，认为这些论断不管拿到哪个国家或者针对哪种情况都直接是有效的。马克思极力反对这种"万能钥匙"的说法。他指出："极为相似的事变发生在不同的历史环境中就引起了完全不同的结果。如果把这些演变中的每一个都分别加以研究，然后再把它们加以比较，我们就会很容易地找到理解这种现象的钥匙。"他认为："使用一般历史哲学理论这一把万能钥匙，那是永远达不到这种目的的，这种历史哲学理论的最大长处就在于它是超历史的。"② 在研究方法中，不存在一般的"历史哲学"，不存在适用于任何历史环境、解释所有社会现象的"万能钥匙"。

---

① 《马克思恩格斯文集》第 8 卷，人民出版社 2009 年版，第 318 页。
② 《马克思恩格斯文集》第 3 卷，人民出版社 2009 年版，第 466—467 页。

三是"原生类型"和"次生类型"的关联及其"中介"问题。在对研究方法的阐述中,马克思提道:"把所有的原始公社混为一谈是错误的;正像在地质的层系构造中一样,在历史的形态中,也有原生类型、次生类型、再次生类型等一系列的类型。"[①] 在对同一类型事物的研究中,比如,在对原始公社的研究中,不能把发生在不同国家、不同民族以及不同时期的历史事实看成是一成不变的,它也同地质层系构造一样,具有"原生类型""次生类型"和"再次生类型"等形态,亦即会有不同于一般形态的多种转化形态。假如把原始公社中的"原生类型""次生类型"和"再次生类型"混为一谈,看成是一个无差别的历史事实,就会抹杀存在于不同国家、民族以及不同历史时期的历史事实的差别,进而违背历史的多样性的特殊性原则。同时,也就会抹杀存在于不同国家、民族以及不同时期的历史事实的转化关系,进而违背历史发展规律的同一性的一般性原则。

历史事实中的"原生类型""次生类型"和"再次生类型"之间,既存在多样性和差别性,同时也存在可转化性和关联性。"次生类型"和"再次生类型"是"原生类型"的"转型",是经过一系列中介环节和中介过程的转化形态。马克思在揭示李嘉图政治经济学方法的失误时曾指出:"如果想不经过任何中介过程就直接根据价值规律去理解这一现象……就是一个比用代数方法或许能求出的化圆为方问题更困难得多的问题。"[②] 假如在"原生类型""次生类型"和"再次生类型"之间,没有中介环节和中介过程,就不可能认识它们之间的同一性和差异性。"原生类型"和"次生类型""再次生类型"之间存在的是事物的转型关系,对这种关联性的探索,在研究方法意义上,最根本的就是探索事物"转型"的中介环节和中介过程问题。研究方法就是要探明"原生类型"和"次生类型"、"再次生类型"之间的转化关系。"原生类型"和"次生类型""再次生类型"之间的转化过程是历时性的,是

---

① 《马克思恩格斯文集》第3卷,人民出版社2009年版,第581页。
② 《马克思恩格斯全集》第26卷第3册,人民出版社1974年版,第90页。

存在于历史上的中介过程，在现实中这一中介过程不再存在。科学就是要发现这些中介环节和中介过程。只有在研究过程中把这些中介环节和中介过程加以发现，才能在叙述过程中阐明它们是怎么一步步实现从"原生类型"到"次生类型""再次生类型"转化的。在研究过程中，如果缺乏对中介、中介过程、中介环节的研究，叙述过程中理论体系的内在逻辑性也就消失了。

马克思对研究方法和叙述方法的统一性问题也作过多方面的阐释。在《资本论》第一卷论及"商品的拜物教性质及其秘密"时，他谈道："对人类生活形式的思索，从而对这些形式的科学分析，总是采取同实际发展相反的道路。这种思索是从事后开始的，就是说，是从发展过程的完成的结果开始的。"[1] 事物的发生、发展是由简单到复杂的过程，但是人的思维正好相反，它是从一个已经形成的复杂的状态开始，即"从事后"对事物进行分析，从已经形成的复杂形态逐次追溯它的来源，所以只停留在事物已经成熟现象上的研究是得不出科学结论的，必须"从后思索"，去追溯事物的起源，揭示事物的本质。

马克思所说的"从后思索"方法，是人类特有的思维方式，也是政治经济学和其他社会科学探究的主要方法。马克思对此作过形象的比喻："蜘蛛的活动与织工的活动相似，蜜蜂建筑蜂房的本领使人间的许多建筑师感到惭愧。但是，最蹩脚的建筑师从一开始就比最灵巧的蜜蜂高明的地方，是他在用蜂蜡建筑蜂房以前，已经在自己的头脑中把它建成了。"[2] 人的思维同其他任何动物不一样的是，蜜蜂建造蜂房是它的本能，它在建造时并不知道未来的蜂房是怎样的；然而最蹩脚的建筑师在建造房子的时候，他的头脑中已经有了想要建造的房子的样式。最蹩脚的建筑师建造的房子可能没有蜂房漂亮，但最蹩脚的建筑师的作品却是思维的结果。

在这之前，马克思还有过类似的说法，他提道："正如一切科学的历史

---

① 《马克思恩格斯文集》第 5 卷，人民出版社 2009 年版，第 93 页。

② 《马克思恩格斯文集》第 5 卷，人民出版社 2009 年版，第 208 页。

进程一样，总要经过许多曲折，才能达到它们的真正出发点。科学和其他建筑师不同，它不仅画出空中楼阁，而且在打下地基之前就造起大厦的各层住室。"①政治经济学在阐释理论、建立体系时，实际上已经对这一理论或理论体系的内容有了充分的理解，对理论和范畴之间的关系、理论和范畴之间的演进及逻辑也已经有了一个较为完整的理解。理论体系是建立在理论原理和范畴探究基础上的，而理论原理和范畴探究是在研究过程和叙述过程中完成的，体现了研究方法和叙述方法的内在统一性。

四、政治经济学方法论在《资本论》中的运用

在马克思的总体方法中，作为结构要素的范畴同时也是构成"思想总体"的要素，其最显著的特征就是范畴的完备性。在马克思经济思想过程中，特别是在 19 世纪 60 年代《资本论》的创作过程中，马克思对总体结构中范畴的完备性问题作过多方面的论述，其中最重要的是以下三个方面的论述。

第一，构成政治经济学对象的范畴，如商品、价值、货币劳动等，并不是资本主义社会所专有的。在资本主义生产方式产生以前，这些范畴在漫长的历史过程中就有过程度不同的发展。就此而言，这些范畴确实表现为"历史关系的产物"。但是，构成总体要素的范畴并不是历史上正在形成中的范畴，而是"历史上最发达的和最复杂的生产组织"中最成熟、最完备的范畴。这就如马克思在提到劳动范畴时所强调的："最一般的抽象总只是产生在最丰富的具体发展的场合。"在他看来，劳动范畴"这个被现代经济学提到首位的、表现出一种古老而适用于一切社会形式的关系的最简单的抽象，只有作为最现代的社会的范畴，才在这种抽象中表现为实际上真实的东西"②。

但是，"最现代的社会"意义上的范畴，并没有断开历史的链环；相反，

---

① 《马克思恩格斯全集》第 31 卷，人民出版社 1998 年版，第 451 页。
② 《马克思恩格斯文集》第 8 卷，人民出版社 2009 年版，第 28—29 页。

它要极力映现范畴在历史上的发展轨迹。这是因为，一方面，完备的范畴中留下的历史印迹对探索过去社会中范畴的发展过程具有重要的意义。马克思曾形象地说明过这样的道理："人体解剖对于猴体解剖是一把钥匙。反过来说，低等动物身上表露的高等动物的征兆，只有在高等动物本身已被认识之后才能理解。"① 另一方面，完备范畴自身的完善过程也是范畴在历史上的形成过程。在《资本论》第一卷第 1 章论述"价值形式或交换价值"时，马克思通过对价值形式历史发展阶段的研究，考察了完备的价值范畴的完善过程。

马克思认为，在简单价值形式中，一种商品与另一种商品的价值关系纯粹是偶然的，这时价值并没有获得自身的完整的规定性，它只是价值形式发展的"胚胎形式"。在扩大的价值形式中，一种商品的价值才完全地同自身的使用价值区别开来，价值本身才是真正表现为无差别的人类劳动的凝结。最后，只有在一般价值形式中，劳动产品才真正作为商品、作为价值互相发生关系。这时，物化在商品价值中的劳动，"不仅消极地表现为被抽去了实在劳动的一切具体形式和有用属性的劳动。它自身的积极的性质也清楚地表现出来了。这就是把一切实在劳动化为它们共有的人类劳动的性质，化为人类劳动力的耗费"②。

只有通过一般价值形式这一"自身的结构"，价值才真正表现出"劳动的特殊的社会性质"③。因此，在简单价值形式和扩大的价值形式中，价值范畴只具有局部的、不完备的规定性；价值形式的历史发展过程也是价值范畴的完备过程，只有在一般价值形式中，价值范畴才获得了全部的、完备的规定性。

第二，在既定的研究对象中，范畴的完备性就是范畴内在规定的纯粹性和一般性。对此，马克思强调："在进行这种一般研究的时候，我们总是假定，各种现实关系是同它们的概念相符合的，或者说，所描述的各种现实关

---

① 《马克思恩格斯文集》第 8 卷，人民出版社 2009 年版，第 29 页。

② 《马克思恩格斯文集》第 5 卷，人民出版社 2009 年版，第 83 页。

③ 《马克思恩格斯文集》第 5 卷，人民出版社 2009 年版，第 89 页。

系只是表现它们自身的一般类型的。"① 这时，不是根据现实关系来"修正"范畴，而是令现实关系不断地趋于纯粹形态，排除一切中间的、混杂的形态；同时，还要令现实关系典型化，即"使社会的一切要素从属于自己，或者把自己还缺乏的器官从社会中创造出来"②。例如，马克思在《资本论》中就假定，存在于资本主义社会中的一切生产关系形式，都纯粹化为一种一般的资本主义生产关系形式。因此，《资本论》专注于考察一种典型的资本主义生产关系，即器官齐备的资本主义生产资料私有制形式，把 19 世纪中期现实资本主义经济中多种所有制形式完全抽象掉。当然，这绝不是说，当时的资本主义生产方式中只存在着这种纯粹的资本主义私有制。实际上，资本主义现实中仍然存在着大量的"中间类型"或"混合类型"③ 的所有制形式，例如，存在着不直接隶属于资本的小私有制，存在着隶属于资本的但以家庭劳动为主体的小生产私有制，存在着资本的监督劳动性质已经消失的"工人自己的合作工厂"④ 等等。

第三，总体结构中范畴所具有的一般性、纯粹性的特点，决定了总体结构范畴的"还原性"，即如马克思本人所提醒人们注意的："不言而喻，应当时刻记住，一旦在我们面前出现某种具体的经济现象，决不能简单地和直接地用一般的经济规律来说明这种现象……如果我们没有事先对那些比我们这里现有的关系远为具体的关系进行研究，就连解释这些情况也是不可能的。"⑤

换句话说，总体结构中的范畴并不是为直接解释具体的经济现象而设计的。断定总体结构中的任一范畴都具有直接的可操作性，实际上是一种幼稚的思想方法，是与马克思的总体方法相悖的。经济范畴作为总体结构的要素，只有在结构中才有确定的完备的意义。

---

① 《马克思恩格斯文集》第 7 卷，人民出版社 2009 年版，第 160 页。
② 《马克思恩格斯全集》第 30 卷，人民出版社 1995 年版，第 237 页。
③ 《马克思恩格斯全集》第 30 卷，人民出版社 1995 年版，第 507 页。
④ 《马克思恩格斯文集》第 7 卷，人民出版社 2009 年版，第 499 页。
⑤ 《马克思恩格斯文集》第 8 卷，人民出版社 2009 年版，第 318 页。

构成总体结构的要素是范畴，而范畴间的相互联系、相互作用则决定了总体结构的性质。在马克思的总体方法中，范畴间在总体结构中的相互联系、相互作用，首先表现为范畴转换的有序性。

在对范畴转换有序性的论述中，马克思强调了两个基本的观点：

第一，在总体结构中，范畴的次序不能按照它们在历史上起决定作用的先后次序来排列，而完全取决于它们在现代资产阶级社会内部结构中的地位。马克思就是以这一基本观点来确立经济学范畴体系的。例如，产业资本、商业资本和借贷资本范畴分别反映了资本的三种不同的特殊构成形式的本质规定性。在这三个范畴中，商业资本和借贷资本（以生息资本的形式）尽管先于产业资本存在，它们是历史上最古老的资本形式，但在资本主义生产方式这一既定的主体中，马克思指出："产业资本是在资产阶级社会占统治地位的资本主义关系的基本形式，其他一切形式都不过是从这个基本形式派生的，或者与它相比是次要的。"[1] 产业资本使商业资本和借贷资本表现为从属于自己的资本形式，并使后者转化为产业资本的"派生的或特殊的职能"。显然，范畴间排列次序的变化，改变着总体结构的性质。

第二，在一定限度内，范畴转换的有序性与现实历史过程中范畴的发展次序具有同时性。马克思认为，在历史发展过程中，比较简单的范畴往往先于具体范畴之前而存在，如商品在货币之前就已存在，货币在资本之前就已存在。然而，比较简单的范畴只有在最发达的社会形态中才能表现出它的充分的力量，也就是说，它只有在比较具体的范畴得到充分发展的时候，才能成为"实际真实的东西"，才能显现出自身的特殊规定性。而且，这些特殊规定性，往往成为比较具体的范畴的规定性中最根本的部分。例如货币只是一种充当一般等价物的特殊商品，而资本作为货币的发展形式，最初具有的就是能使价值得到增殖的规定性。范畴转换的有序性不仅解决了马克思经济学体系从抽象上升到具体这一结构中层次转换关系，而且也提出了同一层次

---

① 《马克思恩格斯全集》第 26 卷第 3 册，人民出版社 1974 年版，第 518—519 页。

间规定性不同的范畴之间的转换关系。

在《资本论》中，与剩余价值范畴有关，存在着两个重要的序列转化关系：其一，在从"资本一般"转化为资本特殊的过程中，马克思探讨了剩余价值一般向剩余价值"第二级的、派生的和变形的形式"——利润、利息、地租等等的序列转化过程。马克思认为："只要知道了剩余价值的各个规律，利润率是容易理解的。如果走相反的道路，则既不能了解前者，也不能了解后者。"①

在对范畴转换有序性的论述中，马克思还提出了耦合范畴间转化关系的"中介"理论。在《资本论》理论结构中，生产价格是较复杂、较具体的范畴，而价值则是较简单的、较抽象的范畴。在资本主义经济现实中，价值转化为生产价格，要借助于资本主义内部生长起来的一系列经济机制的完善和发展；在理论结构中，价值范畴转化为生产价格范畴就要借助于一系列的"中介环节""中介过程"。在"具体总体"中，"中介运动在它本身的结果中消失了，而且没有留下任何痕迹"②。但是，在"思想总体"中，马克思认为："如果想不经过任何中介过程就直接根据价值规律去理解这一现象……这就是一个比用代数方法或许能求出的化圆为方问题更困难得多的问题。"③

在经济思想史上，阻碍斯密、李嘉图这样一些杰出的政治经济学家理解生产价格本质的原因之一，就是他们根本没能认识范畴序列转化过程中"中介"的耦合作用。马克思认为，斯密"不通过任何中介环节，直接就把剩余价值同更发展的形式即利润混淆起来了"④；而李嘉图的失误则在于："李嘉图不应该先假定这种一般利润率，相反，他倒是应该研究一般利润率的存在究竟同价值决定于劳动时间这一规定符合到什么程度，这样，他就会发现，一般利润率同这一规定不是符合的，乍看起来倒是矛盾的，所以一般利润率的存在还须要通过许多中介环节来阐明，而这样做与简单地把它归到价值规律

---

① 《马克思恩格斯文集》第 5 卷，人民出版社 2009 年版，第 249 页注释 28。
② 《马克思恩格斯文集》第 5 卷，人民出版社 2009 年版，第 112 页。
③ 《马克思恩格斯全集》第 26 卷第 3 册，人民出版社 1974 年版，第 90 页。
④ 《马克思恩格斯全集》第 26 卷第 1 册，人民出版社 1972 年版，第 69 页。

下是大不相同的。"①

马克思就是通过对一系列"中介环节"和"中介过程"的探讨，如对剩余价值转化为利润、剩余价值率转化为利润率、利润率转化为平均利润率、利润转化为平均利润、竞争的两种形式、两种"有机构成"（由生产过程决定的不变资本和可变资本的有机构成、由流通过程决定的固定资本和流动资本的有机构成）等的探讨，才科学地阐明价值范畴到生产价格范畴序列转化过程的。

在"思想总体"范畴间的相互联系、相互作用过程中，不仅存在着范畴转换的有序性，而且还存在着范畴运动的"关联性"。这里"关联性"是指范畴运动中的同时性和历时性的统一。

马克思在写作《资本论》第 2 卷"第 I 稿"（写于 1864 年）时，提出了"关联性"的基本思想。他认为，为保证社会资本再生产过程的顺利进行，就必须保证社会资本运动中两个方面的统一性：一是"作为整体来看的再生产过程的平行性"，这就是说，整个再生产过程可以归结为"给每种商品提供不同生产要素的各生产过程的彼此并存和同时性"；二是"生产流程的逐步升级的相继性"，这就是说，由平行的生产过程所生产的不同商品是彼此联系在一起，互相制约着的，"这些过程实际上是按照上升序列彼此依次进行的各生产阶段的序列，以致后一阶段是把前一阶段引向前进并受前一阶段的制约"②。

在总体结构中，平行性主要表现为生产过程和流通过程的同时性，资本循环各种形式运动的同时性；相继性主要表现为同一资本循环形式中购买阶段、生产阶段和销售阶段的历时性。

在由恩格斯最后编辑出版的《资本论》第二卷中可以看到，马克思对"关联性"的思想作了进一步的论述。马克思认为，"资本作为整体是同时地、在空间上并列地处在它的各个不同阶段上"。一方面，单个资本的循环，作

---

① 《马克思恩格斯全集》第 26 卷第 2 册，人民出版社 1973 年版，第 192 页。
② 《马克思恩格斯文集》第 8 卷，人民出版社 2009 年版，第 570—571 页。

为社会总资本的局部运动过程，必须保持运动的连续性。这种连续性是资本主义生产的特征，是由资本主义生产的技术基础决定的。但是，这种连续性绝不总是可以无条件地达到的，它是由社会总资本各局部的并列存在为基础的。另一方面，尽管社会总资本各局部的并列性决定了资本循环的连续性，但是，这种并列性只是各部门资本实现相继性的结果，"相继进行一停滞，就使并列存在陷于混乱"①。因此，在总体结构中，资本的整体运动过程，必须是范畴的同时性和历时性运动的统一，也必然是同时性范畴运动和历时性范畴运动的统一。

在这里，我们以《资本论》中资本原始积累和资本积累这两个范畴之间的转换关系为例，来说明总体结构中范畴运动的关联性。马克思认为，资本主义生产方式生成和发展的历史表明："原始积累应当同资本积累区别开；后者以资本为前提，以现存的资本的关系为前提，因而也就是以资本同劳动、价格（固定资本和流动资本）、利息以及利润的关系为前提。但是，为要生成资本，就要以一定的积累为前提，这种积累已经包含在对象化劳动与活劳动的独立的对立中，包含在这种对立的独立存在中。这种积累是生成资本所必需的，因而已经作为前提，即作为一个因素包含在资本的概念中。"② 资本原始积累和资本积累的这种历史关系，在《资本论》总体结构中表现为以下两个特点。

第一，资本原始积累范畴和积累范畴历时性的特点。马克思认为，资本原始积累是属于"资本的洪水期前"的过程，属于"资本的历史前提"，"这些前提作为这样的历史前提已经成为过去，因而属于资本的形成史，但决不属于资本的现代史，也就是说，不属于受资本统治的生产方式的实际体系"。因此，在"受资本统治的生产方式的实际体系"中，资本为了生成不再从前提出发，而是"它从它自身出发，自己创造出保存和增殖自己的前提"。马

---

① 《马克思恩格斯文集》第 6 卷，人民出版社 2009 年版，第 120—121 页。

② 《马克思恩格斯全集》第 30 卷，人民出版社 1995 年版，第 280 页。

克思举例说，资本原始积累作为"资本生成的史前阶段，就像地球从流动的火海和气海的状态变为地球现在的形态所经历的过程，处于已经形成的地球的生命的彼岸一样"①。因此，单纯从范畴的历时性考察，资本原始积累似乎应该被排斥在资本主义经济关系的总体结构之外。

第二，按照马克思政治经济学方法，在对资本主义经济关系的研究中，"历史考察必然开始之点，或者说，表明仅仅作为生产过程的历史形式的资产阶级经济，超越自身而追溯到早先的历史生产方式之点"②。因此，原始积累范畴的历时性，并不会妨碍这一范畴进入总体结构的考察范围。相反，在总体结构展开的一定点上，原始积累会作为资本积累的同时性范畴，形成这两个范畴之间的新的运动序列。

通过对原始积累范畴历时性和同时性相结合的考察，可以从两个方面深化对总体结构的认识：一方面，深化了总体运动连续性的认识。马克思认为，对原始积累和积累范畴历时性的考察，可以得出一些"原始的方程式"，这些方程式会"说明这个制度以前存在的过去"，这些对过去的研究和"对现代的正确理解"结合在一起，为我们提供了"一把理解过去的钥匙"。另一方面，深化了对总体运动趋势的认识。因为这种考察"预示着生产关系的现代形式被扬弃之点，从而预示着未来的先兆，变易的运动"③。

资产阶级政治经济学在对资本原始积累和资本积累范畴历时性和同时性关系的理解中，存在着两种错误的倾向：一是否定原始积累范畴和资本积累范畴之间历时性的关系，进而把资本积累看作是资本运动的"永恒的和自然的"形式；二是夸大这两个范畴的同时性关系，"把资本生成的条件说成是资本现在实现的条件"，马克思把这两种错误倾向斥为"用心不良"的"辩护"④。

实际上，马克思对总体结构中范畴运动关联性的论述，也为我们理解

① 《马克思恩格斯文集》第 8 卷，人民出版社 2009 年版，第 108—109 页。
② 《马克思恩格斯文集》第 8 卷，人民出版社 2009 年版，第 109 页。
③ 《马克思恩格斯文集》第 8 卷，人民出版社 2009 年版，第 109—110 页。
④ 《马克思恩格斯文集》第 8 卷，人民出版社 2009 年版，第 109 页。

"思想总体"中历史和逻辑之间统一性的关系开辟了更为广阔的思路。历史和逻辑的统一性问题，实质上就是范畴的历时性和同时性相统一的问题。

总之，要对社会经济过程进行科学的分析并予以科学的反映，除了运用从具体到抽象的方法和从抽象到具体的方法外，还要借助于逻辑和历史的方法、分析和综合的方法、演绎和归纳的方法，这些方法都从属于辩证法，构成辩证方法论的体系。马克思、恩格斯纠正了古典政治经济学家尝试使用由具体到抽象和由抽象到具体的方法时存在的形而上学的缺陷，辩证地运用了这两个方法，建立和发展了辩证的方法论体系，把从具体到抽象的方法和从抽象到具体的方法有机地结合起来，科学地反映了社会经济过程，揭示了社会经济运动的规律。

第四节　列宁的基本观点

列宁认为政治经济学的方法是对普遍而基本的、复杂而充满矛盾的经济现象的规律性进行分析的辩证方法，他的基本观点体现在他的相关论著中。

1894 年，列宁在《什么是"人民之友"以及他们如何攻击社会民主主义者?》一文中谈道："显而易见，马克思关于社会经济形态发展的自然历史过程这一基本思想，从根本上摧毁了这种以社会学自命的幼稚说教。马克思究竟是怎样得出这个基本思想的呢? 他做到这一点所用的方法，就是从社会生活的各种领域中划分出经济领域，从一切社会关系中划分出生产关系，即决定其余一切关系的基本的原始的关系。"[1]他接着指出："马克思和恩格斯称之为辩证方法（它与形而上学方法相反）的，不是别的，正是社会学中的科学方法，这个方法把社会看做处在不断发展中的活的机体（而不是机械地结合起来因而可以把各种社会要素随便配搭起来的一种什么东西），要研究这个机体，就必须客观地分析组成该社会形态的生产关系，研究该社会形态的

---

① 《列宁专题文集　论辩证唯物主义和历史唯物主义》，人民出版社 2009 年版，第 158 页。

活动规律和发展规律。"①

1898 年，列宁在《书评》中批判了一般政治经济学入门书的缺点，对马克思主义政治经济学方法的基础——唯物史观的科学性作了阐释。列宁认为，流行的一般政治经济学入门书的缺点，"主要不在于通常只谈一种社会经济制度（即资本主义），而在于它们不会把读者的注意力集中到这个制度的根本特点上去；不会清楚地确定这个制度的历史意义，指出这个制度的产生过程（和条件）以及今后的发展趋势；不会把现代经济生活中的各个方面和各种现象看成是一定社会经济制度的组成部分，看成是这个制度的根本特点的表现；不会给读者可靠的指导，因为它们的思想通常不能贯串始终；最后，它们不会启发学习的人的兴趣，因为它们非常狭隘和缺乏联系地去理解各个经济问题的意义，把经济、政治、道德等等'因素''诗意般地混杂'在一起。只有唯物主义历史观才能澄清这种混乱，才能广泛地、有条理地、精明地观察社会经济的特定结构，把它看作人类整个社会生活特定结构的基础"②。

1914 年，列宁在介绍《卡尔·马克思》的传记文章中，对马克思主义政治经济学的总体方法论作了阐释。列宁指出："马克思主义则指出了对各种社会经济形态的产生、发展和衰落过程进行全面而周密的研究的途径，因为它考察了所有各种矛盾的趋向的总和，把这些趋向归结为可以准确测定的、社会各阶级的生活和生产的条件，排除了选择某种'主导'思想或解释这种思想时的主观主义和武断态度，揭示了物质生产力的状况是所有一切思想和各种不同趋向的根源。人们自己创造自己的历史，但人们即群众的动机是由什么决定的，各种矛盾的思想或意向间的冲突是由什么引起的，一切人类社会中所有这些冲突的总和是怎样的，构成人们全部历史活动基础的、客观的物质生活的生产条件是怎样的，这些条件的发展规律是怎样的，——马克思对这一切都注意到了，并且指出了科学地研究历史这一极其复杂、充满

---

① 《列宁专题文集 论辩证唯物主义和历史唯物主义》，人民出版社 2009 年版，第 185 页。
② 《列宁全集》第 4 卷，人民出版社 1984 年版，第 3 页。

矛盾而又是有规律的统一过程的途径。"①

列宁对总体方法论的科学性作了比较说明，认为"马克思把经济科学推进了一大步，这表现在他是根据普遍的经济现象，根据社会经济的全部总和来分析问题，而不是像庸俗政治经济学或现代的'边际效用论'那样，往往只根据个别偶然现象或竞争的表面现象来分析问题"②。

1915 年，列宁在《谈谈辩证法问题》和《黑格尔辩证法（逻辑学）的纲要》中，对马克思主义政治经济学方法的逻辑起点问题和哲学方法论基础问题作了阐释。列宁指出："马克思在《资本论》中首先分析资产阶级社会（商品社会）里最简单、最普通、最基本、最常见、最平凡、碰到过亿万次的关系：商品交换。这一分析从这个最简单的现象中（从资产阶级社会的这个'细胞'中）揭示出现代社会的一切矛盾（或一切矛盾的萌芽）。"③列宁认为："在《资本论》中，唯物主义的逻辑、辩证法和认识论不必要三个词：它们是同一个东西都应用于一门科学。"④列宁关于辩证法、认识论和逻辑学三者同一的思想，指明了这三者的同一不是抽象的同一，而是具体的同一，三者同一于辩证唯物主义之中。辩证法即唯物辩证法，是揭示客观世界发展的一般理论，这里着重于本体论方面；辩证唯物主义的认识论，对哲学基本问题的正确解决，说明认识的本质、认识的条件及其发展历史，这里强调的是认识论方面；辩证唯物主义的逻辑，即辩证逻辑，着重研究的是反映客观物质世界的辩证发展规律的思维规律和思维形式。列宁关于辩证法、认识论和逻辑学三者同一的思想，科学地揭示了马克思主义的辩证唯物主义哲学的内容以及世界观和方法论的一致性，也是列宁对马克思主义政治经济学方法的科学概括。

---

① 《列宁专题文集　论马克思主义》，人民出版社 2009 年版，第 14 页。
② 《列宁专题文集　论马克思主义》，人民出版社 2009 年版，第 24 页。
③ 《列宁专题文集　论辩证唯物主义和历史唯物主义》，人民出版社 2009 年版，第 150 页。
④ 《列宁专题文集　论辩证唯物主义和历史唯物主义》，人民出版社 2009 年版，第 145 页。

第三章

政治经济学体系结构的论述

马克思主义政治经济学的形成和发展，体现于政治经济学对象和方法的确立、理论的发展、体系的形成和研究成果等方面。在马克思的经济学著作和手稿中，关于政治经济学体系结构的论述，系统地体现了马克思主义政治经济学的形成和发展过程。

第一节　古典政治经济学家的基本观点

政治经济学结构体系问题，是关系到能否把社会经济过程的发展规律科学地表现出来的重要问题。对古典政治经济学体系结构进行探究，可以从古典政治经济学家的主要著作入手。

一、斯密的基本观点

亚当·斯密的《道德情操论》和《国富论》构成其完整的理论体系。前者阐述的主要是伦理学问题，后者阐述的主要是经济学问题，但按当时的学科分类，它们都属于"政治哲学"的内容。它们在论述人的行为动机时都认为自利心是支配人的行为的最原始动机，并从人的自爱或利己动机出发，阐述了"看不见的手"的原理。

斯密选择了"分工"作为其经济理论的逻辑起点，把个人利己主义看成是人类的一般本性，由此去考察社会经济现象。《国富论》分为五篇32章：第一篇论述劳动生产力增进的原因以及劳动生产物自然而然地分配给各阶级的顺序，其中论及劳动分工、价值及其组成、工资与利润等问题；第二篇和

第三篇论财富的性质及其储蓄和用途，其中主要论述了资本及其与财富的发展问题；第四篇论政治经济学体系，主要评价重商主义和重农主义的理论；第五篇论君主或国家的税收问题。

《国富论》这五篇结构中，包括了对交换、分工、货币、价值、价格、工资、地租、利润、资本、经济增长与经济政策、财政、国际分工与国际贸易等问题的分析。斯密认为，财富的增长取决于劳动生产率和劳动的数量两个因素；劳动生产率的提高靠分工；分工是人类与生俱来的交换倾向所引起；交换需要货币。他认为，某物品有价值，有时表示物品的效用，有时表示其换取其他物品的能力即交换价值；所有商品都是劳动的产物，包含着一定量的劳动，因此他把劳动看作是一切商品交换的真实尺度。

二、李嘉图的基本观点

李嘉图和斯密一样，在一定程度上，也试图运用抽象的方法来构建他的经济学体系。李嘉图的《政治经济学及赋税原理》在理论结构上共分 32 章。前 7 章主要讨论了价值、价格、工资、利润和外贸等问题；第 8 章至 18 章主要讨论了各种税收问题；第 9 章至第 32 章主要讨论工商业的发展、价值与财富、积累与利润、进口与出口、通货与银行、价格与供求、地租与生产补贴等问题。李嘉图选择"价值"作为其逻辑结构的起点，他的逻辑思路是从价值出发并肯定价值由生产商品的劳动时间来决定，由此考察资本主义的其他经济范畴，检视其他经济范畴与这一原理是否相符，并由此确定需要在何种程度上修正这一原理。李嘉图在《政治经济学及赋税原理》中阐述的原理以自由主义经济思想为基础。

对于资本主义商品经济而言，价值是一个普遍存在的根本性的问题。李嘉图从"价值"出发分析资本主义经济现象，构建其理论体系比斯密前进了一步，但是，在他试图运用从某种简单的规定上升到具体的规定的方法时，犯了逻辑起点抽象不足的逻辑错误，因而在他的理论体系中无法完整地反映资本主义经济制度的内在矛盾，也使他的理论体系产生了难以克服的困难。

三、法国古典政治经济学家的基本观点

魁奈不仅是重农学派的重要代表人物，而且也是政治算术派在法国的代表人物和传播者。重农学派以"自然秩序"为其理论体系的出发点，认为只要社会秩序同自然秩序一致，社会便处于健康正常状态，而自然秩序可以通过开明君主来贯彻。魁奈的理论体系为封建统治提供了强有力的理论依据。魁奈的《经济表》是他全部经济理论体系的完成和体现。从结构上看，魁奈的《经济表》有"原表""略表"和"图式"三种类型。

《经济表》的分析是以"纯产品"理论为基础，把整个社会划分为三个阶级，即生产阶级、土地所有者阶级和不生产阶级。魁奈利用图表分析了社会产品在各个阶级之间的分配。《经济表》所要说明的问题是农业是唯一创造价值的部门，以及一国每年的全部产品，怎样在各个阶级之间流通，怎样使每年的简单再生产能够周而复始地进行。按照逻辑结构的推理，以"纯产品"理论为基础，运用《经济表》分析，魁奈最初得出了剩余价值不是在流通中产生，而是在生产中产生的重要结论。

第二节 马克思、恩格斯关于"结构"的基本观点

马克思、恩格斯十分看重"结构"在他们的政治经济学体系及其著作中的地位。1866 年初，在对《资本论》第一卷德文第一版作最后润色时，马克思在给恩格斯的一封信中提道："在像我这样的著作中细节上的缺点是难免的。但是结构，即整个的内部联系是德国科学的辉煌成就，这是单个的德国人完全可以承认的，因为这决不是他的功绩，而是全民族的功绩。"[①] 对

---

① 《马克思恩格斯文集》第 10 卷，人民出版社 2009 年版，第 236 页。

"结构"的内涵及其展开过程和表现形式的理解和把握，成为马克思主义政治经济学发展的重要方面。

一、关于"结构"的内涵

关于"结构"的内涵及其关系问题，马克思、恩格斯在他们留下的经济学文献中作过详尽的论述。梳理其中的要义，大体可以分为三个不同层面的含义，而这些不同层面的含义又是密切地联系在一起的。

一是对象的结构。马克思、恩格斯经济思想的发展，起点就是对对象结构的新的理解，即对资产阶级社会，或者他们当时认为的"现代社会"的新理解。马克思、恩格斯所讲的对象结构，主要是当时那个社会的客观存在的内部结构，在哲学意义上，就是对客体的认识。因此，这一含义的"结构"是指政治经济学研究对象本身——作为客体存在的经济关系本身的结构。

在《1844 年经济学哲学手稿》中，马克思第一次作了建立政治经济学理论体系的尝试。当时，马克思对他经济学理论体系提出了两个方面的构想。

第一，为了避免造成任意"制造体系"的外表，马克思打算连续用"不同的、独立的小册子来相继批判法、道德、政治等等"，最后再以一本专著来说明"整体的联系""各部分的关系"。因此，在对政治经济学（"国民经济学"）的批判中，谈到的政治经济学同国家、法、道德、市民生活等等的关系，只限于政治经济学本身所专门涉及的范围。①

第二，马克思力图"从当前的国民经济的事实出发"，通过对政治经济学的批判达到如下目的："必须弄清楚私有制、贪欲以及劳动、资本、地产三者的分离之间，交换和竞争之间、人的价值和人的贬值之间、垄断和竞争

---

① 参见《马克思恩格斯文集》第 1 卷，人民出版社 2009 年版，第 111 页。

等等之间以及这全部异化和货币制度之间的本质联系。"①

后来，马克思对以上第一方面的构想没再作过详细的说明，除了政治经济学批判外，也没有对国家、法、道德、政治作过"专门"的批判。但是，马克思对第一方面的构想表明，他已认识到这些"单独的"批判部分，有着"整体的联系"。显然，"批判"中的这种"整体的联系"取决于批判对象——资产阶级社会——所固有的"整体的联系"。1844 年以后，对批判对象的"整体的联系"的探讨，成为马克思思想发展的重要内容。特别是唯物史观创立后，马克思政治经济学批判理论更有了极大的发展。

第二方面的构想成为马克思 15 年后形成的"政治经济学批判"结构和总体方法的逻辑起点。经过十余年的不懈努力，在 1859 年的《〈政治经济学批判〉序言》中，马克思对这种"整体的联系"作了如下经典的表述，提出了著名的生产力—生产关系、经济基础—上层建筑的社会整体结构理论。马克思在 1857 年的《〈政治经济学批判〉导言》中提出：政治经济学所要研究的就是"形成资产阶级社会内部结构并且成为基本阶级的依据的范畴"；这些范畴在政治经济学理论体系中的"次序"，是由它们"在现代资产阶级社会内部的结构"中的地位决定的。② 这里的"内部的结构"，就是这种含义的典型表述。

二是思想、思维的结构。思维结构的成熟程度，主要反映在三个方面：一是新的范畴和概念的产生；二是范畴和概念之间逻辑关系的形成；三是逻辑起点范畴和概念的形成，这是反映一个思维结构成熟程度的标志。有一套新的概念和范畴，理解了概念和范畴之间的关系，最后就产生了一个起始范畴或始基范畴，就是找到了逻辑起点。思维的结构是理论创新的关键，是形成新的范式的关键。马克思视作"德国科学的辉煌成就"的"结构"，就是这一含义的结构。

---

① 《马克思恩格斯文集》第 1 卷，人民出版社 2009 年版，第 156 页。
② 《马克思恩格斯文集》第 8 卷，人民出版社 2009 年版，第 32 页。

三是政治经济学理论著作的编排顺序的结构。1866 年 2 月，马克思致恩格斯的一封信中提道："单是论述地租的倒数第二章，按现在的结构看，就几乎构成一本书。"①1867 年 6 月，马克思在最后校改《资本论》第一卷德文第一版的清样时，同恩格斯在讨论价值形式"附录"的"结构"时提道："我这里把这一附录的结构——章节和标题等等——抄给你。"② 这里的"结构"，指的就是《资本论》章节编排顺序的结构。

在《资本论》第一卷德文"第二版跋"中，马克思写道："我首先应当向第一版的读者指出第二版中所作的修改。很明显的是，篇目更加分明了。各处新加的注，都标明是第二版注。"他还指出："当然，在形式上，叙述方法必须与研究方法不同。研究必须充分地占有材料，分析它的各种发展形式，探寻这些形式的内在联系。只有这项工作完成以后，现实的运动才能适当地叙述出来。这点一旦做到，材料的生命一旦在观念上反映出来，呈现在我们面前的就好像是一个先验的结构了。"③

二、关于"结构"三个层面含义的关系

在马克思的相关论述中，"结构"的这三个层面的含义是密切相关的。

首先，第一层面的含义反映的是政治经济学对象本身的结构。作为认识的客体，这种结构既是实际的存在，又是"潜在的"存在，因为它只是主体思维的对象，并且只有经过人的思维的加工和过滤，才能相对完整地得以体现。

其次，结构的第二层面含义是结构第一层面含义在思维上的再现，是从思维上对资本主义经济运动和经济过程本身的内在过程和必然联系的把握。这种结构是"流动的"，它体现在人的思维对客体的加工及再现的整个

---

① 《马克思恩格斯文集》第 10 卷，人民出版社 2009 年版，第 234 页。
② 《马克思恩格斯全集》第 31 卷，人民出版社 1972 年版，第 319 页。
③ 《马克思恩格斯文集》第 5 卷，人民出版社 2009 年版，第 14、21 页。

过程中。

最后，只有通过思维的语言，第二层面含义的结构才能以特定的理论形式显现出来，即只有借助于第三层面含义的结构，才能外在地表现出来。因此，结构的第三层面含义，就是"形式化的"结构。

对结构的三个层面含义关系的把握，同马克思在《〈政治经济学批判〉导言》中提出的"具体总体"和"思想总体"这一对范畴有着直接的联系。也就是说，对结构的不同含义及其关系的理解，是以马克思提出的经济学总体方法为基础的。

关于"结构"的关联性问题还必然涉及经济学著作中的理论逻辑和历史逻辑的关系问题，它包含以下四个层次的相关性：首先，理论逻辑在根本上指的是，马克思对"结构"理解的第二种含义，即思维反映具体层面的结构。其次，理论逻辑在形式上表现为马克思理解的第三种含义的"结构"，外在地表现为经济学著作的体系结构，其中最主要的就是体系结构中范畴的关系、序列和结构。再次，历史逻辑在本质上指的是，马克思对"结构"理解的第一种含义，即作为客体的社会既定结构的含义，因而也是客体的历史，特别是客观范畴形成的历史。但是，作为理论逻辑后位序列的历史逻辑，不再是纯粹自然形成的，而是经过加工的、经过修正的历史逻辑。最后，理论逻辑与历史逻辑的一致性，主要有两种情况：一是完全的一致性，即在现实历史中先后出现的范畴，同思想逻辑上先后出现的范畴在结构上完全一致；另一是经过修正后的一致性，即要摆脱历史的干扰，按照历史过程本身，对历史逻辑作出适合于现实运动过程的"修正"。经过"修正"后的历史逻辑才能达到与理论逻辑的一致性。

关于理论逻辑与历史逻辑的完全一致性，在理论著作中的表现就是，作为理论著作逻辑起点的范畴，就是人类历史上最早出现的范畴，因而也是历史阐述中的起始范畴。也就是说，历史逻辑从哪个范畴开始，理论阐述也从哪个范畴开始。我们可以以《资本论》第一卷三大范畴的序列为例。马克思《资本论》第一卷是从商品范畴开始的，从商品范畴上升为货币范畴，再从货币范畴上升为资本范畴。按照历史逻辑，商品是早于货币存在的形态，商品中作为特殊等价物的商品转化为货币，能够增加价值的货币在一定的社会经济条件下转化为资本。所以在历史上也是由商品转化为货币，由货币转化为资本。《资本论》第一卷的理论逻辑完全地反映了历史逻辑，理论逻辑的起点也是历史逻辑的起点。

关于理论逻辑与历史逻辑"修正"后的一致性，可以马克思关于资本范畴与土地所有制范畴的逻辑关系为例。马克思指出："把经济范畴按它们在历史上起决定作用的先后次序来排列是不行的，错误的。它们的次序倒是由它们在现代资产阶级社会中的相互关系决定的，这种关系同表现出来的它们的自然次序或者符合历史发展的次序恰好相反。问题不在于各种经济关系在不同社会形式的相继更替的序列中在历史上占有什么地位。更不在于它们在'观念上'（蒲鲁东）（在关于历史运动的一个模糊的表象中）的顺序。而在于它们在现代资产阶级社会内部的结构。"①

由资产阶级社会的"现实运动"决定，在历史上土地所有制尽管先于资本出现，但是在逻辑上资本范畴必须先于土地所有制范畴出现，形成的是从资本范畴上升到土地所有制范畴的思想逻辑。马克思认为："资本是资产阶级社会的支配一切的经济权力。它必须成为起点又成为终点，必须放在土地所有制之前来说明。分别考察了两者之后，必须考察它们的相互关系。"②

这里讲的"相互关系"，就是政治经济学历史阐述的内容。政治经济学的理论阐述在结构上先于政治经济学的历史阐述，而且还在逻辑上决定着政治经济学历史阐述的内容和序列。

正是在这一意义上，可以认为，对"结构"的内涵及其展开过程和形式的透彻理解，是深刻把握马克思主义政治经济学体系的历史和时代意义的关键所在。

---

① 《马克思恩格斯文集》第 8 卷，人民出版社 2009 年版，第 32 页。
② 《马克思恩格斯文集》第 8 卷，人民出版社 2009 年版，第 31 页。

第三节 "五篇结构计划"的形成及基本观点

1843 年，马克思开始政治经济学研究；1867 年，《资本论》第一卷德文第一版正式出版；1885 年和 1894 年，恩格斯编辑整理的《资本论》第二卷和第三卷德文版先后出版。马克思、恩格斯关于政治经济学体系结构的基本观点，贯穿于《资本论》创作的全部过程；同样也可以认为，对《资本论》创作过程的整体研究，才能把握马克思、恩格斯对政治经济学体系结构理解的基本观点。

一、对政治经济学体系结构的早期思考及基本观点

1843 年，马克思开始触及当时资产阶级社会最根本、最本质的经济关系，从而揭开了他政治经济学研究的序幕。自此，一直到 1883 年马克思逝世，经济学成为马克思科学研究的主要内容。在这一过程中，马克思对政治经济学体系结构进行长期思考，不断探索，形成了政治经济学体系结构演进的整体过程。

马克思对经济学体系最初的构思，是在《1844 年经济学哲学手稿》中提出的。《1844 年经济学哲学手稿》不是马克思一部准备出版的著作，也不是马克思的有体系的手稿，而是由后人根据马克思写于 1844 年的三个分散的手稿进行整理并编辑而成的。将这些手稿编辑在一起定名为《1844 年经济学哲学手稿》，无非表明手稿写于 1844 年，内容涉及经济学和哲学。实际上，这是一部用哲学语言阐述经济学内容的手稿。手稿通篇运用的主要是哲学的语言，如"异化""异化劳动""类本质"等来自黑格尔、费尔巴哈著作的概念，但是它所表达的以及所运用的主要材料却是经济学的，包括亚当·斯密、大卫·李嘉图等著作中的经济思想。在《1844 年经济学哲学手稿》中，马克思已经开始构思他的经济学体系。

随着唯物史观的创立，特别是 19 世纪 40 年代后期，马克思政治经济学批判发生了理论上的飞跃。在《德意志意识形态》中，马克思、恩格斯形成了由"物质生产—交往形式—理论和意识形态"序列组成的社会整体结构理论。在《哲学的贫困》等著作中，马克思清楚地表明了自己的观点："随着新生产力的获得，人们改变自己的生产方式，随着生产方式即谋生的方式的改变，人们也就会改变自己的一切社会关系。""人们按照自己的物质生产率建立相应的社会关系，正是这些人又按照自己的社会关系创造了相应的原理、观念和范畴。"① 马克思已经十分透彻地理解了社会生产关系在社会整体结构中的地位。

在 1851 年至 1853 年撰写《伦敦笔记》时期，马克思对经济学体系作了新的构思。这次构思与以往不同的是，马克思开始运用已经创立的唯物史观方法论，思考经济学的理论、历史和现实的关系。这一时期，马克思对经济学体系构思的新的特点就在于，他不仅十分关注经济学理论原理阐述的整体性构思，而且进一步提出理论原理阐述和理论历史阐述结合的整体性问题。

马克思提出，他写的著作将按照一种新的逻辑展开，这个新的逻辑的第一个层次就是政治经济学批判，第二个层次就是政治经济学历史。按照这一新的想法，马克思在 1851 年下半年提出了新的经济学体系的三卷著作的结构，即第一卷政治经济学"批判"、第二卷社会主义者"批判"、第三卷政治经济学"历史"。马克思所提到的三卷著作，前两卷都是政治经济学理论阐述，最后第三卷是政治经济学历史阐述，在整体上展示了从第一卷和第二卷的政治经济学原理阐述到第三卷政治经济学历史阐述的序列。

二、"五篇结构计划"的提出及基本观点

在《1857—1858 年经济学手稿》中，马克思先后提出了政治经济学经济学体系结构"五篇结构计划"和"六册结构计划"。

---

① 《马克思恩格斯文集》第 1 卷，人民出版社 2009 年版，第 602、603 页。

在《〈政治经济学批判〉导言》对政治经济学方法的论述中，马克思提出了关于经济学著作的"分篇"设想。按照抽象上升到具体的方法，即抽象的规定在思维行程中导致具体的再现的方法，马克思把打算写作的《政治经济学批判》著作，分为以下五篇，这就是后来人们称作的"五篇结构计划"：

（1）一般的抽象的规定，因此它们或多或少属于一切社会形式，不过是在上面所阐述的意义上。

（2）形成资产阶级社会内部结构并且成为基本阶级的依据的范畴。资本、雇佣劳动、土地所有制。它们的相互关系。城市和乡村。三大社会阶级。它们之间的交换。流通。信用事业（私人的）。

（3）资产阶级社会在国家形式上的概括。就它本身来考察。"非生产"阶级。税。国债。公共信用。人口。殖民地。向国外移民。

（4）生产的国际关系。国际分工。国际交换。输出和输入。汇率。

（5）世界市场和危机。①

"五篇结构计划"第一篇中"一般的抽象的规定"，指的是马克思在《〈政治经济学批判〉导言》中提及的"一些有决定意义的抽象的一般的关系，如分工、货币、价值等等"，或者说是"劳动、分工、需要、交换价值等等这些简单的东西"②。虽然这些最抽象的范畴，正是由于它们的抽象而适用于一切时代，但是，就这些范畴抽象规定性本身而言，它们是历史关系的产物，它们只有对于这一特定的历史关系并在这些关系之内才具有充分的意义。因此，这些抽象的范畴实质上只是存在于资本主义这一特定的历史关系中的抽象，"最一般的抽象总只是产生在最丰富的具体发展的场合"③。

第二篇重点论述的是资本、雇佣劳动和土地所有制这三个形成资产阶级社会内部结构并且成为基本阶级的依据的范畴及其相互关系。这三个范畴并不是按照它们在历史上起作用的先后次序来排列的，它们的次序是由它们在

---

① 《马克思恩格斯文集》第 8 卷，人民出版社 2009 年版，第 32 页。

② 《马克思恩格斯文集》第 8 卷，人民出版社 2009 年版，第 24 页。

③ 《马克思恩格斯文集》第 8 卷，人民出版社 2009 年版，第 28 页。

现代资产阶级社会中的相互关系决定的。在现代资产阶级社会中，资本具有支配一切的经济权力，只有在考察资本范畴之后，才能考察其他两个范畴及其相互关系。

第三篇主要探讨资产阶级社会在国家上的概括。按马克思的设想，这一篇应该包括逐次展开的三个层次：一是对国家和资产阶级社会关系之间的研究，其中主要是对国家的本质及其经济职能一般性质的研究；二是对国家本身的考察，其中主要是对国家和经济发展、经济结构关系的研究，也包括对不同国家和经济发展、经济结构不同关系的比较研究；三是对国家经济职能形式的概述，其中包括对税、国债、公共信用、人口等问题的概述。

在"五篇结构计划"中，第三篇的论题较前两篇的论题具有较为具体的规定性，相对于后两篇而言，它又具有较为抽象的规定性。它是"五篇结构计划"中，从对一国内资本主义经济关系研究上升到对世界范围内资本主义经济关系研究的逻辑中介。

第四篇和第五篇从资本主义国际交换和世界市场的整体关系上，考察资本主义经济关系的具体规定性。

三、"五篇结构计划"的变化及其意义

大约在 1857 年 11 月上旬，马克思在写作《1857—1858 年经济学手稿》的"货币章"时，再次提到"五篇结构计划"。这时，马克思对"五篇结构计划"作了两点重要补充。

第一，关于第一篇中商品范畴的地位问题。马克思指出："在考察交换价值、货币、价格的这个第一篇里，商品始终表现为现成的东西。形式规定很简单。我们知道，商品表现社会生产的各种规定，但是社会生产本身是前提。"[①] 这一说法，与马克思在写作"货币章"中得出的一些新的理论结论有

---

① 《马克思恩格斯全集》第 30 卷，人民出版社 1995 年版，第 180 页。

着直接的关系。马克思新的理论结论之一就是认为："有必要对唯心主义的叙述方式作一纠正，这种叙述方式造成一种假象，似乎探讨的只是一些概念规定和这些概念的辩证法。因此，首先是弄清这样的说法：产品（或活动）成为商品；商品成为交换价值；交换价值成为货币。"[1] 在这里，马克思明确商品是"五篇结构计划"第一篇的起始范畴。因为无论在现实中还是在理论上，无论在历史上还是在逻辑上，商品都是发达的资本主义经济关系存在和发展的起点。

第二，对第五篇中"世界市场和危机"的相关论题作了重要补充。马克思指出："在末篇中，生产以及它的每一个要素都被设定为总体，但是同时一切矛盾都展开了。于是，世界市场又构成整体的前提和承担者。于是，危机就是普遍指示超越这个前提，并迫使采取新的历史形态。"[2]

马克思在这里强调两个问题：一是第五篇"世界市场"是资产阶级社会经济关系中最具体的关系，反映了资产阶级社会最复杂的经济关系；二是第五篇"世界市场"也是资产阶级社会经济关系总的危机的存在方式，也是现社会向未来社会过渡的逻辑中介。

第四节 "六册结构计划"的提出及其基本观点

1858 年初，马克思在写作《1857—1858 年经济学手稿》的"资本章"中，提出了《政治经济学批判》的"六册结构计划"。

一、"六册结构计划"的提出

1858 年 2 月，马克思在给拉萨尔的一封信中提道："全部著作分成六个

---

① 《马克思恩格斯全集》第 30 卷，人民出版社 1995 年版，第 101 页。

② 《马克思恩格斯全集》第 30 卷，人民出版社 1995 年版，第 181 页。

分册：1.资本（包括一些绪论性的章节）；2.土地所有制；3.雇佣劳动；4.国家；5.国际贸易；6.世界市场。当然，我有时不能不对其他经济学家进行批判，特别是不能不反驳李嘉图，因为作为资产者，李嘉图本人也不能不犯即使从严格的经济学观点看来的错误。但是，总的来说，关于政治经济学和社会主义的批判及历史应当是另一部著作的对象。"① 这是现在发现的马克思关于"六个分册"的设想的最早的经济学文献，后来这一新的结构设想被称作"六册结构计划"。"六册结构计划"是在《政治经济学批判》"五篇结构计划"基础上形成的。

"六册结构计划"对"五篇结构计划"作了两个重要方面的修改。

第一，"五篇结构计划"中的第一篇"一般的抽象规定"或"关于生产一般"不再独立成篇，成为"六册结构计划"中第一册《资本》的"绪论性的章节"。

第二，"五篇结构计划"中的第二篇"形成资产阶级社会内部结构并且成为基本阶级的依据的范畴。资本、雇佣劳动、土地所有制"等作了扩展，以资本、土地所有制（地产）和雇佣劳动三个范畴为主题，独立形成"六册结构计划"的前三册。"五篇结构计划"中后三篇与"六册结构计划"中后三册的主题基本上是一致的。

实际上，"六册结构计划"只是马克思预定写作的三部政治经济学著作中第一部著作的计划结构。1858 年 2 月，马克思在给拉萨尔的一封信中提道："我想把我的经济学著作的进展情况告诉你……应当首先出版的著作是对经济学范畴的批判，或者，也可以说是对资产阶级经济学体系的批判叙述。这既是对上述体系的叙述，又是在叙述过程中对它进行的批判……关于政治经济学和社会主义的批判及历史应当是另一部著作的对象。最后，对经济范畴或经济关系的发展的简短历史概述，又应当是第三部著作的对象。"② 马克思对经济学体系三部著作构思的叙述，同他在 19 世纪 50 年代初的最初的构思

---

① 《马克思恩格斯文集》第 10 卷，人民出版社 2009 年版，第 150 页。

② 《马克思恩格斯文集》第 10 卷，人民出版社 2009 年版，第 149—150 页。

基本一致。

1858 年 3 月 11 日，马克思在给拉萨尔的信中，对"六册结构计划"作了一些重要的补充说明：第一，关于"六册结构计划"总体布局的设想。马克思指出："整个著作将分成六分册，不过我并不准备每一分册都探讨得同样详尽；相反地，在最后三册中，我只打算作一些基本的叙述，而前三册专门阐述基本经济原理，有时可能不免要作详细的解释。"马克思把"六册结构计划"分为前后两部分，前三册（《资本》《土地所有制》《雇佣劳动》）"要作详细的解释"，后三册（《国家》《国际贸易》《世界市场》）"只打算作一些基本的叙述"。第二，强调了第一册《资本》的重要地位。马克思强调，这一册"无论如何应当是一部比较完整的著作"，"它包括整个叙述的基础"。第三，对第一册《资本》的内在结构作了初步思考，提出了《资本》册的主要章节划分。马克思提出，这一册应该包括："（1）价值，（2）货币，（3）资本一般（资本的生产过程，资本的流通过程，两者的统一，或资本和利润、利息）。这将是一本独立的小册子。"①

二、关于第一册《资本》的"四篇结构"

1858 年 4 月，马克思在给恩格斯的一封信中重提"六册结构计划"，对第一册《资本》的结构作了进一步的说明。他把《资本》册分为四篇，形成了关于《资本》册的"四篇结构"，即"（a）资本一般（这是第一分册的材料）；（b）竞争或许多资本的相互作用；（c）信用，在这里，整个资本对单个的资本来说，表现为一般的因素；（d）股份资本，作为最完善的形式（导向共产主义的），及其一切矛盾"②。

实际上，"五篇结构计划"和"六册结构计划"的变化主要在于资本部

---

① 《马克思恩格斯全集》第 29 卷，人民出版社 1972 年版，第 534 页。
② 《马克思恩格斯文集》第 10 卷，人民出版社 2009 年版，第 157 页。

分的拓展。"五篇结构计划"的前两篇变为"六册结构计划"的前三册，而这前三册中土地所有制、资本和雇佣劳动就是"五篇结构计划"中所讲的三个主要的范畴、三大阶级和社会的三个主要构成。现在这三册和原先的两篇的变化就突出了三大范畴的主导作用，特别突出了资本的作用，所以"五篇结构计划"尤其是前三篇按照资本主义社会三大范畴来设置它的结构：资本、地产和雇佣劳动。"六册结构计划"中后三册内容基本没有动。"六册结构计划"是马克思对经济学整体结构的最重要的，也是最后的思考。马克思一直到去世都没有改变"六册结构计划"的设想。

至此，马克思对"六册结构计划"中基本内容已经有了较为清晰的认识。在 1858 年 5 月完成《1857—1858 年经济学手稿》之后，又几次提及"六册结构计划"，但这一时期，马克思主要思考的是第一册《资本》中第一篇"资本一般"的主题。直到 1859 年 1 月，马克思在为《政治经济学批判》（第一分册）所写的"序言"中，第一次（也是唯一的一次）向公众宣布了他的"六册结构计划"。在该"序言"中，马克思一开始就指出："我考察资产阶级经济制度是按照以下的顺序：资本、土地所有制、雇佣劳动；国家、对外贸易、世界市场。在前三项下，我研究现代资产阶级社会分成的三大阶级的经济生活条件；其他三项的相互联系是一目了然的。第一册论述资本，其第一篇由下列各章组成：（1）商品；（2）货币或简单流通；（3）资本一般。前两章构成本分册的内容。"①马克思把六册分成前后两个部分，对前三册之间的内在联系作了极其简要但极其深刻的说明。

三、《政治经济学批判》第一分册的结构体系

《政治经济学批判》第一分册，就是按照"六册结构计划"写作的。第一篇"资本一般"由三章组成，前两章即第一章商品、第二章货币或简单流

---

① 《马克思恩格斯文集》第 2 卷，人民出版社 2009 年版，第 588 页。

通，构成第一分册的内容。第一分册的结构反映了马克思对经济学体系的新的构思。这一新的构思直接反映在第一分册的目录上。

这一新的构思呈现出双重标题，一是以理论原理阐述为主题的标题，如"第一章商品""第二章货币或简单流通"，以及第二章中"1.价值尺度""2.流通手段""3.货币"和"4.贵金属"；二是以理论历史阐述为主题的标题，如"A关于商品分析的历史""B关于货币计量单位的学说"和"C关于流通手段和货币的学说"。这两重标题的方式表明，马克思在第一分册中坚持了他在19世纪50年代初就提出的从理论原理阐述到理论历史阐述的逻辑进程，这也是马克思在他实际的写作过程中第一次落实了这一逻辑进程。这一逻辑进程的显著特色就是，以章和节为基本论述单元，体现理论原理到理论历史的逻辑关系。如"第一章商品"之后的"A关于商品分析的历史"；第二章"1.价值尺度"之后的"B关于货币计量单位的学说"等等。后来，马克思改变了以章和节为基本论述单元来体现理论原理到理论历史的逻辑关系的做法。

第五节 《资本论》"四卷结构"的形成及基本观点

一、"六册结构计划"向《资本论》结构的转变

1859年6月出版的《政治经济学批判》第一分册，就是"六册结构计划"第一册《资本》第一篇"资本一般"的前两章。1861年8月，马克思按预定的计划，继续写作《政治经济学批判》第二分册。第二分册以《资本》册第一篇"资本一般"的第3章"资本"为起点。马克思在正式动笔之前，重新阅读了《1857—1858年经济学手稿》，编写了用以写作"资本"章的提纲。在这一提纲中，马克思明确地把"资本章"分作"资本的生产过程""资本的流通过程"和"资本和利润"三部分。到1863年7月，《政治经济学批判》第二分册实际上写成了一部包括23个笔记本的篇幅浩繁的手稿。这部手稿

通常被称作《1861—1863 年经济学手稿》。

在《1861—1863 年经济学手稿》的写作过程中，马克思对"六册结构计划"作了修改，决定以《资本论》为标题单独出版第二分册，而"政治经济学批判"只作为《资本论》的副标题。1862 年 12 月，马克思在给库格曼的一封信中谈道："第二部分终于已经脱稿……它是第一分册的续篇，将以《资本论》为标题单独出版，而《政治经济学批判》只作为副标题。其实，它只包括本来应构成第一篇第三章的内容，即《资本一般》。这样，这里没有包括资本的竞争和信用。这一卷的内容就是英国人称为'政治经济学原理'的东西。这是精髓（同第一部分合起来），至于余下的问题（除了不同的国家形式对不同的社会经济结构的关系以外），别人就容易在已经打好的基础上去探讨了。"① 在这里，《资本论》只构成"六册结构计划"中《资本》册第一篇"资本一般"第 3 章"资本"的内容。《资本》册中其他三篇的结构，以及"六册结构计划"其他几册的结构并没有变化。

二、《资本论》"四卷结构"的形成

1863 年 1 月初，马克思把以《资本论》为题单独出版的著作分为三"篇"，重新拟定了第一篇"资本的生产过程"和第三篇"资本和利润"的结构计划。这时，马克思把第一篇"资本的生产过程"细分为 9 章，把第三篇"资本和利润"细分为 12 章。②1863 年 1 月的计划是马克思关于《资本论》结构的第一个计划，也是马克思对他政治经济学体系结构的新的构思。

马克思 1863 年 1 月提出的经济学体系结构的新构思，即《资本论》第一个结构计划的新构思，突出地表现在以下四个方面。

第一，正式把自己的经济学著作的标题确立为"资本论"，但在著作的

---

① 《马克思恩格斯文集》第 10 卷，人民出版社 2009 年版，第 196 页。

② 参见《马克思恩格斯全集》第 26 卷第 1 册，人民出版社 1972 年版，第 446—447 页。

内容上，同之前给库格曼信中提到的著作的内容不完全一样，例如，原来《资本论》只是《政治经济学批判》第一分册的"续篇"，只包括第三章"资本"部分的内容；而现在，在"资本的生产过程"的结构中，"商品"和"货币"构成第 1 章的主要论题，《资本论》不再"只包括本来应构成第一篇第三章的内容"，而是把本来构成"资本一般"的开头三章的内容都包括进来了。

第二，明确《资本论》的三篇结构，这一结构同马克思先前提到的"六册结构计划"中《资本》册结构不尽一致，《资本论》相当于《资本》册中"资本一般"的内容没有改变《资本》册分作四篇的结构及其内容。

第三，探索理论原理到理论历史逻辑序列的新的表现形式。在"资本的生产过程"的结构中，从第 2 章到第 7 章分别论述货币转化为资本、绝对剩余价值、相对剩余价值、绝对剩余价值和相对剩余价值的结合、剩余价值再转化为资本，以及生产过程的结果等问题，这些理论原理的核心论题就是剩余价值。接着剩余价值理论原理阐述之后，"资本的生产过程"设置了"剩余价值理论""关于生产劳动和非生产劳动的理论"关于理论历史的两章。马克思在这里构思的理论原理到理论历史的逻辑序列，是对 1859 年《政治经济学批判》第一分册理论原理到理论历史序列结构的赓续，也是之后《资本论》理论原理到理论历史序列结构形成的前提。

三、《资本论》"四卷结构"的完善及基本观点

1863 年下半年，马克思开始以《资本论》为标题写作新的政治经济学手稿。自此一直到 1865 年底，马克思写出了《资本论》理论部分的手稿。马克思这时开始把《资本论》的"篇"改称作"册"。

在 1863 年到 1865 年间，马克思撰写的《资本论》第 1 册"资本的生产过程"的手稿，除了最后 1 章"直接生产过程的结果"之外，其余的部分成为马克思 1866 年初最后润色，并于 1867 年正式出版的《资本论》第一卷德文第一版的基础。这一期间撰写的《资本论》第 2 册"资本的流通过程"的

手稿，成为恩格斯后来编辑《资本论》第 2 册时所称的"第 I 稿"；《资本论》第 3 册"总过程的各种形式"或称作"资本和利润"的手稿，是恩格斯后来编辑《资本论》第三卷时的唯一的手稿。考虑到马克思后来实际上是以"卷"的方式正式出版《资本论》第 1 册的，所以也可以把马克思关于《资本论》四册三卷的构思直接地称作《资本论》的"四卷结构"。

从马克思经济思想过程来看，《1861—1863 年经济学手稿》对《资本论》"四卷结构"的形成起着决定性的影响。

第一，马克思在这部手稿中对理论原理和理论历史逻辑关系的理解，对《资本论》中前三卷理论原理到第四卷理论历史逻辑序列的形成起着决定性影响。

1858 年初，马克思在提出《政治经济学批判》"六册结构计划"时就认为，"六册结构计划"实际上只是他预定写作的三部政治经济学著作中第一部著作的写作计划，其他两部著作分别是"政治经济学和社会主义的批判和历史"和"对经济范畴或经济关系的发展的简短历史概述"。在写作《1861—1863 年经济学手稿》时，马克思决定放弃以上第二部著作的写作计划，认为"按照我的写作计划，社会主义的和共产主义的著作都不包括在历史的评论之内"。这是因为："我在这个评论中以后要说到的少数几个社会主义著作家，他们不是本身站在资产阶级政治经济学的立场上，便是从资产阶级政治经济学的观点出发去同资产阶级政治经济学作斗争。"[①]

这样，马克思关于政治经济学全部著作只包括两部：一部是关于政治经济学原理的正面阐述和对资产阶级政治经济学范畴的批判；一部是对经济范畴和经济关系的发展的简短的历史概述，即理论历史批判。但是，由于"分册"出版的需要，马克思在 1859 年出版的《政治经济学批判》第一分册中，就改变了理论原理阐述和理论历史分作两部著作的计划，在《政治经济学批判》第一分册中，第 1 章"商品"首先对商品理论原理作了详尽的正面阐述；

---

① 《马克思恩格斯全集》第 26 卷第 1 册，人民出版社 1972 年版，第 367 页。

然后，在"关于商品分析的历史"中，揭示了自 17 世纪中叶以来经济学说史关于商品理论发展的"历史路标"；第 2 章"货币或简单流通"对价值尺度理论原理作了详尽的正面阐述后，又对 17 世纪末以来政治经济学"关于货币计量单位的学说"作了理论历史批判；在对流通手段、货币作为货币和贵金属等理论原理作了详尽阐述后，又对"关于流通手段和货币的学说"作了广泛的理论史批判。

在写作《1861—1863 年经济学手稿》时，马克思在"资本的生产过程"的开头四章，按货币转化为资本、绝对剩余价值、相对剩余价值，以及绝对剩余价值和相对剩余价值结合的逻辑顺序，集中阐述了剩余价值理论原理，然后，在第 5 章中展开对剩余价值理论史的批判。这就是后来从《1861—1863 年经济学手稿》中独立出来的《剩余价值理论》部分。在《1861—1863 年经济学手稿》中，《剩余价值理论》最初既不是作为"资本"的理论史批判部分来写的，也不是作为"资本的生产过程"的理论史批判部分来写的，而仅仅是作为剩余价值的理论史批判部分来写的。但是，在对剩余价值理论史批判的深入研究中，马克思越来越多地，而且必然要越来越多地对剩余价值理论以外的理论史内容作出详尽的考察。因为马克思已经十分清楚地认识到："所有经济学家都犯了一个错误：他们不是就剩余价值的纯粹形式，不是就剩余价值本身，而是就利润和地租这些特殊形式来考察剩余价值。"[①]

在《1861—1863 年经济学手稿》中，马克思实际上已对生产价值理论史、利润理论史、地租理论史作了深入的研究。对剩余价值一般形式和特殊形式的混淆是经济学对剩余价值理论认识史的基本特征。因此，在理论历史批判上，不可能细分出单独的剩余价值理论史、利润理论史或地租理论史等。剩余价值作为资本的产物，利润和地租作为资本的结果的东西，只能综合在一起作为整个资本理论原理阐述之后的理论史批判的内容。这样，马克思在

---

① 《马克思恩格斯全集》第 26 卷第 1 册，人民出版社 1972 年版，第 7 页。

1863 年下半年对《资本论》体系的进一步探讨中，必然产生"理论文献部分"的第四卷，对《资本论》前三卷理论原理作出历史批判。

第二，《1861—1863 年经济学手稿》中生产价格理论的发展，使得对资本的特殊形式和剩余价值的特殊形式的分析，构成《资本论》剩余价值理论原理阐述的完整性的重要基础。

《1861—1863 年经济学手稿》中最突出的理论研究新成果，就是生产价格理论的形成。生产价格理论科学地揭示了剩余价值转化为利润、利润转化为平均利润的全过程；而平均利润又分为产业利润和商业利润，产业利润（和商业利润）又分裂为企业主收入和利息；同时，产业利润又包含了工业资本家和农业资本家利润。因此，生产价格理论的形成，使得对商业资本、借贷资本等特殊资本形式及其特殊收入形式的考察成为必然。最后，使《资本论》不再限于对"资本一般"及相对应的剩余价值一般的考察。

第三，生产价格理论的形成，使得地租理论的一般规定性成为《资本论》考察的对象。

在《1861—1863 年经济学手稿》中，马克思起初并不打算研究地租问题，但是，随着对生产价格理论研究的深入，他开始从生产价格理论"例证"意义上来探讨地租理论，也就是说，"这里只是把地租的一般规律作为我的价值理论和费用价格理论的例证来发挥，只有到我专门考察土地所有权时我才详细论述地租，所以我撇开了一切使问题复杂化的情况"①。因此，在后来的《资本论》中，地租理论既是作为剩余价值的特殊转化形式来论述，也是作为价值转化为生产价格的"例证"来论述的。这样，《资本论》第四卷就把地租理论史的批判，作为剩余价值理论史批判的组成部分包括在其中了。

从现在留下的《资本论》第 1 册的最后一章《直接生产过程的结果》的手稿中，可以看到《资本论》四册结构形成的轨迹。

首先，尽管马克思 1863 年 1 月就已决定把"商品"和"货币"收入《资本论

---

① 《马克思恩格斯全集》第 26 卷第 2 册，人民出版社 1973 年版，第 300 页。

第1章，但是，1863年下半年开始撰写《资本论》第1册手稿时，他还是从货币转化为资本的论述开始的。马克思在《直接生产过程的结果》中指出："现在同时解决了第Ⅰ章中所讲到的那个困难。如果成为资本的产物的商品，按照由它的价值决定的价格出售，从而整个资本家阶级都按照商品的价值出售商品，那么每一资本家也就实现了剩余价值。"①

"第1章"显然是对货币转化为资本、剩余价值根源问题的最初论述，也就是1863年1月关于《资本论》第一卷计划中第2章"货币转化为资本"的内容。这样，1863年1月关于《资本论》第一卷计划中的第7章"生产过程的结果"，实际上就成了这里的第6章《直接生产过程的结果》。

其次，马克思把《直接生产过程的结果》看作是《资本论》第1册的最后一章。这样，1863年1月关于《资本论》第一篇计划中的第8章"剩余价值理论"和第9章"关于生产劳动和非生产劳动理论"，不再属于《资本论》第1册的内容，可能已被归入专门论述理论历史问题的《资本论》第四册，即如马克思在《直接生产过程的结果》中所提示的："一切传统混乱观念都是与总产品和纯产品之间的这种区别相联系的。其中一部分来源于重农学派（见第Ⅳ册），一部分来源于亚·斯密；斯密还经常在这里或那里把资本主义生产和为直接生产者的生产混为一谈。"②

这里提到的"第Ⅳ册"是以理论历史批判为主题的。因此，1863年下半年，《资本论》四册中理论原理和理论史批判的体系结构已经形成。1865年7月，马克思在给恩格斯的一封信中提道："至于我的工作，我愿意把全部实情告诉你。再写三章就可以结束理论部分（前三册）。然后还得写第四册，即历史文献部分；对我来说这是最容易的一部分，因为所有的问题都在前三册中解决了，最后这一册大半是以历史的形式重述一遍。"③

---

① 《马克思恩格斯文集》第8卷，人民出版社2009年版，第453页。
② 《马克思恩格斯文集》第8卷，人民出版社2009年版，第533页。
③ 《马克思恩格斯文集》第10卷，人民出版社2009年版，第230页。

四、《资本论》"四卷结构"与"六册结构计划"的关系

《资本论》"四卷结构"是在《政治经济学批判》"六册结构计划"基础上形成和发展起来的；但《资本论》"四卷结构"的形成并不意味着马克思已经放弃了原先的"六册结构计划"。在总体上，"六册结构计划"第一册《资本》第一篇"资本一般"以后的各篇（竞争和许多资本的相互作用；信用；股份资本），以及第一册《资本》以后的其他各册（土地所有制；雇佣劳动；国家；对外贸易；世界市场），还是作为《资本论》的"可能的续篇"而存在的。马克思在正式出版的《资本论》第一卷和当年未出版的经济学手稿的一系列提示中，都表达了这一基本观点。

马克思认为，"六册结构计划"中的最后一册《世界市场》，仍然是《资本论》的"可能的续篇的内容"。在《资本论》第三卷手稿中，马克思指出："一般说来，世界市场是资本主义生产方式的基础和生活环境。但资本主义生产的这些比较具体的形式，只有在理解了资本的一般性质以后，才能得到全面的说明；不过这样的说明不在本书计划之内，而属于本书一个可能的续篇的内容。"与此相对应，"世界市场上利息率或大或小的、近似的平均化，也不能在这里说明"[1]。

对土地所有制的系统论述，也不在《资本论》的"计划之内"。在《资本论》第三卷手稿中，马克思认为："考察一下现代的土地所有权形式，对我们来说是必要的，因为这里的任务总的来说是考察资本投入农业而产生的一定的生产关系和交换关系。不考察这一点，对资本的分析就是不完全的。"因此，"我们只是在资本所产生的剩余价值的一部分归土地所有者所有的范围内，研究土地所有权的问题。"至于"系统地论述土地所有权"，实际上"还不在我们的计划以内"。在《资本论》之后，还要对土地所有权问题进行"独立研究"[2]。

---

① 《马克思恩格斯文集》第 7 卷，人民出版社 2009 年版，第 126、401 页。

② 《马克思恩格斯文集》第 7 卷，人民出版社 2009 年版，第 693—694、699 页。

《资本论》之后还有"专门研究雇佣劳动学说"的续篇。马克思在《资本论》第一卷中指出:"工资本身又采取各种各样的形式,这种情况从那些过分注重材料而忽视一切形式区别的经济学教程中是了解不到的。但是,阐述所有这些形式是属于专门研究雇佣劳动的学说的范围,因而不是本书的任务。"①

《资本论》主要论述的是"六册结构计划"中第 1 册《资本》第一篇"资本一般"的内容。为了资本一般理论的完整性,马克思也在一定限度内对竞争、信用和股份资本的一般规定性作了某些论述。但是,马克思也没完全舍弃对"资本一般"之后的竞争、信用和股份资本作专门研究的计划。例如,在《资本论》第三卷手稿中,马克思曾对资本竞争的两种形式理论作了一般论述,但是,他仍坚持认为,对竞争在利润平均化过程中的详细论述,"属于专门研究竞争的范围"②,"竞争的实际运动不在我们的研究计划之内"③。在对生息资本的研究中,马克思指出:"我们要在这里阐述的,只是生息资本的独立形态和利息从利润中独立出来的过程。"因此,"详细分析信用制度和它为自己所创造的工具(信用货币等等),在我们的计划之外。在这里,只着重指出为说明资本主义生产方式一般的特征所必要的少数几点。因此,在这里,我们只谈商业信用和银行信用。这种信用的发展和公共信用的发展之间的联系,也在考察范围之外"④。

马克思在《资本论》中的这些提示表明,《资本论》四卷体系并没有取代《政治经济学批判》"六册结构计划"。《资本论》是马克思主义政治经济学理论的宏伟巨著,是一个完整的理论体系,但是,《资本论》并没有涵盖马克思经济学体系的全部内容。

马克思虽然对他原先的经济学写作计划作了调整,但马克思在有生之年难以按"六册结构计划"完成全部经济学著作,他生前只出版了《资本论》

---

① 《马克思恩格斯文集》第 5 卷,人民出版社 2009 年版,第 623 页。
② 《马克思恩格斯文集》第 7 卷,人民出版社 2009 年版,第 219、939 页。
③ 《马克思恩格斯全集》第 25 卷,人民出版社 1974 年版,第 939 页。
④ 《马克思恩格斯文集》第 7 卷,人民出版社 2009 年版,第 401、450 页。

第一卷，但同时也程度不同地留下了以后三卷（册）的手稿。《资本论》第一卷德文第一版于 1867 年出版后，马克思继续做好了两件事：一是对第一卷作进一步的修改，其中包括结构、理论原理论述上的一些重大修改；二是对第一卷的法文版作了认真的校订，对原来的表述也作了许多修改。这就是说，马克思从来不认为他在《资本论》中提出的理论是什么"绝对的真理"，相反马克思一直依据经济现实的变化，不断地充实和完善自己的理论。只有那些不可救药的教条主义者，才把《资本论》看作是一个封闭的体系，把《资本论》中的理论表述看作是不可更改的"教条"；或者相反，因为《资本论》中某些理论表述的更改而断言《资本论》"过时"了。同时，我们现在读《资本论》时，会发现正文下有许多注释。马克思不惜花费很大的篇幅写下这些注释，在很大程度上是为了向世人宣布，他的许多理论结论都是在发展前人的优秀成果的基础上形成。我们完全可以说，马克思的经济学绝不是脱离人类经济思想发展的大道形成的，更不是脱离人类文明发展的大道而形成的，而是随着人类经济思想史的发展而不断发展和完善起来的，是人类思想史和文明史上的光辉结晶。

通过以上的论述，我们可以合乎逻辑地得出以下三点结论。

第一，马克思的经济学理论体系是开放型的。我们不能简单地把现有的《资本论》，看作是马克思经济学的全部内容。《资本论》只是马克思经济学"六册结构计划"这一恢弘体系的一个部分。这一点，对我们现在重新审视政治经济学理论体系是很有启发的。

第二，马克思的经济学理论是要对商品经济特别是资本主义商品经济作出一个总体性的研究；这种总体性的研究是要从本质上，从规律上探讨商品经济发展的全貌，而不是针对某些局部的、表象的问题作出只是对策性的、描述性的说明。这种总体性的研究，不只是在《资本论》中，更是在"六册结构计划"中得到真实的、整体的反映。

第三，马克思经济学理论体系本身已经表明，马克思经济学是发展的理论。马克思的经济学不仅大量地吸收了前人经济学理论的优秀成果，也大量地吸收了与他同时代的经济学家的有价值的理论成果。

可以认为，《资本论》是马克思计划写作的政治经济学巨著的开篇部分，但却是最基本的、最本质的部分。由于人的生命的有限性，马克思生前没有完成他的全部的、庞大的政治经济学写作计划。后来的马克思主义政治经济学的发展有科学的方面，但也有片面的、不科学的方面。这个不科学的、片面的方面就是把政治经济学的理论研究，特别是资本主义政治经济学的理论研究，程度不同地封闭在《资本论》论题的限界内。长期以来，我们的政治经济学教科书的内容，主要还是限于对"资本一般"问题的研究，对"资本一般"之后的，如竞争、信用、股份资本等问题，没有能作出进一步的深入研究。面对当代资本主义和社会主义经济关系发展的现实，生活在我们这一时代的马克思主义者应该勇敢地担负起坚持和发展马克思主义政治经济学的历史重任，应该把马克思没有完成的经济学巨著继续写下去，应该把马克思提出的、但他没有能作出进一步阐述的"六册结构计划"中的其他论题继续探索下去。

第四章

社会经济发展基本形态的论述

马克思主义经典作家关于社会经济发展基本形态的理论，是他们政治经济学的主要理论观点，也是他们关于社会发展理论的重要内容。关于社会经济发展基本形态的理论可以分为狭义与广义的社会经济形态理论，也包括社会经济基本形态的发展规律理论。

第一节　古典政治经济学家的基本观点

古典政治经济学家虽然没有明确提出社会经济基本形态的概念，但是对于社会经济形态的结构、性质、内在联系及其研究方法，发展趋势和运行规律等还是作了多方面的初步的探讨。

一、配第和布阿吉尔贝尔的论述

英国早期古典政治经济学家威廉·配第的主要理论贡献之一，就是提出了价值由劳动决定的思想，并把社会财富的增长视为价值和使用价值相统一的商品的增长而不是仅仅归结为货币量的增长。他的另外一个值得称道的贡献，就是提出了政治经济学关于社会经济现象的研究方法，为构建社会经济发展基本形态理论作了前提性准备。

配第深受 17 世纪英国著名哲学家培根和霍布斯的哲学思想的影响。培根把自然界看作是物质的，是不依赖于人的意志而客观存在的。他提倡研究自然，发现自然固有的规律，以便征服自然，为人类谋福利。他提出"知识就是力量"的口号，认为知识来源于感觉，来源于科学的实验方法。霍布斯是培根哲学的继承者和系统化者，他认为哲学的对象是"各种机体"，包括自然机体和人为机体即人类社会。在他看来，万事万物间只有量的差别，因此，在研究各种机体时，数学方法具有最大的意义。

配第力图把培根和霍布斯的哲学思想引入对社会经济现象的研究。配第强调自然界存在内在的规律性，人们不能违反这种规律，因为"事物有其本身的道理，自然是不能欺骗的"①。他认为，在经济生活中也存在着人们必须遵循的客观规律。他提道："高明的医生并不乱给病人用药；相反，他们都密切注意并遵循自然的运动，而不用他们自己的猛烈药方来反抗自然的运动。同样，在政治问题及经济问题上，也必须用同样的方法。"② 正是基于这样的认识，配第在考察英国资本主义发展的各种经济问题时，力图探寻其内在规律性，并依此提出政策建议。

配第虽然把经济规律和自然规律相混同，但在研究方法上还是把两者区别开来的。经济现象和自然现象不同，它是不能实验的，因此，配第是就经济事实列举数字，加以分析比较，从这些数字中去寻找存在于经济现象中的规律。他在《政治算术》一书中提到，他所采用的方法不是以"人的容易变动的思想、意见、胃口和情绪为依据"，而是"用数字、重量和尺度的词汇来表达我自己想说的问题，只进行能诉诸人们的感官的论证和考察在性质上有可见的根据的原因"。他觉得自己是一门新科学的奠基者，他提出，他的方法"不是常见的"，是与传统的"单纯作思维的论证相反"③。被配第称为'政治算术'的这种研究社会科学的新方法，使配第能够由经济现象的表面深入到经济现象的本质，从流通过程深入到生产过程，从而揭示了许多重要的经济原理。马克思认为，它是"政治经济学作为一门独立科学分离出来的最初形式"④，正因为如此，配第得以深入到资本主义经济形态及其生产关系的内

---

① ［英］配第：《配第经济著作选集》，陈冬野等译，商务印书馆 1981 年版，第 15 页。
② ［英］配第：《配第经济著作选集》，陈冬野等译，商务印书馆 1981 年版，第 57—58 页。
③ ［英］配第：《配第经济著作选集》，陈冬野等译，商务印书馆 1981 年版，第 8 页。
④ 《马克思恩格斯全集》第 31 卷，人民出版社 1998 年版，第 447 页。

在联系，呈现了广义剩余价值论的萌芽。他从劳动价值论出发，把地租即剩余价值归结为剩余劳动，并进而把"土地的价值"归结为资本化的地租，把利息作为地租的派生形式引出来，接触到了各种收入的统一的源泉即资本主义生产及其生产关系的秘密。

关于社会各生产部门相互联系而具有"自然秩序"和"经济秩序规律"的思想以及重视农业，是法国早期古典政治经济学家布阿吉尔贝尔的主要贡献。他坚定地反对重商主义，并把土地视为"实际财富和工业财富的本原"即"其它一切财富之本"①，使他成为重农学派的先驱者。

布阿吉尔贝尔实际上把"自然秩序"原则和"经济秩序规律"视为考察法国社会经济问题的指南。在他看来，社会生产是一个有机的整体，社会生产的各个部门是相互依存、相互制约的，其中任何一个部门不能脱离其他部门而独立存在和发展。他说："构成国民生计的一切职业、技术和手艺，……为了它们自己的生存，彼此之间必须互通有无，相互为用，虽然它们的功能并没有同等的必要性，但是人们绝对不能缺少它们"；"一个国家的各种职业，无论是什么，都相互为用和相互支持的，这不仅为了供应彼此的需要，甚至还为了保持彼此本身的生存"②。正因为社会生产各部门是相互联系和相互制约的，所以，它们的共同繁荣乃是国家共同繁荣和富裕的重要条件。"一个文明和宏伟的王国之所以富裕，在于保持王国内的各行各业的共存共荣，并使它们彼此相互依靠，相互推动如象一个时钟的部件那样。"③布阿吉尔贝尔还从社会生产各部门的相互联系、相互制约出发，认为任何一个部门的发展状况都将对其他部门的发展产生重大影响。他强调指出："一切劳动者在一个不违反自然规律的社会中应当能够惬意的生活。——对于这些规律的尊

---

① [法]布阿吉尔贝尔：《布阿吉尔贝尔选集》，伍纯武、梁守锵译，商务印书馆1984年版，第21、376页。

② [法]布阿吉尔贝尔：《布阿吉尔贝尔选集》，伍纯武、梁守锵译，商务印书馆1984年版，第215、154页。

③ [法]布阿吉尔贝尔：《布阿吉尔贝尔选集》，伍纯武、梁守锵译，商务印书馆1984年版，第170页。

重或工业的自由，是使旨在破坏社会协调的利己主义之继续发展不起作用的唯一方法"。①

布阿吉尔贝尔对商品价值规律的见解是与他关于社会各生产部门存在内在联系的观念相协调的。他认为社会生产各部门的均衡发展，有赖于各部门商品价格的正确比例。他指出："各种货物的价格必须始终保持一定的比例，只有这样的协调才能使各种货物一起生存，它们的生产才能经常彼此相互促进。"② 在他看来，公共富裕有赖于社会生产各部门的均衡发展，而后者又有赖于各种商品价格的正确比例，因此他又合乎逻辑地认为，各种商品价格之间的正确比例是"公共富裕的唯一维护者"③。他强调："商品按照一定比例的价格交换，对于一个国家的繁荣，对于它的生存的维持都是同等重要的。""为了保持幸福的境界，就必须使一切事物、一切商品、继续不断地处于平衡状态，并保持一个在商品之间的、按照一定比例的价格。"④ 那么，怎样才能建立各种商品价格之间正确的比例关系？他认为，只要停止国家对经济生活的干预，按他的说法就是，只要停止对自然规律进行粗暴的干涉，让事物自由发展就行了。因为"这样一来，大自然就很快获得自由并恢复它的一切权力，此时，商业和在一切商品中的价格比例将重新建立起来"⑤。实际上，在他看来，在通过自由竞争形成了各生产部门之间的正确比例的时候，各个生产者生产商品时所耗费的劳动时间（个人劳动时间）就决定该商品的价值，即他所说的"按一定比例的价格"即"真正价值"。马克思认为，布

① ［法］布阿吉尔贝尔：《布阿吉尔贝尔选集》，伍纯武、梁守锵译，商务印书馆1984年版，第161页。

② ［法］布阿吉尔贝尔：《布阿吉尔贝尔选集》，伍纯武、梁守锵译，商务印书馆1984年版，第156页。

③ ［法］布阿吉尔贝尔：《布阿吉尔贝尔选集》，伍纯武、梁守锵译，商务印书馆1984年版，第169页。

④ ［法］布阿吉尔贝尔：《布阿吉尔贝尔选集》，伍纯武、梁守锵译，商务印书馆1984年版，第162、164页。

⑤ ［法］布阿吉尔贝尔：《布阿吉尔贝尔选集》，伍纯武、梁守锵译，商务印书馆1984年版，第185页。

阿吉尔贝尔在这里"虽然不是有意识地，但是事实上把商品的交换价值归结于劳动时间，因为他用各个人的劳动时间在各个特殊产业部门之间分配的正确比例来决定'真正价值'(lajuste valeur)，并且把自由竞争说成是造成这种正确比例的社会过程"①。

总之，布阿吉尔贝尔对资本主义的经济规律和社会生产各部门内在联系作了初步的探讨，即要维持社会的普遍富裕，必须重视农业，社会生产各部门必须按一定的比例均衡地发展，各种商品必须"按照一定比例的价格"出售等，其中包括平衡和协调发展规律、农业优先发展规律、价值规律、自由竞争规律。这就是"经济协调"和"经济秩序"，而破坏这种"自然秩序""破坏经济秩序规律一定要受到惩罚"②。

二、重农学派和斯密的论述

以魁奈为代表的重农学派和斯密学派分别创立了反映了处在上升阶段资本主义经济发展状况的英法古典经济学的理论体系。

（一）重农学派的"自然秩序"观和封建外貌

法国重农学派产生于18世纪50—70年代，是法国大革命准备时期的新兴资产阶级的意识形态。其代表人物魁奈的功绩是创建了法国古典经济学的理论体系。魁奈的《经济表》是重农主义理论体系、政策和"经济秩序"和"国家统治的方针"的全面总结。③它第一次明确而系统地对社会资本的再生产和流通过程进行了总体的宏观分析，揭示了隐藏其后的资本主义经济结构和阶级结构，即资本主义经济形态的内在联系。而"自然秩序"的观念是重农

---

① 《马克思恩格斯全集》第31卷，人民出版社1998年版，第448页。

② [法] 布阿吉尔贝尔：《布阿吉尔贝尔选集》，伍纯武、梁守锵译，商务印书馆1984年版，第87页。

③ [法] 魁奈：《魁奈经济著作选集》，吴斐丹、张草纫译，商务印书馆1979年版，第309页。

主义体系的理论基础——魁奈的信徒杜邦甚至把重农主义理论称为"自然秩序的科学"——也是重农学派观察社会经济形态的哲学理念和方法论。

"自然秩序"是法国大革命前期的启蒙学者提出来的。他们认为，"自然秩序"是合乎人性的因而是自然而合理的制度，而现存的"人为秩序"，即封建的经济制度和政治制度，则是与之相对立的。他们要求按照"自然秩序"来建立"人为秩序"，实际上是要求用资本主义制度来取代封建制度。

重农学派吸取了启蒙学者的"自然秩序"观念，并把它运用来观察经济生活，创立起自己的经济科学。魁奈把"自然秩序"（他又称之为"自然法"）理解为"一切实际事件的运行规则"和"一切人类行为的规律"。他认为："所有的人，以及一切人类的权力，都必须遵守这个由神所制定的最高规律；这些规律是坚定不移的、不可破坏的，而且一般说来是最优良的，因此可以作为最完善统治的基本规律。""自然秩序"是"实在法"（"人为秩序"）所依以建立的准绳，因为"实在法"不过是对于人类最有利的、有关自然秩序的管理的规律①。

如果说刊载在重农学派杂志创刊号上的，题为《自然权利》的论文还只是一般地讨论"自然秩序"，那么，在《农业哲学》中，魁奈在考察了支出的性质以及支出和产量、动产、其他经济因素的关系之后，就明确地阐述了"自然秩序"所包含的"经济秩序"。他提出，各种经济关系均处在"相互联结"和"相互斗争"状态的"自然中活动"，形成"令人惊叹的机构的秩序和经过"。这种由"造物主"最后决定的"伟大规律"，"规定着一切事物"，"贯穿到各个部分，并且统辖着全体"②。魁奈深刻地认识到，经济领域和社会、政治领域一样，存在着由"造物主"所决定的，即不以人们意识为转移的客观规律。

正因如此，魁奈认为，经济学作为社会制度的基础的伟大学科，其"目标"在于"通过研究保证人类社会能使支出再生和持续的自然规律，以使支

---

①　[法]魁奈：《魁奈经济著作选集》，吴斐丹、张草纫译，商务印书馆 1979 年版，第 304—305 页。

②　[法]魁奈：《魁奈经济著作选集》，吴斐丹、张草纫译，商务印书馆 1979 年版，第 244 页。

出达到可能的最大的再生产"①。这样，魁奈就为政治经济学提出了着重认识支配资本主义生产和再生产的客观经济规律以促进国民财富增长的任务。与此同时，魁奈还确定了完成这一任务所应采取的研究方法。他指出，对于各种因素交织在一起的经济有机体，"只有依靠抽象的概念才能够对这些对象加以考察，分析和研究。这些概念除了抽象地用分析方法以外，在这一团混乱现象中对自然界的东西什么也不能确定、移动，什么也不能包括"②。魁奈还指出，要熟悉"再生产机构的全部过程"，就必须"解剖这个机构，用解剖学来说明"。为此，就必须"抽去全部行政不规则干预的结果"，"只能由单纯化的道路才能达到"③。这里魁奈实际上已对包括抽象法和宏观经济分析方法在内的古典经济学的方法论作了初步的概括。不难看出，正是"自然秩序"的观念，为重农学派分析资本主义生产关系的内在联系奠定了理论的和方法论的基础。

对于"自然秩序"的观念，对于把生产的资产阶级形式理解为生产的自然形式的观念，马克思曾评论说："重农学派的巨大功绩是，他们把这些形式看成社会的生理形式，即从生产本身的自然必然性产生的，不以意志、政策等等为转移的形式。这是物质规律；错误只在于，他们把社会的一个特定历史阶段的物质规律看成同样支配着一切社会形式的抽象规律。"④

此外，就重农主义理论所体现的阶级利益来说，它具有资产阶级的实质。与英国古典经济学不同的是，这个实质是紧紧地包裹在封建主义外貌之内的。资产阶级实质和封建主义外貌的矛盾，是重农主义体系的又一个重要特征。因此，一方面，"重农主义体系是对资本主义生产的第一个系统的理解"⑤：因为第一，它所重视的、要求发展的农业，是按资本主义生产方

---

① [法]魁奈：《魁奈经济著作选集》，吴斐丹、张草纫译，商务印书馆1979年版，第245页。
② [法]魁奈：《魁奈经济著作选集》，吴斐丹、张草纫译，商务印书馆1979年版，第369页。
③ [法]魁奈：《魁奈经济著作选集》，吴斐丹、张草纫译，商务印书馆1979年版，第244页。
④ 《马克思恩格斯全集》第26卷第I册，人民出版社1972年版，第15页。
⑤ 《马克思恩格斯文集》第6卷，人民出版社2009年版，第399页。

式经营的农业，资本家租地主土地经营，土地的直接耕作者是雇佣工人；第
二，生产不仅创造使用价值，而且也创造它的价值，而生产的动机是获得
剩余价值，剩余价值的出生地是生产领域，不是流通领域；第三，产业资本
的代表——租地农场主阶级——指导全部经济运动。可见，重农学派所考察
的明明是资本主义生产，是资产阶级社会。但是，这种考察又具有封建主义
外貌。封建经济制度的统治，表现为土地所有权的统治。重农学派的体系正
具有这一特点。这表现在：它把资本最先得以发展的工业部门看成非生产部
门，是农业的附庸；农业资本家不占有剩余价值，他们的利润和工资一样，
是由土地所有者支付的，在这里，土地所有者直接占有剩余价值，表现为真
正的资本家。可见，在重农学派的理论中，封建主义是从资本主义生产的角
度来说明的。这样，封建主义就具有了资产阶级的性质，反过来说，资产阶
级社会获得了封建主义的外貌。

　　重农学派的封建外貌不仅体现在整个理论体系上，也表现在这一体系的
哲学基础——"自然秩序"观上。如上所述，重农学派所说的"自然秩序"
实际上是理想化了的资本主义社会经济秩序。把资本主义生产方式看作是自
然的从而是永恒的方式，是一切资产阶级经济学者的基本特征。在亚当·斯
密的著作中，也不乏"自然秩序"的观念。重农学派区别于其他资产阶级学
者的特点在于：首先，他们认为"自然秩序"是"造物主"即上帝为了人类
的幸福而安排的秩序，是"神"的意志的体现；其次，他们把实现"自然秩序"
的责任，寄托在"开明君主"的身上。正是在这里，表现出他们具有浓厚的
封建性。但是，相对于重农学派之要求的本质而言，所谓寄希望于"开明君
主"只是一种表象。因为，他们要求"开明君主"按照"自然秩序"来改变
当时的"人为秩序"，或者建立符合"自然秩序"的"人为秩序"，实际上不
过是要求用理想化的资本主义制度来改造封建制度。

　　重农主义的特征在处于资本主义发展的初期、农业还占主导地位的其他
国家的资产阶级思想家的著作中也曾有所表现，甚至亚当·斯密的思想也未
完全摆脱重农观点和"自然秩序"的观念。但是，用封建主义精神来说明资

本主义生产方式，只是在重农学派的理论中才取得完整而系统的形态。这是由法国当时的社会经济发展条件所决定的。对于重农主义体系矛盾的根源，马克思曾揭示说："这一切都是资本主义生产初期的矛盾，那时资本主义生产正从封建社会内部挣脱出来，暂时还只能给这个封建社会本身以资产阶级的解释，还没有找到它本身的形式。"①

（二）斯密对资本主义经济形态的分析

斯密对资本主义经济形态的分析大致可以分为五个方面。

第一，建立一个掀开并摒弃了蒙在资本主义经济形态之上的封建盖头的、反映资本主义经济形态理论体系的，并把经济学从道德哲学中解放且独立出来，是由英国古典经济学家斯密在《国富论》（1776）中完成的。

《国富论》前两篇论证了政治经济学的基本原理，揭示了由一系列经济概念和范畴组成的逻辑体系：交换（交换倾向）—分工—货币—交换价值—价值构成及其分配（工资、利润、地租）—资本。斯密认为，这些经济范畴是自发而自然地产生的，是符合人类利己主义本性之自然秩序（自然规律）的表现。第三篇从经济史的角度阐述了各国财富及经济发展的不同方式和道路，以及表现为城乡对立的商品经济的发展规律。斯密强调指出，农业—工业—对外贸易的投资顺序和发展道路是最符合事物发展的自然趋势和自然顺序的。第四篇是从经济学说史角度批判重农主义特别是重商主义的理论体系和政策主张的。斯密认为，特别鼓励或限制某种产业的发展，都是违反自然趋势，不利于财富的增长的。他强调应建立"最明白最单纯的自然自由制度"②，即自由放任、自由竞争和自由贸易的资本主义生产方式。第五篇《论君主或国家的收入》，则是以自然秩序为基础，论证国家经济活动的范围和财政收支的规模，及其对于国民财富增长和一国经济发展的影响。

---

① 《马克思恩格斯全集》第26卷第1册，人民出版社1972年版，第26页。

② ［英］亚当·斯密：《国民财富的性质和原因的研究》下卷，郭大力、王亚南译，商务印书馆1874年版，第252页。

总之，斯密对影响资本主义商品生产发展的因素作了多方面分析，如马克思指出的那样："他们的使命只是表明在资产阶级生产关系下如何获得财富，只是将这些关系表述为范畴、规律并证明这些规律、范畴比封建社会的规律和范畴更有利于财富的生产。"①

第二，独特的研究资本主义经济形态和政治经济学的二元方法论。

《国富论》的思想体系是斯密在吸收前人思想养料的基础上，以其世界观和方法论考察 18 世纪英国社会经济政治状况的产物。

西欧哲学在 17 世纪前后的一个重要内容就是关于自然规律和理性观念的思想。当时的思想家们把自然科学的方法移植到哲学中来，肯定了包括经济现象的社会现象的客观性。然而，他们的思维方式又有形而上学的特征，认为经济规律不是历史地规定的经济活动形式的规律，而是永恒的自然规律，它们是从人的本性或理性中引申出来的。休谟就把人类社会经济活动和私有制度说成是以自私和贪欲为特征的人类自然本性发展的结果。休谟还宣扬二元论的认识论：一方面承认人的思维能揭示物质世界的本质；另一方面又鼓吹不可知论，主张用现象的描述来代替那种无法企及的真理。

斯密的社会观和方法论深受当时流行的哲学思想的影响。一方面，他认为经济现象有其内在的客观规律或自然秩序，人们所认识的各种事物是一个不断发展的有内在联系的整体。在他看来，自然界和人类社会是由许多被推动起来的不同的运动和效力的部件连接起来的想象的机器。他希望探寻其内部联系，力图抓到中间事物的链条，用它把这些中间事物与先前存在的某事物连接起来，就可使宇宙万物的全部进程连贯一致，组成整体。另一方面，他把所谓人类利己主义本性当作经济研究的前提，把经济现象看成是具有利己主义本性的经济人活动的结果，并认为符合人类本性的自然秩序所要求的资本主义制度及其经济范畴是自然的永恒的，因而具有超历史的一般性质。这种唯心主义和形而上学的观念，使他对内部联系的探讨不可能是一贯的、

① 《马克思恩格斯文集》第 1 卷，人民出版社 2009 年版，第 615 页。

彻底的。

斯密由此而形成了他的独特的研究资本主义经济形态和政治经济学的二元方法论。一种研究方法是探索各种经济范畴的历史的或逻辑的内在联系即资产阶级经济制度的隐蔽结构。马克思把这种"深入研究资产阶级制度的内在联系"的方法称为"内在观察法",即科学抽象法。另一种研究方法,"只是把生活过程中外部表现出来的东西,按照它表现出来的样子加以描写、分类、叙述并归入简单概括的概念规定之中"。马克思把这种描述和概括资产阶级经济制度的表面运动或外部联系的方法称为"外在观察法"①。

这种描述的方法和分析的方法之交错,一定程度上存在于资产阶级古典政治经济学所有代表者的理论中。但是,在亚当·斯密那里,这种情况表现得最为明显。这是因为,对于政治经济学体系的创立者来说,斯密肩负着双重的任务:"一方面,他试图深入研究资产阶级社会的内部生理学,另一方面,他试图既要部分地第一次描写这个社会外部表现出来的生活形式,描述它外部表现出来的联系,又要部分地为这些现象寻找术语和相应的理性概念,也就是说,部分地第一次在语言和思维过程中把它们再现出来。"② 这两个任务,斯密同样感兴趣,而且又是各自独立进行的,因而研究方法的两重性几乎贯穿于斯密的全部理论分析中,从而使他不仅在个别经济学原理问题上,而且在经济理论的整体上,都得出了斯密自己并未察觉的彼此矛盾的理论结论。

斯密经济理论的矛盾,记录了经济过程的外部形式和内容的不一致,因而也就在政治经济学面前提出了十分重要的任务,即从资本主义生产方式内在规律出发,说明资本主义经济关系外部表面的总体的运动。马克思指出:"亚·斯密的矛盾的重要意义在于:这些矛盾包含的问题,他固然没有解决,但是,他通过自相矛盾而提出了这些问题。"③

---

① 《马克思恩格斯全集》第 26 卷第 2 册,人民出版社 1973 年版,第 182、186 页。

② 《马克思恩格斯全集》第 26 卷第 2 册,人民出版社 1973 年版,第 182 页。

③ 《马克思恩格斯全集》第 26 卷第 1 册,人民出版社 1972 年版,第 140—141 页。

第三，斯密还重点考察了资本主义社会经济运行和发展的全过程。创立了关于经济发展的类型和过程的理论。

他对各种社会机体的经济发展的状况进行了分类。一类是以发展为特征的进步状态，他以当时的北美为例加以说明。一类是以衰退为特征的退步状态，孟加拉就是这样的典型。一类是以呆滞为特征的静止状态，他认为当时的中国可能处于静止状态，但似乎并未退步。

斯密并非把各国经济运行过程当成是一个千篇一律的稳定发展的过程，这一过程在他看来是一个不断发展变化的动态化的过程。但是，他又认为，社会经济的发展变化是有一个不可逾越的自然的极限。他指出，一国所获得的财富如已达到它的土壤、气候和位置所允许获得的限度，经济发展就达到了极限。在这种状态下，其劳动工资低落到仅足以维持现状，因而人口不再增长，其资本已达到饱和程度，各地的竞争激烈异常，利润几乎等于零，国民财富和收入不再增长。这就意味着社会经济已处于濒于自然极限的停滞状态。

在他看来，现阶段资本主义经济的基本状况和运行特征就是发展和进步，是一个良性循环的均衡的生产过程。他实际上把资本主义生产方式看作是最有利于生产、最有利于创造财富的生产方式。他认为随着生产的发展，国民财富和各阶级收入不断增加。由于资本增加，对工资劳动者的需求从而劳动者就业机会随之增加。业主雇佣工人的竞争自动冲破其防止工资提高的自然结合，使工人实际工资上升。高工资带来高人口出生率，人口迅速的增长使生产劳动者的供给有了充足的保证。在斯密看来，居民人数和劳动者人数的增加，正是一国经济发展和繁荣的最明确的标志。同时，就业机会的增加，不仅意味着生产者人数的增加，而且促进分工的扩大。由于分工的扩大刺激投资，因而增加对货币资本的需求，利息率则随之上升，从而使储蓄增加，而储蓄正是生产资本供给的来源，因而资本再度扩大。斯密在这里论述了资本要素的不断扩大的良性循环的过程。

斯密还叙述了资本要素扩大的第二条途径。他认为由于资本的增加，各个行业业主竞争加剧，利润下降，利息随之下降。这样就迫使借贷资本家扩大借贷业务以弥补亏损，而中小货币所有者因借贷业无利可图而直接投资于实业部门，从而使社会投资量增加。这样一来，由于资本以及劳动这两大要素供给充沛，整个社会生产就在不断扩大的规模上进行，从而推动国民财富和社会经济持续不断地增长和发展。

斯密认为，一国经济发展的过程也是分工规模和市场容量扩大的过程。而对经济发展有决定意义的资本和劳动这两大基本因素，以及与此相关的分工、市场等生产要素都处于自由自然的良性循环状态，国民财富和一国经济就能持续不断地增长和发展。在他看来，一国经济发展的标志是国民财富、人均实物商品量、各阶级收入的增加，以及资本的不断增长。因此，他着重从供给即生产环节方面考察和论述经济发展过程。他把增加供给即提高实物商品产量放在社会生产四大环节的首位，强调生产环节对推动经济发展的决定性作用。这反映了处于上升阶段的产业资产阶级发展生产力的要求。同时，斯密还认为工人、资本家和土地所有者的收入，在经济发展过程中都有普遍的提高，区别仅仅在于全社会工资总量和地租总量呈绝对增长状态，而利润率却呈相对下降趋势，然而，利润总量由于资本数量的扩大，还是呈上升趋势。斯密因此声称经济发展的目标和标志不是少数人富裕，而是各阶级普遍的富裕。

第四，提出关于经济发展的动力、机制和理想的社会模式的理论。

斯密在《道德情操论》中指出，支配人类行为的动机有自爱、对自由的愿望、正义感、劳动习惯、交换倾向等，同情心即"对于别人遭遇的关心"则是道德世界的出发点，而人们又总是在自爱心理的引导下追求私利。这些心理互相制约，支配和决定人们的行为，形成人类社会的自然秩序。而在《国富论》中，斯密在考察市场秩序时，从独立的商品生产者及其行为出发，强调了在经济领域中追求私利的意义。斯密没有明确提出"经济人"概念，但是，他在考察经济生活时，把具有多种品质的人和作为经济上的人区分开来，在经济思想史上实际上第一次系统地运用了"经济人"这个假设。他把经济运行和发展过程中一切经济现象都看作是"经济人"活动的结果，而驱使"经济人"努力的动机，则是追求自身物质利益的所谓人类利己主义的本性。他说："每个人改善自身境况的一致的、经常的、不断的努力是社会财富、国民财富以及私人财富所赖以产生的重大因素。"①这里，斯密提出了经济活动的刺激因素和动力问题。

斯密的"经济人"并不是后来的经济学家所假定的"鲁滨逊"式的孤立的生产者，而是商品生产社会经济体系的一分子。按照斯密的看法，在这个体系中，相互联系的结构的作用是由"看不见的手"来实现的。他强调说，独立的经济个体，虽然追求个人的利益，但由于市场经济"自然秩序"的作用，必会导致普遍的福利。

"看不见的手"也是斯密理论中最著名、最具有深远影响的概念。这个概念，最早见于《道德情操论》。在这本早期著作中，斯密指出，人们在自爱心理的导下追求私人目的时，在"看不见的手"的指引下，无形中实现着增进人类福利的社会目的。在《国富论》中，斯密从经济理论上发挥了"看不见的手"这一概念，把它理解为客观经济规律。他所说的引导"经济人"把个人私利和社会利益相结合的"看不见的手"，实际上是指价值规律的自发调节作用。

在斯密时代，以追求利润为目的、不受干预的私人经济的活动，不仅没有使连成一体的国民经济出现混乱，而且能够胜任社会各方面的需求。对于这个重大的经济现象，斯密第一次作出了理论的说明。他认为，在这种自由竞争的条件下，生产并不是毫无规划地进行的，而是有着一只"看不见的手"在进行调节。这种调节作用，除了表现在前面说过的通过市场价格与自然价格的矛盾运动而使商品的种类和数量与社会的有效需求相一致外，还表现在对生产要素或资源的调节，使之按照最优的比例配置于不

---

① ［英］亚当·斯密：《国民财富的性质和原因的研究》上卷，郭大力、王亚南译，商务印书馆 1974 年版，第 315 页。

同的生产部门，进行均衡的生产。斯密指出："私人利润的打算，是决定资本用途的唯一动机。"① 所以，每个资本家"所考虑的不是社会的利益，而是他自身的利益"。但是，"他对自身利益的研究自然会或者毋宁说必然会引导他选定最有利于社会的用途"②。他论证说，如果一些资本家把过多的资本投于某种用途，其产品必然供过于求而价格下降，"这些用途利润的降落，和其他各用途利润的提高，立即使他们改变这错误的分配。用不着法律干涉，个人的利害关系与情欲，自然会引导人们把社会资本，尽可能按照最适合于全社会利害关系的比例，分配到国内一切不同用途"③。所以，每个资本家都会"受着一只看不见的手的指导，去尽力达到一个并非他本意想要达到的目的"④。斯密在这里所论述的，正是价值规律在交换和生产中的调节作用。斯密没有看到这一规律作用的盲目性，以及生产力资源在这一规律的作用过程中可能遭到的破坏。经济危机是在斯密逝世后 30 年才开始出现的。

斯密关于"经济人"和"看不见的手"的论述，揭示了资本主义经济运行的内在机制，提出了一些具有普遍意义的重大问题，如经济生活中社会利益和个人利益的结合问题，国民经济的需要，通过局部的经济利益和动机，由独立的商品生产者加以实现的问题。同时，这些论述，阐发了经济自由主义理论的要点，提供了经济自由主义政策的基本观念。

斯密依据"自然秩序"和"看不见的手"的观念，提出了理想的社会模式。他认为，这个社会应该是"一切都听其自由，各个人都能自由选择自己

---

① ［英］亚当·斯密：《国民财富的性质和原因的研究》上卷，郭大力、王亚南译，商务印书馆 1974 年版，第 344 页。

② ［英］亚当·斯密：《国民财富的性质和原因的研究》下卷，郭大力、王亚南译，商务印书馆 1974 年版，第 25 页。

③ ［英］亚当·斯密：《国民财富的性质和原因的研究》下卷，郭大力、王亚南译，商务印书馆 1974 年版，第 199 页。

④ ［英］亚当·斯密：《国民财富的性质和原因的研究》下卷，郭大力、王亚南译，商务印书馆 1974 年版，第 27 页。

认为适应的职业，并能随时自由改业的社会"①。在这里，"每一个人，在他不违反正义的法律时，都应听其完全自由，让他采用自己的方法，追求自己的利益，以其劳动及资本和任何其他人或其他阶级相竞争"②。与之相应，斯密猛烈抨击了与这种经济自由主义相对立的重商主义的国家干预的政策。

总而言之，斯密科学地阐释了资本主义这一经济形态运行和发展的动力、机制和发展的全过程、建立了第一个比较系统的经济理论体系和社会模式，但是把资本主义经济形态美好化、凝固化或永恒化的观点是错误的。斯密关于资本主义经济形态的理论的重要功绩在于，他通过"自然秩序"（客观规律）和"看不见的手"（价值规律）做到了对资产阶级制度的抽象的一般基础有一个连贯的理论见解，建立了广义的剩余价值理论。但是，由于没有把握住价值规律随着资本的出现而发生的特殊发展而摇摆不定；可是，他看到了资本和劳动交换与利润存在的矛盾。而斯密的矛盾的重要意义在于：这些矛盾包含的问题，他固然没有解决，但是，他通过自相矛盾而提出了这些问题。

三、李嘉图和西斯蒙第的论述

李嘉图和西斯蒙第分别是英国和法国的古典经济学的完成者，不过，他们的社会经济形态观的最大区别是：前者是资本主义制度的肯定者而后者是资本主义制度的否定者。

（一）李嘉图对资本主义经济形态的分析

《政治经济学及赋税原理》这部著作的前六章中乃至头两章，已经基本上把李嘉图对资本主义经济形态的分析的主要研究成果囊括其中。

---

① ［英］亚当·斯密：《国民财富的性质和原因的研究》上卷，郭大力，王亚南译，商务印书馆 1974 年版，第 91 页。

② ［英］亚当·斯密：《国民财富的性质和原因的研究》下卷，郭大力，王亚南译，商务印书馆 1974 年版，第 252 页。

关于李嘉图方法论的两重性，李嘉图前期对自然科学的研究所形成的思维方法，显然对他研究政治经济学有着重要影响。他研究经济现象，也像研究自然现象一样，运用抽象方法，以逻辑推论来发现其中的"法则"，即经济现象间的内在联系。在《政治经济学及赋税原理》（以下简称《原理》）中，这种方法的表现特点，如马克思所指出的："李嘉图的方法是这样的：李嘉图从商品的价值量决定于劳动时间这个规定出发，然后研究其他经济关系（其他经济范畴）是否同这个价值规定相矛盾，或者说，它们在多大的程度上改变着这个价值规定。"①

马克思对李嘉图这种方法的两重性作了说明。在政治经济学史上，由于斯密把政治经济学发展为某种整体，他的后继者们均以斯密为自己的基础。但是，如前所述，斯密既有研究内在联系的内在方法，又有描绘表面现象的外在方法。他的后继者们或者倾向其中一种方法，或者将两种方法混在一起。这时，"李嘉图终于在这些人中间出现了，他向科学大喝一声：'站住！'资产阶级制度的生理学——对这个制度的内在有机联系和生活过程的理解——的基础、出发点，是价值决定于劳动时间这一规定。李嘉图从这一点出发，迫使科学抛弃原来的陈规旧套，要科学讲清楚：它所阐明和提出的其余范畴——生产关系和交往关系——同这个基础、这个出发点适合或矛盾到什么程度；一般说来，只是反映、再现过程的表现形式的科学以及这些表现本身，同资产阶级社会的内在联系即现实生理学所依据的，或者说成为它的出发点的那个基础适合到什么程度；一般说来，这个制度的表面运动和它的实际运动之间的矛盾是怎么回事。李嘉图在科学上的巨大历史意义也就在这里"。接着，马克思指出，由于李嘉图在劳动价值论基础上研究内在联系，因而"揭示并说明了阶级之间的经济对立"。可见李嘉图的研究方法，"具有科学的合理性和巨大的历史价值"②。

---

① 《马克思恩格斯全集》第 26 卷第 2 册，人民出版社 1973 年版，第 181 页。

② 《马克思恩格斯全集》第 26 卷第 2 册，人民出版社 1973 年版，第 183 页。

另一方面，李嘉图的研究方法又存在严重缺陷，具有"科学上的不完备性"。这主要表现在，"这种方法跳过必要的中介环节，企图直接证明各种经济范畴相互一致"①。例如，他企图在价值而不是在它的转化形式——生产价格——的基础上，直接说明平均利润的存在。这种方法导致了理论上的错误，甚至模糊了他对价值决定的观点。

李嘉图的历史使命是要表明资本主义关系比之封建关系更有利于财富的增长。"李嘉图不顾一切地维护资产阶级生产，因为这种生产意味着尽可能无限制地扩大社会生产力"，他"把资本主义的生产看作生产的绝对形式。这就是说，他认为，资本主义生产的生产关系的一定形式，在任何地方都不会同生产本身的目的即充裕发生矛盾或束缚这一目的，充裕既包括使用价值的量，也包括使用价值的多样性"②。

但是，他对资本主义社会的发展前景仍然持悲观态度。在他所处的机器大工业时期，财富增长的决定因素是资本积累。资本积累是经济增长的源泉。而这又取决于推进还是阻碍利润率上升或下降的各种因素。但是，在他看来，由于自然条件的约束、工资和利润的对立、地租和利润的对立，以及马尔萨斯人口定律的作用，利润率下降是主导的趋势。可是，他毕竟是崇尚生产力的经济学家，他有时又强调："同时我们还必须记住，退步状况永远是一种反自然的社会状态。个人的生长过程是由青年而壮年，而老死；但是国家的发展过程却不是如此。国家达到最旺盛的状态以后，再向前进时诚然可以受到阻碍，但它们的自然趋势却是永远地继续发展，使它们的财富和人口永远不会减少。"③

李嘉图研究分配问题，并着重考察地租和利润在社会纯收入中所占比例的变化，正是要说明什么原因影响利润的增长，从而阻碍资本的积累。这个思想贯穿于他的全部分配理论，但是，李嘉图并没有脱离开生产来研究分

① 《马克思恩格斯全集》第26卷第2册，人民出版社1973年版，第181页。
② 《马克思恩格斯全集》第26卷第3册，人民出版社1974年版，第50、54页。
③ 李嘉图：《政治经济学及赋税原理》，商务印书馆1962年版，第226页。

配，恰好相反，他是试图探寻支配分配比例变动的规律，来论证资本主义生产借以发展的条件及其变动趋势。就这个意义上而言，他的分配理论实际上成为他的生产力理论即经济增长理论的一个重要构成部分。

李嘉图的分配理论是以价值论为基石的。他把价值归结为劳动，认为价值的生产先于价值的分配。他所考察的是劳动者所创造的价值在三个阶级之间的分配。他由此作出的基本结论是：工资决定于物化在工人得到的生活资料中的劳动量，利润是商品价值中扣除工资后的余额，而地租则是商品价值超过工资加利润的余额，是农产品的由最大劳动耗费量所决定的社会价值超过个别价值之上的超额利润。李嘉图所考察的实际上是由资本主义生产关系所决定的资本主义的分配关系。正因如此，他所提出的工资和利润的对立、地租和利润的对立的基本命题，在一定限度内，揭示了资本主义社会三大阶级之间在经济利益上的对立性。

李嘉图的缺陷在于，他把资本主义生产方式看作唯一自然的形态，从不考虑作为资本主义分配关系的工资、利润和地租这些范畴的起源和实质，他关心的只是作为收入的这些范畴的量的决定，特别是它们在商品价值中所占的比例的变化趋势。同时，他把政治经济学的对象归结为分配问题，也为后来的庸俗经济学开了方便之门。

利润理论是李嘉图的分配理论的核心。他既看到了阻止利润率下降的一种趋势——"幸而生产必需品的机器常有改良，农业科学也有发现，使我们能够少用一部分以前必要的劳动，因而降低了劳动者的基本必需品的价格，所以才屡屡遏制了利润的这种趋势——这一倾向下降的趋势"①；同时又强调利润率下降是自然的主导的趋势。在这里，除了他把资本积累归结为可变资本的积累这个错误前提外，他又受到马尔萨斯"人口理论"的影响。李嘉图认为，各国的经济增长，将由于这种人口增长的"自然趋势"所形成的谷价上涨、工资上涨，很低的利润率就已经使一切积累停止，而最后出现"静止

---

① ［英］李嘉图：《政治经济学及赋税原理》，郭大力译，商务印书馆 1962 年版，第 101 页。

状态"。

历史的发展否定了李嘉图关于"静止状态"的预见，当然，在李嘉图的生产力和经济增长理论中，也包含一些有价值的思想。诸如，资本积累和技术进步对经济发展的重大作用，农业的状况对整个经济的影响，根据各国的不同条件发展劳动密集型或资本密集型产业，自然资源、人口、经济政策等在经济发展中的意义，以及他对影响经济增长的各个基本因素之间的联系和相互制约关系的探讨等，都影响并推进了产力和经济增长理论的发展。

（二）西斯蒙第对资本主义经济形态的分析

《政治经济学新原理或论财富同人口的关系》（1819）是西斯蒙第的代表作。他既是法国古典经济学的完成者也是其终结者，因为他看到了资本主义的矛盾，同时又企图从资本主义经济形态倒退到落后的小生产经济模式、宗法式农业和行会手工业。

关于资本主义的经济危机理论，西斯蒙第看到了资本主义内在的自身的矛盾，即消费、收入和生产之间的非均衡所引发的矛盾即经济危机，并且把经济危机产生的原因，归结为只在资本主义制度下才会出现收入不足即消费不足。西斯蒙第指出，资本主义国家为了摆脱生产和消费的矛盾，为了弥补国内市场的不足，就必定日益需要寻求国外市场。但是，这只能使自己的工业受到更加巨大的波动的威胁，因为，随着资本主义在更多国家的发展，世界市场也将越来越小，对国外市场的争夺将会越来越尖锐。总之，在西斯蒙第看来，无论就国内市场还是国外市场来说，资本主义生产都将遇到消费不足的矛盾，因而生产过剩的危机，在资本主义制度下是不可避免的。

不难看出，西斯蒙第没能科学地说明资本主义社会所特有的生产过剩的经济危机。他撇开了资本主义生产方式的基本矛盾，而用各个私有制社会所共有的劳动人民的消费不足来解释危机。他由于从年产品中抽掉了补偿不变资本的价值和生产资料部分，把年产品的实现简单地归结为个人消费品的实现，因而看不到年产品中的很大一部分即生产资料部分的实现，不是靠收入而是靠资本去购买；看不到资本积累和扩大再生产过程本身就为自己造成了新的市场。与此相联系的，他看不到大生产代替小生产的过程，正是资本的市场的形成过程（小生产者沦为"自由的"工人形成可变资本的要素，大企业主对生产工具的购买形成不变资本的要素），因而国内市场不是缩小了，而是扩大了。

西斯蒙第生活的年代，生产过剩的危机才刚刚出现，正如列宁所说的："那时西斯蒙第所看到的是当时还十分新颖的现象的初步情况。"① 西斯蒙第的历史功绩，他超过他的前辈和同时代人的重大贡献就在于，他敏锐地看到了为生产而生产所导致的资本主义生产的盲目性，看到了劳动人民在国民收入中所占份额的减少所导致的生产与消费的矛盾，指出并强调了经济危机不是偶然的而是资本主义矛盾的必然产物。

在政治经济学史上，西斯蒙第是法国资产阶级古典政治经济学的完成者，又是小资产阶级政治经济学的奠基人。作为古典经济学家，西斯蒙第是同样坚持劳动价值沦的。他利用这一理论，把劳动收入和非劳动收入对立起来，并比英国古典学派更明确地指出利润和地租是对工人劳动的掠夺。但是，他还不懂得价值规律及其作用，还没能像李嘉图那样把劳动价值论作为自己理论的基础。西斯蒙第在理论上的贡献是在另一方面，是在于他是最先指出资本主义矛盾的人之一。他指出了机器的资本主义使用的矛盾性，说明了小生产者的破产即无产阶级的形成过程，揭露了财富分配的极不平均和无产阶级的贫困，强调了消费和生产的矛盾，提出了生产过剩的经济危机问题。的确，西斯蒙第对于他所指出的资本主义矛盾并不理解，他没能解释它们的起源、发展和趋势，甚至把它们看作是反常的或错误的倾向。但是，正如列宁所说的："判断历史的功绩，不是根据历史活动家没有提供现代所要求的东西，而是根据他们比他们的前辈提供了新的东西。"② 在 19 世纪 20 年

---

① 《列宁全集》第 2 卷，人民出版社 1984 年版，第 165 页。
② 《列宁全集》第 2 卷，人民出版社 1984 年版，第 154 页。

代，西斯蒙第所提出的问题，还是一个新发现，比之他的前辈，这是一个巨大进步。他没能解决问题，但他提出了问题，从而也就提出了进一步分析的任务，推进了科学的发展。西斯蒙第之所以被称为古典经济学家，成为法国资产阶级古典政治经济学的完成者，正在于他提出了资本主义制度的矛盾，或者说，提出了对资产阶级政治经济学的怀疑。马克思十分重视西斯蒙第所作出的这一特殊贡献，他写道："如果说在李嘉图那里，政治经济学无情地作出了自己的最后结论并以此结束，那么，西斯蒙第则表现了政治经济学对自身的怀疑，从而对这个结束作了补充。"①

西斯蒙第在政治经济学史上的特殊地位，不仅在于他以对资本主义矛盾的揭露来完成资产阶级古典经济学，而且在于他对资本主义的批评具有伤感主义性质，并以此为小资产阶级政治经济学奠定了基础。

西斯蒙第的思想没有超出小资产者的生活所越不出的界限，这表现在他看不到资本主义矛盾的历史必然性和历史进步性，并由此决定了他对资本主义的批评具有以下小资产阶级思潮的特征：

第一，这种批评是从抽象的人的感情和道德出发的，它仅仅指出了资本主义的否定方面，看不到经济生活中的比例失调、危机、扩大生产、供过于求等"不稳固性"是资本主义经济的必然特征，不了解资本主义经济竞争、资本集中导致的大机器工业对西欧各国陈旧的、中世纪的、宗法式的社会关系所实行的"破坏"，具有进步的意义，因而他对资本主义的发展只是感到哀伤。对资本主义的这种伤感主义的批判，正是小资产阶级思潮的一个重要特征。

第二，这种批评不是把现在和将来相对比，而是把现在和过去相对比。受落后的生产方式所决定的小资产阶级眼界的局限，西斯蒙第看不到资本主义发展的历史必然性，因而也看不到它的历史过渡性。所以，他不能向前看，而只能朝后看。他说："我并不想要已经有过的东西，但是我想要一种比现时的东西更好的东西。我不能用别的方法来判断现在，只能把它和过

---

① 《马克思恩格斯全集》第 31 卷，人民出版社 1998 年版，第 455 页。

去比较，当我用废墟来证明社会的永恒的需要时，我远不想恢复废墟。"① 的确，西斯蒙第并不想简单地恢复"废墟"即中世纪制度，但是，他企图以旧的宗法式的尺度来衡量新社会，想在完全不适合于已经变化了的经济条件的旧的秩序和传统中去找寻规范，并以之来改造新社会。这种背离历史发展的方向、实际上为复古主义服务的小资产阶级思潮，就历史哲学上看，无疑是反动的。

第三，这种批评是把小生产和大资本相对立，肯定前者而否定后者。在西斯蒙第生活的年代，处在以私有制为基础的商品经济旋涡中的小生产者，已经成为小资产者，而现在这种小资产者中是每时每刻都在产生着资本主义的。西斯蒙第把小生产者理想化，却极力攻击大资本；他看不到两者的必然联系，力图阻止或延缓大资本的发展，西斯蒙第学说的小资产阶级实质，它的空想性和反动性，正是表现在这里。列宁在谈到西斯蒙第时说："究竟根据什么把他评定为小资产者呢？就是根据他不了解小生产（他把它理想化）和大资本（他攻击它）之间的联系，就是根据他没有看见他所偏爱的小生产者即农民实际上正在成为小资产者。"②

四、琼斯和拉姆赛的论述

被称为古典政治经济学的最后代表的理查·琼斯（Richard Jones，1790—1855）和乔治·拉姆赛（George Ramsay，1800—1871）的最大特点是用历史的观点去考察各种社会经济形态和生产方式的历史区别。

（一）拉姆赛对资本主义生产方式的非难

拉姆赛继承了李嘉图关注分配问题的传统，《论财富的分配》（1836）是

---

① ［瑞士］西斯蒙第：《政治经济学新原理或论财富同人口的关系》，何钦译，商务印书馆1964年版，第514页。

② 《列宁全集》第2卷，人民出版社1984年版，第189页。

他的代表作。他在批判斯密教条的基础上，正确地区分了总产品和国民收入。拉姆赛实际上指出，总产品的价值，在扣除不变资本的价值之后，才能分解为各种收入。"拉姆赛的功绩在于，首先，他反驳了自亚·斯密以来广为流行的错误观点，即认为总产品的价值分解为各种名称不同的收入。"① 他还区分了初次分配和二次分配。在他看来，初次分配是指不同财富源泉的所有者，即工人、雇主、资本家和地主这四个阶级之间所进行的分配；二次分配则是指一切与国家财富增长无关的人（如士兵、公务员、律师、医生、牧师、音乐家、演员等），从财富源泉的所有者即上述四个阶级那里取得生活消费品。拉姆赛指出，政治经济学只研究初次分配，即只研究国民收入在工人、雇主、资本家和地主之间所得份额比例的决定问题。

拉姆赛在考察分配问题时，同情工人的贫困并且看到了工人阶级状况由于资本有机构成不断提高规律而日趋恶化的发展趋势。他不仅看到利润和工资的对立以及资本积累对工人阶级状况的影响，并且非难资本主义的分配结构。他提出："政治经济学的目的不仅要阐明怎样才能获得最大限度的财富，而且要指出怎样在社会各个阶级之间分配财富可能最为有利。因此，以尽可能小的东西分配给人口中最多的一批人即劳动者的制度应当被认为是一种奇怪的制度。显然，这必定是一种完全违背普遍幸福的财富分配制度。"② 他还指出："本来可以在许许多多劳动者之间进行分配的一部分国民财富，现在却要去增大人数少得多的雇主——资本家的利润了。……这样一种加速财富的发展是用剥夺大批劳动人口的舒适品甚至奢侈品的高昂代价来换取的。"③

拉姆赛在分配问题上的另一个颇具特色的观点，是把总收入分为必要收入和净收入。他认为，工资和企业利润是必要收入，因为它们对维持国民财富使它不致减少是必要的，而地租和利息对这一目的来说则是不必要的，因而不是必要收入，而是净收入。他把流动资本、借贷资本和资本主义的土地

① 《马克思恩格斯全集》第 26 卷第 3 册，人民出版社 1974 年版，第 373 页。
② [英] 拉姆赛：《论财富的分配》，李任初译，商务印书馆 1984 年版，第 97 页。
③ [英] 拉姆赛：《论财富的分配》，李任初译，商务印书馆 1984 年版，第 97—98 页。

所有权视为是资本主义生产的多余的形式。马克思在总结拉姆赛的观点时写道:"总之,从拉姆赛那里得出的结论是,第一,建立在雇佣劳动基础上的资本主义生产方式,不是社会生产的必然的即绝对的形式。……第二,与产业利润不同的利息和地租(即由资本主义生产本身创造的土地所有权形式)一样,对资本主义生产来说,是不必要的,而且是可以被它扔掉的累赘。"①这里非常明显地凸显了拉姆赛关于社会经济形态的历史观,但是拉姆赛对资本主义生产方式的某些非难,并未超出资产阶级眼界的限度。

(二) 琼斯的历史观和对资本主义经济结构的分析

理查·琼斯于 1812 年进入剑桥大学,攻读文学与哲学,1833 年,他继西尼耳之后任伦敦皇家学院的政治经济学教授,1835 年转到东印度大学,作为马尔萨斯的继任者,担任政治经济学和历史学教授,直到逝世。其代表是《论财富的分配和税收的源泉》(1831)、《国民政治经济学教程》(1852)和《理查·琼斯牧师关于政治经济学的演讲和笔记残稿》(1859)。

琼斯和詹姆斯·斯图亚特一样,具有其他英国经济学家所没有的一个重要特点,即对各种生产方式的历史区别的理解。琼斯提出,在经济分析中,应有历史感和范围广泛的观察,才能揭示出不同社会经济结构及其呈现出来的不同形式之间的区别。琼斯的全部著作,他对各个经济范畴的分析,都渗透着这种历史感和对不同经济关系的对比考察。这个特点,使琼斯成为古典经济学家,并被认为是历史学派的先驱者。同时,由于琼斯是以制度分析方法来考察社会经济问题,他又被认为是制度学派的先驱者。他对经济结构的分析以及对资本主义生产方式永恒性的否定,是他的历史观的充分体现,也是他的历史观的重大成就。

琼斯对生产力、国家的经济结构或经济关系,以及涉及国民精神面貌、习俗、伦理道德的政治要素、社会要素和它们之间的相互关系,有了初步的

---

① 《马克思恩格斯全集》第 26 卷第 3 册,人民出版社 1974 年版,第 397 页。

理解。他考察了生产力范畴，在他看来，国民的生产力既取决于资源状况，又取决于人的劳动效率，而后者又取决于：1.劳动的连续性；2.劳动用来实现生产者的目的所具备的知识和技能；3.帮助劳动的机械力。他把这三点看作是劳动生产力的三大要素。在他的著作中也考察了生产关系，即他所说的经济关系、经济结构或阶级关系。他说："我所说的国家的经济结构，是指各不同阶级之间的关系，这些关系最初由于土地所有权的制定和土地剩余产品的分配而建立起来，后来由于资本家的出现而（在或大或小的程度上）发生了变化和变动，资本家则是作为从事财富的生产和交换并向工人人口提供食物和工作的当事人出现的。"① 他实际上把生产资料的占有形式和剩余产品的分配形式看成是经济结构的基本内容。

琼斯阐述了生产力、生产关系和上层建筑的相互关系。在他看来，随着物质生产的变化，经济关系以及与此相联系的国民的社会状况、道德状况和政治状况，也都发生变化。他说："随着各社会改变自己的生产力，它们也必然改变自己的习俗"，"随着社会的经济组织以及生产任务借以完成的因素和手段（丰富的或贫乏的）的变化，会发生大的政治的、社会的、道德的和精神的变化。这些变化发生在居民当中，必然对居民的各种政治要素和社会要素产生决定性的影响；这种影响将涉及国民的精神面貌、习惯、风俗、道德和幸福"② 。同时，他也觉察到生产关系对生产力的影响。在他看来，前资本主义生产关系阻碍生产力的发展，而资本主义生产关系却促进生产力的发展。琼斯把地租作为前资本主义生产关系来描述。他认为"所有这些形式（劳役地租，莱特地租，分成制地租，茅舍贫农地租等等，一句话，农民地租的一切形式）都阻碍土地生产力的充分发展"③ 。他把资本作为资本主义生产关系来描述，在他看来，资本使社会劳动生产力达到全新的发展，同时使一切社会的和政治的关系革命化。

---

① 转引自《马克思恩格斯全集》第26卷第3册，人民出版社1974年版，第456页。
② 转引自《马克思恩格斯全集》第26卷第3册，人民出版社1974年版，第474、475页。
③ 转引自《马克思恩格斯全集》第26卷第3册，人民出版社1974年版，第442页。

琼斯依据他的历史观，否定了把资本主义生产关系看作是永恒的自然关系的传统观点。这是他超越于他的前辈的一个突出之点。他说："将来可能出现这样一种情况，——世界各大洲可能会逐渐接近这样一种情况，——在这种情况下，劳动者和积累的储备的所有者将是同一的；但是在各国的发展中……这种情况至今还从未有过，为了探索和理解这种发展，我们必须考察劳动者怎样逐渐地从用自己的收入支付劳动者报酬的主顾的支配下，转到用资本（它的所有者指望从它的总产品中为自己实现一种特殊的收入）的预付支付劳动者报酬的企业主的支配下。也许，这种情况同劳动者和资本家是同一个人的情况相比，还不是那么令人满意；但是我们必须仍然把它看作生产发展进程中的一定阶段，这个阶段直到现在还是先进国家的发展的特征。亚洲的居民还没有达到这个阶段。"① 在这里，琼斯实际上划分了"生产发展进程中"的三个阶段：第一，"顾主"用自己的收入支付劳动者报酬的前资本主义社会形态；第二，企业主用资本的预付支付劳动者报酬的资本主义社会形态；第三，以"劳动者和资本家是同一人"为特征的未来社会形态。琼斯在经济学说史上是明确宣称资本主义生产方式仅仅是社会生产发展中一个过渡阶段的第一个资产阶级经济学家。比之李嘉图，这是一个本质的进步。它标志着古典经济学在资产阶级限度内已经达到了不可能再向前推进的真正的终结。马克思在谈到琼斯的这一功绩时写道："在这里我们看到，政治经济学这门实际科学是怎样结束的：资产阶级生产关系被看作仅仅是历史的关系，它们将导致更高级的关系，在那里，那种成为资产阶级生产关系的基础的对抗就会消失。"②

琼斯对分配理论其中包括地租、劳动基金、资本和资本积累的考察也渗透着巨大的历史感，他在实际上区分了不同历史阶段上的分配方式和生产方式。同时，作为产业革命蓬勃发展时期的生产力经济学家，他也看到，积累

---

① 转引自《马克思恩格斯全集》第 26 卷第 3 册，人民出版社 1974 年版，第 472 页。
② 转引自《马克思恩格斯全集》第 26 卷第 3 册，人民出版社 1974 年版，第 472—473 页。

取决于某一特定国家所达到的资本主义生产方式的一定发展阶段。

综上所述，古典经济学家虽然没有明确提出社会经济基本形态的概念，但是对于社会经济形态的结构、性质、内在联系及其研究方法，发展趋势和运行规律等作了初步的探讨。

第一，他们一般把资本主义的生产看作是发展生产力和增长财富的最佳形式、绝对形式，承认这个发展阶段的历史的合理性和必然性，力图论证资本主义生产方式是有利于财富生产和一国经济的发展，是符合人类利己主义本性的自然自由的经济制度。只有一个法国人和一个英国人对此作了修正。西斯蒙第"中肯地批判了资产阶级生产的矛盾，但他不理解这些矛盾，因此也不理解解决这些矛盾的过程。不过，从他的论据的基础来看，他确实有这样一种模糊的猜测：对于在资本主义社会内部发展起来的生产力，对于创造财富的物质和社会条件，必须有占有这种财富的新形式与之适应；资产阶级形式只是暂时的、充满矛盾的形式，在这种形式中财富始终只是获得矛盾的存在，同时处处表现为它自己的对立面。这是始终以贫困为前提、并且只有靠发展贫困才能使自己得以发展的财富"①。而被西方经济思想史家封为古典经济学家的约·斯·穆勒等则把资产阶级的生产形式看成是绝对的，而把资产阶级的分配形式看成相对的、历史的，因而是暂时的。

第二，与此相联系，他们一般把资本主义经济形态看成是一种永恒的超历史的形式。而琼斯和拉姆赛对此表示了异议。西斯蒙第揭露了资本主义生产领域中的矛盾和阶级对立，并论述了资本主义经济危机的必然性，否认了资本主义是自然的，合理的和永恒的制度。但是他走得太远，以至于要从资本主义形态倒退到小生产经济形态。

第三，他们探讨了资本主义生产方式的内在联系、经济结构、运行机制、阶级关系、运动规律和发展趋势。他们区别于重商主义的地方，在于把

---

① 转引自《马克思恩格斯全集》第 26 卷第 3 册，人民出版社 1974 年版，第 55 页。

剩余价值起源的研究转入了生产领域，探讨了资本主义生产关系的内在联系。其中，李嘉图的经济理论在资产阶级限度内是具有最多科学因素，最少庸俗成分，他力图以前后一贯的抽象法，把劳动价值论贯彻到底，以此为基础去分析资本主义一切经济范畴尤其是分配范畴。他曾有意识地分析了资本主义经济关系中的阶级对立，特别是把工资和利润的对立的分析发展到了从资产阶级立场来说再也不能前进一步的限度，即把利润仅仅看作是工人劳动创造的价值的一部分，而且认为利润与工资成反比例变化，实际上是把利润仅仅归结为对工人剩余劳动的无偿占有，把利润与工资的关系归结为资本家同工人之间的经济利害关系了。总之，作为古典政治经济学的最后完成者的李嘉图，在资产阶级的限度内最深入地分析和揭示了资本主义生产方式的内在联系、"社会生理结构和生理过程"，从而为后人分析资本主义经济形态奠定了一个很好的基础。

第二节　马克思、恩格斯理论的发展阶段

一、19 世纪 50 年代马克思的社会经济形态一般理论

马克思在 19 世纪 50 年代末期，把社会形态及其社会经济基本形态视为一种"有机体制"[①]，以后在 1867 年《资本论》第一卷德文第一版又提出"社会有机体"的概念。他在 1857 年《〈政治经济学批判〉导言》中，把社会（有）机体看成是包括各种要素、器官、前提或设定——部分来源于从中脱胎而出的旧社会机体（其中包括已覆灭的旧社会形式的"残片"和"痕迹"、因素、还未克服的遗物和还未充分发展的新事物的征兆或萌芽）或者来源于其他社会机体——在内的开放型的对立统一体。社会机体与社会形态属于同一范畴，但是，社会机体这一提法的方法论意义在于："社会不是坚实的结晶体，

---

① 《马克思恩格斯全集》第 30 卷，人民出版社 1995 年版，第 237 页。

而是一个能够变化并且经常处于变化过程中的有机体。"① 但是，马克思在早期较多地使用社会机体这一术语，哲学思辨多于政治经济学的思考；而后期较多地采用社会形态和社会经济形态的提法，其特点是以政治经济学为主，并已达到政治经济学、社会学和哲学概念的统一。

马克思关于社会机体、社会形态、社会经济形态、生产力和生产关系发展规律或新发展观的系统表述有两处。

在《1857—1858 年经济学手稿》中，马克思首次对社会机体发展规律和新发展观作了理论概括。他指出："新的生产力和生产关系不是从无中发展起来的，也不是从空中，也不是从自己设定自己的那种观念的母胎中发展起来的，而是在现有的生产发展过程内部和流传下来的、传统的所有制关系内部，并且与它们相对立而发展起来的。如果说，在完成的资产阶级体制中，每一种经济关系都以具有资产阶级经济形式的另一种经济关系为前提，从而每一种设定的东西同时就是前提，那么，任何有机体制的情况都是这样。这种有机体制本身作为一个总体有自己的各种前提，而它向总体的发展过程就在于：使社会的一切要素从属于自己，或者把自己还缺乏的器官从社会中创造出来。有机体制在历史上就是这样生成为总体的。生成为这种总体是它的过程即它的发展的一个要素。"②40 年后，列宁在 1898 年撰写的《什么是"人民之友"以及他们如何攻击社会民主主义者?》一书中，在"社会机体"用语上表达了"有机体制"意义，他指出，马克思、恩格斯的辩证法是"把社会看做处在不断发展中的活的机体"，"把社会经济形态看做特殊的社会机体"；马克思、恩格斯的"这种研究的科学意义，在于阐明调节这个社会机体的产生、生存、发展和死亡以及这一机体为另一更高的机体所代替的特殊规律(历史规律)"③。这段经典论述，批判了唯心的历史虚无主义和机

---

① 《马克思恩格斯文集》第 5 卷，人民出版社 2009 年版，第 10 页。

② 《马克思恩格斯全集》第 30 卷，人民出版社 1995 年版，第 236—237 页。

③ 《列宁专题文集 论辩证唯物主义和历史唯物主义》，人民出版社 2009 年版，第 185—188 页。

械的社会机体发展观，从生产力、生产关系或社会经济形态的历史继承性、开放性与历史更替性、创造性相辅相成的辩证角度，全面阐述了这一规律。它阐明了社会机体本身或社会机体系列——包括各种要素、器官、前提或设定，其中包括已覆灭的旧社会形式的"残片"、因素、还未克服的遗物和还未充分发展出新事物的征兆或萌芽——从低级到高级（"总体"）发展、演变和更迭的过程，既是体现历史继承性和开放性的"使社会的一切要素从属于自己的"的从属型发展过程，又是体现历史更替性和创造性的"把自己还缺乏的器官从社会中创造出来的"创造型发展过程，从而是这两大过程相辅相成的辩证的历史发展的自然过程。

另一处表述见之于马克思《〈政治经济学批判〉序言》（1859）。马克思着重从生产力、生产关系和社会经济形态的历史更替性和创造性的角度，对这一规律作了人们熟知的经典式的表述。他指出："人们在自己生活的社会生产中发生一定的、必然的、不以他们的意志为转移的关系，即同他们的物质生产力的一定发展阶段相适合的生产关系。这些生产关系的总和构成社会的经济结构，即有法律的和政治的上层建筑竖立其上并有一定的社会意识形式与之相适应的现实基础。物质生活的生产方式制约着整个社会生活、政治生活和精神生活的过程。不是人们的意识决定人们的存在，相反，是人们的社会存在决定人们的意识。社会的物质生产力发展到一定阶段，便同它们一直在其中运动的现存生产关系或财产关系（这只是生产关系的法律用语）发生矛盾。于是这些关系便由生产力的发展形式变成生产力的桎梏。那时社会革命的时代就到来了。随着经济基础的变更，全部庞大的上层建筑也或慢或快地发生变革。在考察这些变革时，必须时刻把下面两者区别开来：一种是生产的经济条件方面所发生的物质的、可以用自然科学的精确性指明的变革，一种是人们借以意识到这个冲突并力求把它克服的那些法律的、政治的、宗教的、艺术的或哲学的，简言之，意识形态的形式。我们判断一个人不能以他对自己的看法为根据，同样，我们判断这样一个变革时代也不能以它的意识为根据；相反，这个意识必须从物质生活的矛盾中，从社会生产力和生产关系之间的现存冲突中去解释。无论哪一个社会形态，在它所能容纳的全部生产力发挥出来以前，是决不会灭亡的；而新的更高的生产关系，在它的物质存在条件在旧社会的胎胞里成熟以前，是决不会出现的。所以人类始终只提出自己能够解决的任务，因为只要仔细考察就可以发现，任务本身，只有在解决它的物质条件已经存在或者至少是在生成过程中的时候，才会产生。大体说来，亚细亚的、古希腊罗马的、封建的和现代资产阶级的生产方式可以看做是经济的社会形态演进的几个时代。资产阶级的生产关系是社会生产过程的最后一个对抗形式。"①

马克思的这段经典表述，把经济学、社会学和哲学理论融为一体，是1845年《关于费尔巴哈的提纲》、1845年《神圣家族》和1845—1846年《德意志意识形态》所阐述的辩证唯物主义和历史唯物主义世界观的共同平台之上的系统总结。较之《1857—1858年经济学手稿》的表述，它更多地侧重考察和强调社会经济形态的更替性和创造性。这与既定时代以及无产阶级政党赋予马克思的历史使命——为工人阶级锻造批判和推翻资产阶级剥削制度的理论利器——是分不开的。

马克思社会经济形态一般理论的特点在于着重阐述各个社会经济形态演变的动力、发展规律、路径或模式，他虽然反复强调关于社会经济形态总的发展路线，即"亚细亚的、古希腊罗马的、封建的和现代资产阶级的生产方式可以看做是经济的社会形态演进的几个时代"（以后演变为社会经济形态的五形态发展路线），但他实际上是主张社会经济形态发展的多样性，并没有因此否定各国各民族具体发展路线的差异性和特殊性。他从不同角度提出了其他著名的发展路线和模式：

1. 社会形态的起源路线：一条是以西欧各国模式为基础的家庭—私有制—国家路线，另一条是适用东方的家庭—"直接的公有制"（"东方形

---

① 《马克思恩格斯文集》第2卷，人民出版社2009年版，第591页。

式"①）—国家路线。

2. 古代共同体（前资本主义经济形态）—货币共同体（资本主义经济形态）—自由人联合体（共产主义经济形态）。

3. 人类自身的生产（种的繁衍）表现为目的，物质财富的生产表现为手段［古代世界］—人类自身的生产（单纯的劳动力的再生产）是手段，物质财富的生产是目的［资本主义社会］—人类自身的生产（全面发展的人的再生产）表现为目的，物质财富的生产表现为手段［共产主义社会］。

4. 个体和总体（类）共同发展的原始的浑然的一致性—抽象片面和退化的个体，发展着的总体（类）—具有全面性的个体和总体（类）发展的一致性。

5. 建立在自然经济基础上的，以人的依赖性为特征的最初的社会形态—建立在商品经济基础的，受物的限制从而以人的独立性为特征的资本主义社会形态—建立在产品经济基础上的，以人的全面性为特征的共产主义社会形态，等等。

因此，我们要全面把握马克思的社会机体发展规律和发展观。

二、19 世纪 60 年代马克思的狭义社会经济形态理论的确立

这里讲的狭义社会经济形态就是资本主义社会经济形态。马克思狭义社会经济形态理论的确立是以 1867 年《资本论》第一卷德文第一版出版为标志，它是建立在由马克思撰写、恩格斯整理出版的《资本论》著述或手稿——向前可以延伸到《1857—1858 年经济学手稿》，向后则可以延伸到 19 世纪末 20 世纪初——之上的。

《资本论》第一卷可以作为一部独立的相当完整的科学文献。马克思 20 多年来潜心研究"资本主义生产方式以及和它相适应的生产关系和交换关系"，证明"社会经济形态的发展是一种自然历史过程"，最终目的在于揭示

---

① 《马克思恩格斯全集》第 30 卷，人民出版社 1995 年版，第 491 页。

资本主义生产方式产生、发展和必然灭亡的运动规律，而作为社会先进生产力代表的无产阶级，其"历史使命是推翻资本主义生产方式和最后消灭阶级"①。这样，《资本论》第一卷第一次完整地构筑了狭义政治经济学的科学体系，并相应地概括研究和说明了与这种生产关系相适应的上层建筑，以及与资本主义生产方式相关的其他社会经济形态。

《资本论》第二卷的叙述对象不是单纯的流通过程，而是进入到产业资本的生产过程和流通过程之统一中的流通的总过程，其中心就是论述剩余价值的流通或实现过程，亦即包含在商品里的剩余价值怎样实现为货币的过程。马克思所阐述的社会资本再生产和流通理论揭示了资本主义再生产和流通的规律性。同时，它也揭示了资本主义生产方式的对抗性和历史暂时性。马克思指出，商品的出售、商品资本的实现从而剩余价值的实现，不是受一般社会的消费需求的限制，而是受以大多数人处于贫困状态为特征的这种特有的资本主义社会消费需求的限制。因此，"这些条件转变为同样多的造成过程失常的条件，转变为同样多的危机的可能性"②。包含剩余价值在内的社会总产品的实现过程并不是理想的匀称的，而是通过波动和危机来强制实现的资本主义生产全力扩张的时期，通常就是生产过剩的时期。

《资本论》第三卷的对象是资本生产和流通相统一的资本主义生产总过程，"将阐明的资本的各种形态，同资本在社会表面上，在各种资本的互相作用中，在竞争中，以及在生产当事人自己的通常意识中所表现出来的形式，是一步一步地接近了"③。马克思揭开建立在价值形式基础之上的资本主义生产关系的异化的、隐蔽的和神秘的表现形式，阐述了资本主义生产方式的本质特征、阶级结构，以及资本生产的物质发展及其社会形式的深刻对立，乃至它最终让位于较高级形式的历史暂时性，从而对资本主义生产总过

---

① 《马克思恩格斯文集》第5卷，人民出版社2009年版，第8、18页。
② 《马克思恩格斯文集》第6卷，人民出版社2009年版，第557页。
③ 《马克思恩格斯文集》第7卷，人民出版社2009年版，第30页。

程和资本主义社会经济形式作了最终的总结。恩格斯认为:"这个包含着最后的并且是极其出色的研究成果的第三卷,一定会使整个经济学发生彻底的变革,并将引起巨大的反响",它"又如雷鸣电闪,因为它第一次从总的联系中考察了全部资本主义生产,完全驳倒了全部官方的资产阶级经济学","只是由于这一点,我们的理论才具有不可摧毁的基础,我们才能在各条战线上胜利地发动起来"①。

但是,《资本论》在其与历史进程相一致的逻辑思维行程中并没有到达终点。《资本论》范畴体系框架及其逻辑思维的进程,距马克思六册结构所设定的终点范畴体系即世界市场还有一段相当长的路程。它从商品这一抽象规定刚刚上升到阶级范畴,严格地讲,《资本论》范畴体系及其思维行程大体上还停留在六册结构首册《资本》第1篇"资本一般"篇范畴体系的阶段上。所以,马克思在撰写《资本论》各卷手稿的过程中,多次提及要续写竞争篇、信用篇、股份资本篇、土地所有制册、雇佣劳动册、国家册,对外贸易册、世界市场册,并且提出写《资本论》"可能的续篇"的愿望。这实际上是完善狭义社会经济形态理论的理论遗嘱。

三、19 世纪 70—90 年代马克思、恩格斯的广义社会经济形态理论的确立

广义社会经济形态理论是相对于狭义社会经济形态理论即资本主义社会经济形态理论而言的。广义社会经济形态理论从某种意义上讲,就是广义政治经济学。恩格斯首次提出并明确地加以区分。狭义的政治经济学是一门研究单个社会经济形态经济运动并且特指资本主义生产方式产生、发展和灭亡规律的科学。马克思、恩格斯在 19 世纪 70 年代以前,主要致力于狭义政治经济学体系的创立。广义的政治经济学是一门研究"人类各种社会进行生产

---

① 《马克思恩格斯全集》第 36 卷,人民出版社 1974 年版,第 288、322、293 页。

和交换并相应地进行产品分配的条件和形式的科学"①，目的在于从中找出各个社会经济形态、生产方式或生产关系都能适用和遵循的产生、运行、发展、灭亡及更替的普遍运动规律。19 世纪 70—90 年代是恩格斯在广义政治经济学以及其他领域（如自然辩证法）极富有成果的时期。如果说马克思是最先较为系统研究广义政治经济学的第一人，那么恩格斯则是这一学说的奠基者。

第一，马克思、恩格斯探讨了前资本主义经济形态，资本主义经济形态和未来共产主义经济形态，在这一基础上规定了广义政治经济学的任务，对象和方法。

《1857—1858 年经济学手稿〈导言〉》实际上已涉及广义政治经济学的任务、对象和方法问题。在马克思看来，一方面，作为研究对象的生产总是指在一定社会发展阶段上的生产；但另一方面，"生产的一切时代有某些共同标志，共同规定。生产一般是一个抽象，但是只要它真正把共同点提出来，定下来，免得我们重复，它就是一个合理的抽象。不过，这个一般，或者说，经过比较而抽出来的共同点，本身就是有许多组成部分的、分为不同规定的东西。其中有些属于一切时代，另一些是几个时代共有的"②。此外，抽象程度很高的关于狭义生产关系—分配关系—交换关系—消费关系的生产关系系统的辩证分析，也大体上或不同程度地适用于非资本主义经济形态。因此，马克思在这里实际上从广义角度探讨了政治经济学的对象问题。而广义政治经济学的任务，在他看来，就是考察旧生产方式中隐藏的"预示着生产关系的现代形式被扬弃之点"，以及"正在为新社会制度创造历史前提的生产条件"③。换而言之，"经济科学的任务在于……从正在瓦解的经济运动形式内部发现未来的、能够消除这些弊病的、新的生产组织和交换组织的因素"④。

除了社会机体发展一般规律和新发展观、经济学逻辑体系构建学说（抽

---

① 《马克思恩格斯文集》第 9 卷，人民出版社 2009 年版，第 156 页。

② 《马克思恩格斯文集》第 8 卷，人民出版社 2009 年版，第 7 页。

③ 《马克思恩格斯全集》第 30 卷，人民出版社 1995 年版，第 453 页。

④ 《马克思恩格斯文集》第 9 卷，人民出版社 2009 年版，第 156 页。

象方法、从抽象上升到具体的方法、历史与逻辑相一致的方法等）外，马克思还着重提出了关于社会经济过程和反映这一过程的经济范畴的二重性的理论。它把经济范畴归结为由生产力发展的一定水平决定的物质内容与反映一定经济关系的社会形式组成的统一体，它要求在分析任何一个经济范畴时，自始至终地区分开它的物质内容和社会形式。马克思对商品、财富、价值、资本、剩余劳动、工资、社会再生产过程、劳动二重性等范畴的分析，无一例外。这种理论的方法论意义，则是通过区分经济范畴的二重性，强调其社会形式的暂时性和物质内容的继承性，强调应深入考察与旧社会形式剥离了的物质内容及其发展趋势，预测与它相适应的新社会形式，以及这二者在更高级阶段上结合的特征。

在《反杜林论》中，恩格斯认为，从个别上升到一般以及比较的方法是广义政治经济学的主要方法。必须先历史地个别地研究各种社会、各个国家、各个发展阶段上一定的特殊经济规律和经济形式，然后才能确立为数不多的，适合于一切生产和交换的最普遍的规律。同时，还要对资本主义经济形态和经济规律，以及"对于发生在这些形式之前的或者在不太发达的国家内和这些形式同时并存的那些形式，同样必须加以研究和比较"[①]。

恩格斯提出创造无产阶级的广义政治经济学的任务。实际上，马克思、恩格斯在19世纪40年代的《德意志意识形态》手稿中，就已经阐释了前资本主义的社会三大所有制形态；马克思在19世纪50—60年代对亚细亚生产方式和未来共产主义经济形态的特征作了深入的考察，并在经济学手稿中对社会经济形态一般发展规律和发展阶段作了精辟的概括和多方位的探讨。而19世纪70—90年代，他们除深入研究资本主义发展的新经济现象和特点外，进一步探讨了原始社会和未来社会的经济形态。特别是恩格斯在《劳动在从猿到人转变过程中的作用》（1876）中第一次解决了连最富有唯物精神的达尔文也未能解决的人类起源问题；《反杜林论》（1877）对前资本主义经济形

① 《马克思恩格斯文集》第9卷，人民出版社2009年版，第157页。

态的阐述带有论战性质，而《家庭，私有制和国家的起源》（1884 年）则第一次对它作了正面的系统的论述，成了广义政治经济学著作的代表作。《〈论俄国的社会问题〉跋》（1892）提出了跨越理论。恩格斯的上述论著，连同马克思的古代史笔记（1879—1882）（其中包括对摩尔根的《古代社会》一书的摘录笔记），《人类学笔记》以及 1877 年和 1881 年马克思先后致俄国《祖国纪事》编辑部和查苏利奇的复信等，体现了他们在古代史尤其是原始社会经济形态研究领域的最高成就，尤其是他们关于俄国农村公社、东方亚细亚生产方式或东方社会发展道路的新视角，更具有重要的原发性意义，而且是当代马克思主义经济理论最重要的生长点之一。总之，恩格斯是广义社会经济形态理论或广义政治经济学的实际奠基者。

第二，恩格斯对于社会经济形态结构和发展规律的新探索。

恩格斯在 19 世纪 90 年代的一些书信中，提出了关于非经济因素、非物质因素的反作用或相对独立性、经济基础和上层建筑的辩证关系以及关于社会历史运动是社会经济生活各种因素的合力的思想。这是对社会机体、社会经济形态发展规律和内在结构的新探索。

一是关于非经济因素、非物质因素反作用或相对独立性的思想。恩格斯指出："一种历史因素一旦被其他的、归根到底是经济的原因造成了，它也就起作用，就能够对它的环境，甚至对产生它的原因发生反作用。"[1] 在他看来，物质的生活条件、经济因素，在社会发展中起着决定作用，它们归根到底决定政治、意识形态、国家制度。但是政治、意识形态等非经济因素或非物质因素一旦产生出来，就有"相对独立性，它又对生产的条件和进程发生反作用"[2]。

二是关于经济基础和上层建筑的辩证关系。恩格斯揭示了哲学、宗教、艺术等的发展规律，说明了意识形态领域依赖于经济的特殊性质，并批判了一些思想家们的形而上学观念。恩格斯还指出："经济关系反映为法的原则，

---

① 《马克思恩格斯文集》第 10 卷，人民出版社 2009 年版，第 659 页。

② 《马克思恩格斯文集》第 10 卷，人民出版社 2009 年版，第 596 页。

同样必然是一种头足倒置的反映。这种反映是在活动者没有意识到的情况下发生的；法学家以为他是凭着先验的原理来活动的，然而这只不过是经济的反映而已。这样一来，一切都头足倒置了。而这种颠倒——在它没有被认识的时候构成我们称之为意识形态观点的那种东西——又对经济基础发生反作用，并且能在某种限度内改变经济基础，我认为这是不言而喻的。"①

恩格斯指出，与此有关的还有一个错误观念，那就是"因为我们否认在历史中起作用的各种意识形态领域有独立的历史发展，所以我们也否认它们对历史有任何影响。这是由于通常把原因和结果非辩证地看做僵硬对立的两极，完全忘记了相互作用。这些先生们常常几乎是故意地忘记，一种历史因素一旦被其他的、归根到底是经济的原因造成了，它也就起作用，就能够对它的环境，甚至对产生它的原因发生反作用"②。

经济运动和政治运动的关系也是恩格斯关注的问题。在他看来，"新的独立的力量总的说来固然应当尾随生产的运动，然而由于它本身具有的、即它一经获得便逐渐向前发展的相对独立性，它又对生产的条件和进程发生反作用。这是两种不相等的力量的相互作用：一方面是经济运动，另一方面是追求尽可能大的独立性并且一经确立也就有了自己的运动的新的政治权力。总的说来，经济运动会为自己开辟道路，但是它也必定要经受它自己所确立的并且具有相对独立性的政治运动的反作用，即国家权力的以及和它同时产生的反对派的运动的反作用"③。

恩格斯进一步说明了国家权力对经济发展的三种反作用："它可以沿着同一方向起作用，在这种情况下就会发展得比较快；它可以沿着相反方向起作用，在这种情况下，像现在每个大民族的情况那样，它经过一定的时期都要崩溃；或者是它可以阻止经济发展沿着某些方向走，而给它规定另外的方向——这种情况归根到底还是归结为前两种情况中的一种。但是很明显，在第

二和第三种情况下，政治权力会给经济发展带来巨大的损害，并造成大量人力和物力的浪费。"① 他还指出，国家权力也是一种经济力量，"如果政治权力在经济上是无能为力的，那么我们何必要为无产阶级的政治专政而斗争呢？"②

三是关于历史发展合力理论。在恩格斯看来，整个世界、社会形态和历史进程的发展是不以人的意志为转移的，"原因"和"结果"只是"一种空洞的抽象，这种形而上学的两极对立在现实世界只存在于危机中，而整个伟大的发展过程是在相互作用的形式中进行的（虽然相互作用的力量很不相等：其中经济运动是最强有力的、最本原的、最有决定性的），这里没有什么是绝对的，一切都是相对的"③。他还提出了历史发展合力理论，认为"青年们有时过分看重经济方面，这有一部分是马克思和我应当负责的。我们在反驳我们的论敌时，常常不得不强调被他们否认的主要原则，并且不是始终都有时间、地点和机会来给其他参与相互作用的因素以应有的重视"④。

他指出："根据唯物史观，历史过程中的决定性因素归根到底是现实生活的生产和再生产。无论马克思或我都从来没有肯定过比这更多的东西。如果有人在这里加以歪曲，说经济因素是唯一决定性的因素，那么他就是把这个命题变成毫无内容的、抽象的、荒诞无稽的空话经济状况是基础，但是对历史斗争的进程发生影响并且在许多情况下主要是决定着这一斗争的形式的，还有上层建筑的各种因素：阶级斗争的各种政治形式及其成果——由胜利了的阶级在获胜以后确立的宪法等等，各种法的形式以及所有这些实际斗争在参加者头脑中的反映，政治的、法律的和哲学的理论，宗教的观点以及它们向教义体系的进一步发展。这里表现出这一切因素间的相互作用，而在这种相互作用中归根到底是经济运动作为必然的东西通过无穷无尽的偶然事件（即这样一些事物和事变，它们的内部联系是如此疏远或者是如此难于确

---

① 《马克思恩格斯文集》第 10 卷，人民出版社 2009 年版，第 597 页。
② 《马克思恩格斯文集》第 10 卷，人民出版社 2009 年版，第 600 页。
③ 《马克思恩格斯文集》第 10 卷，人民出版社 2009 年版，第 601 页。
④ 《马克思恩格斯文集》第 10 卷，人民出版社 2009 年版，第 591—593 页。

定，以致我们可以认为这种联系并不存在，忘掉这种联系）向前发展。否则把理论应用于任何历史时期，就会比解一个简单的一次方程式更容易了。"

恩格斯进而指出："历史是这样创造的：最终的结果总是从许多单个的意志的相互冲突中产生出来的，而其中每一个意志，又是由于许多特殊的生活条件，才成为它所成为的那样。这样就有无数互相交错的力量，有无数个力的平行四边形，由此就产生出一个合力，即历史结果，而这个结果又可以看做一个作为整体的、不自觉地和不自主地起着作用的力量的产物。因为任何一个人的愿望都会受到任何另一个人的妨碍，而最后出现的结果就是谁都没有希望过的事物。所以到目前为止的历史总是像一种自然过程一样地进行，而且实质上也是服从于同一运动规律的。但是，各个人的意志——其中的每一个都希望得到他的体质和外部的、归根到底是经济的情况（或是他个人的，或是一般社会性的）使他向往的东西——虽然都达不到自己的愿望，而是融合为一个总的平均数，一个总的合力，然而从这一事实中决不应作出结论说，这些意志等于零。相反，每个意志都对合力有所贡献，因而是包括在这个合力里面的。"①

第三节　马克思、恩格斯的基本观点

社会经济形态是马克思把唯物辩证法运用于研究人类社会特别是用于研究社会经济过程而确立的重要概念，它"是把经济的社会形态的发展理解为一种自然史的过程"②，其基本规定性就是，社会经济形态是人类社会发展一定阶段上占统治地位的生产关系的总和。这一概念把一切社会关系归结为生产关系，把生产关系归结为生产力的高度，从而揭示了社会发展的最深刻的根源在于生产关系与生产力的矛盾运动，阐明了生产关系一定要适合生产力

---

① 《马克思恩格斯文集》第 10 卷，人民出版社 2009 年版，第 697 页。

② 《马克思恩格斯文集》第 5 卷，人民出版社 2009 年版，第 10 页。

性质的规律，如列宁所说的，这样"才能有可靠的根据把社会形态的发展看做自然历史过程。不言而喻，没有这种观点，也就不会有社会科学"。同样，"马克思也推翻了那种把社会看做可按长官意志（或者说按社会意志和政府意志，反正都一样）随便改变的、偶然产生和变化的、机械的个人结合体的观点，探明了作为一定生产关系总和的社会经济形态这个概念，探明了这种形态的发展是自然历史过程，从而第一次把社会学放在科学的基础之上"①。非马克思主义理论家要么宣扬唯意志论，说帝王将相和天才人物的思想推动社会发展，要么宣扬暴力论，把政治权力说成是社会变动的原因等等，其源盖出于不能把社会关系归结为物质的生产关系或经济结构，因此也就找不到社会经济形态从而社会形态发展的规律。

无疑，社会经济形态的发展是一个不以人们的意志为转移的有规律的从低级形态向高级形态发展的自然历史过程，人类社会经济形态的发展也充分证明了这些论述的正确性。同时也应该从多种角度加以阐释、辨析和比较。

一、社会经济形态的界定

马克思往往在同一种意义上把社会经济形态与社会经济结构、社会生产方式、生产的社会形式等概念混合使用。

第一，"社会经济结构"。"社会经济结构"构成社会的经济基础，也是指人类社会发展一定阶段上占指导地位的生产关系的总和。它通常作为一种区分人类历史上不同社会形态，区分各国的社会制度以及同一社会形态不同发展阶段的标准。在同一种经济结构下，即在生产资料所有制基本性质不变的情况下，根据经济结构的某些属于局部质变的新特征，同一社会经济形态也就区分为不同发展阶段。它的方法论意义在于："在这以前，社会学家在

---

① 《列宁专题文集　论辩证唯物主义和历史唯物主义》，人民出版社 2009 年版，第 161、162 页。

错综复杂的社会现象中总是难于分清重要现象和不重要现象（这就是社会学中主观主义的根源），找不到这种划分的客观标准。唯物主义提供了一个完全客观的标准，它把生产关系划为社会结构，并使人有可能把主观主义者认为不能应用到社会学上来的重复性这个一般科学标准。"①

马克思在阐明社会经济形态时，不是从思想的社会关系中而是从物质的社会关系即生产关系、社会经济结构中去寻找基础。这样就从人们在经济的、政治的、思想的等生活领域中结成的各种社会关系中找出了它的本质联系。列宁指出：这是一种历史唯物主义的方法，用以分析和寻找社会生活诸领域中的内在的本质联系，其方法"就是从社会生活的各种领域中划分出经济领域，从一切社会关系中划分出生产关系，即决定其余一切关系的基本的原始的关系"②。

第二，社会生产方式。社会生产方式，一般是指物质资料的生产方式或"物质生活的生产方式"，即社会生活所必需的生产资料和生活资料的获取方式。生产方式包括生产力和生产关系两个方面。生产力是生产方式的物质内容，生产关系则是生产方式的社会形式。两者之间的辩证关系主要是指："物质生活的生产方式制约着整个社会生活、政治生活和精神生活的过程。"③

第三，生产的社会形式。生产的社会形式也称社会生产的形式，指生产关系。生产这个经济范畴可以区分为一般的"物质内容"即生产力与特殊的"社会形式"即生产关系。人们在生产过程中，总是处在一定的社会生产形式之中。社会生产的形式和社会生产的物质内容是对立统一、相互联系、相互制约的两个方面，而社会生产力对社会生产的形式总是起着决定的作用。此外，可以从社会形态、社会有机体、社会要素形态等概念或范畴与社会经

① 《列宁专题文集 论辩证唯物主义和历史唯物主义》，人民出版社 2009 年版，第160—161 页。

② 《列宁专题文集 论辩证唯物主义和历史唯物主义》，人民出版社 2009 年版，第158—159 页。

③ 《马克思恩格斯文集》第2卷，人民出版社 2009 年版，第591 页。

济形态的比较之中，对社会经济形态作更加深入的界定。

一是社会机体、社会形态和社会经济形态。马克思把社会形态及其社会经济基本形态视为一种"有机体制""社会有机体"，实际上是把社会经济形态看作特殊的社会机体。社会机体与社会形态属于同一范畴，社会机体这一提法的方法论意义在于："社会不是坚实的结晶体，而是一个能够变化并且经常处于变化过程中的有机体。"① 但是，马克思在早期较多地使用社会机体这一术语，哲学思辨多于政治经济学的思考；而后期由于建立了自己的政治经济学体系，较多地采用社会形态和社会经济形态的提法，从而融政治经济学、社会学和哲学于一体。

二是社会形态，是指同生产力发展的一定历史阶段相适应的一定的经济基础和上层建筑的统一体，社会经济形态包含于其中。社会形态是历史唯物主义社会的基本范畴。其方法论意义在于：社会形态是多层次社会关系的有机统一整体，是处于一定历史发展阶段的、具体的、历史的、具有独特特征的社会。其中，经济基础是指同生产力的一定发展阶段相适应的占统治地位的生产关系各方面的总和。而上层建筑是建立在一定经济基础之上的政治法律制度、设施和意识形态的总和。上层建筑的主导部分即政治上层建筑，其核心是国家，此外还有一系列政治法律制度，以及军队、警察、法庭、监狱、政府机关等组织设施。马克思以生产关系来说明社会形态的基础结构和"骨骼"，同时也探究适合于这种生产关系的上层建筑，使"骨骼"有血有肉。只有把生产关系（经济基础）与上层建筑统一起来，才能构成"有血有肉"的社会形态。虽然，"马克思一次也没有利用这些生产关系以外的任何因素来说明问题……虽然他完全用生产关系来说明该社会形态的构成和发展，但又随时随地探究与这种生产关系相适应的上层建筑，使骨骼有血有肉"②。

此外，社会形态的异同，是对现实社会的根本性质作不同类型划分的根

---

① 《马克思恩格斯文集》第 5 卷，人民出版社 2009 年版，第 10 页。

② 《列宁专题文集　论辩证唯物主义和历史唯物主义》，人民出版社 2009 年版，第 162 页。

据，也是对社会历史的演化进程作不同阶段分期的依据。社会形态及其发展是由生产力的发展所决定的一个自然历史过程。

三是社会经济形态是社会形态的重要组成部分，属于一种社会要素形态。其他构成社会各种基本要素的形态还有社会技术形态、社会政治形态、社会意识形态等。社会要素形态的划分对于从某一侧面认识社会历史具有一定的借鉴意义，但是，只有马克思的社会经济形态理论才能科学把握社会的根本性质和整体结构，以及从根本上区分社会发展的历史阶段。因为社会经济形态这一科学概念指出生产关系对其他关系具有决定作用，从而揭示了全部社会关系中不同关系（如经济的、政治的、法律的）之间的本质联系，把各种社会形态、社会关系和社会意识及其进程归结为由生产关系、物质生产即经济过程所决定，把它们建立在生产关系和物质生产这一现实基础之上，从而把社会经济形态视为诸社会要素形态中具有决定作用的核心形态。这样就给人类社会作出了唯物主义的解释，使人们有可能科学地阐明政治生活、法律行为、思想意识等的根源。

二、社会经济形态的架构

第一，基于社会整体角度的关于社会经济形态架构的论述。马克思在《1857—1858 年经济学手稿》的《导言》中，把社会机体看成是包括各种要素、器官、前提或设定在内的开放型的对立统一体。这是基于社会整体角度的关于社会经济形态架构的论述，表明马克思正在努力寻找关于社会经济形态架构理论的经典表述形式。

资本主义社会机体的构成、产生和发展是马克思分析的重点，在他看来，资本主义经济形态是从封建社会内部自然而然地产生的，"只有在物质的（因而还有精神的）生产力发展到一定水平时才有可能"①，才能导致旧封

---

① 《马克思恩格斯全集》第 30 卷，人民出版社 1995 年版，第 497 页。

建关系的解体。它是借一切已覆灭的旧社会机体的"残片""痕迹""残余"("还未克服的遗物")和"因素"(旧社会机体的否定因素或萌芽,"原来只是征兆的东西,发展到具有充分意义",从而成为新社会机体的主体)建立起来。① 马克思还对资本主义机体的结构及其内部联系进行了解剖,他指出,资产阶级社会是历史上最发达的和最复杂的生产组织,可以从中透视一切已经覆灭的社会形式的结构和生产关系,它主要由三部分组成。

一是主体、"普照的光""特殊的以太"即资本是资本主义生产方式的本质和核心。"资产阶级社会的支配一切的经济权力。它必须成为起点又成为终点",因而"它的关系也决定其他一切关系的地位和影响。这是一种普照的光,它掩盖了一切其他色彩,改变着它们的特点。这是一种特殊的以太,它决定着它里面显露出来的一切存在的比重"②。这就决定了资本是资本主义生产方式的本质和核心。可见,主体在社会机体中处于支配一切的统治地位。它着重体现了区别于旧社会机体的更替性。

二是前资本主义经济形态的"残片"和"遗物",如土地所有制、前一代传给后一代的大量生产力、资金和环境、过时的社会关系和政治关系等。马克思经常把"残片""传统""遗迹""残余""痕迹"等词并用。但在《1857—1858年经济学手稿》中阐述的社会机体发展规律已显示把"残片"区分为"痕迹"和"残余"的思想端倪。他把旧社会机体遗留在新机体的残片、传统、遗物划分为两大类:一类是历史的痕迹,呈发展形式;另一类是历史的残余,呈萎缩形式、"漫画"形式或歪曲形式。因而,马克思实际上是在存在的合理性意义上使用"痕迹"的提法,在丧失合理性的意义上采用"残余"这个词。换言之,"痕迹"是旧社会机体中残存下来的合理因素:它在扬弃中丧失了原来的某些特点,而作为现存社会机体的有机组成部分;它与主体相比处于从属的辅助的地位,是一种内在的有机的从属物;它作为联系环节

---

① 《马克思恩格斯全集》第 30 卷,人民出版社 1995 年版,第 46 页。
② 《马克思恩格斯全集》第 30 卷,人民出版社 1995 年版,第 48—49 页。

或中介环节，着重体现了新旧社会机体的联系和继承性。"残余"则是新社会机体中暂时未被克服的旧社会机体的消极因素，因而是一种外在形式上的畸形的从属物，它作为一种"过时的东西总是力图在新生的形式中得到恢复和巩固"①。马克思在《资本论》中进一步阐述了旧传统、旧残余会阻滞历史发展的观点："除了现代的灾难而外，压迫着我们的还有许多遗留下来的灾难，这些灾难的产生，是由于古老的、陈旧的生产方式以及伴随着它们的过时的社会关系和政治关系还在苟延残喘。不仅活人使我们受苦，而且死人也使我们受苦。死人抓住活人！"②换言之，封建残余（"死人"）还阻碍着资本主义（"活人"）的发展。马克思的"残片"（"痕迹"和"残余"）论是从属型发展观的精髓。

恩格斯抓住"残片论"这一从属型发展观的精髓，以此作为社会经济形态多样性和东方社会跨越论的理论依据。他认为，处在"较低社会形式"的东方社会经济形态，"那些刚刚进入资本主义生产而仍然保全了氏族制度或氏族制度残余的国家，可以利用公有制的残余和与之相适应的人民风尚作为强大的手段，来大大缩短自己向社会主义社会发展的过程，并避免我们在西欧开辟道路时所不得不经历的大部分苦难和斗争"③。

三是未来社会机体的萌芽、"征兆"和"先兆"，体现了社会机体与未来社会机体的联系。马克思在这里提出两种不同的扬弃，即用"积极地扬弃"区分"消极地扬弃"。例如，股份制度是在"这是作为私人财产的资本在资本主义生产方式本身范围内的扬弃"，"这是资本主义生产方式在资本主义生产方式本身范围内的扬弃，因而是一个自行扬弃的矛盾，这个矛盾明显地表现为通向一种新的生产形式的单纯过渡点"④。这是一种"消极地扬弃"，与之相比，合作工厂是"积极地扬弃"的典型，资本主义信用则"造成转到一种

---

① 《马克思恩格斯文集》第 10 卷，人民出版社 2009 年版，第 367 页。
② 《马克思恩格斯文集》第 5 卷，人民出版社 2009 年版，第 9 页。
③ 《马克思恩格斯文集》第 4 卷，人民出版社 2009 年版，第 459 页。
④ 《马克思恩格斯文集》第 7 卷，人民出版社 2009 年版，第 495、497 页。

新生产方式的过渡形式"①。正是在这个意义上，马克思指出："资本的文明面之一是，它榨取这种剩余劳动的方式和条件，同以前的奴隶制、农奴制等形式相比，都更有利于生产力的发展，有利于社会关系的发展，有利于更高级的新形态的各种要素的创造。"② 马克思的"萌芽论"或"扬弃论"是创造型发展观的精髓。

我们从散见于各处的马克思著述中可以看到，他还从动态的角度考查了社会机体的各组成部分及其变化。在他看来，在社会机体的产生阶段，处于主导地位的"主体"尚处于相对薄弱的地位，已覆灭社会的社会形式的残片或"只是一个由过时的生产方式遗留下来的并作为遗迹残存的传统"③，还占有相当大的比重。它在各方面（经济、道德和精神等方面）都还带着它脱胎出来的那个旧社会的痕迹和弊病，主体还必须借助于政治权力或国家暴力这根拐杖，需要借助痕迹的合理性，把它当作自己的前提予以维持，还无力彻底根除力图复辟的旧残余的影响。因而，社会机体呈现出无数"色层"，产生各种错综复杂的过渡形式。随着社会生产力的发展，即"资本主义生产方式越是发展，它同以前的经济状态的残余混杂不清的情况越是被消除"④，随着痕迹的合理性的丧失以及残余的剔除，社会机体因而取得较为纯粹、发达和典型的形态。随着社会生产力进一步发展，它在使生产过程的物质条件及其社会结合成熟的同时，也使生产过程的社会形式的矛盾和对抗成熟起来，因此同时使新社会的形成要素和旧社会的变革要素成熟起来，即隐蔽在社会机体中的解体因素、否定因素、变革因素亦即新社会机体的萌芽应运而生。社会机体中诸因素和各组成部分的变化、换位和发展过程反映了社会机体发展的客观辩证法。

第二，基于两大基本矛盾的关于社会经济形态架构的论述。马克思在《〈政治经济学批判〉序言》中，对社会形态、经济形态的架构及其演变作了

---

① 《马克思恩格斯文集》第 7 卷，人民出版社 2009 年版，第 499、500 页。

② 《马克思恩格斯文集》第 7 卷，人民出版社 2009 年版，第 927—928 页。

③ 《马克思恩格斯文集》第 7 卷，人民出版社 2009 年版，第 495 页。

④ 《马克思恩格斯文集》第 7 卷，人民出版社 2009 年版，第 495、195 页。

科学的阐述。由此看来，社会经济形态是由多方面、多环节、多层次构成的复杂系统，其中包括生产力、生产关系、经济基础、上层建筑四大重要的子系统。例如，生产关系从直接的物质生产过程来看，同时也贯穿于社会生产总过程的生产、分配、交换、消费四个领域或环节之中。而生产资料所有制形式是整个生产关系的基础，它决定生产关系的基本性质和特征，决定生产关系的其他方面和环节。每一类型的生产关系又具有多种类别与具体形式。

从动态的角度来看，它又涵盖生产力和生产关系、经济基础和上层建筑这两大对矛盾。这两对矛盾贯穿于社会形态、社会经济形态和人类历史发展的全过程，这两对矛盾的运动规律，即生产关系一定要适合生产力状况的规律、上层建筑一定要适合经济基础状况的规律，是社会发展的基本的普遍的规律。社会基本矛盾运动的一般过程正是在生产力、生产关系、经济基础、上层建筑的相互作用中实现的。这四者之间存在着层层决定的关系和层层反作用的关系，其中，生产力是相互作用的起点。由于生产力总是不可遏制地向前发展的，生产力发展到一定阶段，便必然引起生产关系的变革，并进而引起全部庞大的上层建筑发生变革。它们的具体表现形式之一是阶级斗争。社会基本矛盾的运动，就是这样一个以生产力的发展为起点和原动力，生产关系与生产力之间、上层建筑与经济基础之间由基本适合到基本不适合再到新的基本适合的循环往复、不断前进的永恒运动过程。正是这种有规律的矛盾运动，推动着这类社会由低级向高级的发展。这是"生产力（生产资料）的概念和生产关系的概念的辩证法"①。

三、社会机体发展规律

这里讲的社会机体既指社会形态也包括社会经济形态。马克思、恩格斯关于社会机体、社会形态、社会经济形态或生产力和生产关系的发展规律理

---

① 《马克思恩格斯全集》第 30 卷，人民出版社 2009 年版，第 51 页。

论是一种崭新的发展观。

第一，马克思批判了唯心的历史虚无主义和机械的社会机体发展观，从生产力、生产关系或社会经济形态的历史继承性与历史更替性、开放性与创造性相辅相成的辩证角度，全面阐述了社会机体或社会经济形态发展规律和发展观。

这种发展观的精髓在于阐明事物发展和变化的辩证法，即把社会机体的发展看成是一种自然历史过程，揭示了一切事物具有的自我发展、自我运动的必然性和存在的历史暂时性，并把生产力发展以及由此产生的生产力和生产关系的矛盾看成是社会机体发展的根本动力。这一自然历史过程还表现为事物内部否定因素和肯定因素、克服和保存、否定的彻底性与不彻底、绝对和相对、斗争性和同一性、连续性与不连续性、继续性和更替性等一系列矛盾的运动过程。而社会机体的主体、痕迹、残余以及蕴藏其中的新社会机体的萌芽则是这种以对立统一、质量不变、否定之否定为特征的客观辩证运动的必然产物和外在反映。事物尤其是新生事物从低级到高级（"总体"）发展、演变和更迭的过程，既是体现历史继承性和开放性的"使社会的一切要素从属于自己的"的从属型发展过程，又是体现历史更替性和创造性的"把自己还缺乏的器官从社会中创造出来的"创造型发展过程，从而是这两大过程相辅相成的辩证的历史发展的自然过程。

第二，马克思社会经济形态理论着重阐述各个社会经济形态演变的动力、发展规律、路径或模式，在他看来，社会机体、社会形态和社会经济形态发展和演进过程不是一成不变的僵化模式。

马克思虽然反复强调关于社会经济形态总的发展路线，即亚细亚的"经济的社会形态"—古代的"经济的社会形态"—封建的"经济的社会形态"—资本主义的"经济的社会形态"，以后演变为社会经济形态的五形态发展路线，但他实际上是主张社会经济形态发展的多样性，并没有因此否定各国各民族具体发展路线的差异性和特殊性，并从不同角度提出了其他著名的发展路线和模式。

第三，恩格斯在晚年提出了关于社会历史运动是社会经济生活各种因素的合力，关于社会经济形态内在结构和相互关系（非经济因素、非物质因素反作用或相对独立性，以及经济基础和上层建筑的辩证关系）的思想。

在恩格斯看来，整个发展过程是在一切因素间的相互作用的形式中进行的，其中经济运动是最强有力的、最本原的、最有决定性的，但是对历史斗争的进程发生影响并且在许多情况下主要是决定着这一斗争的形式的，还有上层建筑的各种因素。而经济运动作为必然的东西通过无穷无尽的偶然事件（即这样一些事物和事变，它们的内部联系是如此疏远或者是如此难于确定，以致人们可以认为这种联系并不存在，忘掉这种联系）向前发展。这是对社会机体发展规律和发展观的新发展。

第四，关于创造型发展观的精髓。社会机体是其肯定因素（主体）、否定因素（萌芽）、从属因素（残片：痕迹和残余）以及若干错综复杂的中介形式的对立统一体。应该创造、发现和扶植新萌芽、新要素或新因素，它涉及社会机体主体或自身器官的更新。强化主体即创造、完善、修补、再生或复制社会经济形态主体或新器官，这是创造型发展观的精髓。

第五，关于从属型发展观。它涉及对旧社会机体历史痕迹、合理因素或文明成果的因袭、继承和同化，以及其他社会机体的合理因素、器官或文明成果的移植和同化，从而体现了社会机体发展的继承性和开放性。所谓"从属"，就是汲取、兼容、吸纳、继承、输入、移植、利用、扬弃、扩展、限制、同化，并在生产力发展到一定阶段上，剔除其中已丧失合理性（即它们所能容纳的生产力已释放殆尽时）的从属之物；就是把历史上或现实中一切非社会主义生产方式中的历史痕迹、合理要素或文明成果转化为自身的一个有机组成部分，其中有相当一部分构成向初级阶段社会主义生产方式过渡的要素，从而把它们所能容纳的生产力转化为自身生产力的一个有机组成部分，但是要摒弃或限制强加其上的非社会主义性质或形式。这是在总的历史行程中，处于更高一级的社会主义生产方式具有强大的生命力、优越性和开放性的表现。我们正处于中国社会主义发展的初级阶段，从属性发展观的意义和作用在这一阶段上尤为重要和显著。

四、经济制度和经济体制：社会经济形态具体形式或发展形式

马克思并没有提出关于经济制度和经济体制的概念和用语，而是在社会经济形态、生产关系、经济基础、社会经济结构和生产方式等概念和范畴下来研究社会的经济制度和经济体制的。因此，马克思实际上是第一个以社会的经济制度、经济体制为研究对象的经济学家。

马克思是从总体上来把握社会经济制度和经济体制的。他认为，社会的经济制度具有历史相对性，人类社会是一个由低到高的发展过程，生产力与生产关系、经济基础与上层建筑的矛盾运动是推动社会发展、经济制度和经济体制的更替变化的力量。区分不同经济制度和经济体制的标志，是劳动者与生产资料的结合方式，而评价标准主要是看它是促进还是阻碍生产力的发展。马克思重点考察了资本主义经济制度，区分了三种不同的体制即市场经济管理体制、计划经济管理体制以及市场调节与计划调节相结合的管理体制，并着重对资本主义经济制度和商品经济体制的产生、发展至灭亡的运动规律进行了系统研究。

经济制度和经济体制实际上是社会经济形态的具体形式或发展形式。马克思为此并不满足仅仅研究位于抽象层次上的第一级的原生的生产关系或社会经济形态，而且还提出了关于研究上升到具体层次的"第二级的和第三级的东西"即"派生的、转移来的、非原生的生产关系"亦即生产关系的表现形式、实现形式或发展形式的任务，例如研究"国家形式和意识形式同生产关系和交往关系的关系"[①]、"国际关系在这里的影响"和"生产关系作为法的关系怎样进入了不平衡的发展"等课题[②]。

要正确处理生产关系、基本经济制度和经济体制三者的关系。后两者都是客观的生产关系在一定发展阶段上的具体反映形式。而经济体制较之基本

---

① 《马克思恩格斯选集》第 2 卷，人民出版社 2009 年版，第 27 页。
② 《马克思恩格斯全集》第 30 卷，人民出版社 2009 年版，第 51 页。

经济制度又是更为具体的层次和范畴,它既是"中介"范畴——生产力与生产关系、基本经济制度的中介形式——又是处于具体层次上生产关系的发展形式。生产关系—基本经济制度—经济体制既是从抽象到具体、从本质到现象、从客体到主体的上升序列,也是稳定性逐步衰落的下降的序列,并且也是决定与被决定关系的连续序列。这就决定了经济体制的下述特征:

第一,生产关系和基本经济制度规定了经济体制的根本性质、方向和发展趋势,但后者对前者又有巨大的能动作用和相对独立性:一是体制性属性与基本制度性质有很大区别,体制可以游离和独立于社会基本制度之外;二是体制层面的变化和创新必然要求和诱发制度的变革,所以体制的创新是解决社会主义基本矛盾和解放生产力的突破口和必由之路。

第二,经济体制是一个内涵十分丰富的范畴,它一头联系所有制关系、经济成分的结构、经济管理体制、经济运行机制和分配制度等,另一头直接与生产力层次相联系,具备把生产力发展的各种要求和信号向生产关系反馈和传递的功能。因此,基于经济体制所特有的亲和性、活跃、实践和革命的品性,反映生产力发展要求的体制改革和创新无疑成为生产关系和基本经济制度变革和完善的前提。

五、社会经济形态的两组演进路径

马克思是关于社会经济形态一般发展路线(社会经济形态的"五形态"发展路线和"三形式"发展路线和模式)和各国各民族具体发展路线对立统一论者。这是符合一般性、共性与特殊性、差异性或个性的辩证法的。他并没有把社会机体、社会形态和社会经济形态发展和演进过程看作是一成不变的僵化模式。

在马克思看来,社会经济形态的发展主要有两组四条路线、路径或模式。第一组是社会经济形态的发展五形态路径,以及社会经济形态的发展三形态路径;第二组是关于以英国为典型的西欧各国社会(经济)形态发展模式和演进路径，以及另一条适用于东方、落后的前资本主义国家的社会（经济）形态的演进路径、发展道路和模式。

第一，社会经济五形态理论和三形式理论。

马克思在晚年把社会（经济）形态演进路径确定为：原生的社会形态（原始公社制社会形态）、次生的社会形态（奴隶制社会形态和封建制社会形态）、再次生的社会形态（资本主义社会形态），以及未来社会（过渡时期—共产主义第一阶段—共产主义高级阶段）。无疑，这反映了马克思关于社会经济形态理论的最新成就。因此，这个被恩格斯最终确立的五大社会经济形态理论，在相当长一段时期内，被后人视为正统的唯一的社会经济形态理论。

与此同时，马克思的其他社会（经济）形态理论遭到不应有的冷遇和误解，其中包括社会经济三形式理论。在《1857—1858 年经济学手稿》中，马克思指出："人的依赖关系（起初完全是自然发生的），是最初的社会形式，在这种形式下，人的生产能力只是在狭小的范围内和孤立的地点上发展着。以物的依赖性为基础的人的独立性，是第二大形式，在这种形式下，才形成普遍的社会物质变换、全面的关系、多方面的需要以及全面的能力的体系。建立在个人全面发展和他们共同的、社会的生产能力成为从属于他们的社会财富这一基础上的自由个性，是第三个阶段。"① 在《资本论》第一卷中，马克思又以新的视角作了进一步的阐述，从而最终形成了关于人的依赖性—人的独立性—人的全面性三大形态，以及与之相对应的关于直接的社会关系（"自然共同体"）—物化的社会关系（"经济的社会形态"）—普遍而全面的社会关系（自由人联合体）三大形式，关于以个人的自己劳动为基础的小私有制—资本主义私有制—共同占有生产资料基础上的社会所有制（公有制）三大形式，关于自然经济—商品经济—产品经济三大形式等所构成的社会经济三形式理论体系。

---

① 《马克思恩格斯全集》第 30 卷，人民出版社 1995 年版，第 107 页。

　　诚然，无论是五形态说还是三形式说，它们所表明的根本的观点就是，"把经济的社会形态的发展理解为一种自然史的过程。不管个人在主观上怎样超脱各种关系，他在社会意义上总是这些关系的产物"①。这一过程是既不能跳跃，也不能用法令取消的客观历史进程。但是，基于划分标准的差异——社会经济五形态划分标准涉及个别劳动的占有关系结构，涉及各种个别劳动之间交换过程，因此主要反映人与人在直接生产过程中所发生的社会关系。生产力在其中起间接作用（但最终起决定作用），而包括阶段力量对比在内的上层建筑的反作用，可以在一定限度内不必顾及生产力的发展水平而改变生产资料所有制的性质，从而使一个特定的社会机体的所有制形态出现"逾越""跳跃"的所谓历史"错位"现象——反映生产力发展水平的社会技术形态（这是社会生产力的测量器）以及社会经济三形式学说所规定的自然经济—商品经济—产品经济三阶段却是不能逾越的。因为社会技术形态以及划分三大经济形式的标准须涉及人与自然之间的物质交换过程，反映的是社会总劳动按比例分配的方式，生产力的状况和经济形式发展水平在其中起直接的决定性作用。国家法令、群众意志和上层建筑对此感到"恼人"的无能为力，无法随心所欲地发号施令，任意"逾越"或"后退"，亦即无法自由选择某一种社会技术形态和社会经济形式。这是因为"自然规律是根本不能取消的。在不同的历史条件下能够发生变化的，只是这些规律借以实现的形式"，换言之，"人们不能自由选择自己的生产力——这是他们的全部历史的基础，因为任何生产力都是一种既得的力量，是以往的活动的产物。""人们借以进行生产、消费和交换的经济形式是暂时的和历史性的形式。随着新的生产力的获得，人们便改变自己的生产方式，而随着生产方式的改变，他们便改变所有不过是这一特定生产方式的必然关系的经济关系。"② 否则，就会受到自然规律和客观辩证法无情的惩罚。发展中国家包

----

① 《马克思恩格斯文集》第 5 卷，人民出版社 2009 年版，第 10 页。

② 《马克思恩格斯文集》第 10 卷，人民出版社 2009 年版，第 289、43、44 页。

括中国在内，一般都没有经过商品经济的充分发展阶段，因此，从这个意义上讲，剔除掉社会基本制度的根本差异，中国初级阶段的社会主义是与当代资本主义同处于商品经济形态序列上。其区别在于，前者是使商品经济、市场经济与公有制相结合，后者是使商品经济、市场经济与私有制相结合。

马克思社会经济三形式理论体系涉及它的不同层次和各个侧面——作为历史主体或劳动主体的人的发展，反映主客体关系的所有制的发展，以及社会经济形式的发展。它们是互相关联的，因为这三个层面从不同侧面反映了历史主体（人）和客体（自然和改造过的自然）的内在统一性、劳动主体和劳动客体（劳动的客观条件）的内在统一性以及劳动主体之间内在的联系。同时，它们又是各自独立的，因为它们都有各自的规定性、存在的基础和发展的条件。这一理论框架与马克思社会经济五形态理论以及社会技术形态（即用生产工具或劳动资料所反映的社会生产力水平和程度来划分、判断社会形态）又是一致的，最终反映了社会生产力和社会生产关系、历史主体和客体的对立统一关系和品性。

社会经济三形式（其中包括作为历史主体的人、所有制关系和社会经济形式）的递进和演变，归根结底取决于"一定的社会物质基础或一系列物质生存条件"[①]，即最终取决于社会生产力及其社会技术形态的发展水平。自然经济经由商品经济向产品经济的演变过程是不以人的意志为转移的自然历史过程，是一种"长期的、痛苦的发展史的自然产物"[②]。在马克思看来，从资本主义私有制向公有制转化的过程，固然是一个长久的、艰苦的、困难的历史进程，但是从小私有制、自然经济（辅以简单商品经济）、人的依赖性阶段向资本主义私有制、商品经济、人的独立性阶段的转化则是一个"长久得多、艰苦得多、困难得多的过程"[③]。

---

① 《马克思恩格斯文集》第 5 卷，人民出版社 2009 年版，第 97 页。
② 《马克思恩格斯文集》第 5 卷，人民出版社 2009 年版，第 97 页。
③ 《马克思恩格斯文集》第 5 卷，人民出版社 2009 年版，第 874 页。

既不能把马克思社会经济五形态理论视为划分人在历史上不同社会制度的唯一标准，视为唯一正统的社会经济形态理论，从而贬低乃至取消社会经济三形式理论，也不能把马克思社会经济三形式理论视为唯一正统的社会经济形态理论——尽管它更能有助于深刻认识和准确把握中国现实社会的历史定位。而应该从总体上、从发展上、从本质上、从联结上（也就是既融三形式说与五形态说于一体又融社会技术形态、所有制形态、人的发展阶段、社会经济形式于一炉）把握马克思的社会经济形态学说体系。

第二，西欧各国社会（经济）形态发展路径与东方落后国家社会（经济）形态的演进路径。

马克思的社会经济形态理论体系囊括两种不同演进路径的子体系。前期以英国为典型，主要创建旨在揭示发达资本主义生产方式及其市场经济运动规律的狭义政治经济学体系，这是马克思研究的重点或主要路径。其代表性著作是《资本论》。对于当前中国社会主义市场经济而言，可以从中剔除具有资本主义生产方式独特性质的内容，借鉴和吸纳其"为一切社会生产方式所共有的基础"[①]，并与社会主义基本制度相结合。

马克思在后期重点研究东方落后的前资本主义国家的社会经济形态发展道路问题，实际上展现了关于在特定条件和历史环境下发展商品经济和市场关系的思想萌芽，呈现了另一条演进路径和理论轨迹。其代表性著作有1877年和1881年马克思先后致俄国《祖国纪事》编辑部和查苏利奇的复信，《人类学笔记》以及他和恩格斯写的俄文版《共产党宣言》序言（1882年1月21日）等。由此形成的另一子体系即广义政治经济学理论框架，包括世界历史及世界市场理论、社会经济形态三阶段论、东方社会理论、亚细亚理论、原始氏族和农村公社理论等等。

在马克思看来，社会经济五形态学说只适合西欧发达国家，而落后国家在特殊条件和一定的历史环境下，可以出现跨越式的发展。马克思以俄国农

---

① 《马克思恩格斯文集》第7卷，人民出版社2009年版，第992页。

村公社为例，指出了一条以跨越资本主义"卡夫丁峡谷"为特征的东方落后国家向未来社会过渡的崭新道路。这种跨越式发展无疑使社会经济形态产生各种丰富的色层，其中包括各种次生形态、混合形态、中介形态或过渡形态（例如，俄国社会从原生的社会形态的最后阶段直接向共产主义第一阶段过渡，这是没有实现的理论设想；而中国在实践上已经完成了从殖民地、半殖民地、半封建形态经短暂的新民主主义社会向社会主义过渡的过程，从而深化和丰富了马克思的社会经济形态学说）。但是马克思在这里强调：以只具有落后生产力水平的发展中国家为历史起点，跳过资本主义"卡夫丁峡谷"的社会主义社会应该同世界市场相联系，吸收人类社会尤其是资本主义社会创造出来的文明成果。马克思晚年对俄国民粹派"农民社会主义"思潮进行了批判，因为后者脱离生产力，脱离世界市场，脱离市场关系，空谈俄国农村公社社会主义新模式。马克思的"卡夫丁峡谷跨越论"+"世界市场联系论"+"吸收资本主义文明成果论"，生动体现了跨越（属生产关系范畴的资本主义制度可以逾越）与非跨越（属生产力和交往范畴的商品经济阶段不能逾越）的辩证法。尽管它未被后来的实践（例如 19 世纪末期的俄国）所证实，但体现了马克思理论与时俱进的理论品质。由此可见，马克思理论体系有两条演进路径和模式：一条是西欧各国社会（经济）形态发展路径，即资本主义发达国家社会主义模式；另一条是东方落后国家社会（经济）形态的演进路径，其实质是前资本主义发展中国家利用商业机构，利用世界市场，亦即利用市场关系和市场机制发展社会主义生产力总量。因此，必须从整体、总和、体系及其发展观或方法论上把握马克思的学说。

恩格斯也是社会经济形态多样性和东方社会跨越论的倡导者。在《〈论俄国的社会问题〉跋》（1892）一文中，他指出，"已经吸取了资本主义发展的精神成果"的俄国公社，"可以在发展它所特有的历史条件的同时取得资本主义制度的全部成果，而又可以不经受资本主义制度的苦难"，俄国公社（这一固然已经大遭破坏的原始土地公有制形式）在一定条件下能够成为向共产主义公共所有制形式直接过渡的起点，并"大大缩短自己向社会主义社会发展的过程"①。在恩格斯看来，"每一种特定的经济形态都应当解决它自己的、从它本身产生的问题；如果要去解决另一种完全不同的经济形态的问题，那是十分荒谬的"。这一点也适合于处在"较低社会形式"的东方社会；然而"不仅可能而且无庸置疑的是……那些刚刚进入资本主义生产而仍然保全了氏族制度或氏族制度残余的国家，可以利用公有制的残余和与之相适应的人民风尚作为强大的手段，来大大缩短自己向社会主义社会发展的过程，并避免我们在西欧开辟道路时所不得不经历的大部分苦难和斗争"②。

列宁在关于社会形态和历史发展两条道路的论战中，区分了"世界历史发展的一般规律"和世界历史发展的"特殊性"。在列宁看来，有些错误思潮的代表人物，"他们到目前为止只看到过资本主义和资产阶级民主在西欧的发展这条固定道路"，而拒绝相信"世界历史发展的一般规律，不仅丝毫不排斥个别发展阶段在发展的形式或顺序上表现出特殊性，反而是以此为前提的"③。

从俄国国情出发，列宁充分肯定了经济落后国家向社会主义经济形态过渡的可能性和必要性，并在 1923 年发表的《论我国革命（评尼·苏汉诺夫札记）》一文中，对这一争论作了精辟的总结。他认为，俄国革命因其落后势必表现出某些特殊性，因为"俄国是个介于文明国家和初次被这场战争最终卷入文明之列的整个东方各国即欧洲以外各国之间的国家，所以俄国能够表现出而且势必表现出某些特殊性，这些特殊性当然符合世界发展的总的路线，但却使俄国革命有别于以前西欧各国的革命，而且这些特殊性到了东方国家又会产生某些局部的新东西"。因此，"这条道路只有作相应的改变，也就是说，作某些修正（从世界历史的总进程来看，这种修正是微不足道的）"④。

---

① 《马克思恩格斯文集》第 4 卷，人民出版社 2009 年版，第 459、462 页。
② 《马克思恩格斯文集》第 4 卷，人民出版社 2009 年版，第 458—459 页。
③ 《列宁专题文集　论社会主义》，人民出版社 2009 年版，第 357 页。
④ 《列宁专题文集　论社会主义》，人民出版社 2009 年版，第 357—358 页。

第五章

劳动价值论的论述

马克思主义政治经济学科学的劳动价值论，是在批判继承资产阶级古典政治经济学劳动价值论的基础上建立起来的。劳动价值论是分析资本主义经济内在联系以及建立政治经济学科学的理论体系的出发点。资产阶级古典政治经济学家因其所处的时代条件以及资产阶级所赋予的历史使命，分别在不同程度上提出了劳动价值理论。马克思对古典政治经济学的价值理论进行了深入的研究，肯定其科学的合理的内容，批判其缺陷和不足，并在此基础上创立了科学的劳动价值论。

第一节　古典政治经济学家的基本观点

劳动价值论是对商品经济一般规律的认识。劳动价值理论是在一定的社会经济条件下产生的。商品生产存在于多个社会形态中，历经几千年的历史，但劳动价值学说并不是在任何条件下都可以产生的。直到 17 世纪，随着资本主义生产方式的产生和发展，直接同生产过程发生关系的产业资本日益取代商业资本而占据统治地位，经济学家的视线从流通领域转入生产领域。产业资本是在组织劳动的基础上榨取劳动的，因而要求政治经济学家对劳动的性质和作用有比较透彻的了解；同时，商品生产随着资本主义生产的发展而普遍化了，也大量出现了劳动力成为商品的现象。在商品交换和劳动力的交易中，劳动的平等性和等同性已客观上为人们所认同。只有在这样的条件下，经济学家才有可能从劳动的耗费中探讨劳动与价值的关系问题。还应当看到，在资本主义生产方式发展初期，阶级矛盾日益尖锐，新兴的资产阶级需要一种理论武器来反对封建主阶级及其残余势力。在这样的历史与时代背景下，构成资产阶级古典政治经济学理论基础的劳动价值学说便纷纷产生了。

一、配第的基本观点

"劳动创造价值",这一劳动价值理论的根本命题是由英国古典政治经济学创始人威廉·配第在《赋税论》中最先提出的。

配第指出:"假如一个人在能够生产一蒲式耳谷物的时间内,将一盎司从秘鲁的银矿采出来的白银运到伦敦来,那么,后者便是前者的自然价格。"[①] 这里表达的观点是商品的价值是生产商品时所耗费的劳动。但是配第生活在资本原始积累向资本积累过渡时期,受到重商主义观点的影响,将生产金银的特种劳动当作一般的人类劳动。

配第区分了"自然价格""政治价格""实际的市场价格"。他提出:"如果将这种政治价格以人工的共同的标准银币来衡量,就可以得到我们所寻求的价格,即实际的市场价格(True Price Current)。"[②] 配第所指的"自然价格"实际上是指商品的价值,而"政治价格"则是依据"自然价格"计算出来的价格。

在配第的观点中已经包含了正确的思想,那就是劳动是两种商品交换的基础。但是,他并没有用生产一种商品所耗费的劳动时间来规定其价值,而是用生产金银所花费的劳动来规定这种商品的价值,显然这种规定只能是该商品的价格而非价值。配第认为,只有生产金银所耗费的劳动才直接创造价值,而其他种种劳动只有在生产了能够换取货币的商品时,才创造价值,由此认为商品的价值就是商品所换得的货币量。在配第的表述中,明显地将价值、交换价值、价格三个不同的概念混淆了。

配第把劳动看作财富之父,把土地看作财富之母。他提出:"土地为财

---

① [英] 配第:《配第经济著作选集》,陈冬野等译,商务印书馆 1981 年版,第 48 页。

② [英] 配第:《配第经济著作选集》,陈冬野等译,商务印书馆 1981 年版,第 88 页。

富之母，劳动为财富之父和能动要素。"这一表述就财富这种使用价值而言是正确的，但就价值而言则是错误的。由于没有理解劳动的二重性，配第混淆了使用价值和价值的概念。

配第还在他的著作中提到价值量的大小以劳动生产率为转移以及劳动分工对提高劳动生产率的作用。尽管配第的理论存在许多难以解决的问题，但已经有了劳动价值论的开端。

二、斯密的基本观点

亚当·斯密适应英国资产阶级为增加利润而扩大商品生产的要求，站在产业资本利益的立场上，批判了重商主义，矫正了重农主义，第一次比较系统地对劳动价值论进行了理论阐述。他虽然没有从交换价值中抽象出价值，但还是区分了使用价值和价值；虽然对创造价值的劳动的理解还模糊不定，但还是确立了劳动创造价值的观点；虽然不理解价值转化为生产价格的内在机制，但还是正确论述了价格和价值的关系，从而使劳动价值论最初的理论形态得以形成。

斯密在分析交换价值之前，明确地区分了使用价值和交换价值这两个不同的概念。他指出："应当注意，价值一词有两个不同的意义。它有时表示特定物品的效用，有时又表示由于占有某物而取得的对他种货物的购买力。前者可叫做使用价值，后者可叫做交换价值。"[1]斯密的功绩之一就是明确地区分了使用价值和交换价值。

斯密在经济学说史上第一次提出，任何一个生产部门的劳动都是国民财富的源泉。他认为："劳动是衡量一切商品交换价值的尺度。"[2]它表明一切劳

---

[1] ［英］亚当·斯密：《国民财富的性质和原因的研究》上卷，郭大力、王亚南译，商务印书馆 1972 年版，第 25 页。

[2] ［英］亚当·斯密：《国民财富的性质和原因的研究》上卷，郭大力、王亚南译，商务印书馆 1972 年版，第 26 页。

动，不论是生产金银的劳动，还是生产其他物品的劳动，都是交换价值的源泉。这种观点比配第把创造价值的劳动仅仅局限于生产金银的特种劳动大大前进了。

斯密还提出了市场价格围绕自然价格上下波动的思想。他认为："商品通常出卖的价格，叫做它的市场价格。商品的市场价格，有时高于它的自然价格，有时低于它的自然价格，有时和它的自然价格完全相同。"[①] 并指出："自然价格可以说是中心价格，一切商品的价格都不断受其吸引。"[②] 斯密实际上正确地论述了价格和价值的关系，但是，斯密的劳动价值论是不彻底的。这种不彻底性表现在以下三个方面：

一是存在两种不同尺度的劳动价值决定论。他有时认为价值是由耗费的劳动决定的：任何一个物品的真实价格，即要取得这个物品实际上所付出的代价，乃是获得它的辛苦和麻烦。这里，"商品的真实价格"是付出的"辛苦和麻烦"，也就是指生产商品时耗费的劳动。他有时又以为一种商品的价值是由这种商品所能购买到的劳动来决定的。他认为："一个人占有某物，但不愿自己消费，而愿意用以交换他物，对他来说，这货物的价值，等于使他购买或能支配的劳动量。因此，劳动是衡量一切商品交换价值的真实尺度。"[③] 这样，斯密就把耗费劳动和购得劳动这两个尺度相提并论了。这是斯密劳动价值理论的重大缺陷，这种错误的性质，等同于配第把商品的价值与交换价值混为一谈。

二是形成价值理论中相互矛盾的二元论。斯密认为，在野蛮社会"劳动的全部生产物都属于劳动者自己。一种物品通常应可购换或支配的劳动量，

---

① ［英］亚当·斯密：《国民财富的性质和原因的研究》上卷，郭大力、王亚南译，商务印书馆 1972 年版，第 50 页。

② ［英］亚当·斯密：《国民财富的性质和原因的研究》上卷，郭大力、王亚南译，商务印书馆 1972 年版，第 52 页。

③ ［英］亚当·斯密：《国民财富的性质和原因的研究》上卷，郭大力、王亚南译，商务印书馆 1972 年版，第 42 页。

只由取得或生产这物品一般所需要的劳动量来决定"①。斯密将他所说的购买到的"劳动"规定为活劳动。在他看来，活劳动是由工资购买的，所以商品的价值是由工资决定的，但是，工资也是一种价值。因此，工资决定价值的观点不仅否定了耗费劳动决定价值的观点，产生了相互矛盾的二元论价值学说，而且陷入了价值决定价值的"循环推论"中。

三是不理解价值转化为生产价格，使其价值理论离开了劳动价值论的出发点。斯密意识到，在进步的社会里，劳动产品不再全部属于劳动者，而要与资本和土地所有者共同分享。因此，他认为，劳动决定价值指适用于简单商品生产的社会，而在资本主义生产方式下，商品价值已不再由劳动决定，而是由工资、利润、地租这三种收入决定。他说："无论在什么社会，商品价格归根结底都分解成为那三部分或其中之一。在进步社会，这三者都或多或少地成为绝大部分商品价格的组成部分。"②斯密看到了在进步社会劳动所生产的价值被分解为三部分，但是他无法理解这种分解实际上是价值转化为生产价格，反而认为价值不再由劳动决定而取决于收入。这就离开了劳动创造价值的出发点，为后来庸俗政治经济学的产生打开了方便之门。

三、李嘉图的基本观点

大卫·李嘉图以批判的方式发展了斯密的劳动价值学说，在《政治经济学及其赋税原理》的首章"论价值"中，对劳动价值论作了古典政治经济学所能达到的最充分的全面的阐述，把英国古典政治经济学发展到了顶峰，提出了在资产阶级限度内最彻底的劳动价值理论。李嘉图价值学说的主要功绩在于，他坚持了劳动时间决定商品价值的原则。李嘉图反对斯密用购买到的

---

① [英] 亚当·斯密：《国民财富的性质和原因的研究》上卷，郭大力、王亚南译，商务印书馆1972年版，第45页。

② [英] 亚当·斯密：《国民财富的性质和原因的研究》上卷，郭大力、王亚南译，商务印书馆1972年版，第45页。

劳动来决定价值的观点，他认为，商品的价值只能由耗费的劳动决定，而价值的大小则与这种劳动量是成正比的。

李嘉图接受了斯密把商品区分为使用价值和交换价值的观点，并进一步对两者的关系作了更深入正确的说明。他认为："一种商品如果全然没有用处……总不会具有交换价值"，虽然"效用对于交换价值说来虽是绝对不可缺少的，但却不能成为交换价值的尺度"①。这说明使用价值是交换价值的前提，但使用价值不决定交换价值的大小。他发展了斯密的观点，但仍然在交换价值的形态下谈论价值，和斯密一样也没有从交换价值中抽象出价值的概念。

李嘉图在坚持劳动决定价值的同时，认识到转移的物化劳动和直接生产耗费的劳动一起决定商品的价值，区分了商品中新创造的价值和转移来的价值，这极大地向前推动了劳动价值论的发展。但是，同样由于不理解在资本主义条件下，价值已转化为生产价格，而且由于历史的阶级的局限性，无法提出简单劳动与复杂劳动、具体劳动与抽象劳动等概念，李嘉图从未说明新价值的创造和旧价值的转移是如何同时进行的，也不可能说明这些现象背后的本质和转化过程。

在价值量的分析上，李嘉图在一定程度上正确地认识到商品的价值不是由个别生产者实际耗费的劳动量来决定的，而是由社会必要劳动量来决定的。他在论述地租时提出，一切商品的交换价值不取决于最有利的生产条件下的生产者的较小的劳动，而取决于最不利的生产条件下的生产者的较大的劳动。但是，他的错误在于，认为社会必要劳动量取决于最不利的生产条件下的劳动耗费量。

李嘉图虽然将劳动价值论大大地向前发展了，但由于他把资本主义生产方式看作是社会生产唯一可能的形式，因此他看不到生产发展的历史过程，更无力解释从价值到生产价格的历史转变过程。在他看来，价值和生产价格

---

① ［英］李嘉图：《政治经济学及其赋税原理》，郭大力、王亚南译，商务印书馆 1962 年版，第 7—8 页。

之间是没有任何差别的。这种缺陷导致了李嘉图理论中无法解决的两个矛盾，即价值规律与利润存在的矛盾和价值规律与同量资本获取等量利润的矛盾。李嘉图感觉到了这种矛盾，但始终不能解决它。

四、法国古典政治经济学家的基本观点

布阿吉尔贝尔是与配第同时代的法国古典政治经济学创始人。他区分了"真正价值"和"市场价格"。他认为，一件商品的"真正价值"是另一件花费了同样多劳动时间的任何商品。实际上他的"真正价值"是指"交换价值"。这比配第认为只有采掘金银的特种劳动才生产交换价值的观点前进了一大步。

布阿吉尔贝尔指出，通过自由竞争在各个特殊生产部门之间形成正确比例的劳动时间，是价格的尺度。这不仅把商品的"真正价值"归结为一般劳动，而且归结为劳动时间。因此，他在劳动价值论上的科学贡献在于比配第的价值理论大大前进了。马克思在评价他的这一科学贡献时指出：就他这方面来说，虽然不是有意识地，但事实上把商品的交换价值归结为劳动时间，因为他用个人劳动时间在各个特殊产业部门间分配时所依据的正确比例来决定"真正价值"，并把自由竞争说成是造成这种正确比例的社会过程。

另一个重要人物是西斯蒙第。西斯蒙第劳动价值论的一个重要贡献在于，指出了生产交换价值的劳动的特殊社会性质，他认为商业把一切引导到价值与使用价值的对立，商业成为分配每年生产的全部财富的负担者，因此只有生产商业财富的劳动才生产财富的交换价值。这在一定程度上认识了生产交换价值的劳动的特殊社会性质。

西斯蒙第把价值或交换价值看作是需求与生产的关系，而社会需求对于商品生产者是无法确定的未知量，因而把价值看作决定于与社会需要相一致的社会必要劳动时间，价值就成了一种代替实证概念的抽象概念，成了一种在未知量中的比较量。他在价值规定上犯了和布阿吉尔贝尔一样的错误，把

价值实现问题和价值决定问题混为一谈了。

西斯蒙第的价值理论具有明显的消费色彩，他把消费置于生产之上，错误地理解了生产与消费的关系。他认为消费的满足取决于人们所分配到的收入，因而消费决定生产在资本主义社会就转换为收入决定生产。他还把产品的价值看作在交换过程中才确定的，混淆了价值的决定和按商品价值实现了的价值即与价值相一致的价格的决定，由此把价值看作决定于分配在各个生产部门的劳动量与社会需要的均衡关系。

古典政治经济学家在劳动价值论的研究上作出了重要的科学贡献，为劳动价值论奠定了基础，并形成了一定的体系。他们在一定程度上了解了价值，把商品价值归结为物化的劳动时间，把生产价值的劳动限于物质资料生产的劳动，并在某种程度上触及了价值实现规律。但是，由于他们受到研究劳动价值论的资产阶级立场、观点和方法的局限，使得古典政治经济学家的劳动价值理论存在着严重的缺陷和局限性。他们没有发现生产商品的劳动二重性，因而不能够科学地阐明什么是价值以及劳动如何形成价值的问题。他们不能正确区分价值和交换价值，不能科学地阐明价值的实现。他们没有严格界定"劳动价值"，又将剩余价值与利润混为一谈，使得他们的劳动价值理论陷入两个绝境之中，既无法解释由工资决定的劳动价值和由生产商品所耗费的劳动量决定的劳动价值的矛盾，也无法解释平均利润规律和劳动价值规律的矛盾。因此，古典政治经济学家还没有建立完全科学的劳动价值论。

第二节　马克思、恩格斯基本观点的发展阶段

劳动价值论是马克思主义政治经济学的基础，也是马克思主义政治经济学实现的科学革命的最辉煌的成果之一。在研究马克思主义经典作家的基本观点时，对马克思、恩格斯实现劳动价值论科学革命的"过程"，特别是"过程"中的转折点的真实研究，将有利于我们把握劳动价值论科学革命的精髓及其意义，对于现时代发展和创新马克思主义政治经济学的劳动价值理论也

将会有深刻的启示。

一、19 世纪 40 年代对劳动价值论的态度演进

正像马克思、恩格斯不是天生的马克思主义者一样，他们也不是生来的劳动价值论者。19 世纪 40 年代中期，在对社会现实经济关系的深刻认识过程中，在对哲学和政治经济学的科学研究中，他们实现了从劳动价值论的异议者到拥护者的重大转变。

科学的劳动价值论是由马克思、恩格斯在批判地继承古典政治经济学相关理论基础上建立起来的。从 17 世纪中叶到 19 世纪初，劳动价值论成为资产阶级，特别是产业资本家阶级发展社会生产力、反对封建贵族阶级的理论武器。恩格斯曾经指出："劳动决定商品价值，劳动产品按照这个价值尺度在权利平等的商品占有者之间自由交换，这些——正如马克思已经证明的——就是现代资产阶级全部政治的、法律的和哲学的意识形态建立于其上的现实基础。"[①]

适应这一需要，一大批杰出的资产阶级经济学家在劳动价值论的研究中取得了令人瞩目的成就。特别是在大卫·李嘉图那里，劳动决定价值的命题已被看作是"政治经济学上的一个极端重要的学说"，劳动价值论已被发展到资产阶级限界内可能达到的最高成就。由于阶级局限性及历史观和方法论上的缺陷，李嘉图的劳动价值论存在着严重的失误。1823 年李嘉图逝世后，他在理论上的失误，一方面成为劳动价值论反对者攻击劳动价值论的有力"论据"，另一方面也成为李嘉图学派诠释劳动价值论的不可逾越的陷阱。事实上，李嘉图学派已不再能发展劳动价值论，而只能曲解、庸俗劳动价值论。

1843 年，马克思开始研究经济学时，面对的就是 1823 年大卫·李嘉图

---

① 《马克思恩格斯文集》第 4 卷，人民出版社 2009 年版，第 205 页。

去世之后西方经济学界理论纷争的格局。40 年后，马克思在 1873 年撰写的《资本论》第一卷的"第二版跋"中，对这一理论纷争时期的特点作过如下生动的、深刻的概述：

　　从 1820 年到 1830 年，在英国，政治经济学方面的科学活动极为活跃。这是李嘉图的理论庸俗化和传播的时期，同时也是他的理论同旧的学派进行斗争的时期。这是一场出色的比赛……1830 年，最终决定一切的危机发生了。

　　资产阶级在法国和英国夺得了政权。从那时起，阶级斗争在实践方面和理论方面采取了日益鲜明的和带有威胁性的形式。它敲响了科学的资产阶级经济学的丧钟。现在问题不再是这个或那个原理是否正确，而是它对资本有利还是有害，方便还是不方便，违背警章还是不违背警章。无私的研究让位于豢养的文丐的争斗，不偏不倚的科学探讨让位于辩护士的坏心恶意。①

　　最初，马克思、恩格斯并没有能够区分当时主流经济学的科学成就与庸俗因素，对当时流行的政治经济学理论包括劳动价值理论持有异议，并在很大程度上予以否定。例如，恩格斯在《国民经济学批判大纲》中，既批判了主张效用价值论的资产阶级庸俗经济学家萨伊，又批判了主张生产费用决定价值之劳动价值论的英国古典政治经济学完成者李嘉图。他虽然一方面正确地指出"物品的效用是一种纯主观的根本不能绝对确定的东西"，因而坚决摒弃了"萨伊的声名狼藉的效用"；但另一方面认为"抽象价值以及抽象价值由生产费用决定的说法，恰恰都只是抽象的非实在的东西"，因而从根本上抛弃了李嘉图的劳动价值论。他还质疑："难道经济学家根本没有想到，一旦竞争被撇开，那就保证不了生产者正是按照他的生产费用来卖自己的商

_____
① 《马克思恩格斯文集》第 5 卷，人民出版社 2009 年版，第 16—17 页。

品吗?"① 马克思同恩格斯站在同一立场，对李嘉图劳动价值论也多有质疑。

1843 年底到 1844 年初，恩格斯完成的《国民经济学批判大纲》一文，是马克思主义政治经济学历史上第一篇重要文献。恩格斯在该文中阐述的基本思想，成为马克思政治经济学研究的初始观点，该文中所运用的方法，也为马克思一开始批判主流政治经济学时所吸收。后来，恩格斯认识到，他在青年时代的《国民经济学批判大纲》带有空想社会主义的痕迹、受到费尔巴哈个人主义的影响。

1844 年底以后，马克思、恩格斯才由劳动价值论的异议者转变为劳动价值论的拥护者。现在能够看到这一转变的最早的文献，就是马克思在 1844 年底与恩格斯合作完成的《神圣家族》。在这部著作中，他们对劳动价值论的态度开始转变，也就是说，处在由劳动价值论异议者向拥护者的过渡之中。

大约在 1845 年秋到 1846 年 5 月，马克思在与恩格斯合作撰写的《德意志意识形态》手稿中，创立了唯物史观的基本原理。唯物史观为他们的科学研究提供全新的世界观和方法论。马克思、恩格斯开始从人类社会发展的整体的高度，对这个整体的内部结构以及人类生存和社会生存的历史基础作了科学的说明。马克思、恩格斯在《德意志意识形态》中对唯物史观的实质作了如下的高度概括："从直接生活的物质生产出发阐述现实的生产过程，把同这种生产方式相联系的、它所产生的交往形式即各个不同阶段上的市民社会理解为整个历史的基础，从市民社会作为国家的活动描述市民社会，同时从市民社会出发阐明意识的所有各种不同的理论产物和形式，如宗教、哲学、道德等等，而且追溯它们产生的过程。"② 唯物史观的创立为劳动价值论的研究提供了方法论基础。

回顾马克思、恩格斯经济思想过程，我们可以看到，他们对劳动价值论理解的重大转变，是建立在两个重要的理论基础之上的：

---

① 《马克思恩格斯文集》第 1 卷，人民出版社 2009 年版，第 64—65 页。

② 《马克思恩格斯文集》第 1 卷，人民出版社 2009 年版，第 544 页。

第一，唯物史观的创立是马克思、恩格斯实现这一重大转变的哲学基础。承认劳动价值论，这是唯物史观在政治经济学领域运用的必然延续；同时，马克思在劳动价值论上的科学革命，也对唯物史观作了进一步的检验和证明。唯物史观的创立也为政治经济学研究对象的确立提供了理论基础，自此之后，政治经济学不只是"整体的联系"的组成部分，更成为理论批判和科学研究的相对独立的部分，建立政治经济学理论体系包括科学的劳动价值理论很快就成为马克思、恩格斯面临的紧迫课题。

第二，对当时主流政治经济学得失成败的科学认识，特别是对亚当·斯密、大卫·李嘉图等古典经济学家劳动价值论中蕴藏的科学价值的深刻理解，是马克思、恩格斯实现这一重大转变的根本原因。在他们所处的时代，古典的劳动价值论被宣布为"过时的""失灵的"理论。当时的主流经济学抛弃了古典经济学的优秀理论遗产。马克思敏锐地发现了这一理论的合理内核，结合经济科学革命的内在要求，使得以劳动价值论为政治经济学理论研究起点这一"古典"的方法，获得了新的生命，并在此基础上实现了经济学的科学革命。

在发表于1847年的《哲学的贫困》中，马克思第一次公开表述了自己对劳动价值论的基本立场。他完全站到劳动价值论的立场上，反对蒲鲁东的价值理论；他充分肯定了李嘉图劳动价值论的历史功绩，批判地吸收和利用了李嘉图理论中的合理成分。

唯物史观的创立，使马克思从新世界观和方法论的高度，赋予李嘉图劳动价值论新的内涵，在许多理论观点上实现了对李嘉图的超越。马克思与李嘉图、蒲鲁东等不同的地方在于，他研究劳动价值论是要证实价值与资本主义生产方式的基础存在着密切的关系，是要说明价值只有在竞争中并通过竞争的作用才能得到实现，是要揭示资本主义生产方式的运动规律。这是马克思以唯物史观为分析工具，在驳斥资产阶级政治经济学方面，在完成劳动价值论的科学革命方面迈出的最重要的一步。

在《哲学的贫困》中，唯物史观成为马克思研究劳动价值论的方法论基础，初步建立了政治经济学的科学方法。马克思认为，政治经济学是一门历史科学，研究的是与社会生产力的发展相适应的、具有过渡性的、历史上暂时的生产关系的产生、运动及其内部联系，研究的是人们借以进行生产、消费和交换的经济形式及其发展的规律性。

在批判蒲鲁东认为经济范畴是历来存在、永恒观念的基础上，马克思阐明了经济范畴的客观性、历史性。马克思指出，蒲鲁东企图辩证地说明经济范畴的体系，但他没有把经济范畴看作历史的、与物质生产的一定发展阶段相适应的生产关系的理论表现，因而也就唯心主义地认为"现实关系只是一些原理和范畴的化身……这些原理和范畴过去曾睡在'无人身的人类理性'的怀抱里"，并且把实在的关系当作抽象的体现。马克思批判了蒲鲁东认识经济范畴的唯心主义方法，强调指出："经济范畴只不过是生产的社会关系的理论表现，即其抽象。"经济范畴只有从经济关系本身的运动中通过深入的研究才能得出。因此，经济范畴"同它们所表现的关系一样，不是永恒的。它们是历史的、暂时的产物"[①]。马克思对经济范畴的唯物史观的考察方式，成为他构筑政治经济学研究方法的重要基础，也成为他实现劳动价值论上科学革命的重要基础。

二、19世纪50年代对劳动价值论的科学革命

马克思的劳动价值理论，开始于对商品以及创造商品的劳动的分析。马克思分析了商品的二因素即商品的使用价值和价值，论证了它们之间的对立统一关系，指出资本主义社会的一切矛盾都起源于二者的对立之中。这样就创立了关于商品二因素的学说。在分析了商品二因素之后，进而分析了形成商品二因素的劳动二重性。这一发现是马克思对古典政治经济学劳动价值论进行变革的最重要的成果，为建立科学的、彻底的劳动价值理论奠定了坚实

---

① 《马克思恩格斯文集》第1卷，人民出版社2009年版，第602—603页。

可靠的基础。19 世纪 50 年代后期，马克思实现了劳动价值论上的科学革命。

（一）劳动价值论逻辑思路的重要转折

马克思对劳动价值论的科学革命是在《1857—1858 年经济学手稿》的"货币章"中实现的。这一科学革命突出地表现在两个方面：其一，马克思通过对资产阶级货币理论的批判，逐步搞清了劳动价值论的主要内容，揭示了商品、价值、交换价值、价格、货币等重要范畴的本质规定性；其二，马克思成功地揭示了劳动价值论的内在逻辑，提出了以商品和商品二因素为起点，以在思想总体中再现劳动价值论体系的基本思路。

"货币章"是以对蒲鲁东主义者阿尔弗雷德·达里蒙《论银行改革》一书中货币理论的批判为起点的。随着这一理论批判的深入，马克思循着货币到交换价值，交换价值到商品这一线索，深入劳动价值论的底蕴，最终摆脱对达里蒙货币理论的批判，以商品范畴为起点，转入对劳动价值论的正确的、系统的论述。如果说 19 世纪 40 年代中期，马克思由劳动价值论的异议者转为劳动价值论的拥护者，是马克思劳动价值论科学革命中逻辑思路的第一个重要转折；那么，现在确定商品范畴为劳动价值论的始基范畴，就是马克思劳动价值论科学革命中逻辑思路的第二个重要转折。

在"货币章"中，马克思已提出了劳动价值论中的两个深层次的论点：一是金银作为一般等价物，它自身价值量的变化只能表现为交换关系中的相对价值量的变化；二是价值和价格的偏离，不是由金银充当货币引起的，而是由价值作用形式本身决定的，马克思对劳动价值论这一新的认识，成为马克思"货币章"逻辑思路转折的重要契机。

在一开始写作"货币章"时，马克思打算通过对达里蒙货币理论的批判，展开对政治经济学理论原理的正面阐述。在对达里蒙货币理论的批判过程中，马克思逐渐深入到货币的内在规定性问题，从而展开了对价值规定性、价值的作用形式的详尽论述。通过这一详尽论述，马克思改变了原先的设想，决定结束对达里蒙货币理论的批判，而以劳动价值论的论述作为政治经济学理论原理阐述的起点。"货币章"的逻辑思路发生了重要转折。

（二）劳动价值论逻辑思路的展开

以上对达里蒙货币理论的批判，马克思的逻辑思路就是：从对货币关系的探讨中，揭示出交换价值的内在规定性，从对交换价值的探讨中，揭示出价值的内在规定性，以及价值向货币转化的内在必然性。现在，马克思开始从对价值的探讨中，揭示出商品的内在规定性，即把价值、交换价值作为商品的内在要素和机能，而把货币看作是商品的内在矛盾运动的产物。这样，在这一改变了的逻辑思路中，商品作为具有最简单规定性的范畴，必然成为理论逻辑的起点。原先以货币或以价值为理论逻辑起点的叙述方法，不免带有某些唯心主义的痕迹。这正如马克思本人在《1857—1858 年经济学手稿》中提示的那样："有必要对唯心主义的叙述方式作一纠正，这种叙述方式造成一种假象，似乎探讨的只是一些概念规定和这些概念的辩证法。因此，首先是弄清这样的说法：产品（或活动）成为商品；商品成为交换价值；交换价值成为货币。"①

以此为新的阐述基点，马克思第一次确定了以商品为经济学理论体系的起始范畴，即以商品范畴为理论逻辑叙述的起点。从商品范畴到货币范畴的转化，反映了理论逻辑中从具有简单规定性范畴向具有复杂规定性范畴的转化，反映了从抽象上升到具体的总体方法在马克思经济学理论体系中的成功运用。

马克思围绕着商品的内在矛盾以及商品向货币转化的问题作了详尽的论述。这些论述是马克思实现的劳动价值论革命的重要内容。在经济学说史上，马克思第一次从商品价值的内在规定上，推导出货币的起源和本质，从而使货币理论建立在科学的劳动价值论基础之上。在这一理论推导中，马克思认为，在商品交换中，首先必须把商品的物质的、自然的属性撇开，商品

---

① 《马克思恩格斯全集》第 30 卷，人民出版社 1995 年版，第 101 页。

只是作为交换价值，只有在商品作为"交换价值的自身"时，"才能拿这个交换价值和其他交换价值进行比较和交换"①。

(三) 对劳动价值论逻辑的系统阐述

在 1859 年出版的《政治经济学批判》第一分册中，马克思对劳动价值论第一次作了系统论述。

在《政治经济学批判》第一分册中，马克思第一次阐明了劳动二重性学说。马克思指出："生产交换价值的劳动实现在作为一般等价物的商品的相同性上，而作为有目的的生产活动的劳动实现在商品的使用价值的无限多样性上。生产交换价值的劳动是抽象一般的和相同的劳动，而生产使用价值的劳动是具体的和特殊的劳动，它按照形式和材料分为无限多的不同的劳动方式。"② 在这里，马克思不仅十分清晰地表达了抽象劳动和具体劳动的不同性质，而且还对劳动二重性同商品二要素之间的关系作了精辟的说明。这些论述是马克思劳动二重性学说发展的重要理论标志。

马克思十分珍重自己在劳动二重性学说上的理论创见，他曾经自豪地指出："商品中包含的劳动的这种二重性，是首先由我批判地证明的。"③ 由于劳动二重性理论的提出，使"劳动创造价值"这一古老命题从此有了崭新的含义。"劳动创造价值"已精确为抽象劳动创造价值。而且，在社会商品再生产过程中，进一步精确为抽象劳动创造新价值和具体劳动创造使用价值并转移所消耗的生产资料中的旧价值这样两重性。这样，长期以来困扰劳动价值论发展的理论障碍已被排除，劳动二重性成了理解政治经济学的枢纽，成了马克思剖析资本主义经济关系的最重要的理论武器之一。在《资本论》第一卷中，马克思对劳动二重性学说再次作了系统阐述。

在政治经济学说史上，价值形式理论是由马克思首先发现并作了全面阐

---

① 《马克思恩格斯全集》第 30 卷，人民出版社 1995 年版，第 91 页。
② 《马克思恩格斯全集》第 31 卷，人民出版社 1998 年版，第 428 页。
③ 《马克思恩格斯文集》第 5 卷，人民出版社 2009 年版，第 54 页。

述的。这一理论是科学的劳动价值论中具有决定性意义的内容。马克思本人在谈到价值形式理论意义时曾经指出："劳动产品的价值形式是资产阶级生产方式的最抽象的，但也是最一般的形式，这就使资产阶级生产方式成为一种特殊的社会生产类型，因而同时具有历史的特征。"[1] 因此，只有在认识到资本主义生产方式不是永恒的自然形式，而是历史的社会形式时，才可能对价值形式的本质作出科学的分析，才可能在对价值形式发展序列的研究中，揭示出货币的全部奥秘。

三、恩格斯晚年对劳动价值论的研究

恩格斯晚年正处在自由资本主义向垄断资本主义过渡的重要时期。这一时期，恩格斯反复强调，要在对新情况和新问题的研究中丰富和完善他和马克思已经得出的某些理论结论。在提到对当时资本主义金融市场发展问题的研究时，恩格斯指出："在这里，还需要确定和研究一些东西，特别是要根据近二十年的历史来加以确定和研究。"[2] 在恩格斯看来，马克思经济学从来不故步自封，满足于已有的理论结论。相反，它总是随着现实的社会经济关系的发展而不断发展。正是在这一意义上，恩格斯晚年也十分注意纠正对马克思经济学理论"绝对化"理解的倾向。1884 年，恩格斯在谈到法国社会党人加·杰维尔撰写的《卡尔·马克思的〈资本论〉简述》一书时认为，尽管这本书在当时已有的简述《资本论》的书中是"最好的"，对《资本论》理论部分的理解也是"正确的"，但这本书也存在着某些不足、甚至存在着某些错误的地方，其中主要的错误就在于："他逐字逐句地复述马克思的概括性的原理，而对这些原理的前提却只是一笔带过。结果把这些原理的意思往往给歪曲了，所以我在校阅的时候常常产生想反驳马克思的某些原理的念

---

① 《马克思恩格斯文集》第 5 卷，人民出版社 2009 年版，第 99 页注释 32。

② 《马克思恩格斯全集》第 37 卷，人民出版社 1971 年版，第 485 页。

头，其实在原著中由于前面作了阐述，这些原理具有非常明确的界限，在杰维尔的著作中却带有绝对普遍的、因而是不正确的意义。"①

1893 年，恩格斯在重提杰维尔这本书时仍然认为："杰维尔在许多地方把马克思的个别论点绝对化了，而马克思提出这些论点时，只是把它们看作相对的，只有在一定的条件下和一定的范围内才是正确的。"② 在恩格斯看来，只有抛弃理论研究上的这种"绝对化"的思维方式，才可能在新的历史条件下丰富和发展马克思经济学。

第三节　马克思、恩格斯的基本观点

一、19 世纪 40 年代劳动价值论的基本观点

（一）异化劳动的基本观点

马克思在《1844 年经济学哲学手稿》中表达了他当时的观点："国民经济学没有向我们说明劳动和资本分离以及资本和土地分离的原因。例如，当它确定工资和资本利润之间的关系时，它把资本家的利益当做最终原因；就是说，它把应当加以阐明的东西当做前提。同样，竞争到处出现，对此它则用外部情况来说明。至于这种似乎偶然的外部情况在多大程度上仅仅是一种必然的发展过程的表现，国民经济学根本没有向我们讲明。我们已经看到，交换本身在它看来是偶然的事实。贪欲以及贪欲者之间的战争即竞争，是国民经济学家所推动的仅有的车轮。"③

如果"从当前的国民经济的事实出发"，就可以发现，"工人生产的财富越多，他的生产的影响和规模越大，他就越贫穷。工人创造的商品越多，他

① 《马克思恩格斯全集》第 36 卷，人民出版社 1974 年版，第 83—84 页。
② 《马克思恩格斯全集》第 39 卷，人民出版社 1974 年版，第 79—80 页。
③ 《马克思恩格斯文集》第 1 卷，人民出版社 2009 年版，第 115—116 页。

就越变成廉价的商品。物的世界的增值同人的世界的贬值成正比。劳动生产的不仅是商品，它还生产作为商品的劳动自身和工人，而且是按它一般生产商品的比例生产的"①。那么，"这一事实无非是表明：劳动所生产的对象，即劳动的产品，作为一种异己的存在物，作为不依赖于生产者的力量，同劳动相对立。劳动的产品是固定在某个对象中的、物化的劳动，这就是劳动的对象化。劳动的现实化就是劳动的对象化。在国民经济的实际状况中，劳动的这种现实化表现为工人的非现实化，对象化表现为对象的丧失和被对象奴役，占有表现为异化、外化"②。

马克思在《1844 年经济学哲学手稿》中认为："国民经济学从私有财产的事实出发。它没有给我们说明这个事实。它把私有财产在现实中所经历的物质过程，放进一般的、抽象的公式，然后把这些公式当做规律。它不理解这些规律，就是说，它没有指明这些规律是怎样从私有财产的本质中产生出来的。"他指出："我们现在必须弄清楚私有制、贪欲以及劳动、资本、地产三者的分离之间、交换和竞争之间、人的价值和人的贬值之间、垄断和竞争等等之间以及这全部异化和货币制度之间的本质联系。"③

《1844 年经济学哲学手稿》中指出："按照国民经济学的规律，工人在他的对象中的异化表现在：工人生产得越多，他能够消费的越少；他创造的价值越多，他自己越没有价值、越低贱；工人的产品越完美，工人自己越畸形；工人创造的对象越文明，工人自己越野蛮；劳动越有力量，工人越无力；劳动越机巧，工人越愚笨，越成为自然界的奴隶。"④ 其原因在于，"国民经济学由于不考察工人（劳动）同产品的直接关系而掩盖劳动本质的异化。当然，劳动为富人生产了奇迹般的东西，但是为工人生产了赤贫。劳动生产了宫殿，但是给工人生产了棚舍。劳动生产了美，但是使工人变成畸形。劳

---

① 《马克思恩格斯文集》第 1 卷，人民出版社 2009 年版，第 156 页。
② 《马克思恩格斯文集》第 1 卷，人民出版社 2009 年版，第 156—157 页。
③ 《马克思恩格斯文集》第 1 卷，人民出版社 2009 年版，第 155—156 页。
④ 《马克思恩格斯文集》第 1 卷，人民出版社 2009 年版，第 158 页。

动用机器代替了手工劳动，但是使一部分工人回到野蛮的劳动，并使另一部分工人变成机器。劳动生产了智慧，但是给工人生产了愚钝和痴呆"。马克思认为："国民经济学虽然从劳动是生产的真正灵魂这一点出发，但是它没有给劳动提供任何东西，而是给私有财产提供了一切。蒲鲁东从这个矛盾得出了有利于劳动而不利于私有财产的结论。然而，我们看到，这个表面的矛盾是异化劳动同自身的矛盾，而国民经济学只不过表述了异化劳动的规律罢了。"①

马克思由此得出的结论就是："正如我们通过分析从异化的、外化的劳动的概念得出私有财产的概念一样，我们也可以借助这两个因素来阐明国民经济学的一切范畴，而且我们将重新发现，每一个范畴，例如买卖、竞争、资本、货币，不过是这两个基本因素的特定的、展开了的表现而已。"② 《1844年经济学哲学手稿》坚持"从当前的国民经济的事实出发"，揭示资本主义经济关系的本质，因而对抓住异化劳动和私有财产这些范畴，认为异化劳动既是实际存在的经济事实，也是其他一切范畴的一般的、内在的本质规定。

（二）对劳动价值论探索的重大转折

在《神圣家族》中，马克思和恩格斯在论及价值问题时，既反对效用价值论也不完全认可劳动价值论，在总体上还没有真正站到劳动价值论的立场上来。他们提道："最初，价值看起来确定得很合理：它是由物品的生产费用和物品的社会效用来确定的。后来却发现，价值是一个纯粹偶然的规定，这个规定根本不需要同生产费用和社会效用有任何关系。"③ 显然，他们在否定效用决定价值的同时也否定了劳动决定价值，把价值的"费用"确定和价值的"效用"确定，都看成是"偶然"的。

---

① 《马克思恩格斯文集》第1卷，人民出版社2009年版，第158—159、166页。
② 《马克思恩格斯文集》第1卷，人民出版社2009年版，第167页。
③ 《马克思恩格斯文集》第1卷，人民出版社2009年版，第256页。

但是，在对价值问题的深入探讨中，马克思和恩格斯开始承认劳动价值论的一些基本观点。例如，关于商品价值及其决定问题，马克思就提道："生产某个物品所花费的劳动时间，属于这个物品的生产费用，某个物品的生产费用也就是它值多少钱，因此撇开竞争的影响不谈。"这一提法说明，马克思已经觉察到，对价值决定的考察是可以撇开竞争的影响的，这已经比《巴黎笔记》中的观点前进了一大步。马克思还明确地提出："在直接的物质生产领域，确定某物品是否应当生产，即确定这种物品的价值，这主要取决于生产该物品所需要的劳动时间。"① 这一论述表明，马克思开始理解价值在竞争中的现象形态和在生产过程中的本质规定之间的区别，从而在方法论上初步理顺了价格现象和价值本质的关系。

马克思对前人关于劳动价值论的观点也有了新的见解。他在分析蒲鲁东的价值理论时指出："除劳动时间和劳动材料外，国民经济学家还把土地所有者的地租以及资本家的利息和赢利也算入生产费用。在蒲鲁东那里，地租、利息和赢利都消失了，因为在他那里私有财产消失了。于是剩下的只有劳动时间和预支费用。由于蒲鲁东把劳动时间，即人类活动本身的直接定在，当做工资和产品价值规定的尺度，他就使人成了决定性的因素；而在旧国民经济学中却是资本和地产的物质力量起决定作用，这就是说，蒲鲁东还是以国民经济学的、因而也是充满矛盾的形式恢复了人的权利。"② 在马克思看来，劳动时间决定价值的条件就是私有财产的消失和人的权利的恢复。这一看法，同马克思当时还没有完成唯物史观的创立有关。同时，马克思在批判黑格尔左派否定劳动时间决定价值的观点时指出：黑格尔左派之所以会否定劳动时间决定价值，原因就在于他们"把空闲的时间和充实的劳动时间等量齐观"③。马克思肯定了既存的劳动价值论的积极的因素，对商品的价值本质上取决于生产这一商品所需要的劳动时间的观点给予肯定。

---

① 《马克思恩格斯文集》第 1 卷，人民出版社 2009 年版，第 269、270 页。

② 《马克思恩格斯文集》第 1 卷，人民出版社 2009 年版，第 269—270 页。

③ 《马克思恩格斯文集》第 1 卷，人民出版社 2009 年版，第 269 页。

在《神圣家族》中，马克思、恩格斯对劳动价值论的这些看来似乎是矛盾的观点，同他还没有搞清楚价值、交换价值和价格的关系有关，也同他还没有弄懂价值规律的作用及作用形式有关，更同他虽接近唯物史观，但还没有真正完成唯物史观的创立有关。

随着唯物史观的创立，马克思、恩格斯对社会物质资料生产是社会存在和发展的基础的原理有了透彻的理解。这样，在政治经济学研究中，承认劳动价值论，肯定李嘉图的劳动价值论是对现代资产阶级社会经济过程的科学阐述，就是必然的结果。在《德意志意识形态》中，马克思、恩格斯阐述唯物史观基本原理时，强调以生产的实际条件和人们的生产活动为研究问题的出发点，阐述了社会生活决定意识、生产力与生产关系的辩证运动推动人类社会发展等唯物史观基本原理，在对劳动价值论的研究中得到充分的体现。

在《德意志意识形态》中，马克思、恩格斯对价值问题的论述篇幅不大，但意义却非常深远。这时，他们已经成为劳动价值论的赞成者，并对劳动价值论的核心观点作了论述，其中突出地表现在两个方面：

第一，在商品价值的决定上，他们已经从先前认为价值是由偶然因素决定的观点中摆脱出来，明确地提出："在竞争的领域中面包的价格是由生产成本决定的，而不是由面包师任意决定的"，金属货币的价值，也"完全是由生产成本即劳动所决定的"①。他们所说的"生产成本"，就是指生产某种商品所花费的费用，包括物化劳动和活劳动的消耗。在这种情况下生产出的商品在资本主义社会中有不同的组成部分，其中一部分用来补偿工人的工资，一部分则成为资本家的利润。可见，这时马克思已不再把利润看作是价值的余额，而认识到它是价值转化而来的，它同补偿工人工资的那部分价值一样，都是由劳动决定的。当然，在商品价值决定上，马克思还没有能深入研究劳动的性质和内涵，也没有正确区分价值、交换价值和价格。

第二，在竞争与价值的关系问题上，他们已经从先前认为竞争具有消灭

---

① 《马克思恩格斯全集》第3卷，人民出版社1960年版，第430、466页。

一切商品的内在价值的破坏性力量的观点中摆脱出来，赋予竞争新的含义，即具有根据社会需要来调节社会劳动的分配机制。对竞争含义的新的理解，对深化劳动价值论研究有着重要的意义。马克思、恩格斯还认为，商品的价值由生产成本即劳动决定，是通过竞争的作用实现的，只有通过竞争的作用，商品的价值才能最终由生产该商品所耗费的劳动来决定。当然，他们在竞争与价值的关系问题上，还没有深入研究竞争使利润平均化的问题，但却意识到了竞争的这一作用。在对"真正的社会主义者"格律恩的"供求论"的批判中，马克思曾经指出："格律恩先生采纳了政治经济学关于需求和供给的最庸俗的原理；而为了利用需求和供给这两个概念来达到自己的目的，他删去了其中必要的中间环节，从而把它们变为最纯粹的幻想。"① 马克思的这一见解，为他以后进一步探索价值到生产价格转化的"必要的中间环节"开辟了重要的通道。

在《德意志意识形态》中，马克思和恩格斯没有对劳动价值论作出系统论证，也没有对自己在劳动价值论研究中的重大转折作出明确说明，但是，唯物史观的创立，以及运用唯物史观对价值问题所作的概要论述，最清晰地反映了他们从否定劳动价值论到承认并肯定劳动价值论的根本变化。

（三）向劳动价值论拥护者的转变

《哲学的贫困》是马克思创立科学的劳动价值论的重要著述。马克思对李嘉图在政治经济学研究，特别是在劳动价值理论上贡献的高度评价，成为马克思走向劳动价值论科学革命道路的重要标志。

马克思认为："李嘉图给我们指出资产阶级生产的实际运动，即构成价值的运动"；"李嘉图的价值论是对现代经济生活的科学解释"；"李嘉图从一切经济关系中得出他的公式，并用来解释一切现象，甚至如地租、资本积累以及工资和利润的关系等那些骤然看来好象是和这个公式抵触的现象，从而

---

① 《马克思恩格斯全集》第 3 卷，人民出版社 1960 年版，第 613 页。

证明他的公式的真实性；这就使他的理论成为科学的体系。"①

　　唯物史观的运用和政治经济学研究的方法论原则的确立，使马克思找到了与蒲鲁东的价值理论进行全面论战的科学方法，从而发展了劳动价值论。

　　第一，马克思批判了蒲鲁东关于"构成价值不过是体现在产品中的劳动时间所构成的价值"的观点，坚持了劳动决定价值的基本原理。蒲鲁东认为，交换价值起源于分工与交换，而分工与交换则是一个生产者向另一个生产者建议的产物，有了这种建议，才有了鲁滨逊式的孤立个人走向交换世界，从而才出现了价值。马克思对蒲鲁东这一不顾历史发展和交换价值起源的事实所作的纯粹主观唯心主义的解释进行了批判。马克思认为，"蒲鲁东先生并没有细究这些关系的始末，他只是给交换这一事实盖了历史的印记，把交换看做急欲确立这种交换的第三者可能提出的建议"②。但是，马克思没有进一步阐述自己对这个问题的看法。

　　在蒲鲁东看来，使用价值与交换价值矛盾的解决，是在构成价值，也就是在由劳动时间决定的价值中完成的。马克思完全承认使用价值与价值之间存在的矛盾，在肯定李嘉图劳动价值论的基础上，对蒲鲁东的构成价值论与李嘉图的劳动价值论作了比较分析。马克思指出："李嘉图给我们指出资产阶级生产的实际运动，即构成价值的运动。蒲鲁东先生却撇开这个实际运动不谈，而'煞费苦心地'去发明按照所谓的新公式（这个公式只不过是李嘉图已清楚表述了的现实运动的理论表现）来建立世界的新方法。李嘉图把现社会当做出发点，给我们指出这个社会怎样构成价值；蒲鲁东先生却把构成价值当做出发点，用它来构成一个新的社会世界。根据蒲鲁东先生的说法，构成价值应当绕个圈子，又成为按照这种估计方法已经完全构成的世界的构成因素。在李嘉图看来，劳动时间确定价值这是交换价值的规律，而蒲鲁东先生却认为这是使用价值和交换价值的综合。李嘉图的价值论是对现代经济

---

　　① 《马克思恩格斯全集》第 4 卷，人民出版社 1958 年版，第 92—93 页。
　　② 《马克思恩格斯全集》第 4 卷，人民出版社 1958 年版，第 79 页。

生活的科学解释；而蒲鲁东先生的价值论却是对李嘉图理论的乌托邦式的解释。李嘉图从一切经济关系中得出他的公式，并用来解释一切现象，甚至如地租、资本积累以及工资和利润的关系等那些骤然看来好象是和这个公式抵触的现象，从而证明他的公式的真实性；这就使他的理论成为科学的体系。蒲鲁东先生只是完全凭任意的假设再度发现了李嘉图的这个公式，后来就不得不找出一些孤立的经济事实，加以歪曲和捏造，以便作为例证，作为实际应用的现成例子，作为实现他那新生观念的开端。"①

第二，马克思批判了蒲鲁东关于"劳动时间先天决定交换价值"的论点，对价值决定的社会性作了深刻论述。蒲鲁东认为，在商品价值的决定上，只要先开始用产品中所包含的劳动量来衡量产品的相对价值，供求就必然会达到平衡。生产就会和消费相适应，产品就可永远顺利地进行交换。针对蒲鲁东价值理论的这一观点，马克思强调，只有在供求互相均衡的时候，任何产品的相对价值恰好是由包含在产品中的劳动量来确定的。蒲鲁东为了使商品的价值按照劳动时间"构成的价值"来进行交换，建立供求之间的"比例性关系"，实际上把关系弄颠倒了。因此，按照蒲鲁东"劳动时间先天决定交换价值"论点得出的结果必然是："今后产品应当完全按照花费在产品上的劳动时间来交换。不论供求关系怎样，商品的交换应当永远象商品的生产量完全适合需求那样来进行。"②

马克思认为，在经济现实中不存在像蒲鲁东所说的"劳动时间先天决定交换价值"，因为商品的价值由劳动时间决定，总是社会的、同供求相联系的。"我们看到，根据李嘉图的学说，一切物品的价格归根到底取决于生产费用，其中包括经营利润；换句话说，价格取决于所用劳动时间的多少。在工业生产中，使用劳动量最少的产品的价格决定着其余的同类产品的价格，因为最便宜而效率又最高的生产工具可以无限增加，而自由竞争必然产生

---

① 《马克思恩格斯全集》第4卷，人民出版社1958年版，第92—93页。

② 《马克思恩格斯全集》第4卷，人民出版社1958年版，第103页。

市场价格，就是说，产生一种一切同类产品的共同价格。"① 他指出："供求的
'比例性关系'，也就是一种产品在生产总和中所占的比例，根本不决定于这
种产品按照相等于生产费用的价格的出售。只有供求的变动告诉生产者，某
种商品应当生产多少才可以在交换中至少收回生产费用。这种变动是经常
的，所以资本也就不断地出入于各个不同的工业部门。"②

在马克思看来，供求的经常平衡状态在现实中也是不存在的，这是因
为："在以个人交换为基础的社会中，单只这种摇摆运动已使劳动时间成为
价值尺度。完全构成了的'比例性关系'是不存在的，只有构成这种关系的
运动。"③ 实际上，马克思在这里已经非常清楚地说明了劳动时间决定价值与
供求之间的关系：要承认劳动时间决定价值，就必须承认供求的变动已使劳
动时间成为价值尺度。马克思在《哲学的贫困》中的这一认识成为他后来进
一步发展了的思想，即决定价值的劳动时间是社会必要劳动时间的基础。

第三，马克思批判了蒲鲁东关于"商品应精确地按其所包含的劳动时间
进行交换"的论点，阐释了决定商品价值的劳动的特性。蒲鲁东从由劳动时
间构成的价值中得出了两个结论：其一，一定的劳动量和同一劳动量所创造
的产品是等价的；其二，任何一个劳动日和另一个劳动日都是相等的。这就
是说，一个人的劳动和另一个人的劳动如果数量相等，二者也是等值的，两
个人的劳动并没有质的差别。在劳动量相等的前提下，一个人的产品和另一
个人的产品相交换。所有的人都是雇佣工人，而且都是以相等劳动时间得到
相等报酬的工人。交换是在完全平等的基础上实现的。④

马克思认为，如果商品的相对价值是由生产商品所需的劳动量来决定，
结论就自然是：劳动的相对价值或工资也是由生产工资所必需的劳动量来决
定；劳动作为商品是由生产劳动这种商品所必需的劳动时间来衡量的，而生

---

① 《马克思恩格斯选集》第 4 卷，人民出版社 1958 年版，第 183 页。
② 《马克思恩格斯全集》第 4 卷，人民出版社 1958 年版，第 105—106 页。
③ 《马克思恩格斯全集》第 4 卷，人民出版社 1958 年版，第 106 页。
④ 参见《马克思恩格斯全集》第 4 卷，人民出版社 1958 年版，第 93 页。

产劳动商品需要为了生产维持不断的劳动即供给工人活命和延续后代所必需的物品的劳动时间，劳动的自然价格无非就是工资的最低额。因此，马克思特别强调："由劳动时间衡量的相对价值注定是工人遭受现代奴役的公式，而不是蒲鲁东先生所希望的无产阶级求得解放的'革命理论'。"①

蒲鲁东还认为，商品应该按照其中所包含的劳动时间进行交换，即精确地遵循劳动小时与劳动小时相交换的原则。马克思指出："如果认为这种由劳动时间来衡量价值的产品的交换会使一切生产者得到平等的报酬，这种说法就是假定，平等分配还在交换以前就存在了。"显然，"蒲鲁东先生的谬误是由于他把至多不过是一种没有根据的假设看做结果"②。把劳动时间作为价值尺度，各个劳动日并不是等价的，一个人的劳动日和另一个人的劳动日也不是等值的。不能认为劳动日的价值不等，一个人的劳动日与另一个人的劳动日价值不等，价值就不是用劳动时间来衡量了。

在马克思看来，在这种情况下，使用劳动时间作为价值的尺度，"就需要有一个可以比较各种不同劳动日价值的尺度表；确定这种尺度表的就是竞争"③。竞争决定着一个复杂劳动日中包含着多少简单劳动日，竞争使商品中所包含的劳动还原为简单劳动，从而复杂劳动是复合的简单劳动。可见，马克思在这里已经较为清楚地说明了决定商品价值的劳动的性质即简单劳动。马克思指出："如果只把劳动量当做价值尺度而不问它的质量如何，那也就是假定简单劳动已经成为生产活动的枢纽。这就是假定：由于人隶属于机器或由于极端的分工，各种不同的劳动逐渐趋于一致；劳动把人置于次要地位；钟摆成了两个工人相对活动的精确的尺度，就象它是两个机车的速度的尺度一样。"④

第四，马克思批判了蒲鲁东对"劳动价值"和"劳动的价值产品"的混淆，

---

① 《马克思恩格斯全集》第4卷，人民出版社1958年版，第95页。
② 《马克思恩格斯全集》第4卷，人民出版社1958年版，第95、96页。
③ 《马克思恩格斯全集》第4卷，人民出版社1958年版，第96页。
④ 《马克思恩格斯全集》第4卷，人民出版社1958年版，第96页。

阐明了两者之间的区别。蒲鲁东错误地用"劳动价值"来衡量商品的价值，认为任何人的劳动都可以购买这种劳动所包含的价值，并由此作出了按商品所包含的价值进行交换就可以消除资本主义弊端、实现永恒公平的结论。马克思批判了蒲鲁东的这一谬论，明确指出："用劳动价值来确定商品的相对价值是和经济事实相抵触的。这是在循环论证中打转，这是用本身还需要确定的相对价值来确定相对价值。"

"蒲鲁东先生是把以下两种衡量的方法混为一谈了：一种是用生产某种商品所必要的劳动时间来衡量，另一种是用劳动价值来衡量。"① 在马克思看来，"劳动价值"是无法用来确定或衡量商品价值的，因为"劳动价值"说明的是生产劳动商品所需要的劳动时间，用"劳动价值"来衡量商品的价值，也就是用价值来衡量商品的价值，这是循环论证，不能说明任何问题。"劳动价值"实际上还说明了它是劳动商品的价值，它本身还需要加以确定，因此，它也就无法作为确定商品价值的尺度了。所以，马克思反复强调："象任何其他的商品价值一样，劳动价值不能作为价值尺度，只要承认某种产品的效用，劳动就是它的价值的源泉。劳动的尺度是时间，产品的相对价值由生产这种产品所需的劳动时间来确定。"② 可见，马克思已经认识到，劳动就是产品价值的源泉，任何产品的"相对价值"恰好由包含在产品中的劳动量来决定。

在对蒲鲁东的这一理论主张的批判中，马克思对蒲鲁东与斯密、李嘉图作了比较性研究，清楚地指出了蒲鲁东理论的谬误所在。马克思指出："亚当·斯密有时把生产商品所必要的劳动时间当做是价值尺度，有时却又把劳动价值当做价值尺度。李嘉图揭露了这个错误，清楚地表明了这两种衡量方法的差别。蒲鲁东先生加深了亚当·斯密的错误。亚当·斯密只是把这两个东西并列，而蒲鲁东先生却把两者混而为一。"③

① 《马克思恩格斯全集》第4卷，人民出版社1958年版，第98页。
② 《马克思恩格斯全集》第4卷，人民出版社1958年版，第97、88页。
③ 《马克思恩格斯全集》第4卷，人民出版社1958年版，第99页。

以上的分析表明，在劳动价值论的基本主张上，马克思是以吸收李嘉图的观点为主导的，可以说，马克思当时还是一个李嘉图主义者。但与此同时，我们也应看到，在马克思对劳动价值论的基本主张中，实际已经包含了对李嘉图理论进行科学革命的根本因素。马克思已经明确指出：李嘉图犯有把资产阶级的经济关系当作永恒范畴的一切经济学家的通病。马克思确信，价值、货币这一类经济范畴是一种社会关系，这一关系只是其他经济关系的整个链条中的一个环节，并且是和一定的生产方式相适应的。可以认为，在《哲学的贫困》中，马克思已经实现了劳动价值学说和唯物史观的统一。

二、19 世纪 50 年代劳动价值论的基本观点

在《1857—1858 年经济学手稿》中，马克思实现了劳动价值论的科学革命，对劳动价值论的基本观点作了深入的研究。

（一）劳动价值论逻辑思路的两个转折

在《1857—1858 年经济学手稿》的"货币章"的开头部分，在对达里蒙货币理论错误的批判中，马克思提出了货币理论的"基本问题"。达里蒙认为，由于法兰西银行保持金银货币发行和储备上的优势，逃避对"公众的服务"，从而破坏了流通和交换。因此，在达里蒙看来，消除资本主义经济中流通和交换的弊端，就在于实行银行的"改革"，即建立一种"废除"金属货币基础的"新的银行组织"。针对达里蒙的这一理论观点，马克思提出了两个"基本问题"。

第一个基本问题就是：是否能够通过改变流通工具或流通组织，而使现存的生产关系以及与这些关系相适应的分配关系发生革命呢？显然，蒲鲁东主义者的回答是肯定的。他们正是希望通过改变银行组织，改变贵金属流通工具，实现资本主义生产关系上的革命。马克思的回答是否定的。因为流通的每一次"改造"，都是以生产条件的"改变"和社会"变革"为前提的，

蒲鲁东主义者理论的荒谬性就在于，他们根本不了解生产关系、分配关系和流通关系之间的内部联系，根本没有从资本主义经济关系的总体上来理解资本主义经济运行中的个别环节的社会性质。

第二个基本问题就是：是否能够在保留货币的某一形式（如金属货币、纸币、信用货币、劳动货币）的同时，而又消除货币关系所固有的矛盾呢？马克思认为，蒲鲁东主义者提出的取消货币的贵金属形式、保留货币的纸币形式或劳动货币形式，以达到消除货币关系矛盾的理论，是极其荒谬的。这是因为，"一种货币形式可能消除另一种货币形式无法克服的缺点；但是，只要它们仍然是货币形式，只要货币仍然是一种重要的生产关系，那么，任何货币形式都不可能消除货币关系固有的矛盾，而只能在这种或那种形式上代表这些矛盾"①。

在"货币章"中，马克思针对达里蒙对资本主义危机原因及其出路理解的"偏见"，分析了货币关系和资本主义经济危机的根源问题。达里蒙认为，资本主义经济危机（包括周期性的商业危机）就在于金银享有一种特权，即只有金银才成为真正的流通工具的特权。因此，在达里蒙看来，消除或防止危机的出路就在于，使一切商品同金银一样，都有资格成为流通工具，产品确实地同产品相交换。

马克思认为，危机的直接原因在于社会供给和社会需求的尖锐矛盾，因而可以归结为"供求规律"作用的结果。当然，危机的根本原因则是资本主义经济关系的内在矛盾。如果加入金银货币的规定，可能得出的进一步的结论就是：金银本身从两个方面影响危机，从而使危机的症状更加恶化：一是银行针对金银的输出采取的措施，对国内流通产生了不利的反作用；二是外国只愿意以金银的形式，而不是以任何其他形式得到资本，加剧了国内流通的矛盾和危机的严重程度。显然，金银货币的存在，并不是资本主义经济危机产生的原因；相反，资本主义经济的内在矛盾却是金银货币内在矛盾深化

---

① 《马克思恩格斯全集》第 30 卷，人民出版社 1995 年版，第 69 页。

的原因。作为一种起相反作用的力量，金银货币只是一定程度上加剧了这类危机的严重程度。因此，资产阶级社会的弊端，绝不可能通过"改造"银行，建立"合理"的货币制度加以消除。

在对蒲鲁东主义"劳动货币"理论的批判中，马克思对价值的本质、价值和价格的关系作了初步论述。达里蒙认为，取消金属货币的特权地位，代之以"劳动货币"，就可以消除资产阶级社会的"弊病"。这里所谓的"劳动货币"，就是劳动者获得的标明一定劳动时间的"小时券"。这时，货币的其他名称均被废除，在每一商品上直接表明一定小时的劳动时间，如某种商品可直接标为"X 劳动小时"，中央银行则依据不同商品标明的劳动小时组织交换。

在商品经济中推行"劳动货币"是极其荒谬的。马克思指出，决定商品价值的"不是体现在产品中的劳动时间，而是现在必要的劳动时间"[①]。因此，一定量商品（如金）上标明的劳动时间，在现时劳动生产率下，必然发生实际的升值或贬值。例如，过去 1 镑金 = 20 劳动小时，由于劳动生产率的提高，现在 1 镑金 =10 劳动小时。那么，过去标明 20 劳动小时的 1 镑金，现在只能换取标明为 10 劳动小时的商品。金的"价格"贬值了。以金为形式的劳动货币不断贬值，纸券形式上的劳动货币就会不断升值。在劳动生产率提高时，积累的纸券形式的劳动货币，可能导致通过不等价交换占有别人劳动财富的结果。可见，蒲鲁东主义者设计的"劳动货币"，不仅没有消除货币关系的"弊病"，反而保留，甚至加剧了这一弊病对实际经济运动危害的程度。

马克思这一逻辑思路转折的标志之一，就是他对价值理论基本观点的重要概述。在这一概述中，马克思强调了以下三个重要论点：第一，一切商品的价值决定于制造它们所需要的劳动时间。第二，由劳动时间决定的商品价值，只是商品的"平均价值"。商品的"市场价值"不同于商品的平均价值，

---

① 《马克思恩格斯全集》第 30 卷，人民出版社 1995 年版，第 83 页。

即"市场价值"总是低于或高于"平均价值"。货币所表现的就是商品的"市场价值"，即"市场价值"在货币形式上实际地表现为商品的价格。马克思对"平均价值""市场价值"和价格概念的区分，反映了马克思对价值理论的新的认识高度。第三，价值是作为价格运动的规律而出现的，价值和价格的差别既不是名和实的差别，也不是由于价格的金和银的名称引起的。价值和价格的不一致，与供求关系的变化有关系。但是，值得注意的是，一方面供求的不一致决定了商品价格的变动，另一方面生产费用（即生产商品所需要的劳动时间）又决定了供求的波动。

马克思这一逻辑思路转折的标志之二，就是他对蒲鲁东主义"劳动货币"理论批判的归纳。在"劳动货币"理论上，蒲鲁东主义者的错觉在于，他们不用劳动时间的物化形式（金或银）来表现价值，而主张用劳动时间本身来表现价值，试图以此消除价格和价值之间的实际差别和矛盾。马克思认为，"劳动货币"理论的谬误就在于，它根本没搞清以下三个理论问题：首先，商品同小时券相比的不断贬值，是由劳动生产率不断提高的规律决定的，是由相对价值形式本身的性质引起的。其次，小时券不可兑换等量的实际劳动时间，是由商品价值和价格的实际不一致性造成的。最后，小时券作为"纸券"，还采取了一种特有的存在形式，它使交换中的商品所包含的物化劳动时间，不是和第三种商品相比例，而是以交换中的商品本身的劳动时间为尺度，致使"劳动货币"的混乱愈加严重。

马克思强调指出："因为劳动时间作为价值尺度，只是观念地存在着，所以它不能充当对价格进行比较的材料……价格和价值的差别，需要以另外一种尺度而不是以价值本身的尺度去衡量作为价格的价值。和价值不同，价格必然是货币价格。"[1] 马克思对价值理论的这一论述表明：劳动时间是商品价值的内在尺度，然而决定价值的要素不可能是表现价格的要素；价格必须在一种独立物质存在形式上得到表现，即在货币形式上得到表现。

---

[1] 《马克思恩格斯全集》第30卷，人民出版社1995年版，第88页。

（二）劳动价值论新的逻辑思路的展开

在对商品内在矛盾的论述中，马克思首先揭示了商品的二重存在形式——内在存在形式和外在存在形式的对立统一关系。

马克思认为，商品具有"二重存在"形式，即作为"自然存在"的形式和作为"纯经济存在"的形式。"在纯经济存在中，商品是生产关系的单纯符号，字母，是它自身价值的单纯符号。"① 商品的"二重存在"包含了以下两层含义。

其一，商品本身和商品价值的二重存在。商品本身指的是商品的"自然存在"，它是商品经济关系上的质的规定性。马克思认为："这是因为商品的自然差别必然和商品的经济等价发生矛盾。"② 实际上，这就是马克思之后不久提到的商品使用价值和价值的两重规定及其矛盾。

其二，商品的内在价值和外在交换价值的二重存在。马克思认为，价值不仅是商品的一般交换能力，同时也是一种商品交换其他商品的比例的指数，后者就是商品的交换价值。这就是说，"在实际的交换中，只有当商品符合特殊的条件，商品才是可交换的。作为价值，商品的可交换性的尺度决定于商品本身；交换价值所表现的正是这个商品换成其他商品的比例；在实际的交换中，商品只有在和自己的自然属性相联系的并且和交换者的需要相适应的数量上，才是可交换的"③。马克思对价值和交换价值关系的分析，不仅揭示了价值的内在规定性和外在表现形式之间的联系，而且还为货币和货币关系的产生确定逻辑前提。因为商品的交换价值实质上是商品内在的货币属性，货币同商品脱离的过程，就是这种内在属性取得外在独立存在的过程。

马克思进一步认为，在单纯的比较中，只要在观念上理解用于交换的商

---

① 《马克思恩格斯全集》第 30 卷，人民出版社 1995 年版，第 90 页。
② 《马克思恩格斯全集》第 30 卷，人民出版社 1995 年版，第 90 页。
③ 《马克思恩格斯全集》第 30 卷，人民出版社 1995 年版，第 90 页。

品的"交换价值"就可以了，但是，在实际交换中，就必须使这两个商品的"交换价值"，同第三种商品相比较，使观念上的理解转化为一定的物化形式。这个物化了价值的商品，就成为"商品的交换价值本身的象征"。这种作为交换价值的"物质符号"，实质上"是交换本身的产物，而不是一种先验地形成的观念的实现"①。可见，在观念上，商品的二重存在形式一方面是商品的自然存在形式，另一方面就是在质上不同于另一种商品存在的作为交换价值符号的形式。商品的这种"二重存在形式"，首先在"观念上"发生了变化，然后，在现实的交换过程中，就进一步转化为"实际上"的二重存在形式，即一方面是作为交换的商品本身，另一方面是与交换的商品本身相分离的，并作为交换价值独立存在的特殊商品。这种特殊的商品就是货币。因此，货币是商品内在的二重存在形式外在化的结果，是交换过程中商品内在矛盾发展的必然结果。据此，马克思初步得出了劳动价值论的两个重要的结论。

第一个结论是："产品的交换价值产生出同产品并存的货币。因此，货币同特殊商品的并存所引起的混乱和矛盾，是不可能通过改变货币的形式而消除的（尽管可以用较高级的货币形式来避免较低级的货币形式所具有的困难），同样，只要交换价值仍然是产品的社会形式，废除货币本身也是不可能的。"②

第二个结论是：货币作为同其他一切商品相对立的特殊商品，作为其他一切商品的交换价值的化身的规定性，使货币具有四个重要属性：商品交换价值的尺度；交换手段；在契约上作为商品的代表；同其他一切特殊商品并存的一般商品。这就是说："所有这些属性都单纯来自货币是同商品本身相分离的和对象化的交换价值这一规定。"③

在这里，马克思对货币的四个重要属性虽然没有作出展开论述，但马克

---

① 《马克思恩格斯全集》第 30 卷，人民出版社 1995 年版，第 93 页。
② 《马克思恩格斯全集》第 30 卷，人民出版社 1995 年版，第 94—95 页。
③ 《马克思恩格斯全集》第 30 卷，人民出版社 1995 年版，第 95 页。

思已经指出：货币在其第四个属性上，已表现为资本在历史上的"最初"形式。在转入"资本章"时，马克思专门论述了"货币转化为资本"的历史的逻辑的过程。

货币是商品内在矛盾发展的结果。同时，货币的产生也进一步发展了商品的内在矛盾。这就是说，货币制度下商品交换出现的新的矛盾，只是商品内在矛盾的进一步的外在化形式。马克思把这些进一步发展的新的矛盾归结为以下四点：

第一，商品内在的二重形式，一旦外在地表现为商品和货币的对立形式，商品内在的可交换性就以货币形式存在于商品之外，从而货币就可能成为某种与商品不同的，对商品来说是"异己的东西"。

第二，商品的交换行为也因此而分为两个互相独立的行为，即分为在空间上和时间上彼此分离的、互不相干的两个存在形式：卖和买。商品交换行为的直接同一已经消失了。

第三，随着交换价值脱离商品而在货币形式上独立化，随着卖和买在空间上和时间上的分离，整个交换过程也开始同交换者、生产者相分离，在生产者之间出现了一个商人阶层。这一商人阶层参与交换的目的，不是为了占有作为产品的商品，而是为了取得交换价值本身。商人阶层的产生，形成了交换的"二重化"：一是为消费而交换，一是为交换而交换。后一种新的"不协调"的形式，已经包含了"商业危机"的可能性。

第四，交换价值一旦采取货币这一独立的形式，它就不再作为商品的一般性质而存在，它必然在与商品的并列中"个体化"，即成为一种与其他商品并列的"特殊商品"。从商业中分离出来的"货币经营业"就是专门经营这种"特殊商品"的。①

在以上论述的基础上，马克思重新回顾"货币章"以来的理论思路，提出了纠正一种"唯心主义的叙述方法"的想法，确立了产品成为商品——商品

---

① 《马克思恩格斯全集》第30卷，人民出版社1995年版，第96—99页。

成为交换价值—交换价值成为货币的逻辑构思。

在"货币章"中，马克思还没对价值形式发展作出系统考察。但是，马克思关于价值形式发展性质的基本思路已经形成。马克思力图通过对价值形式发展性质的研究，揭示"货币是从交换中和在交换中自然产生的，是交换的产物"的规定性①。马克思认为，货币的最初形式是与物物交换的低级阶段相适应的，这种物物交换中已蕴含了货币的萌芽，只是随着交换关系的发展，价值形式才取得了它的基本形式："商品——作为劳动时间象征的一般产品（货币）——其他商品"。价值形式这一发展的原因在于：在商品交换中，商品生产中的一定量的劳动时间，并不表现在商品自身上，而表现在与含有同一劳动时间的、与其他一切产品相等的、可兑换的特殊商品上。货币就是作为这一特殊商品而成为商品交换可兑换的媒介的。

据此，马克思进一步提出了劳动时间的二重含义：一是商品生产各自特殊的劳动时间；二是决定交换价值的一般劳动时间。显然，决定商品交换价值的是后者。这种劳动时间的二重性，起源于劳动本身的二重性，前者就是由特殊形式的劳动决定的，后者是由一般形式的劳动决定的。正是这种"一般劳动时间"，"不仅是交换价值内在的尺度，而且是交换价值的实体本身"②。在这里，马克思提出了劳动二重性理论的基本内容，揭示了社会必要劳动时间的最本质规定性。

值得注意的是，马克思在对一般劳动论述时，强调了这一劳动的社会历史性质。他认为，在交换价值的基础上，劳动只有通过交换才能成为一般劳动，而在"共同生产"的基础上，劳动在交换以前就应成为一般劳动。因为这时，单个人的劳动，一开始就成为社会劳动，个人的劳动所购买的不是一定的特殊产品，而是共同生产中的一定份额，从而产生了"以单个人参与共同消费为结果的劳动组织"③。

---

① 《马克思恩格斯全集》第 30 卷，人民出版社 1995 年版，第 115 页。
② 《马克思恩格斯全集》第 30 卷，人民出版社 1995 年版，第 119 页。
③ 《马克思恩格斯全集》第 30 卷，人民出版社 1995 年版，第 122 页。

在这一意义上，马克思认为，在未来的以共同生产力为基础的社会中，时间节约规律仍然是"首要的经济规律"。因为社会发展、社会享用和社会活动的全面性，都取决于时间的节约，即"一切节约归根到底都归结为时间的节约"①。当然，在以共同生产为基础的社会中，劳动时间在社会经济生活中的意义，同仅仅计量交换价值的劳动时间的含义，是有本质区别的。

（三）对劳动价值论逻辑的系统阐述

在《1857—1858年经济学手稿》中，马克思在说明货币本质时，首次提到价值形式理论。马克思指出："金作为货币所表现的根本不是价值，而是自身物质的一定量，它在自己额头上标明的，是自己的量的规定性。"②马克思这里已说明，金作为货币实际上是在自身的一定量的物质形式上表现了商品世界其他一切商品的价值，起着衡量其他商品价值量的作用，也就是起着一般等价物的作用。接着，马克思从分析"最原始的物物交换"出发，探讨了货币的本质规定性。他认为："产品作为交换价值的规定，必然造成这样的结果：交换价值取得一个和产品相分离即相脱离的存在。同各种商品本身相脱离并且自身作为一种商品又同这些商品并存的交换价值，就是货币。"③

马克思的这一初步但却蕴含了深邃思想的论述，在《政治经济学批判》第一分册中得到进一步的发挥。在《政治经济学批判》第一分册中，马克思第一次按价值形式发展的序列，简要地探讨了商品价值关系中所包含的价值表现是怎样从简单的最不显眼的样子，一直发展到炫目的货币形式。

首先，马克思在对商品交换的一般性质与简单形式的分析中，提出了等价物的概念。在马克思看来，商品交换的一般性质就在于："一种商品的交换价值在它自己的使用价值上是表现不出来的。但是，作为一般社会劳动时间的化身，一种商品的使用价值就同别的种种商品的使用价值形成各种比

---

① 《马克思恩格斯全集》第30卷，人民出版社1995年版，第123页。
② 《马克思恩格斯全集》第30卷，人民出版社1995年版，第81页。
③ 《马克思恩格斯全集》第30卷，人民出版社1995年版，第94页。

例。这样，一种商品的交换价值就在别的种种商品的使用价值上表现出来。"马克思由此对价值形式理论中的最重要的概念即等价物作了明确的定义，这就是："等价物实际上就是在别的一种商品的使用价值上表现出来的某一种商品的交换价值。"①

其次，马克思以商品交换的历史发展为经济关系背景，阐明了等价物自身逻辑展开的内在必然性。商品交换的不断发展，是等价物从简单规定性到复杂规定性发展的历史前提。马克思从商品交换发展的角度指出："这一个别商品的交换价值，只有在一切其他商品的使用价值成为它的等价物的无限多个等式中，才充分表现出来。它只有在这些等式的总和中，或者说，只有在一种商品同每种别的商品交换的各种不同比例的总体中，才充分表现为一般等价物。"②

最后，马克思在对价值形式的历史发展的分析中，揭示了价值形式发展的主要阶段，阐明了货币的产生和货币的本质规定性。马克思以对简单的价值形式分析为起点，逐次对"每个作为一般等价物的商品的实际表现，是一个无限多的等式的总和"的交换价值形式，再对"一个特殊商品作为一般等价物的存在"的交换价值形式，最后对"一种分离出来的特殊商品的商品交换价值"即货币形式作了深刻的分析。③ 马克思由此得出的结论就是："商品交换是这样一个过程，在这个过程中，社会的物质变换即私人特殊产品的交换，同时也就是个人在这个物质变换中所发生的一定社会生产关系的产生。商品彼此间在过程中的关系结晶为一般等价物的不同的规定，因而，交换过程同时就是货币的形成过程。"④

马克思在对价值形式从简单的价值形式到扩大的价值形式，再到一般的价值形式，最后到货币形式发展序列的分析中，科学地揭示了货币的起源和

---

① 《马克思恩格斯全集》第 31 卷，人民出版社 1998 年版，第 431 页。
② 《马克思恩格斯全集》第 31 卷，人民出版社 1998 年版，第 431 页。
③ 《马克思恩格斯全集》第 31 卷，人民出版社 1998 年版，第 439—442 页。
④ 《马克思恩格斯全集》第 31 卷，人民出版社 1998 年版，第 445 页。

本质。价值形式发展的事实，进一步使商品二因素理论、劳动二重性理论和商品拜物教理论在商品经济发展的历史序列中得到了证实，从而使劳动价值论内在结构具有高度的统一性。价值形式理论也是唯物史观和辩证法在政治经济学理论研究中运用的辉煌成果。马克思对价值形式所作的抽象的，有时甚至好像是纯粹演绎式的叙述，实际上是以商品生产和商品交换发展史的大量实际材料为依据的。马克思所阐述的相对价值形式和等价形式两极的矛盾运动，正是对价值形式自身在历史上辩证运动的逻辑再现。价值形式理论确实证明，马克思把黑格尔辩证法的合理形式运用于政治经济学。

需要指出的是，在《政治经济学批判》第一分册中，马克思还没能创立与这一崭新的价值形式理论相适应的一系列专门的科学术语。后来，在《资本论》第一卷德文第一版中，马克思才在历史和逻辑的统一上，在创立了一系列专门的科学术语的基础上，系统地阐述了价值形式发展的全部理论问题。

第六章

剩余价值理论的论述

剩余价值规律是资本主义社会的基本经济规律。人类认识和发现剩余价值规律的过程，是一个和资本主义生产方式的发展相统一、不断充实和演进的历史过程。科学而系统的剩余价值理论体系是由马克思和恩格斯共同创立的，但在他们之前，许多资产阶级经济学家，尤其是资产阶级古典政治经济学家已经就剩余价值问题展开了长达几百年的理论探讨。他们所形成的真理性认识，是马克思和恩格斯剩余价值理论最重要的理论来源。同时，他们的学说所包含的谬误和矛盾，构成了马克思和恩格斯创立科学理论体系不可或缺的历史和逻辑前提。

第一节　古典政治经济学家的基本观点

在剩余价值理论研究方面，马克思对其之前的经济学家的总体评论是："所有经济学家都犯了一个错误：他们不是就剩余价值的纯粹形式，不是就剩余价值本身，而是就利润和地租这些特殊形式来考察剩余价值。"[①] 这些经济学家依次对商业利润、地租、产业利润等剩余价值特殊形式作出了考察。这种考察顺序，既与这些剩余价值特殊形式在资本主义经济发展中逐渐列居经济生活的重点相适应，又与当时主要的社会经济矛盾相适应。

在剩余价值发现史上，处于资本原始积累时期，代表商业资本利益的重商主义者，最早涉及了剩余价值问题。他们将剩余价值最表面的形式——商业利润——错误地归结为商品在流通领域贱买贵卖的结果。这种"让渡利润"

---

① 《马克思恩格斯全集》第 26 卷第 1 册，人民出版社 1972 年版，第 7 页。

学说虽然丝毫没有触及剩余价值的本质和起源，但却以其自身的错误和矛盾提出了问题，从而为以后剩余价值理论探讨提供了一个必要前提。

17世纪中叶以后，产业资本逐渐取代商业资本而占据中心地位，资本主义经济关系开始确立。以此为前提，代表新兴产业资产阶级利益的古典政治经济学取代重商主义应运而生。这个新兴阶级在其上升阶段所体现出的历史进步性，决定了古典经济学家能够深入到资本主义生产关系的内部，对其隐蔽结构做出了比较科学的考察，从而在剩余价值研究方面取得了资产阶级经济学家所能取得的最高成就。这些古典经济学家，在英国主要以威廉·配第、亚当·斯密和大卫·李嘉图为代表；在法国主要以魁奈、杜尔阁等重农主义者为代表。马克思将古典政治经济学在剩余价值研究方面的主要成就归结为："把利息归结为利润的一部分，把地租归结为超过平均利润的余额，使这二者以剩余价值的形式一致起来；此外，把流通过程当做单纯的形式变化来说明；最后，在直接生产过程中把商品的价值和剩余价值归结为劳动。"① 另外，古典经济学家还提出了抽象演绎法、劳动价值论、最低限度工资理论、社会总资本再生产和流通理论、消费理论等。这些理论成果构成了马克思和恩格斯创立科学的剩余价值理论体系最重要的思想来源。

当然，资产阶级的历史局限性也必然使得"甚至古典经济学的最优秀的代表——从资产阶级的观点出发，只能是这样——，也还或多或少地被束缚在他们曾批判地予以揭穿的假象世界里，因而，都或多或少地陷入不彻底性、半途而废状态和没有解决的矛盾之中。"② 在古典经济学家的学说里，对剩余价值的科学规定和庸俗规定，对资本主义生产关系内在联系的深刻探讨与外在现象的肤浅描述，往往杂然并存，这必然使他们的学说包含着许多自身难以解决的困难和矛盾。它们集中体现在李嘉图体系的两大矛盾上，即价值规律同资本与劳动相交换的矛盾，以及价值规律同等量资本取得等量利润

---

① 《马克思恩格斯文集》第7卷，人民出版社2009年版，第940页。
② 《马克思恩格斯文集》第7卷，人民出版社2009年版，第940页。

之间的矛盾。这两个矛盾能否得到解决，分别是能否对剩余价值纯粹形式和特殊形式做出科学规定的关键。随着资本主义内在矛盾的发展越发危及资产阶级自身的利益，资产阶级经济学最终一方面利用这些理论矛盾来否定古典政治经济学，另一方面有将古典政治经济学所包含的庸俗成分分离出来，并加以系统化和进一步的庸俗化，以达到彻底掩盖、抹杀剩余价值规律的目的。马克思正是在批判古典经济学庸俗成分和资产阶级庸俗经济学，解决古典经济学理论矛盾的过程中创立了科学的剩余价值理论体系。从这个意义上讲，古典政治经济学中的庸俗成分和理论矛盾是马克思创立科学剩余价值理论体系必要的历史和逻辑前提。

第二节　马克思、恩格斯创立剩余价值理论的过程

人类发现剩余价值规律的过程是一个与资本主义生产方式的形成、发展和成熟相适应，与剩余价值规律本身的发展相统一的历史过程。这一过程大致可分为三个阶段：第一阶段，处于资本主义上升时期的古典政治经济学家在批判重商主义的基础上，就剩余价值的各种特殊形式形成了许多科学的认识，这一阶段在斯密和李嘉图那里达到顶峰。第二阶段，是对古典剩余价值学说反思和否定阶断。古典政治经济学自身难以克服的理论矛盾走到历史前台，在地主阶级（马尔萨斯）、小生产者阶级（西斯蒙第）、工人阶级（欧文、霍吉金斯等）代言人和资产阶级庸俗经济学家（萨伊、西尼耳、巴斯夏、凯里等）之间引起了一场巨大的理论混战。对古典学者剩余价值学说，他们或者竭力辩护，或者武断抛弃，或者固执坚持，或者虚伪掩饰。这场理论混战为马克思、恩格斯创立科学的剩余价值理论体系提供了必要的历史和逻辑前提。第三阶段，身处资本主义全面成熟以及帝国主义前夜时期的马克思、恩格斯，在吸收、批判、继承和发展前人全部有关剩余价值的学说基础上，经过四十余年艰苦卓绝的研究，创立了科学的剩余价值理论体系。其中，剩余价值发现史的前两个阶段已在本书前文得到了简要说明，这里，将进一步对

第三阶段做出简要考察。

探索并最终创立科学的剩余价值理论体系是马克思和恩格斯政治经济学研究的核心和最高成就。这一过程同样是一个不断发展、不断自我超越的循序渐进的历史过程。影响这一过程发展的因素，既包括客观的社会经济条件和阶级斗争形势，也包括马克思、恩格斯在哲学等其他科学研究领域的发展状况。总体而言，可以将马克思、恩格斯四十余年的剩余价值研究过程划分为三个阶段：第一阶段，19世纪40年代，以"异化劳动"为核心概念初步说明剩余价值问题的早期研究阶段；第二阶段，19世纪50年代到60年代初期，由"异化劳动假说"向剩余价值理论过渡并初步形成剩余价值理论系统规定的发展阶段；第三阶段，19世纪60年代以后，整理、出版和传播《资本论》，正式确立剩余价值理论科学体系的完成阶段。

一、19世纪40年代马克思、恩格斯对剩余价值的初步探索

从"异化劳动"角度说明和揭示剩余价值问题是马克思、恩格斯这一早期研究阶段的主要特征。比马克思早一年，恩格斯于1842年在英国曼彻斯特——当时欧洲最发达、剩余价值表现最充分的城市——开始了政治经济学研究，并于1843年写出了被马克思称为"天才的大纲"的《国民经济学批判大纲》。作为恩格斯最早的理论尝试，这部著作虽然主要是从剩余价值规律的现象层次，如商业和竞争，展开对资本主义制度和资产阶级政治经济学的批判，然而，在某些较深入的研究，如对劳动和资本的关系、劳动和工资的关系等规定中，已经包含了辩证否定、转化和异化的成分。这些成分对马克思随后形成的"异化劳动假说"有着重要的启发意义。

1843年前后，马克思在巴黎开始了政治经济学研究。首先，马克思在潜心阅读前人经济学著作的过程中，写出了后来被统称为《巴黎笔记》的大量摘录和札记。在一份关于詹姆斯·穆勒《政治经济学原理》的笔记中，马克思对货币、价值、信用、私有财产等范畴的分析已经初现了"异化劳动"

思想的雏形。例如，马克思指出，在一个异化的社会中，"他个人的创造物表现为异己的力量，他的财富表现为他的贫穷，把他同别人结合起来的本质的联系表现为非本质的联系，相反，他同别人的分离表现为他的真正的存在"；而且"在私有权关系的范围内，社会的权力越大，越多样化，人就变得越利己，越没有社会性，越同自己固有的本质相异化"①。

在《1844年经济学哲学手稿》中，这份手稿是按具体到抽象再到具体的逻辑顺序写作的（这与《资本论》逻辑结构的区别，表明马克思的科学抽象法当时尚未成型）。首先，马克思对斯密等前人的经济学具体概念进行了批判，如工资、资本、利润、资本积累、竞争和地租。马克思总结指出，以前的政治经济学基本上体现了资本主义矛盾的"事实"，但并没有对这些事实的本质做出正确规定。接着，马克思提出，能够概括资本主义经济矛盾本质的是"异化劳动"概念。这里，马克思对"异化劳动"概念作出了较《巴黎笔记》更为深刻的抽象规定。他从四个层面上规定了这一概念的内涵，即工人同自己劳动产品相异化、劳动过程的异化、人与人的类本质相异化和人与人之间相异化。"异化劳动"概念是马克思将黑格尔与费尔巴哈的异化概念同古典政治经济学劳动概念批判相结合的理论创新，是他解决李嘉图体系第一矛盾的初次尝试。最后，马克思从"异化劳动"概念出发，对政治经济学的各个具体概念进行全新的改造。例如，对私有财产，马克思坚决否定了古典政治经济学的剥削者"真理"，将之归结为特定历史条件下异化劳动的结果和手段。马克思指出："正如我们通过分析从异化的、外化的劳动的概念得出私有财产的概念一样，我们也可以借助这两个因素来阐明国民经济学的一切范畴，而且我们将重新发现，每一个范畴，例如买卖、竞争、资本、货币，不过是这两个基本因素的特定的、展开了的表现而已。"②

---

① 《马克思恩格斯全集》第42卷，人民出版社1979年版，第25、29页。

② 《马克思恩格斯文集》第1卷，人民出版社2009年版，第167页。

1844 年 8 月，马克思、恩格斯在巴黎进行了一次为期十天的思想交流。随后，恩格斯到德国巴门系统整理了从英国收集的大量现实材料，并将马克思的"异化劳动"思想贯穿其中，写就了《英国工人阶级状况》。这本著作正是对资本主义社会异化劳动状况的真实写照，是对马克思"异化劳动假说"的具体再现。可以说，《1844 年经济学哲学手稿》和《英国工人阶级状况》，是马克思、恩格斯以"异化劳动"为核心概念，在抽象和具体两个层面上揭示剩余价值规律的两部相互照应、相得益彰的不朽之作。

需要强调的是，马克思和恩格斯对政治经济学批判和改造始终是同他们对哲学的批判和改造相互推进、有机统一的。马克思 1844 年 11 月发表在《德法年鉴》上的《犹太人问题》和《黑格尔法哲学批判》就已经对唯心主义旧哲学作了较深入的批判，从而实现了他从唯心主义向唯物主义，从资产阶级民主主义向共产主义的伟大转变。这一转变对《1844 年经济学哲学手稿》所取得的理论进展无疑有巨大的推动作用。反过来，马克思、恩格斯政治经济学领域的研究，又促使他们在"巴黎会晤"期间产生了进一步批判唯心主义认识论和历史的写作计划。这一计划所带来的理论成果是《神圣家族》《费尔巴哈哲学的提纲》和《德意志意识形态》手稿。这些著述的重要意义在于，它们使马克思和恩格斯政治经济学研究"总的结果"即历史唯物主义得以基本完成。

哲学上的新突破使马克思和恩格斯能够在 19 世纪 40 年代后期进一步推进他们的政治经济学研究，这一时期最重要的著作是《哲学的贫困》（1847）、《雇佣劳动和资本》（1847）和《共产党宣言》（1848）。仅就政治经济学而言，《哲学的贫困》一书的成就在于，在批判蒲鲁东错误价值理论基础上，肯定了李嘉图一元劳动价值论的正确性。继而马克思在《雇佣劳动和资本》中，详细说明了资本和劳动是怎样交换的。这两部著作可以视为《1844 年经济学哲学手稿》的深化和继续。这两部分著作仍然是马克思从"异化劳动"角度展开的资本主义批判和剩余价值理论探讨的有机组成部分。《共产党宣言》是对马克思和恩格斯这一时期研究的总结性文献。

二、19 世纪 50 年代到 60 年代初期马克思对剩余价值理论研究

19 世纪 50 年代是马克思政治经济学研究的黄金时代，正如恩格斯所说："马克思在 50 年代一个人埋头制定了剩余价值理论。"①

1848—1849 年德国和法国资产阶级民主革命失败后，马克思被迫移居伦敦。1850—1853 年间，马克思在博览英国博物馆大量文献资料的过程中写下了多达 24 个笔记本的《伦敦笔记》。这一笔记反映了马克思对当时几乎所有的经济问题所作的细致研究，最具突破性的成果是在货币、地租、经济危机等几个重大问题上，这恰好是 19 世纪 40 年代"异化劳动假说"中的薄弱环节。1853—1856 年间，种种客观原因使马克思几乎中断了经济学写作。直到 1856 年下半年，马克思预计新的经济危机将严重震荡资本主义世界，估计革命浪潮即将到来时，他才通宵达旦地重新投入政治经济学研究。在系统总结反思自己以前的研究成果的基础上，马克思写了《1857—1858 年经济学手稿》。

在《1857—1858 年经济学手稿》中，马克思第一次详细地阐述了自己崭新的劳动价值理论，并在此基础上较为完整地提出了剩余价值理论体系。

《手稿》第一部分"货币章"从批判蒲鲁东主义者达里蒙的"劳动货币"论开始，依次对商品、价值、货币等剩余价值理论的前提范畴做了系统规定。第二部分"资本章"由"资本的生产过程""资本的流通过程"和"资本是结果实的东西（利润、生产费用等等）"三部分内容组成。

在第一篇"资本的生产过程"中，马克思在批判萨伊等人的资本理论的基础上，对资本的本质作出了比《雇佣劳动和资本》更为深刻的揭示：不仅将资本理解为一种关系，而且理解为一种价值自行增殖的过程；马克思第一次科学地将劳动和劳动力（虽然用语还是"劳动能力"）区分开来，从而解决了剩余价值理论中的一个决定性问题；马克思第一次对不变资本和可变资

---

① 《马克思恩格斯文集》第 10 卷，人民出版社 2009 年版，第 647 页。

本作出了正确的划分。至此，剩余价值理论的三大基石——劳动二重性原理、劳动力商品原理、资本有机构成理论——已经基本形成。在此基础上，马克思第一次对剩余价值一般范畴做出了初步规定。在第二篇"资本的流通过程"中，马克思集中论述的是资本在流通过程的价值和剩余价值的实现问题、流通费用问题、资本周转速度问题、固定资本与流动资本问题。第三篇"资本是结果实的东西"以剩余价值一般形态的初步规定为基础，主要揭示了利润是剩余价值的转化形式、利润率及其趋向下降规律、平均利润与生产价格理论（虽然还没有提出"生产价格"概念）以及利息是货币资本家从产业资本家手中对利润的分割等等问题。

《1861—1863 年经济学手稿》无论是对剩余价值一般形态，还是对剩余价值各种特殊形态的论述，都较《1857—1858 年经济学手稿》更为成熟完备，未来《资本论》的写作基本上就是按这份手稿的结构和内容来安排的。至此，马克思的研究彻底完成了由"异化劳动假说"向剩余价值理论的理论过渡，并已基本形成了对剩余价值规律的系统规定。

三、19 世纪 60 年代及其以后剩余价值理论科学体系的确立

马克思在写作《1861—1863 年经济学手稿》，尤其是历史部分的过程中，逐渐形成了将"六册结构计划"中的"资本一般"以《资本论》为题作为独立著作出版的想法。1863 年下半年，马克思开始为正式出版《资本论》撰写前三卷手稿，即《1863—1865 年经济学手稿》。本来马克思不准备在自己的全部著作完成之前出版任何一部分，但是，整理工作的困难、病痛以及恩格斯的劝告使马克思最终决定首先出版《资本论》第一卷。从 1866 年 1月 1 日开始，马克思对第一卷进行了最后的加工、整理和润色。除了充实大量的现实资料外，马克思还补写了商品和货币部分作为第一章，再加上《1863—1865 年经济学手稿》第一部分前五章，便构成了《资本论》第一卷的全部内容。1867 年 9 月 14 日，《资本论》第一卷德文第一版在汉堡问世。

《资本论》第一卷付印后，马克思立即准备整理出版后两卷，并计划在 1867 年底完成。但是，由于第一国际繁重的领导工作，以及 19 世纪 70 年代几次重病，使马克思并没有完成这个计划，并且在 1870—1877 年间几乎中断了后两卷的修订工作。但是，在此期间，马克思依然没有放弃对剩余价值理论的进一步研究，例如，为了完善地租理论，马克思学习俄文以收集和研究俄国农业与土地所有制方面的资料；为了完善经济危机理论，马克思多次运用数学方法研究 1873 年经济危机的有关资料。1877 年，马克思再次投入资本流通理论的修订工作中，到 1881 年，他先后又完成了多份手稿。其间，马克思还为第三卷写下了一些篇幅不大但内容丰富的手稿（《剩余价值率和利润率关系的笔记》《级差地租和地租只是投入土地资本的利息》等）。但是，1883 年 3 月 18 日，病魔无情地夺去了马克思的生命，《资本论》后三卷的内容仍然以大量手稿的形式保存在他的笔记本中。

第三节　马克思对剩余价值理论的系统论述

马克思运用科学抽象法，按照从抽象到具体的顺序，先后对剩余价值的纯粹或者一般形式和各种特殊形式做出了系统的规定。这一方法的运用，使马克思在超越古典政治经济学的基础上，将剩余价值理论发展为一门真正的科学。

一、对剩余价值纯粹形式的考察

（一）货币转化为资本的过程

马克思指出，无论是历史上还是现实中，资本都由货币转化而来。货币转化为资本，首先表现在流通形式的变化上，即由 W—G—W 变为 G—W—G′，其中的 G′ =G+ ΔG。正是因为后一种流通产生了一个增加量ΔG 即剩余价值，货币才得以转化为资本。马克思认为这个表现为"为贵卖而买"的流通形式 G—W—G′，是适合于包括商业资本、产业资本、生息资本等所有资本形式的资本流通的总公式。

然而，在形式上，这个资本总公式存在一个矛盾，即剩余价值与价值规律等价交换原则之间的矛盾。马克思对此指出："资本不能从流通中产生，又不能不从流通中产生。它必须既在流通中又不在流通中产生。"[①] 这样，货币要转化为资本，货币所有者要变为资本家，就必须能够在市场上购买到一种特殊的商品，这种商品有一种特殊的使用价值——它的使用能够创造出价值，并切能够创造出比其自身价值更大的价值。这种特殊商品只能是劳动力。因此，劳动力成为商品就是解决资本总公式矛盾、使货币转化为资本的前提。

马克思指出，劳动力成为商品必须具备的两个条件是：第一，"劳动力占有者要把劳动力当做商品出卖，他就必须能够支配它，从而必须是自己的劳动能力、自己人身的自由所有者"。因此，能够作为在法律上与货币所有者平等的人，把自己的劳动能力作为商品出卖；第二，"劳动力占有者没有可能出卖有自己的劳动对象化在其中的商品，而不得不把只存在于他的活的身体中的劳动力本身当做商品"[②]。

马克思认为，和其他商品一样，劳动力商品也具有价值。劳动力的价值就是再生产或维持劳动力所必需的生活资料的价值，它包括三个部分：在正常状况下维持劳动者生存所必需的生活资料的价值、维持劳动者家属所必需的生活资料的价值和劳动者的教育培训费用。劳动力商品的使用价值则在于，它在使用即劳动过程中能够创造新价值，并且是比它自身价值更大的价值。劳动者创造的超过劳动力价值，被资本家无偿占有的那部分新价值，就是剩余价值。

---

① 《马克思恩格斯文集》第 5 卷，人民出版社 2009 年版，第 193 页。
② 《马克思恩格斯文集》第 5 卷，人民出版社 2009 年版，第 195、196 页。

(二) 资本主义生产过程的二重性特征

马克思指出，资本主义生产是一个二重性过程：一方面是劳动过程，另一方面是价值增殖或剩余价值生产过程。

劳动过程是"人的活动借助劳动资料使劳动对象发生预定的变化"，制造出使用价值即产品的过程。在这一过程中，"劳动消费它自己的物质要素，即劳动对象和劳动资料，把它们吞食掉，因而是消费过程"[1]。这种消费是一种不同于个人生活消费的生产性消费。

马克思认为："劳动过程，就我们在上面把它描述为它的简单的、抽象的要素来说，是制造使用价值的有目的的活动，是为了人类的需要而对自然物的占有，是人和自然之间的物质变换的一般条件，是人类生活的永恒的自然条件，因此，它不以人类生活的任何形式为转移，倒不如说，它为人类生活的一切社会形式所共有。"[2] 资本主义生产过程虽然也是一种劳动过程，但是，"就它是资本家消费劳动力的过程来说，显示出两个特殊现象"：一是"工人在资本家的监督下劳动，他的劳动属于资本家"；二是"产品是资本家的所有物，而不是直接生产者工人的所有物"[3]。

随后，马克思进一步指出，资本主义生产"不仅要生产使用价值，而且要生产价值，不仅要生产价值，而且要生产剩余价值"[4]。马克思依据劳动二重性规定，用具体劳动说明使用价值的生产，用抽象劳动说明价值的生产，而"价值增殖过程不外是超过一定点而延长了的价值形成过程。如果价值形成过程只持续到这样一点，即资本所支付的劳动力价值恰好为新的等价物所补偿，那就是单纯的价值形成过程。如果价值形成过程超过这一点而持续下

---

① 《马克思恩格斯文集》第 5 卷，人民出版社 2009 年版，第 211、214 页。
② 《马克思恩格斯文集》第 5 卷，人民出版社 2009 年版，第 215 页。
③ 《马克思恩格斯文集》第 5 卷，人民出版社 2009 年版，第 216 页。
④ 《马克思恩格斯文集》第 5 卷，人民出版社 2009 年版，第 218 页。

去，那就成为价值增殖过程"①。因此，劳动力商品的特殊性质或者资本主义雇佣劳动制度就是说明剩余价值的关键。在此基础上，马克思指出："作为劳动过程和价值形成过程的统一，生产过程是商品生产过程；作为劳动过程和价值增殖过程的统一，生产过程是资本主义生产过程，是商品生产的资本主义形式。"②这表明马克思将资本主义生产过程理解为劳动过程和剩余价值生产或价值增殖过程的统一，其中，后一方面代表着资本主义生产的本质方面。

（三）不变资本与可变资本

将资本划分为不变资本和可变资本是理解剩余价值生产的一般过程的关键。马克思的划分原则是资本的不同组成部分在剩余价值形成过程中所执行的不同职能。因为剩余价值本身也是价值，所以，马克思在考察这个问题时，首先对劳动的不同要素（生产资料和活劳动）在价值形成过程中的作用做出了分析。

马克思认为活劳动与生产资料在价值生产过程中的不同作用表现在："工人把一定量的劳动……加到劳动对象上，也就把新价值加到劳动对象上"，生产资料的价值则"由于转移到产品上而被保存下来"。马克思认为，这是"工人在同一时间内达到的两种完全不同的结果（虽然工人在同一时间内只劳动一次），因此很明显，这种结果的二重性只能用他的劳动本身的二重性来解释。在同一时间内，劳动就一种属性来说必然创造价值，就另一种属性来说必然保存或转移价值"③。

与生产资料在价值生产从而剩余价值生产中的作用——以固有的价值为限不多不少地将价值转移或再现到新产品中去——不同，劳动力的使用"每时每刻都形成追加的价值，形成新价值"，当劳动的持续时间"只是再生产

---

①　《马克思恩格斯文集》第 5 卷，人民出版社 2009 年版，第 227 页。

②　《马克思恩格斯文集》第 5 卷，人民出版社 2009 年版，第 229—230 页。

③　《马克思恩格斯文集》第 5 卷，人民出版社 2009 年版，第 232 页。

出劳动力价值的等价物并把它加到劳动对象上以后，还越过这一点继续下去。为再生产出这一等价物……这样，劳动力发挥作用的结果，不仅再生产出劳动力自身的价值，而且生产出一个超额价值"①。这个超额价值就是剩余价值。在此基础上，马克思指出："转变为劳动力的那部分资本，在生产过程中改变自己的价值。它再生产自身的等价物和一个超过这个等价物而形成的余额，剩余价值。这个剩余价值本身是可以变化的，是可大可小的。这部分资本从不变量不断转化为可变量。因此，我把它称为可变资本部分，或简称为可变资本。"②

（四）剩余价值率

马克思认为将剩余价值归结为资本家预付资本的增值额是一种同义反复，事实上，"剩余价值只是 v 这个转变为劳动力的资本部分发生价值变化的结果"，这里将资本家预付给劳动力的一定量资本 v 说成是可变的看似矛盾，但这种"只是表现了资本主义生产固有的矛盾"。马克思已经认识到，"要使资本的一部分转变为劳动力而增殖，就必须使资本的另一部分转化为生产资料。要使可变资本起作用，就必须根据劳动过程的一定的技术性质，按相应的比例来预付不变资本"。但是，"如果对价值创造和价值变化就其本身进行考察，也就是说，进行纯粹的考察，那么生产资料，不变资本的这些物质形态，就只是提供一种物质，使流动的、形成价值的力得以固定在上面。因此，这种物质的性质如何是没有关系的，无论它是棉花还是铁都一样。这种物质的价值如何也是没有关系的。它只须有足够的量，以便能吸收生产过程中要消耗的劳动量"③。在此基础上，马克思指出："剩余价值的相对量，即可变资本价值增殖的比率，显然由剩余价值同可变资本的比率来决定，或者用 m/v 来表示……我把可变资本的这种相对的价值增殖或剩余价值

---

① 《马克思恩格斯文集》第 5 卷，人民出版社 2009 年版，第 242 页。
② 《马克思恩格斯文集》第 5 卷，人民出版社 2009 年版，第 243 页。
③ 《马克思恩格斯文集》第 5 卷，人民出版社 2009 年版，第 247—248 页。

的相对量，称为剩余价值率。"①

接着，马克思将劳动者的工作日划分为再生产劳动者他的一日生活资料价值的必要劳动时间和生产出剩余价值的剩余劳动时间两个部分，相应地，将劳动者在一个劳动日内的劳动划分为必要劳动和剩余劳动两个部分。马克思认为，剩余价值率还可以表示为剩余劳动与必要劳动之比。用以表示剩余价值率的"这两个比率把同一种关系表现在不同的形式上：一种是对象化劳动的形式，另一种是流动劳动的形式"，因而剩余价值率"是劳动力受资本剥削的程度或工人受资本家剥削的程度的准确表现"。②

（五）增加剩余价值生产的方法

资本家总是力图从每个工人身上榨取更多的剩余价值，而这是依靠延长工人的剩余劳动时间从而提高剩余价值率来实现的。马克思揭示出了资本家提高剩余价值率的两种基本方法：绝对剩余价值和相对剩余价值生产的方法。

马克思把在劳动者的工作日中必要劳动时间不变时，"通过单纯延长工作日"从而延长剩余劳动时间而生产的剩余价值，称为绝对剩余价值。他认为，工作日的长度虽然有伸缩性，但是，工作日的长度是"在身体界限和社会界限之内变动的"③。在现实中，工作日的长度取决于工人与资本家之间的阶级斗争。

马克思把工作日长度既定的条件下，"通过缩短必要劳动时间、相应地改变工作日的两个组成部分的量的比例而生产的剩余价值"，称为相对剩余价值。④ 这里，马克思实际上是假定劳动力是按其价值出卖的，缩短必要劳动时间就意味着劳动力价值的下降。"要使劳动力的价值降低，生产力的提

---

① 《马克思恩格斯文集》第 5 卷，人民出版社 2009 年版，第 249 页。
② 《马克思恩格斯文集》第 5 卷，人民出版社 2009 年版，第 251—252 页。
③ 《马克思恩格斯文集》第 5 卷，人民出版社 2009 年版，第 269 页。
④ 《马克思恩格斯文集》第 5 卷，人民出版社 2009 年版，第 366 页。

高必须扩展到这样一些产业部门，这些部门的产品决定劳动力的价值，就是说，它们或者属于日常生活资料：的范围，或者能够代替这些生活资料。但是，商品的价值不仅取决于使商品取得最终形式的那种劳动的量，而且还取决于该商品的生产资料所包含的劳动量……因此，那些为生产必要生活资料提供不变资本物质要素（劳动资料和劳动材料）的产业部门中生产力的提高，以及它们的商品相应的便宜，也会降低劳动力的价值。相反，那些既不提供必要生活资料，也不为制造必要生活资料提供生产资料的生产部门中生产力的提高，不会影响劳动力的价值。"[1]

马克思在对相对剩余价值作出进一步说明时，系统分析了超额剩余价值的生产过程，并且将相对剩余价值生产归结为资本家竞相追逐超额剩余价值的必然结果。

马克思指出，一个资本家通过改良生产方式可以提高本企业的劳动生产率，从而使其产品的个别价值低于其社会价值。当他以商品的社会价值将其出售时（为取得更大的市场份额，资本家实际上往往以高于商品的个别价值但低于商品社会价值的价格出售），他将相对于那些没有采用技术改良的资本家获得一份额外的剩余价值，即超额剩余价值。在马克思看来，"比同行业的其余资本家在一个工作日中占有更大的部分作为剩余劳动。他个别地所做的，就是资本全体在生产相对剩余价值的场合所做的"。但是，"当新的生产方式被普遍采用，因而比较便宜地生产出来的商品的个别价值和它的社会价值之间的差额消失的时候，这个超额剩余价值也就消失"[2]。也就是说，资本家为追逐超额剩余价值而在生产改良方面展开的竞争，会使超额剩余价值消失，但是，由此引起的社会劳动生产率的普遍提高将降低劳动力的价值，从而使各部门各企业工人的必要劳动时间缩短，所有资本家最终获得相对剩余价值。

① 《马克思恩格斯文集》第 5 卷，人民出版社 2009 年版，第 367 页。

② 《马克思恩格斯文集》第 5 卷，人民出版社 2009 年版，第 370 页。

马克思还对绝对剩余价值和相对剩余价值的相互关系做了分析。他说："把工作日延长，使之超出工人只生产自己劳动力价值的等价物的那个点，并由资本占有这部分剩余劳动，这就是绝对剩余价值的生产。绝对剩余价值的生产构成资本主义制度的一般基础，并且是相对剩余价值生产的起点。"他还指出："就相对剩余价值的生产来说，工作日一开始就分成必要劳动和剩余劳动这两个部分。"① 也就是说，绝对剩余价值生产始终寓于相对剩余价值生产之中，二者共存于资本主义生产方式发展的各个阶段。

（六）资本主义工资

工资理论是马克思剩余价值理论不可或缺的组成部分，工资理论的创立是马克思对剩余价值纯粹形式考察的赓续和完成。

为了揭示出资本主义工资的实质，马克思首先对工资是"劳动的价值或价格"这种现象描述性的错误观点给予了深入的批判。他指出：第一，"劳动是价值的实体和内在尺度，但是它本身没有价值"②。因此，"劳动的价值"这一说法完全是一种荒谬的同义反复；第二，活劳动是劳动力在使用时体现出的职能，它无论如何都不可能在出售前就已经以独立实体形式存在，因此，它不能作为商品出卖；第三，如果同资本相交换的是劳动，而不是劳动力，那么，这将"会或者消灭那个正是在资本主义生产的基础上才自由展开的价值规律，或者消灭那种正是以雇佣劳动为基础的资本主义生产本身"。基于此，马克思指出："在商品市场上同货币占有者直接对立的不是劳动，而是工人。工人出卖的是他的劳动力。"一旦劳动过程开始，"它就不再属于工人了，因而也就不再能被工人出卖了"③。所以，资本主义工资的实质是劳动力价值或价格，而不是"劳动的价值或价格"。"劳动的价值"这个"直接地、

---

① 《马克思恩格斯文集》第 5 卷，人民出版社 2009 年版，第 583 页。
② 《马克思恩格斯文集》第 5 卷，人民出版社 2009 年版，第 615 页。
③ 《马克思恩格斯文集》第 5 卷，人民出版社 2009 年版，第 615 页。

自发地、作为流行的思维形式再现出来的"形式①，如同"土地的价值"一样，完全是一种虚幻的、不合理的用语，但是，"这类虚幻的用语是从生产关系本身中产生的。它们是本质关系的表现形式的范畴"②。

接着，马克思指出，古典政治经济学正是因为"毫无批判地从日常生活中借用'劳动的价格'这个范畴"，才最终陷于理论混乱，而且古典经济学家们"陷入了无法解决的混乱和矛盾中，同时为庸俗经济学的在原则上只忠于假象的浅薄性提供了牢固的活动基础"③。古典政治经济学虽然在事实上用劳动力的价值代替了迄今为止一直是它研究的明显对象的劳动的价值，从而"几乎接触到事物的真实状况"，但是"没有自觉地把它表述出来"，资产阶级经济学只要还"附着在的资产阶级皮上"④，就不可能揭示事物的本质。

马克思进一步指出，作为劳动力价值的工资"总是小于劳动的产品价值"这一事实，因为"劳动的价值"这个不合理用语而"看不见了"，这样，"工资的形式消灭了工作日分为必要劳动和剩余劳动、分为有酬劳动和无酬劳动的一切痕迹。全部劳动都表现为有酬劳动。在徭役劳动下，服徭役者为自己的劳动和为地主的强制劳动在空间上和时间上都是明显地分开的。在奴隶劳动下，连奴隶只是用来补偿他本身的生活资料的价值的工作日部分，即他实际上为自己劳动的工作日部分，也表现为为主人的劳动。他的全部劳动都表现为无酬劳动。相反地，在雇佣劳动下，甚至剩余劳动或无酬劳动也表现为有酬劳动"⑤。与农奴制条件下，所有权关系使奴隶的全部劳动都具有无偿劳动的外观相比，资本主义雇佣劳动制度中的货币关系使工人的"甚至剩余劳动或无酬劳动也表现为有酬劳动"⑥。也就是说，资本主义剥削是一种比农奴

---

① 《马克思恩格斯文集》第5卷，人民出版社2009年版，第621页。
② 《马克思恩格斯文集》第5卷，人民出版社2009年版，第616页。
③ 《马克思恩格斯文集》第5卷，人民出版社2009年版，第616、617页。
④ 《马克思恩格斯文集》第5卷，人民出版社2009年版，第621—622页。
⑤ 《马克思恩格斯文集》第5卷，人民出版社2009年版，第619页。
⑥ 《马克思恩格斯文集》第5卷，人民出版社2009年版，第619页。

制剥削更隐蔽的剥削方式。马克思还指出，资本主义工资的表象形式"掩盖了现实关系，"工人和资本家的一切法的观念，资本主义生产方式的一切神秘性，这一生产方式所产生的一切自由幻觉，庸俗经济学的一切辩护遁词，都是以这个表现形式为依据的"①。

马克思还深入分析了资本主义工资表现为"劳动的价值或价格"这一现象的必然性。他指出：第一，资本与劳动交换似乎也与其他一切商品交换一样符合"我给，为了你给；我给，为了你做；我做，为了你给；我做，为了你做"的法律对等公式②；第二，商品的交换价值和使用价值虽然是"不可通约的量"，但劳动力商品的特性却使二者容易在现象层次上混淆在一起；第三，劳动是工人阶级取得工资收入的唯一手段；第四，资本家阶级的剥削性本质使其不可能也不愿意在劳动和劳动力之间做出科学的区分。从工资的实际运动来看，资本家支付的似乎也是劳动的价值而不是劳动力的价值，因为，"工资随着工作日长度的变化而变化"，而且"执行同一职能的不同工人的工资之间存在着个人的差别"③。正因为这些原因，资本主义工资是"劳动的价值或价格"这种现象才能够不断自发地作为流行的思维形式再生产出来。

马克思详细考察了资本主义工资的两种基本形式：计时工资和计件工资。对于计件工资，他说："劳动力总是按一定时期来出卖的。因此，直接表现劳动力的日价值、周价值等等的转化形式，就是'计时工资'的形式，也就是日工资等等。"④ 马克思在对名义工资、实际工资、劳动价格（即工人的小时工资）等范畴做出科学规定的基础上，得出了计时工资的一般规律，即："如果日劳动、周劳动等等的量已定，那么日工资或周工资就决定于劳动价格，而劳动价格本身或者是随着劳动力的价值而变化，或者是随着劳动

---

① 《马克思恩格斯文集》第 5 卷，人民出版社 2009 年版，第 619 页。
② 《马克思恩格斯文集》第 5 卷，人民出版社 2009 年版，第 620 页。
③ 《马克思恩格斯文集》第 5 卷，人民出版社 2009 年版，第 621 页。
④ 《马克思恩格斯文集》第 5 卷，人民出版社 2009 年版，第 623 页。

力的价格与其价值的偏离而变化。反之，如果劳动价格已定，那么日工资或周工资就决定于日劳动或周劳动的量。"① 这也就是说，计时工资的决定因素是工作日长度、劳动价格和劳动力价值。

马克思深入分析了资本家阶级是如何利用计时工资形式加强对无产阶级剥削的。第一，计时工资形式，是资本家"可以破坏就业方面的任何规则性，完全按照自己的方便、意愿和眼前利益，使最惊人的过度劳动同相对的或完全的失业互相交替"②。第二，资本家以超过正常工作日界限的额外劳动能够取得微薄额外报酬为条件，延长实际工作日，降低劳动价格。第三，"劳动价格越低，工人为了保证得到哪怕是可怜的平均工资而付出的劳动量必然越大"，这样，"劳动价格的低廉在这里起了刺激劳动时间延长的作用"，而"劳动时间的延长反过来又会引起劳动价格的下降，从而引起日工资或周工资的下降"③。这两种趋势相互作用，必然导致剥削不断加剧。最后，失业威胁下工人间的竞争，以及资本家之间为争夺市场和利润而展开的竞争，有利于压低工人的工资。

对于计件工资，马克思认为它是"计时工资的转化形式"。从表面上看，在计件工资的情况下，"似乎工人出卖的使用价值不是他的劳动力的职能即活的劳动，而是已经对象化在产品中的劳动"，而且计件工资也不是按计时工资的公式计算的，"是由生产者的工作效率来决定的"。但是，这些假象丝毫不影响计件工是劳动力价值或价格转化形式这一内在本质，"计件工资的形式同计时工资的形式一样是不合理的"④。

马克思认为，计件工资因为具有以下特点而成为"最适合资本主义生产方式的工资形式"⑤：第一，"劳动的质量是由产品本身来控制的，产品必须具

---

① 《马克思恩格斯文集》第 5 卷，人民出版社 2009 年版，第 625—626 页。

② 《马克思恩格斯文集》第 5 卷，人民出版社 2009 年版，第 627 页。

③ 《马克思恩格斯文集》第 5 卷，人民出版社 2009 年版，第 629—630 页。

④ 《马克思恩格斯文集》第 5 卷，人民出版社 2009 年版，第 633、635 页。

⑤ 《马克思恩格斯文集》第 5 卷，人民出版社 2009 年版，第 640 页。

有平均的质量，计件价格才能得到完全的支付。从这方面说，计件工资是克扣工资和进行资本主义欺诈的最丰富的源泉"①。第二，计件工资"给资本家提供了一个十分确定的计算劳动强度的尺度"②，计件工资只有在社会必要劳动时间的限度内才能够被支付。如果工人没有平均的工作能力，他就会被解雇。第三，计件工资的上面两个特点使得资本家"对劳动的监督大部分就成为多余的了"③。实际上，计件工资正是近代家庭劳动，以及包工制和工头制等层层剥削制度的基础。第四，实行计件工资，工人为了多挣一点工资，不得不尽可能地提高劳动强度和延长劳动时间。这样，资本家就可趁机提高正常劳动强度和正常工作日的标准。第五，计件工资条件下，工人的收入会因为他们的技能、体力、精力、耐力不同而体现出很大的差别，这种差别"给个性提供的较大的活动场所，一方面促进了工人个性的发展，从而促进了自由精神、独立性和自我监督能力的发展；但另一方面也促进了他们之间的互相竞争。因此，计件工资有一种趋势，就是在把个别工资提高到平均水平以上的同时，把这个水平本身降低"④。然而，就整个工场而言，"个人差别会互相抵消……而支付的总工资也会是本行业的平均工资"，同时，"工资和剩余价值之间的比例仍旧不变，因为各个工人各自提供的剩余价值量是同他们各自的工资相适应的"⑤。也就是说，计件工资丝毫没有消除或减轻工人遭受的剥削，而是使剥削不断加剧。马克思还指出，资本家可以根据自己的需要在计时和计件工资这两种形式之间适时地做出选择，例如，"在某种计件工资根据长期的传统已经固定下来，因而特别难以降低的地方，雇主就会破例地把计件工资强行转化为计时工资"⑥。

最后，马克思还分析了工资的国民差异问题。他指出，要理解各国的工

---

① 《马克思恩格斯文集》第 5 卷，人民出版社 2009 年版，第 635—636 页。
② 《马克思恩格斯文集》第 5 卷，人民出版社 2009 年版，第 636 页。
③ 《马克思恩格斯文集》第 5 卷，人民出版社 2009 年版，第 636 页。
④ 《马克思恩格斯文集》第 5 卷，人民出版社 2009 年版，第 639 页。
⑤ 《马克思恩格斯文集》第 5 卷，人民出版社 2009 年版，第 638—639 页。
⑥ 《马克思恩格斯文集》第 5 卷，人民出版社 2009 年版，第 639 页。

资差别，"必须考虑到决定劳动力的价值量的变化的一切因素：自然的和历史地发展起来的首要的生活必需品的价格和范围，工人的教育费用，妇女劳动和儿童劳动的作用，劳动生产率，劳动的外延量和内涵量"①。

马克思认为，价值规律在世界市场上的作用，一方面引起货币相对价值的国民差异，从而"名义工资，即表现为货币的劳动力的等价物，在前一种国家会比在后一种国家高；但这决不是说，实际工资即供工人支配的生活资料也是这样"②。另一方面，即使不考虑货币价值差异，较为发达国家的"相对的劳动价格，即同剩余价值和同产品价值相比较的劳动价格"③，也常常比不发达国家更低。在这里，马克思特别针对美国资产阶级庸俗经济学家凯里的旨在抹杀资本主义阶级矛盾、宣扬利益和谐、鼓吹自由贸易的错误理论给予了有力的批判。

二、对剩余价值特殊形式的考察

（一）产业利润及其平均化理论

一是关于剩余价值转化为利润。如马克思所说："我们目前在这里看到的利润，和剩余价值是一回事，不过它具有一个神秘化的形式。"④剩余价值是通过成本价格这个逻辑中介取得利润这个"神秘化的形式"的。所谓成本价格，就是商品价值中用以补偿商品的资本主义生产费用——资本家的资本耗费——的那部分价值。这里，资本家表现为"实际的商品生产者"，劳动力体现为资本的力或资本的要素，故而，商品的生产费用是用资本的耗费而不是用实际劳动耗费来计量的。马克思指出，虽然成本价格"同商品的价值

---

① 《马克思恩格斯文集》第 5 卷，人民出版社 2009 年版，第 644 页。

② 《马克思恩格斯文集》第 5 卷，人民出版社 2009 年版，第 645—646 页。

③ 《马克思恩格斯文集》第 5 卷，人民出版社 2009 年版，第 646 页。

④ 《马克思恩格斯文集》第 7 卷，人民出版社 2009 年版，第 44 页。

形成或同资本的增殖过程毫无关系"①，但它却具有一种假象，即它因为抹杀了不变资本和可变资本的区别，而使剩余价值体现为成本价格进而体现为资本家全部预付资本的增加额。当剩余价值"作为全部预付资本的这样一种观念上的产物"而存在时，就取得了利润这个"神秘化的形式"，"在这个形式中，剩余价值的起源和它存在的秘密被掩盖了，被抹杀了"②。

马克思还对利润率作出了规定。利润率等于剩余价值与预付总资本的比率，它是剩余价值率的转化形式。他指出："应当从剩余价值率到利润率的转化引出剩余价值到利润的转化，而不是相反。实际上，利润率从历史上说也是出发点。"③这是因为，资本家首要关心的是利润率，能否在竞争中取胜以保持住资本家的地位，取决于利润率而非利润的绝对量。

二是利润转化为平均利润。马克思认为，在某一特定的资本主义国家内，各部门甚至各企业的剩余价值率具有平均化的趋势。在此基础上，马克思对影响各部门利润率高低的两个关键因素——资本有机构成的差别和资本周转时间的差别——做出了系统的考察。其主要结论是："在不同产业部门，与资本的不同的有机构成相适应，并且在一定限度内与资本的不同的周转时间相适应，不同的利润率占着统治地位；因此，即使在剩余价值率相等的情况下，利润和资本量成正比，从而等量资本在相等时间内提供等量利润的规律（作为一般的趋势）——假定周转时间相等——，也只适用于有机构成相等的资本。"④

马克思指出，成本价格的"等同性"特征会促使有机构成互不相等的资本展开投资竞争，最终形成等量资本获得等量利润或者利润在各产业部门间平均化的结果。马克思通过对五个具有相同剩余价值率但具有不同有机构成的生产部门的利润率的比较分析指出："不同生产部门中占统治地位的利润

---

① 《马克思恩格斯文集》第 7 卷，人民出版社 2009 年版，第 33 页。
② 《马克思恩格斯文集》第 7 卷，人民出版社 2009 年版，第 43、56 页。
③ 《马克思恩格斯文集》第 7 卷，人民出版社 2009 年版，第 51 页。
④ 《马克思恩格斯文集》第 7 卷，人民出版社 2009 年版，第 171 页。

率，本来是极不相同的。这些不同的利润率，通过竞争而平均化为一般利润率，而一般利润率就是所有这些不同利润率的平均数。按照这个一般利润率归于一定量资本（不管它的有机构成如何）的利润，就是平均利润。一个商品的价格，如等于这个商品的成本价格，加上生产这个商品所使用的资本（不只是生产它所消费的资本）的年平均利润中根据这个商品的周转条件归于它的那部分，就是这个商品的生产价格。"①

对平均利润的形成过程，马克思是以资本家在资本高构成、低构成和平均构成这三种产业部门之间的投资竞争来说明的。他还特别指出，最终形成的平均利润率并不是各产业部门利润率的简单平均数，而是各部门利润率按各部门资本在社会总资本中的份额加权平均的结果。利润平均化之后，资本主义的整个生产体系便成为一个巨大的"股份公司"，各部门资本家"在这里彼此只是作为一个股份公司的股东发生关系"②，他们能够取得多大的利润并不取决于他们自身生产的特殊性，而完全取决于他们在这个股份公司中占有的股份。马克思认为，平均利润的形成，使剩余价值与其转化形式即利润的差别不仅体现为质的变化，而且体现为量的变化，从而"把利润的真正性质和起源完全掩盖起来，这不仅对由于特殊利益在这一点上欺骗自己的资本家来说是这样，而且对工人来说也是这样"③。然而，本质上，利润转化为平均利润的过程表明，工人遭受的剥削来自整个资产阶级，而不仅仅是单个的资本家。

利润转化为平均利润和价值转化为生产价格，是一个过程的两个方面。在资本主义经济中，商品是以生产价格为基础来出售的，市场价格在供求力量的作用下围绕生产价格这个中心上下波动。这样，价值规律便转化为生产价格规律，后者是前者在资本主义条件下的特殊表现形式，它不仅没有否定前者，反而要受到前者的支配和调节。这是因为：第一，"价值规律支配着

---

① 《马克思恩格斯文集》第 7 卷，人民出版社 2009 年版，第 177 页。
② 《马克思恩格斯文集》第 7 卷，人民出版社 2009 年版，第 178 页。
③ 《马克思恩格斯文集》第 7 卷，人民出版社 2009 年版，第 188 页。

价格的运动，生产上所需要的劳动时间的减少或增加，会使生产价格降低或提高"；第二，"既然商品的总价值调节总剩余价值，而总剩余价值又调节平均利润从而一般利润率的水平——这是一般的规律，也就是支配各种变动的规律——，那么，价值规律就调节生产价格"①。

三是超额利润。马克思认为，一方面每个资本家同所有资本家一样，因为关心平均利润率而关心"总资本对全体工人阶级的剥削"，"这不只是出于一般的阶级同情，而且也是出于直接的经济利益"②；另一方面，每个资本家同样也对他直接雇佣的工人的剥削特别关心，因为加剧这种剥削可以使其获得一个超出本部门平均利润的额外利润，即超额利润。马克思认为资本家可以"或者通过例外的过度劳动，或者通过把工资降低到平均工资以下的办法，或者通过所使用的劳动的例外生产率"③，来获取这种超额利润。其中，资本家通过技术改良而提高本企业的劳动生产率，是获取超额利润的一般途径。综合以上两方面，马克思指出："资本家在他们的竞争中表现出彼此都是假兄弟，但面对整个工人阶级却结成真正的共济会团体。"④

此外，马克思认为垄断——人为或自然垄断——也可以产生超额利润，也即垄断利润。这些垄断性生产部门"可以不把它们的商品价值转化为生产价格，从而不把它们的利润化为平均利润"⑤。这种垄断利润的典型代表就是资本主义地租。

四是利润率下降规律。马克思指出，随着资本主义生产方式的发展，社会资本的平均有机构成或资本的有机构成具有不断提高的趋势，"由此产生的直接结果是：在劳动剥削程度不变甚至提高的情况下，剩余价值率会表现为一个不断下降的一般利润率"；"一般利润率日益下降的趋势，只是劳动的

---

① 《马克思恩格斯文集》第 7 卷，人民出版社 2009 年版，第 200—201 页。
② 《马克思恩格斯文集》第 7 卷，人民出版社 2009 年版，第 219 页。
③ 《马克思恩格斯文集》第 7 卷，人民出版社 2009 年版，第 219 页。
④ 《马克思恩格斯文集》第 7 卷，人民出版社 2009 年版，第 220 页。
⑤ 《马克思恩格斯文集》第 7 卷，人民出版社 2009 年版，第 221 页。

社会生产力的日益发展在资本主义生产方式下所特有的表现"。马克思认为，一般利润率不断下降趋势是资本主义生产的"一种不言而喻的必然性"[①]。在资本主义世界，"一个国家中各个相继发展的阶段的情况是这样，不同国家中同时并存的不同发展阶段的情况也是这样"[②]。

马克思还指出，在一般利润率不断下降的同时，利润的绝对量不仅能够而且必然不断增加。其原因在于资本主义生产和积累的发展会使劳动大军的规模不断增大。利润率不断下降和利润量同时增加是一个"产生于同一些原因"的"二重性规律"[③]。这一规律的另一表现形式是："资本所生产的商品的价格下降，同时商品所包含的并通过商品出售所实现的利润量却会相对增加。"[④]

最后，马克思指出，利润率下降规律会因为一些反作用的影响而仅仅体现为一种趋势或趋向，这些反作用包括：劳动剥削程度的提高、工资被压低到劳动力价值以下、不变资本各要素变得便宜、相对过剩人口、对外贸易、股份资本的增加等。

（二）商业资本与商业利润

关于商业资本及其职能，马克思区分了两种形式的商业资本，即商品经营资本和货币经营资本，但主要是在前一种形式上分析问题的。所谓商品经营资本或商业资本，就是产业资本在其循环过程第三阶段的职能——商品资本职能——从产业资本中分离和独立出来而形成的一种特殊的资本形式。因此，商业资本执行着与商品资本相同的职能，即作为商品资本形态变化的中介，通过买卖商品实现由产业资本"生产"的价值和剩余价值。"不过这种职能已经不是表现为生产者的附带活动，而是表现为一类特殊资本家即商品

---

① 《马克思恩格斯文集》第 7 卷，人民出版社 2009 年版，第 237 页。
② 《马克思恩格斯文集》第 7 卷，人民出版社 2009 年版，第 238 页。
③ 《马克思恩格斯文集》第 7 卷，人民出版社 2009 年版，第 245 页。
④ 《马克思恩格斯文集》第 7 卷，人民出版社 2009 年版，第 251 页。

经营者的专门活动"①，因而商业资本的运动不再表现为W′ —G′，而表现为G—W—G′，后者反映了商业资本家所预付的货币资本的特殊增殖过程。商业资本的形成有利于缩短流通时间、节约流通费用、减少流通资本数量而增加直接用于生产的资本数量，从而有利于增加剩余价值生产，提高利润率。

关于商业利润，马克思指出，商业资本的特殊职能决定了它"既不创造价值，也不创造剩余价值"②，但是，商业资本家为执行其职能而预付的资本也必须提供利润，并且，商业资本与产业资本的投资竞争必将使商业利润确定在平均利润水平上。商业资本的来源，是"总生产资本所生产的剩余价值的一部分"③，或者说是产业工人剩余劳动的一部分。

商业资本因为不参加利润创造只参加利润分享，所以，"一般利润率已经意味着从剩余价值中扣除了属于商人资本的部分"④，从而变得更小了；相应地，商品的实际生产价格不仅应包括成本价格和产业利润部分，而且应包括商业利润部分。在此基础上，马克思指出，商业资本家是以这样一种方式来取得商业利润的：他从产业资本家那里以低于社会生产价格的出厂价格（＝成本价格 ＋ 产业资本家应得的平均利润）购入商品，再以商品的实际社会生产价格（＝成本价格 ＋ 产业资本家应得的平均利润 ＋ 商业资本家应得的平均利润）将之出售给消费者。这种购销价格差额便构成了商业利润。

马克思还分析了商业流通费用与商业利润的关系。他指出，商人在商品的形态变化过程追加的费用，一部分是作为生产过程的补充而产生的生产性流通费用，另一部分是纯粹用于商品资本形态变化的纯粹流通费用。二者无论性质如何，都属于商人的预付资本部分，因而都必须提供商业利润。但是，耗费的生产性流通费用应加入商品的价值或生产价格，而耗费的纯粹费

① 《马克思恩格斯文集》第 7 卷，人民出版社 2009 年版，第 301 页。
② 《马克思恩格斯文集》第 7 卷，人民出版社 2009 年版，第 314 页。
③ 《马克思恩格斯文集》第 7 卷，人民出版社 2009 年版，第 314 页。
④ 《马克思恩格斯文集》第 7 卷，人民出版社 2009 年版，第 319 页。

用则不能加入，它只能由购销价格差额的一部分来补偿。

马克思认为，和两种性质不同的流通费用相对应，商业工人的劳动也区分为生产性劳动和非生产性劳动两个部分。前者直接创造价值和剩余价值；后者虽然不创造价值和剩余价值，但无酬劳动部分可以"帮助资本家减少了实现剩余价值的费用"[①]，从而为资本家创造占有剩余价值的条件。

(三) 借贷资本和利息

借贷资本是为了取得利息而暂时贷给职能资本家（产业资本家或商业资本家）使用的货币资本。马克思的分析表明：第一，借贷资本不是职能资本，因为它的运动 G—G′，"既不是商品形态变化的要素，也不是资本再生产的要素"[②]；第二，借贷资本是一种作为商品的资本，或者说是一种资本商品。这种资本商品的相对于一般商品的特殊属性在于，"由于它的使用价值的消费，它的价值和它的使用价值不仅会保存下来，而且会增加"[③]；第三，借贷资本是一种所有权资本，货币资本家始终都是货币资本的所有者，他让渡给职能资本家的只是货币资本的使用权。两类资本家之间发生的不是现实的交换关系，而是一种"法律上的交易"。因此，借贷资本"既不是被付出，也不是被卖出，而只是被贷出；它不过是在这样的条件下被转让：第一，它过一定时期流回到它的起点；第二，它作为已经实现的资本流回，流回时，已经实现它的能够生产剩余价值的那种使用价值"[④]。

借贷资本具有的运动形式 G—G′，似乎表明资本就是能够"生产更多货币的货币，是没有在两极间起中介作用的过程而自行增殖的价值"，因此，这里的"资本关系取得了它的最表面和最富有拜物教性质的形式"[⑤]。

---

① 《马克思恩格斯文集》第 7 卷，人民出版社 2009 年版，第 335 页。
② 《马克思恩格斯文集》第 7 卷，人民出版社 2009 年版，第 381 页。
③ 《马克思恩格斯文集》第 7 卷，人民出版社 2009 年版，第 393 页。
④ 《马克思恩格斯文集》第 7 卷，人民出版社 2009 年版，第 384 页。
⑤ 《马克思恩格斯文集》第 7 卷，人民出版社 2009 年版，第 440 页。

借贷资本是以取得利息为目的的。马克思指出，因为实际上执行资本职能的是职能资本家而不是货币资本家，所以利息不过是货币资本家让渡了货币资本的使用价值——取得利润的能力——而从职能资本家的平均利润中分得一部分。这样，平均利润便被分割为利息和企业利润两部分，从而进一步掩盖了资本主义的剥削关系。马克思反对将利息说成是货币资本的价格，认为这种说法"与商品价格的概念完全相矛盾"，因而"从一开始就是完全不合理的"①。

马克思进一步考察了利息和利息率的决定。他认为，既然利息不过是利润的一部分，那么，"利润本身表现为利息的最高界限"，"利息的最低界限则完全无法规定。它可以下降到任何程度。不过这时候，总会出现起反作用的情况，使它提高到这个相对的最低限度以上"②。对于利息率（即一定时期内利息量与借贷资本量的比率），马克思认为一般利息率"总是由一般利润决定"，至于不断变动的市场利息率，则取决于货币市场的供求状况。马克思还发现了这样一种趋势，即在资本主义发展历程中，"低利息率多数与繁荣时期或有额外利润的时期相适应，利息的提高与繁荣转向急转直下的阶段相适应，而达到高利贷极限程度的最高利息则与危机相适应"③。

马克思还对生息资本的扩展形式——信用制度作了详细的考察，其中，银行资本和股份资本是其考察的重点。马克思认为，信用制度具有固有的二重性质："一方面，把资本主义生产的动力——用剥削他人劳动的办法来发财致富——发展成为最纯粹最巨大的赌博欺诈制度，并且使剥削社会财富的少数人的人数越来越减少；另一方面，造成转到一种新生产方式的过渡形式。"④

（四）资本主义地租

资本主义地租是马克思最后考察的一种剩余价值特殊形式。剩余价值向

---

① 《马克思恩格斯文集》第 7 卷，人民出版社 2009 年版，第 396 页。
② 《马克思恩格斯文集》第 7 卷，人民出版社 2009 年版，第 401 页。
③ 《马克思恩格斯文集》第 7 卷，人民出版社 2009 年版，第 409、404 页。
④ 《马克思恩格斯文集》第 7 卷，人民出版社 2009 年版，第 500 页。

地租的转化过程，比向商业利润和利息的转化过程更为曲折复杂。

马克思首先分析了资本主义地租的存在前提和实质。他指出："土地所有权的垄断是资本主义生产方式的一个历史前提，并且始终是它的基础……不过，资本主义生产方式产生时遇到的土地所有权形式，是同它不相适应的。同它相适应的形式，是它自己使农业从属于资本之后才创造出来的。"① 随着资本的统治地位的确立，"剩余价值的正常形式已经不是地租，而是利润，地租已经不是剩余价值一般在特殊情况下独立化的形式"②，也就是说，由农业工人创造却由租地农场主即农业资本家直接榨取的全部农业剩余价值，必须被分割成两个部分，其中，相当于平均利润的部分归资本家所有（资本家所得如果低于平均利润，他将不会投资于农业；如果高于平均利润，土地所有者会利用农业资本家之间的投资竞争而使他丧失投资的许可）；超出平均利润的部分则必须以地租的形式交给土地所有者。由此可见，资本主义地租——作为资本化土地所有权在经济上的实现——实质上是农业超额利润的转化形式。"地租的量完全不是由地租获得者的参与所决定的，而是由他没有参与、和他无关的社会劳动的发展决定的。"③"不是利润限制了地租，相反地，是地租限制了利润"④，从而"在一定的发展阶段，甚至从资本主义生产方式的观点来看，土地所有权也是多余而且有害的"⑤。

随后，马克思对资本主义地租的两种基本形式——级差地租和绝对地租——做出了系统的规定。为了说明级差地租，马克思假定所有商品是以生产价格出售的（这一假定只是为了使级差地租得到相对独立的说明，后来马克思在说明绝对地租时放弃或修正了这个假定，但是，这并不影响马克思在这一假定下提出的级差地租规律的有效性）。马克思首先通过一个以自然瀑

① 《马克思恩格斯文集》第 7 卷，人民出版社 2009 年版，第 696 页。
② 《马克思恩格斯文集》第 7 卷，人民出版社 2009 年版，第 904 页。
③ 《马克思恩格斯文集》第 7 卷，人民出版社 2009 年版，第 717 页。
④ 《马克思恩格斯文集》第 7 卷，人民出版社 2009 年版，第 902 页。
⑤ 《马克思恩格斯文集》第 7 卷，人民出版社 2009 年版，第 702 页。

布为动力的工厂能够持久获得超额利润，并且最终必然将这个超额利润以地租形式交给瀑布法律上的所有者的例子，说明了级差地租的一般性质。其主要结论是：对这个资本家来说，这个超额利润，"正是因为这个余额不是由于他的资本本身而产生，而是由于支配一种可以和他的资本分离、可以垄断并且数量有限的自然力而产生"①。这个资本家获得的超额利润之所以持久而稳定，是因为他对瀑布这种数量有限的自然力的垄断经营，"自然力不是超额利润的源泉，而只是超额利润的一种自然基础"②。超额利润的真正源泉是雇佣工人的剩余劳动，自然力的使用只是使工人的劳动具有更高的生产力；土地所有权本身"不是使这个超额利润创造出来的原因，而是使它转化为地租形式的原因，也就是使这一部分利润或这一部分商品价格被土地或瀑布的所有者占有的原因"③。

马克思对级差地租的两种形式作了考察。马克思将投入到等面积土地上的等量资本，由于土地肥力和位置不同而产生的、最终归土地所有者占有的超额利润规定为极差地租 I。其中，最劣等土地的产品价格（等于成本价格加上平均利润）决定了产品的社会生产价格，不提供级差地租；中、优等土地（因为个别生产价格小于社会生产价格而产生的超额利润）则因为土地所有权的垄断而转化为级差地租。马克思将由于对同一地块连续追加投资，新投资的生产率高于劣等地的生产率而产生的超额利润规定为级差地租 II。马克思指出，"级差地租 II 的基础和出发点，不仅从历史上来说，而且就级差地租 II 在任何一定时期内的运动来说，都是级差地租 I"④。级差地租 II 的成因，"除了肥力的差别，还有资本（以及获得信用的能力）在租地农场主之间的分配上的差别"⑤。马克思还特别指出，资本家连续投资带来的土地改良，

---

① 《马克思恩格斯文集》第 7 卷，人民出版社 2009 年版，第 728 页。
② 《马克思恩格斯文集》第 7 卷，人民出版社 2009 年版，第 728 页。
③ 《马克思恩格斯文集》第 7 卷，人民出版社 2009 年版，第 729 页。
④ 《马克思恩格斯文集》第 7 卷，人民出版社 2009 年版，第 761 页。
⑤ 《马克思恩格斯文集》第 7 卷，人民出版社 2009 年版，第 762 页。

在租约期满后，"就要作为实体的即土地的不可分离的偶性，变为土地所有者的财产"。这样，"在签订新租约时，土地所有者把投入土地的资本的利息，加到真正的地租上，而不论他是把土地租给那个曾实行改良的租地农场主，还是租给另一个租地农场主。因此，他的地租就要上涨；或者，如果他要出卖土地……土地的价值现在就要增加。他不单是出卖土地，而且是出卖经过改良的土地，出卖不费他分文的投入土地的资本"①。因此，土地所有者在签订租约时力图缩短租期。另一方面，"因为租地农场主避免进行一切不能期望在自己的租期内完全收回的改良和支出"②，所以他总是力图签订长期租约。

马克思随后又对绝对地租，即包括劣等地在内的任何土地都必须缴纳的地租，做出了科学的说明。他指出，在资本主义发展的一定历史阶段，农业资本的有机构成低于社会资本的平均有机构成，这意味着农产品的价值大于其社会生产价格，或者包含在农产品价格中的剩余价值大于平均利润。农产品价值和生产价格之间存在的差额只是为绝对地租的形成提供了可能性，将这种可能性转变为现实性的是土地所有权的垄断。也就是说，与资本对立的土地所有权作为一种外力限制着农业资本的自由流动，从而"完全排斥或部分地排斥"③农业剩余价值参与利润平均化过程的可能。这样，农产品必然会以价值而按生产价格出售，二者之间的差额便构成了绝对地租的实体。绝对地租是由于土地所有权的垄断直接产生的，它是资本主义地租的绝对形式，体现着资本主义地租的绝对性。

最后，马克思还对垄断地租、矿山地租、建筑地段地租和土地价格等问题做出了分析。他指出，垄断地租是由垄断价格产生的一种高额地租，"这种垄断价格既不是由商品的生产价格决定，也不是由商品的价值决定，而是由购买者的需要和支付能力决定"④。垄断地租形式上来自流通领域，由消费

① 《马克思恩格斯文集》第 7 卷，人民出版社 2009 年版，第 699 页。
② 《马克思恩格斯文集》第 7 卷，人民出版社 2009 年版，第 700 页。
③ 《马克思恩格斯文集》第 7 卷，人民出版社 2009 年版，第 861 页。
④ 《马克思恩格斯文集》第 7 卷，人民出版社 2009 年版，第 864 页。

者支付，但它的真正根源还是雇佣工人的剩余劳动。矿山地租和建筑地段地租同农业地租一样，包含级差地租、绝对地租和垄断地租三种形式，它们虽然特点各异，但地租的决定方法和农业地租完全一样。土地价格不是土地价值的表现，土地作为自然物没有价值可言；土地价格不过是地租资本化的表现。土地价格 = 地租 / 利息率。在资本主义制度下，地租不断上涨和利息率不断下降的趋势，共同决定了地价不断攀升的趋势。

第 七 章

商品经济规律和资本主义商品经济的论述

商品经济及其一般规律和资本主义商品经济理论，是马克思、恩格斯创立的政治经济学的重要组成部分。这一理论，不仅对于人们深刻地了解简单商品经济和资本主义商品经济有重要的指导意义，而且对于人们深刻地了解社会主义商品经济，发展社会主义商品经济，完善社会主义市场经济体制，也具有重要的指导意义。

第一节　古典政治经济学家的基本观点

在马克思、恩格斯以前，西方经济学家出于资产阶级的阶级本性，往往不仅把商品、商品经济、商品价值、价格等都看作是有史以来就已客观存在的东西，从不考察它们的起源，而且把商品经济等同于资本主义商品经济，认为资本主义商品经济是商品经济的唯一形式，并把资本主义商品经济看作是贯穿人类始终的永恒的经济形式。著名的古典经济学家斯密指出："分工一经完全确立，一个人自己劳动的生产物，便只能满足自己欲望的极小部分。他的大部分欲望，须用自己消费不了的剩余劳动生产物，交换自己所需要的别人劳动生产物的剩余部分来满足。于是，一切人都要依赖交换而生活，或者说，在一定程度上，一切人都成为商人，而社会本身，严格地说也成为商业社会。"[1] 因而，在他们那里，不存在商品经济的一般规律问题，也不存在资本主义商品经济的特殊规律问题。实际上，他们不仅把真正属于整

---

① ［英］亚当·斯密：《国民财富的性质和原因的研究》上卷，郭大力、王亚南译，商务印书馆 1972 年版，第 20 页。

个商品经济的普遍性的东西看作一般规律，而且把商品经济在资本主义条件下呈现出的特殊性当作了一般规律。

斯密在事实上提出并应用了"经济人"这一假说。与"社会人"相区别的"经济人"，指的是按照普通的行为方式从事经济活动的人，这种人都有利己的本性，每个人的行为目的都是追求自身利益，实现个人利益的最大化；分工和交换又使得每个人在实现自身利益的同时，也有益于他人，使公共利益也得以实现，从而使经济、社会达到一种自然均衡的状态。

在本意是为了利己的条件下，如何利他和利社会，从而使得整个社会经济实现均衡呢？斯密看到了并提出了"看不见的手"起作用的问题，实际上就是价值规律起作用的问题。斯密写道："（每个人）通常既不打算促进公共利益，也不知道他自己是在什么程度上促进公共利益，也不知道他自己是在什么程度上促进那种利益。……由于他管理产业的方式目的是使其生产物的价值能达到最大程度，他所盘算的也只是他自己的利益。在这场合，像在其他许多场合一样，他受着一只看见的手的指导，去尽力达到一个并非他本意的目的，也并不因为事非出于本意，就对社会有害。他追求自己的利益，往往使他能比真正出于本意的情况更有效地促进社会利益。"①

斯密提出了市场价格和自然价格的命题，并发现了市场价格围绕自然价格波动，以及供给与需求相互适应的问题。

所谓市场价格，就是商品在市场上出卖时的实际价格。所谓自然价格，就是指不多不少地等于生产、制造某种商品乃至运送该种商品到市场所使用的按自然率支付的地租、工资和利润。当商品供过于求时，竞争就在销售者之间发生，市场价格就会跌落到自然价格之下；当商品供不应求时，竞争就会在购买者之间发生，市场价格就会上涨到自然价格之上；当商品供求平衡时，市场价格和自然价格相同或大致相同。

---

① ［英］亚当·斯密：《国民财富的性质和原因的研究》下卷，郭大力、王亚南译，商务印书馆 1972 年版，第 27 页。

其所以在供求平衡时市场价格会等于自然价格，首先是因为，供过于求会使价格的某些部分降到其自然率以下，例如，供过于求使地租降低到自然率以下，土地所有者就会撤回一部分土地，于是因投入的资源减少，就会减少商品的供给量，从而又会使市场价格上升到与自然价格相同的水平；其次是因为，供不应求会使市场价格上升到自然价格以上，促使土地、劳动、资本更多地投入生产，从而供给增加也会使市场价格下降到与自然价格相同的水平。可见，一切商品的市场价格变动都会趋向于自然价格，自然价格成为市场价格变动的中心价格。

斯密从利己心出发，阐明了利他、利社会和互利，由此出发不仅论证了分工和交换的必要性，而且论证了国际分工和国际贸易的必要性。

针对重商主义的贸易差额论，斯密提出，一国从对外贸易中得到的主要利益不是输入金银，而是输出本国消费不了的剩余生产品，输入本国需要的物品。即使两国贸易是平衡的，也由于各方为对方提供了各自剩余产品的市场，双方都能获利，而不是一方受损另一方得利。自由贸易可以扩大商品交换市场，促进各国之间的分工，提高生产力，促进国民财富的增长。

在此基础上，斯密还进一步提出了他的国际分工理论即绝对成本学说。他指出，每一个国家都把自己的资源用来生产本国最擅长的东西，然后相互交换，这样做要比各国生产自己所需的一切东西更为有利，就能在国际贸易中各自换回更多的东西，使各国国民财富都能获得最大速度的增长。

古典经济学派的集大成者李嘉图在这个方面的论述基本上没有超过斯密，甚至没有能够达到斯密的思想深度。但他胜过斯密的地方，在于所提出的比较成本学说对斯密的绝对成本学说的超越和发展。李嘉图在论证自由贸易的优越性时，回答了斯密的绝对成本学说回答不了的下述问题：如果某一国的成本都低于另一国家，这两国之间可否开展分工和贸易。李嘉图回答：完全可以。假如葡萄牙生产一定数量的酒只需 80 个工人劳动一年，生产一定数量的毛呢只需 90 个工人劳动一年，而在英国生产同样数量的酒和毛呢，分别需要 120 个工人和 100 个工人劳动一年。葡萄牙在生产这两种商品上都有绝对优势。在这种条件下，英国应生产毛呢，葡萄牙生产酒，然后相互交换，对各自都有利，这是因为，葡萄牙生产酒一天的劳动值英国的 1.5 天，即 80：120=1：1.5，而葡萄牙生产毛呢一天的劳动值英国的 1.125 天即 90：100=1：1.125。葡萄牙生产酒发挥了更大的优势，对其更为有利，英国生产毛呢发挥了相对优势，对自己也有利，所以两国之间完全可进行互利、互惠、等价交换。

第二节 马克思、恩格斯的基本观点

马克思认为，商品生产与商品流通是极不相同的生产方式所都具有的现象，尽管它们在范围和作用方面各不相同。因此，只知道这些生产方式所共有的抽象的商品流通的范畴，这是根本不能了解这些生产方式的不同特征，也不能对这些生产方式作出判断，从而对商品经济的一般性（或共性）和特殊性（或个性）给予了深入而全面的揭示。

一、商品经济内在市场机制的思想

马克思、恩格斯对内在于商品经济之中的供求机制、价格机制、竞争机制、风险机制、工资机制、利率机制等的特殊机理和作用，都进行过深入的理论探讨。这些都属于商品经济的一般规律的内容。

（一）供求机制

供求就是供给与需求的简称。供给指的是处在市场上的产品总和或者能提供给市场的产品总和。需求虽然可以指对产品的需求总量，但现实的、可以实现的需求只能是指有支付能力的社会需求，即待购商品的货币总和。马克思写道："说到供给和需求，那么供给等于某种商品的卖者或生产者的总和，需求等于这同一种商品的买者或消费者（包括个人消费和生产消费）的总和。

而且，这两个总和是作为两个统一体，两个集合力量来互相发生作用的。"①

提供到市场上的商品，不仅是满足人们需要的各种使用价值，而且各种使用价值表现为一定的量。同时，各种商品还具有一定量的价值。在市场上现有的商品和这些商品之间有这样一种联系："在一定的劳动生产率的基础上，每个特殊生产部门制造一定量的物品，都需要一定量的社会劳动时间，尽管这个比例在不同生产部门是完全不同的，并且同这些物品的用途或它们的使用价值的特殊性质没有任何内在联系。"② 如果各种商品的供应与社会对它们的需求是一致的，那么，各种商品都能按照它们的价值出售，即按生产各种商品耗费的社会必要劳动时间出售。

然而，只要是把劳动产品作为商品来生产、作为商品来交换，市场上待售的各种商品量与社会对各种商品的需求之间，从而社会用来生产各种商品的社会劳动时间和由各种物品来满足的社会需要的规模之间，就没有任何必然的联系，而只有偶然的联系，即生产各种商品耗费的劳动时间不是多了，就是少了，因而所生产的各种商品不是供过于求，就是供不应求。

商品的供求不平衡，对价格与其价值的背离有决定作用：某种商品供过于求，决定了该种商品价格低于价值；相反，某种商品供不应求，决定了该种商品价格高于价值。但这是一个方面。另一方面，"供求可以在极不相同的形式上消除由供求不平衡所产生的作用。例如，如果需求减少，因而市场价格降低，结果，资本就会被抽走，这样，供给就会减少。但这也可能导致这样的结果：由于某种发明缩短了必要劳动时间，市场价值本身降低了，因而与市场价格平衡。反之，如果需求增加，因而市场价格高于市场价值，结果，流入这个生产部门的资本就会过多，生产就会增加到使市场价格甚至降低到市场价值以下；或者另一方面，这也可以引起价格上涨，以致需求本身减少"。"因此，供求关系一方面只是说明市场价格同市场价值的偏离，另一

---

① 《马克思恩格斯文集》第 7 卷，人民出版社 2009 年版，第 215 页。
② 《马克思恩格斯文集》第 7 卷，人民出版社 2009 年版，第 208 页。

方面是说明抵消这种偏离的趋势，也就是抵消供求关系的影响的趋势。"①

可见，供求机制在社会经济发展中的作用，有以下两个主要方面：一是它可以通过与其他机制交互作用，使市场商品的供应和需求之间形成一种自发的平衡趋势；二是它可以通过与其他机制交互作用，使资本和生产要素在社会各生产部门自发地实现按比例配置。

（二）价格机制

价格是商品价值的货币表现。由于多种多样的原因，特别是由于市场商品的供求关系状况，使得商品价格通常背离其价值，不是高于其价值，就是低于其价值。在商品供不应求时，商品的价格就会高于其价值；在商品供过于求时，商品的价格就会低于其价值。马克思指出："要使一个商品按照它的市场价值来出售，也就是说，按照它包含的社会必要劳动来出售，耗费在这种商品总量上的社会劳动的总量，就必须同这种商品的社会需要的量相适应，即同有支付能力的社会需要的量相适应。竞争，同供求比例的变动相适应的市场价格的波动，总是力图把耗费在每一种商品上的劳动的总量归结到这个标准上来。"②恩格斯指出："只有通过竞争的波动从而通过商品价格的波动，商品生产的价值规律才能实现，社会必要劳动时间决定商品价值这一点才能成为现实。"③

价格机制对经济发展起着重大的作用：

一是它能够与其他市场机制交互作用，调节商品的供求平衡。这就是马克思讲的：某种商品供不应求，则该种商品价格上涨，便引发部门间的竞争，导致更多投资投向该种商品的生产，从而造成商品供给增加；相反，某种商品供过于求，则商品价格下跌，便引发部门间的竞争，导致资本从该种商品的生产部门中撤出，从而造成商品的供给减少。这种不断变动的结果，

---

① 《马克思恩格斯文集》第 7 卷，人民出版社 2009 年版，第 212 页。
② 《马克思恩格斯文集》第 7 卷，人民出版社 2009 年版，第 214 页。
③ 《马克思恩格斯文集》第 4 卷，人民出版社 2009 年版，第 209 页。

可以使商品供求关系趋于平衡。

二是它能够与其他市场机制交互作用，自发地调节生产要素在各生产部门中按比例分配。当社会生产的各部门生产要素分配得不合理时，各生产部门所生产出来的商品不是供过于求，就是供不应求，从而造成商品价格下跌或上涨，于是以资本转移为特征的竞争，会使一部分生产要素随着资本由供过于求的部门转向供不应求的部门，实现生产要素在各生产部门按一定比例进行分配。马克思说："商品价格的运动是以竞争为中介的运动，它作为调节者决定着大量生产者在一定的生产部门之间的分配，引起了各个个别生产部门内生产者的不断的流出和流入——这就是所谓的需求和供给的规律。"①

三是它能够与其他市场机制交互作用，引导和调节消费。马克思关于某种商品价格上涨，一部分货币就会退出流通，变成贮藏货币，某种商品价格下跌，一部分贮藏货币就变为购买手段的论述，明确地阐明了商品的价格变动对消费资料和生产资料的购买者所起的下述作用：商品价格上涨会抑制人们对它们的需求和购买，商品价格下跌会刺激人们对它们的需求和购买，因而可以引导和调节生活消费和生产消费。

四是它能够促进商品生产者改进技术和改善经营管理。价格与其他市场机制交互作用，能够使商品趋近于按照社会必要劳动时间出售。那些生产技术水平和经营管理水平较高的商品生产者，劳动消耗低于社会必要劳动消耗，不仅可以收回成本，而且可以获得超额利润，这就会刺激商品生产者不断改进技术和改善经营管理，从而提高劳动生产力，推动经济发展。

（三）竞争机制

从市场主体的角度上看，市场上的竞争有三个方面，即商品出售者之间的竞争、商品购买者之间的竞争以及商品的购买者与商品的出售者之间的竞争。"同一种商品，有许多不同的卖者供应。谁以最便宜的价格出卖同一质

---

① 《马克思恩格斯全集》第32卷，人民出版社1998年版，第354页。

量的商品，谁就一定会战胜其他卖者，从而保证自己有最大的销路。于是，各个卖者彼此间就进行争夺销路、争夺市场的斗争。他们每一个人都想出卖商品，都想尽量多卖，如果可能，都想由他一个人独卖，而把其余的出卖者排挤掉。因此，一个人就要比另一个人卖得便宜些。于是卖者之间就发生了竞争，这种竞争降低他们所供应的商品的价格。但是买者之间也有竞争，这种竞争反过来提高所供应的商品的价格。最后，买者和卖者之间也有竞争。前者想买得尽量便宜些，后者却想卖得尽量贵些。买者和卖者之间的这种竞争的结果怎样，要依上述竞争双方的情况如何来决定，就是说要看是买者阵营里的竞争激烈些呢还是卖者阵营里的竞争激烈些。"[1]如果某种商品的供应低于需求，那么这种商品的卖主之间的竞争就会很弱，甚至于完全没有竞争，买主之间的竞争就在加剧，结果便是商品价格或多或少地上涨。

如果某种商品的供应多于需求，结果便是相反：买主之间的竞争很弱，甚至于完全没有竞争，而卖主之间的竞争会加剧，结果便是商品价格或多或少地下跌。马克思的这些论断，不仅讲的是一般商品的价格方面的竞争，而且也适用于特殊商品（土地、劳动力、货币资本）的价格方面的竞争。

从部门的角度上看，竞争有部门内部的竞争和部门之间的竞争。

关于部门内部的竞争，马克思指出，部门内部的竞争实际上就是生产同种商品的生产者之间的竞争。由于每个商品生产者进行生产的物质条件不同、技术熟练程度不同和劳动强度不同，生产出来的商品耗费的劳动时间是不一样的，从而具有不同的个别价值。"不同的个别价值，必须平均化为一个社会价值，即上述市场价值，为此就需要在同种商品的生产者之间有一种竞争，并且需要有一个可供他们共同出售自己商品的市场。"[2]在市场上，每一个商品生产者总是尽可能抬高自己商品的价格，但商品价格的决

---

[1]　《马克思恩格斯文集》第 1 卷，人民出版社 2009 年版，第 717—718 页。
[2]　《马克思恩格斯文集》第 7 卷，人民出版社 2009 年版，第 201 页。

定并不出于他们的主观意愿，而是决定于他们之间的竞争。假定投入市场的这些商品的数量很多，是在大致相同的正常社会条件下生产出来的，另一小部分商品是在低于这一条件和高于这一条件下生产出来的，而且这两端互相平衡，那么，商品的社会价值就由中等条件下生产的商品的个别价值决定；假定投到市场上的该种商品的总量不变，但在较差条件下生产的商品，无论同中间的商品还是同另一端的商品相比，都构成一个相当大的量，那么，该种商品的社会价值就由在较差条件下生产的商品量相比也构成一个相当大的量，那么，该种商品的社会价值就由最好条件下生产的那部分商品来调节。

上述关于商品的社会价值决定的分析，是马克思撇开供求关系即假定供求平衡条件下做出的，因而是对社会价值在竞争中形成过程的抽象的分析。通过分析，马克思揭示了部门内部商品生产者之间的竞争，使不同的个别价值平均化为相同的社会价值的一般原理。

马克思还引进了供求关系，对部门内竞争状况进行了进一步分析。为了满足社会对各种商品的不同数量的需要，社会总劳动量分配到用于生产各种商品的数量是一定的，然而商品生产者为生产某种商品实际投入的社会劳动总量，与社会总劳动量分配到用于该种商品的数量之间并不是一致的，不是前者多于后者，就是后者多于前者。如果是前者多于后者，所生产出来的该种商品就会供过于求；如果是后者多于前者，所生产出来的该种商品就会供不应求。"在竞争中一时处于劣势的一方，同时就是这样一方，在这一方中，个人不顾自己那群竞争者，而且常常直接反对这群竞争者而行动，并且正因为如此，使人可以感觉到一个竞争者对其他竞争者的依赖，而处于优势的一方，则或多或少地始终作为一个团结的统一体来同对方相抗衡。如果对这种商品来说，需求超过了供给，那么，在一定限度内，一个买者就会比另一个买者出更高的价钱，这样就使这种商品对全体买者来说都昂贵起来，提高到市场价值以上；另一方面，卖者却会共同努力，力图按照高昂的市价价格来出售。其他的人不得不跟着干，而买者却会共同努力，力图把市场价格压到尽量低于市场价值。"① 于是，竞争导致了社会在一定生产条件下，只能把社会总劳动时间按一定比例用于生产各种商品。商品交换的结果，出售某种商品所获得的总价值一般不等于为生产该种商品实际耗费的劳动时间，而是等于社会总劳动应该分配给生产该种商品所必需的份额。只有在商品的供求平衡时，出售该种商品所获得的总价值量，才刚好与生产该种商品实际耗费的劳动时间相等。

关于部门之间的竞争，马克思指出，部门之间的竞争实际上就是生产不同种类的商品的生产者之间的竞争。在各个部门中，资本的周转速度和资本的有机构成都不相同，从而年利润率也就不相同；资本周转速度慢和资本有机构成高的部门，午利润率低；相反，资本周转速度快和资本有机构成低的部门，年利润率高。从而，同量投资因年利润率不同在一年中获得的利润量也不相同，利润率的差别刺激生产不同商品的生产者之间的竞争。这种竞争一般表现为，一些商品生产者会从利润率较低的部门中撤出资本，把资本投向利润率高的部门。资本在各生产部门之间的不断转移，既会造成原来利润率低的部门投资减少，产量减少，产品逐渐供不应求，价格逐渐上涨，利润率逐渐上涨；这又会造成原来利润率高的部门投资增加，产量增加，产品逐渐供过于求，价格逐渐下跌，利润率逐渐下降。从而使各部门之间的有差别的利润率转化为平均利润率，并使价值转化为生产价格。为此，马克思指出："竞争首先在一个部门内实现的，是使商品的不同的个别价值形成一个相同的市场价值和市场价格。但只有不同部门的资本的竞争，才能形成那种使不同部门之间的利润率平均化的生产价格。"②

从竞争的形成角度上看，竞争可分为价格竞争和非价格竞争。

价格竞争就是生产同种或相近种类的商品生产者通过降低价格这一手段进行的竞争，这种"竞争斗争是通过使商品便宜来进行的"③。在市场上，哪

---

① 《马克思恩格斯文集》第 7 卷，人民出版社 2009 年版，第 215—216 页。

② 《马克思恩格斯文集》第 7 卷，人民出版社 2009 年版，第 201 页。

③ 《马克思恩格斯文集》第 5 卷，人民出版社 2009 年版，第 722 页。

一个商品生产者的商品价格比他人更便宜,这个商品生产者在市场竞争中就会居于优势地位。而价格便宜的基本前提,就是生产商品的个别劳动时间的消耗要低于社会必要劳动时间的消耗,即商品的个别价值低于社会价值。要想具备这一前提,只有降低成本,改进生产条件和生产方法,提高劳动者的技能、技巧和熟练程度,应用先进的科学技术成果等。"在其他条件不变时,商品的便宜取决于劳动生产率。"①

非价格竞争,是指在商品的使用价值方面开展的竞争,即在商品的品种、数量、质量、规格、性能、服务等方面展开的竞争。非价格竞争就是商品生产者拿出受社会欢迎、为社会需要的商品和完善的服务,以增强实力,占领市场,取得竞争的优势。"凡是品种或者数量不符合当前社会需求的商品,竞争就使它们的价格落到它们的劳动价值之下,通过这种曲折的途径,使生产者感觉到,他们要么是生产了根本不需要的东西,要么是生产的东西本身虽然有需要,但数量已经超过需要,成为多余的了。"②

在商品经济条件下,竞争机制对经济发展有着重大的作用:

一是优胜劣汰。在商品经济下,无论商品生产者是否承认,也无论是否符合自己的心愿,总是要承认并接受竞争的权威和强制。"社会分工则使独立的商品生产者互相对立,他们不承认任何别的权威,只承认竞争的权威,只承认他们互相利益的压力加在他们身上的强制。"③同类商品在市场上只能按相同的价格出售,这一点决定了生产商品的个别劳动耗费大于社会必要劳动耗费的商品生产者,在竞争中处于劣势地位,不但得不到利润,还会遭到经济上的损失;相反,生产商品的个别劳动耗费小于社会必要劳动耗费的商品生产者,在竞争中处于优势地位,不仅能获得额外利润,还能立于不败之地。

---

① 《马克思恩格斯文集》第 5 卷,人民出版社 2009 年版,第 722 页。

② 《马克思恩格斯文集》第 4 卷,人民出版社 2009 年版,第 209 页。

③ 《马克思恩格斯文集》第 5 卷,人民出版社 2009 年版,第 412 页。

二是经济增长和经济发展的"重要推动力"①。某些商品生产者因降低生产成本，改善经营管理，应用先进技术成果，提高劳动生产率，使生产商品的个别劳动消耗低于社会必要劳动消耗，在市场上处于优势地位。但他们并不一定永久性地保存这一优势地位，"竞争会使他的生产方法普遍化并使它服从一般规律"②。"如果一个人用较便宜的费用进行生产，用低于现有市场价格或市场价值出售商品的办法，能售出更多的商品，在市场上夺取一个更大的地盘，他就会这样去做，并且开始起这样的作用，即逐渐迫使别人也采用更便宜的生产方法，把社会必要劳动减少到新的更低的标准。"③ 商品生产者之间的竞争，不断地推动"社会必要劳动减少到新的更低的标准"，就是不断地推动劳动生产率的提高，不断地推动经济增长和经济发展。

三是竞争与其他市场机制交互作用，能够实现社会资源在社会各生产部门之间按一定比例配置。诚然，供求、价格等机制在社会资源通过市场实现合理配置方面，都有着重大的作用，但这丝毫不应排斥竞争所起的作用，特别不能排斥部门之间的竞争所起的作用。没有部门之间的竞争，就不可能出现资本在各部门之间的转移，也就不可能有供求关系的变动和商品价格的涨落。因而，竞争在合理配置资源上起着决定性作用。

（四）风险机制

作为市场机制的一个组成部分的风险机制，是指在商品经济条件下，市场主体（企业或个人）所面临的亏损甚至破产的可能性。

商品经济条件下的风险主要来自以下几个方面：

一是经营风险。这是最常见的一种风险形式。从事商品生产和商品交换，本身干的就是一种冒风险的事业。"既然每一个人都单枪匹马地冒着风险在那里生产和消费，根本不理会别人在生产什么，消费什么，那末生产和

---

① 《马克思恩格斯全集》第 30 卷，人民出版社 2009 年版，第 551 页。
② 《马克思恩格斯文集》第 7 卷，人民出版社 2009 年版，第 294 页。
③ 《马克思恩格斯文集》第 7 卷，人民出版社 2009 年版，第 216 页。

消费必然很快就会完全脱节。"①一旦生产与消费出现难以避免的脱节，商品生产者所生产的商品供过于求，相当一部分生产者就会出现亏损甚至破产。

在生产经营过程中，商品的使用价值也会发生程度不同的损坏。马克思写道："任何物品经过一定时期都会损坏，直至最后报废，变成无用之物并丧失构成其使用价值的性质；有些物品坏得快些，有些物品坏得慢些。有些物品必须迅速出售，才不致毁坏或完全不能使用；还有些物品可以保存较长时间。所有物品经一定时间后如仍不能进入消费，或者也可以说，仍作为待售商品放在那里，而不是作为使用价值投入使用，那么它们或多或少都要毁坏。因此，这是商品会遇到的第一个风险，实际上是从货币转化为供个人消费或工业消费之用的商品形式的资本所遇到的第一个风险。"②

此外，马克思还论述了许多场合出现的经营风险，如原料、燃料等采购困难或不能及时投入使用，生产要素之间在质上和在量上的配合不佳，生产资料或劳动力大量在企业中闲置，产品生产出来后因各种原因不能及时送到市场上，科学技术的进步造成企业现有固定资本贬值等。

二是自然风险。如风、雨、云、日照、水流等自然力，对商品生产和商品流通的影响很大，特别对农产品生产的影响很大。马克思写道："在我们温带气候条件下，土地每年长一次谷物。生产期间（越冬作物平均九个月）的缩短或延长，还要看年景好坏变化而定，因此不像真正的工业那样，可以预先准确地确定和控制。"③

三是意外风险。这是指生产经营活动因意外的不确定因素而带来的风险。马克思列举了许多因意外事故如火灾、交通中断、工具毁坏等造成的风险。

有风险就会有损失，有损失就会造成商品生产者和经营者亏损甚至破产。这是在市场机制不健全、风险机制还没有完全起作用时发生的情况。当

---

① 《马克思恩格斯全集》第 2 卷，人民出版社 1957 年版，第 603 页。

② 《马克思恩格斯全集》第 48 卷，人民出版社 1985 年版，第 446—447 页。

③ 《马克思恩格斯文集》第 6 卷，人民出版社 2009 年版，第 268 页。

市场机制健全、风险机制完全起作用的时候，在商品生产者和经营者那里出现了风险，甚至出现了严重的风险，造成了或多或少的经常损失，甚至造成了严重的经济损失，他们也不一定会亏损，不一定会破产。这是因为，健全的市场机制里面包括有风险补偿机制。具体来讲，就是"利润的一部分，即剩余价值的一部分，从而只体现新追加劳动的剩余产品（从价值方面来看）的一部分，必须充当保险基金。在这里，这个保险基金是不是由保险公司作为一种单独的业务来管理，这丝毫也不会改变问题的实质"①。而且，商品生产者和管理者冒的风险越大，这个保险基金的数额也就越大。对于那些"所冒的风险非常大"的商品生产者和经营者，由于受经济损失和破产的可能性更大，"因此，利润中必须包含一笔很高的保险金"②。

马克思还探讨了这个保险基金的形成途径。他指出，为补偿风险造成的损失，商品生产者和经营者在竞争中都会依照自己从事的生产经营活动的风险大小，在自己生产或出售的商品中有一个加价，这个加价待商品售出之后就形成了一个保险基金，专门用来补偿风险造成的损失。"那些要冒较大风险的投资，例如航运业的投资，也会靠加价得到补偿。"③随着生产社会化的发展，风险补偿基金的补偿方式也会发生变化。各商品生产者和经营者风险补偿基金孤立分散补偿的方式，会变为社会化的方式，即各部门的商品生产者按风险大小向保险公司缴纳保险金，由保险公司作为一种单独的业务保管保险基金，商品生产者和经营者一旦出现因风险而受到的经济损失，由保险公司负责补偿。这实际上就是风险靠各商品生产者和经营者分担，即"靠大家分担"④。

马克思还特别地指出，风险补偿基金绝不是资本主义社会特有的东西，它是一切社会生产中特别是社会化大生产中共有的东西。"这种基金是收入中既不作为收入来消费也不必用作积累基金的唯一部分。它是否事实上用做

①　《马克思恩格斯文集》第 7 卷，人民出版社 2009 年版，第 960 页。

②　《马克思恩格斯文集》第 7 卷，人民出版社 2009 年版，第 1022 页。

③　《马克思恩格斯文集》第 7 卷，人民出版社 2009 年版，第 232 页。

④　《马克思恩格斯全集》第 48 卷，人民出版社 1985 年版，第 444 页。

积累基金，或者只是用来补偿再生产上的损失，取决于偶然的情况。这也是在剩余价值和剩余产品、从而剩余劳动中，除了用来积累，即用来扩大再生产过程的部分以外，甚至在资本主义生产方式消灭之后，也必须继续存在的唯一部分。"①

通过上述分析可以看出，马克思、恩格斯论证了风险机制对经济发展的作用，至少有两个主要方面：一是它通过经常形成的风险补偿基金，对因风险而造成的各种经济损失进行补偿，保证了生产者和经营者不受经济利益上的损失，从而保障生产经营活动在遇到各种风险的情况下仍然可以顺利进行，而不至于中断、混乱和瘫痪；二是它可以通过为风险大的生产经营活动提供高风险补偿金，不仅可以激发生产者和经营者敢冒风险、敢于拼搏、迎难而上、励精图治的精神，而且也有利于社会生产经营活动的各个部门都会有人去投资，从而有利于社会资源在各部门之间按比例配置，使整个国民经济按比例协调发展。

（五）工资机制

工资机制是商品经济条件下工资变动与劳动力供求变动之间的有机联系和功能。工资即劳动力的价格，在本质上是劳动力的价值。在劳动力供给和需求一致的情况下，工资就会与劳动力价值相符合，或者说工资等于劳动力价值。但劳动力供求不平衡时，工资不是高于就是低于劳动力价值。马克思说："工资也是这样。如果供求平衡，供求的作用就会互相抵消，工资就等于劳动力的价值。"② 劳动力的供求双方的关系与工资之间，同一般商品的供求双方的关系与价格之间，其关系是一样的：工资提高会刺激供给，抵制需求；工资降低则刺激需求，抵制供给。道理很简单，工资对劳动者来讲，是提供劳动所获得的报酬。工资提高不仅待业劳动者愿意就业，而且在业劳动

---

① 《马克思恩格斯文集》第 7 卷，人民出版社 2009 年版，第 960 页。
② 《马克思恩格斯文集》第 7 卷，人民出版社 2009 年版，第 398 页。

者也愿意加班加点劳动，从而会刺激供给；工资降低，要求就业和加班加点的劳动者就会减少，从而会限制劳动力的供给。对商品生产者或企业来讲，工资是产品成本的一个组成部分。工资提高，会增加成本，就会减少对劳动力的需求。在人口自然增长率不变的条件下，工资变动的调节作用，可以使劳动力的供给和需求大体上保持相对的平衡。

可见，工资机制对经济发展也起着两方面的作用：一是约束企业对劳动力的需求，有助于提高经济效益。因为工资是企业生产成本（C+V）的一部分，它的大小是直接决定生产成本的两大因素之一。当工资提高时，迫使企业节约使用人力，更多地采用机器生产以代替人力。当工资降低时，会使企业更多使用人力，采用劳动密集型生产方式，这都有助于提高企业经济效益。二是为劳动力合理流动导向，有利于劳动力合理分布和配置。一般来讲，劳动者总是从自身利益出发，总是趋向于在工资水平较高的部门或企业中就业。而只有商品供不应求、价高利大的部门和企业，工资比较高，从而能吸引劳动者就业；相反，那些商品供过于求、价低利微甚至无利、亏损的部门和企业，不仅不会提高工资，反而会降低工资，缩减劳动力。这样，劳动力就会适应工资的变动，从利润率低、工资低的那些部门和企业中流出，流入到利润率高、工资高的那些部门和企业，这就有助于劳动力资源在社会各生产部门实现合理的分布和配置。

（六）利率机制

利率即利息率，它等于利息量除以借贷资本量。利率的高低是由平均利润率和借贷资本的供求状况二者决定的。关于利息率决定于平均利润率，马克思写道："就利息率由利润率决定来说，利息率总是由一般利润率决定，而不是由可能在特殊产业部门内占统治地位的特殊利润率决定，更不是由某个资本家可能在某个特殊营业部门内获得的额外利润决定。"[①] 关于利息率

---

① 《马克思恩格斯文集》第 7 卷，人民出版社 2009 年版，第 409 页。

决定于借贷资本的供求，马克思写道："至于不断变动的市场利息率，那么，它和商品的市场价格一样，在每一时刻都是作为固定的量出现的，因为在货币市场上，全部借贷资本总是作为一个总额和执行职能的资本相对立，从而，借贷资本的供给和借贷资本的需求之间的关系，决定着当时市场的利息状况。"①

马克思认为，在货币资本市场上，只有贷出者和借出者的对立，商品具有同一种形式——货币。在这里，其他的一切，例如资本因投在特殊的生产部门或流通部门而具有的一切特殊形态都消失了。一切人不是站在货币资本供给方，就是站在货币资本的需求方，利息率就是双方竞争产生的货币资本的收益率，利率只是平均利润率的一部分。货币资本的需求方主要是从事生产经营活动的商品生产者和经营者。他们借入货币资本从事生产经营活动，可以按平均利润率获得利润，从中拿出一部分即按借贷双方预定的利息率计算的利息，转交给货币资本的所有者。在这里，平均利润率是利息率有最后决定作用的最高界限。"如果平均利润率＝20%，利息等于利润的1/4，利息率就＝5%；如果平均利润率＝16%，利息率就＝4%。"② 虽然利息率在平均利润率中的大小由货币资本的供求决定，但利息率在平均利润率中的大小由货币资本的供求决定，利息率的变化又会引起货币资本供求关系的变化。利息率下降，从而在一定平均利润率中所占的份额就会减少，这会刺激商品生产者和经营者对货币资本的需求；相反，利息率上升，利息率在一定平均利润率中所占的份额就会增加，这会限制商品生产者和经营者对货币资本的需求。于是，在前一种场合，货币资本就会出现供不应求，利息率就会提高；在后一种场合，货币资本就会出现供过于求，利息率就会下降。显然，利率机制对货币资本的供求关系起着调节作用，直到货币资本的供求趋向平衡。利率机制通过制约投资者的经济利益而制约经济发展：利率提高，

---

① 《马克思恩格斯文集》第 7 卷，人民出版社 2009 年版，第 411 页。

② 《马克思恩格斯文集》第 7 卷，人民出版社 2009 年版，第 402 页。

将减少投资者所获利润量，从而会限制货币资本的需求，减少投资数量，限制经济增长和经济发展；利率下降，将增加投资者所获利润量，从而会刺激货币资本的需求、增加投资数量，刺激经济增长和经济发展。

可见，上述各种市场机制对经济发展都起着非常重要的作用。要想发挥上述各种市场机制对经济发展的各种重要作用，必须具备一定的条件。

一是"社会内部已有完全的贸易自由"①。马克思讲的"贸易自由"，并不是狭义地指在作为一个职能部门的商业部门中的"贸易自由"，而是广义地指从事一切生产经营活动的自由。这当然包括消除各种人为的垄断，铲除一切对生产经营活动的非正常的限制和障碍，如资本和劳动力的转移不受限制，价格、利率等在市场中依据市场状态自由涨落而不是人为的规定等。

二是市场主体必须是一个独立的商品生产者和经营者。在马克思看来，参与市场活动的主体，必须拥有自主地从事生产经营活动的完全的权力，按自己的意志把产品投入市场，并按自己同意的价格出售所有的商品，按生产经营活动的需要从市场上吸取各种生产要素和货币资本，对自己生产经营活动的盈亏负完全的责任。只有这样，生产经营活动才能适应市场变化及时地、能动地做出调整。

三是市场发育健全。在马克思的上述分析中，市场发挥作用时，不仅每一种市场的功能是齐全的，而且市场是配套的、完备的，既有各种各样的生产要素市场，又有资本市场，当然还有生活资料市场。商品生产者和经营者能够在这里互通有无，各取所需，互相依赖，又互相补充，不仅能为顺利地实现各自的利益提供完整的外部条件，而且又提供了真实反映市场行情的"晴雨表"。

只有同时具备了这些经济前提，供求、价格、竞争、风险、工资、利率等市场机制的作用，才能得到正常的充分的发挥。

---

① 《马克思恩格斯文集》第 7 卷，人民出版社 2009 年版，第 218 页。

二、商品经济一般属性的论述

马克思曾经指出：生产的一切时代有某些共同标志，共同规定。其中有些属于一切时代，另一些是几个时代共有的，有些规定是最新时代和最古时代共有的。没有它们，任何生产都无从设想。商品生产也是如此。它为奴隶社会、封建社会、资本主义社会等几个时代所共有，因而也存在着一些共有的标志、共有的规定即一般的规定。马克思、恩格斯对商品经济中的一般性规定也进行了深入的研究，获得了一系列商品经济一般属性的结论。

（一）商品经济中所有的生产者都是商品生产者

商品经济不同于自然经济，它不是以生产直接满足自身需要的产品为目的的经济形式，而是以生产市场需要、他人需要的产品为目的的经济形式。在这里，每一个生产者所生产的产品都不是自身需要的产品，而是市场、他人需要的商品，从而每一个生产者都不是一般的产品生产者，而是商品生产者。马克思在《工资、价格和利润》一文中写道：如果一个人生产一种物品是为了满足自己的直接需要，是为了供自己的消费，那他所创造的就是产品而不是商品。他作为一个为自己工作的生产者，是与社会没有任何关系的。

（二）商品生产者从事商品生产的目的是为了商品的价值，而不是使用价值

马克思在《资本论》第一卷中指出：商品所有者的商品对他没有直接的使用价值。否则，他就不会把它拿到市场上去。他的商品对别人有使用价值。他的商品对他来说，直接有的只是这样的使用价值：它是交换价值的承担者，从而是交换手段。在商品生产中，使用价值绝不是本身受人喜爱的东西。在这里，所以要生产使用价值，是因为而且只是因为使用价值是交换价值的物质基础，是交换价值的承担者，商品生产者从事商品生产的目的在本质上是价值。

（三）商品生产者之间的关系是一种互相为对方劳动和劳动互换的关系

在马克思、恩格斯看来，一切商品共通的社会实体是一般的人类劳动。由于商品生产以分工为前提，每个商品生产者服从社会分工，耗费一定量的劳动，从事某种商品的生产，生产一定量的某种产品，而各自生产的产品对自己没有使用价值，必然通过相互的产品交换，以获得自己所需要的等价的各种各样的使用价值，从而商品生产者之间在事实上存在着互相为对方劳动的关系以及相互之间劳动互换的关系，然而这些关系都通过物的形式掩盖着。正因为如此，马克思认为："商品形式的奥秘不过在于：商品形式在人们面前把人们本身劳动的社会性质反映成劳动产品本身的物的性质，反映成这些物的天然的社会属性，从而把生产者同总劳动的社会关系反映成存在于生产者之外的物与物之间的社会关系。"①

（四）商品生产过程是使用价值与价值形成过程的统一

在马克思、恩格斯看来，商品具有两重因素：使用价值和价值。商品首先是一个外界的对象，一个靠自己的属性来满足它的非生产者某种需要的物，这些物构成社会财富的物质内容，这就是商品体的使用价值。如果把商品的使用价值抽去，即把商品的物质组成部分和形式抽去，剩下的只是同一的幽灵般的对象性，只是无差别的人类劳动的单纯凝结，即不管以哪种形式进行的人类劳动力耗费的单纯凝结，这种作为商品共有的这个社会实体的结晶就是价值。

商品为何具有使用价值和价值这二重因素呢？因为生产商品的劳动具有二重性——具体劳动和抽象劳动。具体劳动即人们按预定的计划，使用一定的劳动资料作用于劳动对象的活动，其结果，产生了某种使用价值；撇开各

---

① 《马克思恩格斯文集》第 5 卷，人民出版社 2009 年版，第 89 页。

种具体劳动的千差万别，或者说抽掉劳动的一切具体形式，所剩下的则是一切生产商品的劳动所具有的共性，即人类体力和脑力的支出或消耗，也就是抽象劳动，它凝结成同质的价值。显然，商品的二重因素根源于生产商品劳动的二重性。

（五）商品的社会价值由生产商品的社会必要劳动决定

在商品经济中，由于每个商品生产者所具有的生产条件不同，劳动熟练程度不同，劳动强度不同，生产同种商品所耗费的劳动时间是不同的：生产条件好、劳动熟练程度高、劳动强度大的商品生产者耗费的劳动时间少，其商品的个别价值低；生产条件差、劳动熟练程度低、劳动强度小的商品生产者耗费的劳动时间多，其商品的个别价值高。然而，同种商品在同一市场上只能按同种价值出售，而绝非按各不相同的价值出售。因而，各不相同的个别价值便转化为相同的社会价值，即不是按每一个商品生产者生产商品耗费的个别劳动时间决定的价值，而是按照商品生产者生产商品的耗费的社会必要劳动时间决定的价值。所谓社会必要劳动时间，就是在一定社会的生产条件下，在平均的熟练程度和劳动程度下生产商品耗费的劳动时间。

（六）价值规律是商品经济的基本经济规律

无论在何种商品经济条件下，价值规律都存在于商品经济之中。在商品经济中发挥作用的规律，就是商品经济的基本经济规律。价值规律的基本内容，一是商品价值由生产商品的社会必要劳动时间决定，二是商品之间的交换按等价原则进行。无论在何种商品经济中，价值规律都会有着以下三个最一般的作用：

第一，能够自发地调节生产资料和劳动力在各生产部门按一定比例进行分配，或者说，能够自发地调节经济资源在各部门按一定比例配置。

第二，能够自发地推动各生产经营单位改进生产技术，引进先进技术装备，改善劳动组织，加强生产经营管理，刺激劳动生产率和社会生产力的提高。

第三，能够促进商品生产者优胜劣汰，促进穷富差别的扩大或贫富两极分化。

三、商品经济特殊属性的论述

马克思、恩格斯所能知道的商品经济，是前资本主义条件下的小商品经济即简单商品经济和资本主义商品经济，这两种商品经济除了具有上述共有的属性外，还分别具有各自的特殊属性。下面，我们将分别概述马克思和恩格斯关于这两种商品经济各自特殊属性的思想。

（一）关于简单商品经济特殊属性的思想

第一，简单商品经济的最终目的不是为了发财致富，而是为了保证商品生产者的生存。不可否认，同其他商品生产者一样，小商品生产者生产某种商品是以获得交换价值或价值为直接目的的。但是他们获得交换价值或价值绝不是最终的目的，获得交换价值或价值，只是为了最终获得各种各样的满足自身需要的使用价值。因而，获得交换价值或价值只是一个途径、手段、中介。正如马克思在《资本主义生产以前各形态》一书中所写的那样：在这里生产的直接的主要的目的是保证手工业者、手工业师傅的生存，因而是使用价值，不是发财致富，不是作为交换价值的交换价值。

第二，简单商品经济是以生产资料小商品生产者个人所有制为基础的商品经济。简单商品经济也是建立在生产资料私有制基础上的商品经济，但这种私有制不是大私有制，而是小私有制即小商品生产者个人所有制。恩格斯在《社会主义从空想到科学的发展》一书中写道：在中世纪得到发展的那种商品生产中，劳动产品应当属于谁的问题根本不可能发生。当时个体生产通常都用自己所有的、往往是自己生产的原料，用自己的劳动资料来制造产品。

第三，简单商品经济主要是依靠商品生产者本人及其家属劳动的商品经济。既然简单商品经济是以商品生产者自身生存所必需的各种各样的使用价值为最终目的，既然这种商品经济是建立在小商品生产者个人所有制基础之上的，那么它与一般的小生产者没有什么根本区别，所不同的是小商品生产者生产产品借助了商品的形式，通过生产他人、市场所需要的产品，通过在市场上的交换行为，获得自己所需要的各种各样的其他产品，而一般小生产者生产直接满足自己需要的产品。他们都是小生产者，都是靠本人及其家属的劳动维持自身生存的。诚然，在部分手工作坊里，也雇有少量的帮工和招收少量的学徒，为自己劳动，从而也对他们有剥削，但在作坊生产率很低的条件下，帮工和学徒的劳动除了维持自己的生存以外，所剩无几，作坊主对他们只能有轻微的剥削。作为小商品生产者的作坊主也主要是靠自己和家属的劳动维持自身生存的。

第四，简单商品经济是自然经济的夹缝中生存和缓慢发展的商品经济。在前资本主义条件下，占统治地位的经济形式是自给自足的自然经济，生产或者是为了生产者本身的直接消费，或者是为了各种统治者的直接消费，由于都是个体小生产，生产资料是原始的、笨拙的、小的、效能很低的、供个人使用的生产资料，所使用的都是陈旧的、落后的、没有多大改进的技术，所获生产物本来就不多，除了这些满足消费以外，还有剩余的时候，才拿去出卖和进行交换，因而交换是极为有限的，市场是狭小的，与外界是隔绝的，是在自然经济的夹缝中生存和缓慢发展的商品经济，是处在形成过程中的商品经济，是社会生产处于无政府状态萌芽的商品经济，是价值规律的作用没有能得到发挥的商品经济。

（二）马克思、恩格斯关于资本主义商品经济的特殊属性的思想

第一，资本主义商品经济是建立在生产资料资本家私人所有制基础上的商品经济。马克思在《资本论》第一卷中指出：商品生产的地基只有在资本主义的形式上才能担负起大规模的生产。所以，单个商品生产者手中一定程

度的资本积累，是特殊的资本主义的生产方式的前提。马克思在这里再明显不过地指明，资本主义商品生产是大规模的商品生产，而不是小商品生产。小商品生产可以建立在生产资料的小生产者个人所有制即小私有制基础之上并以此为前提，但大规模的商品生产则必须建立在一定程度的资本积累，使小私有制变成大私有制即资本家基础之上并以此为前提。没有生产资料的资本主义私有制，就不可能有资本主义商品生产，商品生产不可能具有资本主义的属性。

第二，资本主义商品经济是劳动的主观条件与客观条件分离的商品经济。马克思在《资本论》第一卷中指出，货币和商品开始并不是资本，它们需要转化为资本。但是这种转化本身只有在一定的情况下才能发生：即一方面是货币、生产资料和生活资料的所有者，他们要购买别人的劳动力来增殖自己所占有的价值总额；另一方面是自由劳动者，自己劳动力的出卖者。也就是说工人自己表现为自己所具有的劳动力商品的出卖者，表现为雇佣工人，自由的劳动者。自由劳动者有双重意义：他们本身既不像奴隶、农奴等那样，直接属于生产资料之列，也不像自耕农等那样，有生产资料属于他们，相反地，他们脱离生产资料而自由了，同生产资料分离了，失去了生产资料。劳动的主观条件即劳动力与客观条件即生产资料社会范围内的分离过程，便是资本关系的形成过程：一方面使社会的生产资料和生活资料转化为资本；另一方面使直接生产者转化为雇佣工人。资本主义商品经济就是雇佣工人与属于资本家的生产资料相结合的商品经济，或者说是人类劳动力本身成为商品条件下商品经济。

第三，资本主义商品经济是生产以榨取剩余价值为直接目的和决定动机的商品经济。在资本主义商品经济中，劳动能力之所以商品化，固然是因为劳动者失去了生产资料，除了存在于身体之中的劳动力之外一无所有，能够维持生存的仅有的东西就是劳动能力，也固然是因为劳动者在法律上成为自由的人，可以出卖属于自己的劳动力，但劳动力能否真正卖得出，还必须看到劳动力本身有一种特殊的使用价值，即劳动力的使用能创造出比劳动力价值多得多的价值——剩余价值。也就是说，使用劳动力创造的净价值高于劳动力价值，资本家之所以要购买雇佣工人的劳动力，仅仅是因为他们发现了这一差额，通过劳动力的购买，便可使自己带来剩余价值。资本家之所以要购买劳动力，资本家之所以购买劳动力从事商品生产，其最终目的和决定性动机就是为了榨取雇佣工人创造的剩余价值，这一点乃是资本主义商品经济的最本质的特殊属性。马克思在《资本论》第二卷中指出：商品生产的每一种经营，同时都是榨取劳动力的经营。但资本主义的商品生产，才变成一个划时代的榨取方式。它会在它的历史发展中，依劳动过程的组织与技术的惊人进展，来变革社会的全部经济结构，并且不可比拟地凌驾于一切过去的时代。

第四，资本主义商品经济是商品生产占统治地位的商品经济。在马克思、恩格斯看来，在资本主义生产的基础上，商品成了生产物的一般形态，资本主义生产越是在广度与深度上增进，情况也就越是如此。和以前的生产方式相比，或者和较不发展的资本主义生产方式相比，即令生产的范围相等，资本主义生产方式也是以无比更大部分的生产物，当作商品。不仅如此，不是物质生产部门生产出来的产品也在社会规模上成为商品，更有甚者，一些存在于精神世界之中的东西，如名誉、良心等，此时也成为商品，成为人们交易的对象，也就是说商品生产取代了产品生产居于统治地位的经济形式，商品取代了产品、物品等成为占据统治地位的存在形式，从而资本主义商品经济毫无疑问是商品生产占据统治地位的商品经济。马克思在《资本论》第二卷中写道：资本主义在它立稳跟足的地方，它就会把一切以生产者自己的劳动为基础，或只把多余生产物当作商品出卖的商品生产形态，尽行破坏。它起初是使商品生产普遍化，然后逐步把一切商品生产转化为资本主义商品生产。

四、马克思、恩格斯商品经济律理论的意义

马克思、恩格斯的商品经济的一般规律和特殊规律理论的提出，有着重大的理论意义和实践意义。

第一，马克思、恩格斯的这一理论，提出了马克思主义政治经济学的一系列理论前提，奠定了马克思主义政治经济学的理论基础。

马克思主义政治经济学是在解剖资本主义生产方式基础上产生的，是以资本主义生产方式为对象的最深刻、最全面、最科学的研究成果。资本主义社会是发达的商品社会，不仅一切产品转化为商品，而且在存在于人体之中的劳动力，甚至人们精神上的东西，如良心、名誉等也成了可交换的对象。一句话，商品成了资本主义生产方式的经济细胞。因而解剖资本主义生产方式，必须从研究商品开始，必须把资本主义生产方式如实地放置于商品经济的框架内，以商品经济为前提展开分析。如果不首先研究商品经济的一系列问题，如商品及其实体、劳动的二重性，劳动过程与价值形成过程、价值规律的最一般作用等问题，就不可能提出劳动力商品及其二重性、劳动过程与价值增殖过程、剩余价值及其产生，进而不可能提出资本形成、资本积累、资本循环、资本周转等一系列重大理论问题。因此，马克思、恩格斯的商品经济及其一般性、特殊性理论，是马克思主义政治经济学的前提，是马克思主义政治经济学的理论基础。

第二，马克思、恩格斯的这一理论，提出了各种不同发展阶段商品经济的特殊性，帮助人们提高对人类社会的各个发展阶段商品经济本质及特殊发展规律性的认识。

马克思、恩格斯对自商品经济产生以来一直到他们所在时代存在的简单商品经济和资本主义商品经济这两种商品经济进行考察，发现它们之间有一些根本不同的规定性。

简单商品经济以个体劳动者的分散的个人私有制为基础，主要靠劳动者本人及其家属劳动，生产规模小、技术陈旧落后、与外界隔绝、市场狭窄，虽然与自然经济相比，具有多方面的优越性，能够促进劳动生产率和社会生产力的发展，但发展缓慢。而资本主义商品经济以生产资料资本主义私有制为基础，雇佣工人劳动，生产规模大，以获取雇佣工人创造的剩余价值为目的，技术不断变革，形成了统一的市场，不仅与自然经济相比，具有多方面的优越性，而且与简单商品经济相比，也具有多方面的优越性，能够促进社会生产力和劳动生产率更快地发展。但是，在这种发展过程中，又不可避免地使之存在无法解决的资本主义基本矛盾即生产的社会化与生产资料资本主义私有制的矛盾以及无法解决的一系列其他矛盾，存在许许多多的弊端，决定了资本主义生产方式的历史局限性和被新的社会主义公有制为基础的商品经济所取代的必然性。

马克思、恩格斯对简单商品经济与资本主义商品经济所进行的比较研究，全面深刻地揭示了这两种商品经济各自的特点，对于人们深入认识这两种商品经济的本质和运动规律，具有重大意义。还应该看到，虽然马克思、恩格斯都没有明确提出社会主义商品经济，但马克思、恩格斯对这两种商品经济各自的特点研究，特别是对资本主义商品经济特点的研究，也有助于人们对资本主义商品经济基础上产生的、用以取代资本主义商品经济的社会主义商品经济特点的认识。

第三，马克思、恩格斯的这一理论，提出了各种商品经济的一般性，有利于人们撇开资本主义商品经济的资本主义属性，借鉴发达国家有价值的经验，促进社会主义社会生产力的发展。

马克思、恩格斯提出的商品经济一般规律理论，是在经济理论研究过程中，撇开社会历史发展不同阶段上商品经济各自特殊属性而获得的，是商品经济的各个发展阶段上的共性。社会主义经济是商品经济，是商品经济的不可逾越的必经阶段，这些共性的东西，也是客观存在着的。资本主义商品经济已经存在好几百年了，发达的资本主义国家在发展商品经济方面有许多行之有效的经验。借鉴这些经验对于推动我国商品经济的发展，发展我国的社会生产力，无疑是有益的。

第四，马克思、恩格斯的这一理论，揭示了一系列市场机制的运行机理和作用，有利于完善社会主义市场经济体制，推动有中国特色的社会主义建设。

马克思、恩格斯在研究商品经济时，研究了作为商品经济的一个重要组成部分的市场及其机制、价格机制、供求机制、竞争机制、工资机制、风险机制、利率机制等。这些机制在发达的商品经济中都是存在的，目前在社会主义商品经济中也是存在的。健全这些市场机制，充分发挥这些机制的作用，已成为我国完善社会主义市场经济体制、推动中国特色社会主义建设的迫切需要。马克思、恩格斯在研究商品经济过程中对市场及其机制的理论成果，正好发挥重要的指导作用。

第 八 章

资本积累理论的论述

　　马克思主义经典作家的资本积累理论，是马克思主义经济学说的一个重要组成部分，它彻底揭示了资本积累的一般规律并论证了资本主义被社会主义取代的历史趋势，实现了政治经济学在资本积累问题上的重要革命，对科学认识当代资本主义具有重大的现实指导意义。

第一节　古典政治经济学家的基本观点

　　古典政治经济学家对资本积累问题进行过不少有益的探讨，其中不乏一些有价值的成果。他们几乎都能在不同程度上认识影响资本积累量的某些因素，有的还能看到资本积累的结果带来工人的贫困。但在资本积累的源泉和实质、资本的原始积累等问题上的见解则完全错误，对于资本主义积累的一般规律和资本主义积累的历史趋势问题，他们没有而且也不可能理解，更谈不上进行科学的揭示。其基本观点可概括为如下几个方面。

一、关于资本积累的源泉

　　在资本积累的源泉问题上，亚当·斯密的观点在古典政治经济学中最具代表性。他认为："一个人节省了多少收入，就增加了多少资本。这个增多的资本，他可以亲自投下来雇佣更多的生产性劳动者，亦可以有利息地借给别人，使其能雇佣更多的生产性劳动者。"① 大卫·李嘉图几乎是逐字地重复

_____

　　① ［英］亚当·斯密：《国民财富的性质和原因的研究》上卷，郭大力、王亚南译，商务印书馆 1972 年版，第 310 页。

了斯密的这一观点。他也认为："当我们说节约收入以增加资本时，意思就是说：所谓增加到资本中去的那一部分收入，是由生产性劳动者，而不是由非生产性劳动者消费的。"[①]

古典政治经济学所提到的"收入"，实际上就是剩余价值。因而，他们事实上已经认识到为使生产在扩大的规模上进行，不能把剩余价值全部消费掉，而必须把剩余价值的一部分用作追加资本进行积累。然而，斯密"把全部利润看成资本家的'收入'，这种看法本身就是错误的"[②]。在他看来，资本家获得的"收入"并不是榨取工人的剩余价值。马克思指出，这一点是斯密著作中的重农主义理论的一个因素。重农学派认为，只有农业部门才是唯一能够创造"纯产品"的生产部门，"只有地租才是真正的、经济的、可以说是合法的积累源泉"，而利润则"完全包括在'劳动报酬'之中"[③]。斯密及以后的古典政治经济学家继承了这种见解。马克思写道："重农学派认为利润（包括利息）只是用于资本家消费的收入，从这种见解也产生了亚·斯密和追随他的经济学家的以下观点：资本的积累应归功于资本家个人的节俭、节约和节欲。"[④]斯密明确指出："资本增加的直接原因，是节俭，不是勤劳。"[⑤]可见，古典政治经济学家把资本增大的原因归结为节俭、节约和节欲，完全掩盖了资本家剥削雇佣工人的现实，因而包含着庸俗成分，并于后来被庸俗经济学家西尼耳发展为"节欲论"。

二、关于资本积累的实质

古典政治经济学家们把利润看作资本家的"劳动报酬"，资本积累只不

---

① ［英］李嘉图：《政治经济学及赋税原理》，郭大力等译，商务印书馆 1962 年版，第 128 页注释。

② 《马克思恩格斯全集》第 26 卷第 1 册，人民出版社 1972 年版，第 162 页。

③ 《马克思恩格斯全集》第 26 卷第 1 册，人民出版社 1972 年版，第 37 页。

④ 《马克思恩格斯全集》第 26 卷第 1 册，人民出版社 1972 年版，第 37 页。

⑤ ［英］亚当·斯密：《国民财富的性质和原因的研究》上卷，郭大力、王亚南译，商务印书馆 1972 年版，第 310 页。

过是这种"劳动报酬"的节约、节俭和节欲，因此他们不可能对资本积累的实质有一个正确的认识。在他们看来，"为积累而积累，为生产而生产——古典经济学用这个公式表达了资产阶级时期的历史使命"；"无产者不过是生产剩余价值的机器，而资本家也不过是把这剩余价值转化为追加资本的机器"①。

古典政治经济学的代表人物"一致"认为：资本家的预付资本"是通过他本人的劳动和他的祖先的劳动得到的"②。按照马克思对资本主义简单再生产过程的考察，证明即使他们讲的是如实的，经过一段时期后，预付资本已被资本家挥霍掉了，他的原有资本的任何一个价值原子都不复存在了，预付资本完全变成了积累起来的剩余价值。姑且假定古典政治经济学的上述说法是确实的，那么资本家也只能享有预付资本的占有权。追加资本则没有一个价值原子不是由工人的无酬劳动形成的。资本家用追加资本的一部分购买工人劳动力，甚至以十足的价格购买，"那还是征服者的老把戏，用从被征服者那里掠夺来的货币去购买被征服者的商品"③。不论追加资本的一部分是雇佣原有的工人，还是雇佣追加的工人，从整个阶级的角度上看，工人阶级总是用他们过去的剩余劳动创造了现在雇佣追加劳动的资本，资本家拥有的"对过去无酬劳动的所有权，成为现今以日益扩大的规模占有活的无酬劳动的唯一条件"④。

三、关于决定资本积累量的因素

古典政治经济学在把资本积累的源泉看成是资本家"收入"的"节省"的基础上，指出资本积累量的多少取决于资本家"收入"的"节省"的多少。

---

① 《马克思恩格斯文集》第 5 卷，人民出版社 2009 年版，第 686、687 页。
② 《马克思恩格斯文集》第 5 卷，人民出版社 2009 年版，第 671 页。
③ 《马克思恩格斯文集》第 5 卷，人民出版社 2009 年版，第 672 页。
④ 《马克思恩格斯文集》第 5 卷，人民出版社 2009 年版，第 673 页。

例如，斯密认为："一个人节省了多少收入，就增加了多少资本。"[①]虽然古典政治经济学家们关于资本积累源泉上的见解极其错误，但是他们所讲的资本家"收入"，事实上就是剩余价值，因而事实上都已懂得了资本积累量取决于重新投入生产过程中的剩余价值量。

李嘉图在决定资本积累量因素的见解方面，超过了他的所有前辈。他明确指出："积累资本有两种方法：增加收入，或减少消费。如果当我的支出照旧不变时，我的利润由 1000 镑增加到 1200 镑，那么我每年的积累就会比以前多 200 镑。如果当我的利润照旧不变时，我从支出方面节省 200 镑，也会发生同样的结果，我的资本每年也会增加 200 镑。"[②]他不仅正确指出了剩余价值一定时，资本积累量的大小取决于剩余价值中用于生产过程的数量的多少，而且正确地指出了资本家用于非生产性支出的剩余价值不变，资本积累量的大小取决于所生产出来的剩余价值量的多少。为此，李嘉图特别注意降低资本家的非生产性支出，以加速资本积累。他说："凡属赋税都有减少积累能力的趋势。赋税不是落在资本上面，就是落在收入上面。如果它侵占资本，它就必然会相应地减少一笔基金，而国家的生产性劳动的多寡总是取决于这笔基金的大小的。如果它落在收入上面，就一定会减少积累，或迫使纳税人相应地减少以前的生活必需品和奢侈品的非生产性消费，以便把税款节省下来。"[③]在此，李嘉图实际上表述了减少非生产性支出可以增加资本积累这一正确见解。同时，李嘉图认识上的另一进步还在于，他虽然觉得限制资本家的个人消费品和奢侈品的消费可以增加资本积累，但更多地想通过提高劳动生产率来实现资本积累。显然，这一进步与资本主义生产的发展相连。马克思指出："如果说亚·斯密是向大工业过渡的工场手工业时期的经济学

---

　　① ［英］亚当·斯密：《国民财富的性质和原因的研究》上卷，郭大力、王亚南译，商务印书馆 1972 年版，第 310 页。

　　② ［英］李嘉图：《政治经济学及赋税原理》，郭大力等译，商务印书馆 1962 年版，第 110 页。

　　③ ［英］李嘉图：《政治经济学及赋税原理》，郭大力等译，商务印书馆 1962 年版，第 128—129 页。

家，因而他主要是从中等资产者的角度来看积累，那么，李嘉图是大工业的经济学家，他是从大资产者的角度来看事物。为生产而生产，再生产最大可能地增长，特别是劳动生产力的增长，是最终的和决定性的目的。但是，李嘉图认为，为了这个目的没有必要宣传节约。"①李嘉图代表了大资产者的利益和愿望，极力鼓吹提高劳动生产力。在他看来，通过采用机器等方法提高劳动生产率，便能增加利润。他写道："如果由于采用机器而使收入所购买的一般商品的价值跌落20%，我就能够和收入增加了20%同样有效地实行储蓄。"②可见，李嘉图虽然不完全懂得社会劳动生产率的提高为什么会增加资本积累的数量，但他已经从社会经济的表面现象中，直观地把握了社会劳动生产率的提高能增加资本的利润，并使资本积累量增加。

四、关于资本主义积累的一般规律

在资本积累对工人阶级命运产生的影响问题上，斯密断言："对工资劳动者的需求，必随一国收入和资本的增加而增加，收入和资本没有增加，对工资劳动者的需求决不会增加。"③"劳动者不够，自会导致雇主间的竞争；雇主们竞相出高价雇佣劳动者"④，即认为工资伴随资本积累而增加，完全无视资本主义社会中资本积累造成无产阶级贫困积累这一社会现实。

李嘉图断然否定了斯密的这一见解，他指出："在社会的自然发展中，劳动工资就其受供求关系调节的范围而言，将有下降的倾向。"⑤李嘉图看到了工资呈下降趋势无疑具有正确性，但是他得出这个结论的理论根据则完全

---

① 《马克思恩格斯全集》第49卷，人民出版社1982年版，第521页。

② [英]李嘉图：《政治经济学及赋税原理》，郭大力等译，商务印书馆1962年版，第111页。

③ [英]亚当·斯密：《国民财富的性质和原因的研究》上卷，郭大力、王亚南译，商务印书馆1972年版，第63页。

④ [英]亚当·斯密：《国民财富的性质和原因的研究》上卷，郭大力、王亚南译，商务印书馆1972年版，第62页。

⑤ [英]李嘉图：《政治经济学及赋税原理》，郭大力等译，商务印书馆1962年版，第84页。

错误。在他看来，工资之所以会下降，是因为人口增长的速度超过资本积累的速度。他说："如果规定工资的资本增加率是每年2%，那么，当资本仅按1.5%的比率积累时，工资就会下降；如果资本每年只按1%或0.5%的比率增加，它就会下降得更低，并且会继续下降，直降到资本的积累停滞时为止，那时工资也将随之停滞，而且刚够维持现有的人口。我的意思是说：在上述情形下，如果工资只受劳动者的供求情况调节，工资就会下降。"[①] 李嘉图以马尔萨斯的人口理论作为理论根据，把人口的自然增长过快看作是工人贫困的原因，未能科学地揭示出失业和贫困的根源。

对于在资本积累进程中所出现的可变资本相对量递减及其给雇佣工人阶级所造成的影响，曾经被古典学派包括李嘉图在内的某些优秀的经济学家感觉到。

在这方面，最大的功绩应归功于约翰·巴顿。他说："对劳动的需求取决于流动资本的增加，而不是取决于固定资本的增加。如果这两种资本的比例在任何时候和任何国家确实都是一样的话，那末由此的确可以得出结论说，就业工人的人数同国家的财富成比例。但是这种假定一点也不现实。随着技术的进步和文明的传播，固定资本与流动资本相比越来越大。英国生产一匹凡而纱所使用的固定资本额至少等于印度生产同样一匹凡而纱所使用的固定资本额的一百倍，也许是一千倍。而流动资本的份额则小到百分之一或千分之一……一个勤劳的民族可能把一年的全部积蓄都加到固定资本上去，在这种情况下，这些积蓄也不会使对劳动的需求有任何增长。"[②] 同样，他把不变资本同固定资本、把可变资本同流动资本混为一谈，但他在政治经济学史上"第一次指出，资本各有机组成部分并不随着积累和生产力的发展而以同样程度增加；相反，在生产力增长的过程中，转化为工资的那部分资本同（巴顿称为固定资本的）另一部分相比会相对减少，而后者同自己的量相比

---

① [英]李嘉图：《政治经济学及赋税原理》，郭大力等译，商务印书馆1962年版，第84页。
② 转引自《马克思恩格斯全集》第26卷第2册，人民出版社1973年版，第657页。

只是稍微改变对劳动的需求。因此，他第一次提出这样一个重要论点："就业工人的人数'不是'同国家的财富成比例'，工业不发达国家的就业工人的人数比工业发达的国家相对地多"①。显然，在约翰·巴顿看来，资本积累并不会成比例地增加对劳动的需求，从而并不会增加工人的工资和改善工人的境况。

李嘉图对约翰·巴顿的上述见解完全赞同。在其著作中，极为明显地表述了他追随约翰·巴顿的见解。他写道："资本每有增加，其中大部分将用在机器方面。资本增加时，劳动的需求虽将继续增加，但却不会成比例地增加，其增加率一定是递减的。"②可见，李嘉图抛弃了斯密在这一问题上的偏见，但其论述除存在混淆不变资本和固定资本、可变资本和流动资本的错误外，还有一个断言机器本身造成人口过剩的错误。

乔治·拉姆赛进一步修正和发挥了约翰·巴顿的上述见解。他实际上已把资本划分为不变资本和可变资本，但仍然把不变资本叫作固定资本，不过把原料等也加了进去；把可变资本叫作流动资本，然而把所有不直接花费在工资上的流动资本排除在外。他认为，"对劳动的需求仅仅取决于〈直接地、不需任何媒介地〉流动资本量"③。"只有当流动资本由于新的发明而比原来数额增多时对劳动的较大需求才会出现。那时需求会提高，但并不是同总资本的积累成比例地提高。在工业十分先进的国家，固定资本同流动资本相比总是越来越大。因此，在社会进步的过程中，用于再生产的国民资本的每次增加，对工人状况的影响会越来越小。"④拉姆赛从自己对于固定资本和流动资本的理解中，得出如下的结论："随着社会的进步（即资本主义生产的进步），资本的固定部分靠缩小流动部分，即缩小用于劳动的部分而增大。因此，随着财富的增加或资本的积累，对劳动的需求相对地减少。在工业中，生产力

---

① 《马克思恩格斯全集》第 26 卷第 2 册，人民出版社 1973 年版，第 658 页。
② [英]李嘉图：《政治经济学及赋税原理》，郭大力等译，商务印书馆 1962 年版，第 338 页。
③ 转引自《马克思恩格斯全集》第 26 卷第 3 册，人民出版社 1974 年版，第 370 页。
④ 转引自《马克思恩格斯全集》第 26 卷第 3 册，人民出版社 1974 年版，第 370—371 页。

的发展给工人带来的'祸害'是暂时的，但它们会一再重复。在农业中，特别是在耕地变为牧场时，这些祸害则是永久的。总的结果是：随着社会的进步，即随着资本的发展（也就是随着国民财富的发展），这种发展对工人状况的影响越来越小，换句话说，按照一般财富增长即资本积累的比例，或者同样可以说，按照再生产规模扩大的比例，工人状况相对恶化。"①

古典政治经济学的这些优秀代表人物显然已经感觉到了资本积累会对工人状况带来影响，但是他们看到和认识到的只停留在一些表面现象上，没有揭示出这些表面现象背后隐藏着的内在联系，再加上他们完全混淆了流动资本与可变资本的区别，因而"可变资本相对量递减的规律和这个规律对雇佣工人阶级状况的影响"，乃至资本主义积累的一般规律，并"没有被他们所理解"②。

五、关于资本的原始积累

古典政治经济学家中，杜尔哥最早探讨了资本的原始积累问题。他专门地分析了劳动者与土地的分离过程，指出了一些人聪明、活跃、节俭和另一些人懒惰、死板、浪费是劳动者与土地分离的最重要原因。有些人因聪明、活跃、节俭而获得土地，可以不再进行辛勤的劳动，而情愿雇佣他人为他劳动；另一些人因懒惰、死板、浪费而渐渐丧失土地，变得一无所有，不得不受雇于前者以图生存。

以后的一些资产阶级经济学家都接受了杜尔哥的这一观点，把资本的原始积累的根源归结为勤俭和懒惰。事实上资产阶级政治经济学关于资本的原始积累的见解极其错误，马克思在批判这些见解时指出，资本的原始积累，"但是在温和的政治经济学中，从来就是田园诗占统治地位"③。

---

① 《马克思恩格斯全集》第 26 卷第 3 册，人民出版社 1974 年版，第 370 页。
② 《马克思恩格斯文集》第 5 卷，人民出版社 2009 年版，第 728 页注释 79。
③ 《马克思恩格斯文集》第 5 卷，人民出版社 2009 年版，第 821 页。

六、关于资本积累的作用

以魁奈、斯密和李嘉图为代表的古典政治经济学家不同程度地探讨了资本积累对经济增长的促进作用。魁奈的纯产品理论以及在此基础上发展起来的《经济表》最早论及经济增长问题，认为经济增长是农业剩余产品再投资的一种经济结果，只有农业的发展才能成为经济增长的源泉。而在理论上最早系统研究资本积累与经济增长问题的则是斯密，他非常重视资本积累对经济增长的作用，认为尽管增加一国财富必须增加生产劳动者的数量和提高劳动生产率，但增加生产性劳动者数量，必先增加资本以增加劳动基金；提高劳动生产率，必先增加便利劳动的机械和工具或者予以改良，亦需首先增加资本。他还把消费划分为生产性消费和非生产性消费，极力强调减少非生产人数，节约非生产性消费。他说："用以维持非生产性人手的部分愈大，用以维持生产性人手的部分必愈小，从而次年生产物亦必愈少。"① 可见，斯密把魁奈所界定的生产部门由单一的农业部门推广到能够为资本带来利润的工商业部门，以更具一般意义的生产资本和生产性劳动代替魁奈狭隘的农业资本和农业生产劳动，系统全面地分析了生产性劳动、劳动生产率提高和资本积累对经济增长的重要作用。

继斯密之后，李嘉图将研究的重心转向收入分配问题，着重分析了各种收入分配比例如何通过影响资本积累从而影响经济增长，重点考察了工资、利润和地租的相互关系及其对经济增长的影响。他比斯密更彻底地把利润看成剩余价值，认为提高劳动生产率会使生活资料的价值降低，工资也随之降低，利润就会增加。发展生产力是当时的资产阶级的历史任务，而要发展生产力，就必须有高额利润以增加积累，使资本家有更多的资本购买最新的机器设备，扩大企业规模，促进生产发展，从而增加社会财富。在获得高额利

---

① ［英］亚当·斯密：《国民财富的性质和原因的研究》上卷，郭大力、王亚南译，商务印书馆 1972 年版，第 305 页。

润以增加积累问题上，李嘉图认为一方面要提高劳动生产率，缩短工人的必要劳动时间以降低生活资料的价值，使资本家支付的工资减少而获得的利润相应增加；另一方面要限制那些妨碍积累的非生产性消费，最主要的是地主的地租和国家的赋税，竭力主张在"纯收入"中减少地租和赋税所占的份额，增加利润的份额，最后达到扩大积累，增加生产即增加财富的目的。还值得一提的是，李嘉图指出了由资本积累增长所导致的利润率下降趋势，他说："利润的自然趋势是下降的；因为在社会和财富的发展中，必要的食品增加量是通过牺牲越来越多的劳动获得的。"[①] 但由于他只从农业劳动生产率降低和工资提高的角度，而没有从资本有机构成变化的角度来进行分析，不能科学地说明利润率下降的原因。

第二节　马克思、恩格斯的基本观点

马克思对资本积累的分析，在政治经济学史上作出了"极其重要和新颖的"[②] 贡献。他依据科学的劳动价值论和剩余价值理论，在批判和抛弃古典政治经济学的荒谬见解的基础上，科学论述了资本积累的源泉和实质，资本原始积累的起源、方式和实质；在批判地继承古典政治经济学的有价值的见解的基础上，全面阐述了决定资本积累量的因素，并深刻揭示了资本主义积累的一般规律和资本主义的历史趋势。

一、资本积累理论的形成

马克思、恩格斯的资本积累理论是在深入批判古典及庸俗政治经济学家的两个荒谬教条的基础上形成的。

---

① [英]李嘉图:《政治经济学及赋税原理》，郭大力等译，商务印书馆 1962 年版，第 101 页。
② 《列宁专题文集　论马克思主义》，人民出版社 2009 年版，第 23 页。

第一，彻底批判了剩余产品由生产工人，而不是非生产工人消费的错误。针对古典政治经济学家在资本积累特点断言上的错误，马克思认为就转化为可变资本的那一部分剩余价值而言，这一观点具有正确性，但就转化为资本的全部剩余价值而言，却极其错误。这一错误根源于亚当·斯密的荒谬教条，即把商品价值归结为工资、利润和地租三种收入，实际上是归结为可变资本和剩余价值，漏掉了不变资本部分。其结果是转化为资本的剩余价值只能全部成为可变资本，用于购买劳动力，从而全部由工人消费。马克思对此深刻指出："亚·斯密使人们形成一种流行的看法，把积累仅仅看成剩余产品由生产工人消费，或者说，把剩余价值的资本化仅仅看成剩余价值转变为劳动力。"① 大卫·李嘉图对资本积累理论也进行了一些有益的探索，但同样重复了斯密教条的错误，认为资本积累只是剩余产品由生产劳动者消费，即资本积累只是收入转化为工资，只是可变资本的积累。由此得出的必然结论是，资本积累越增加，工人的收入和消费就越增加，资本和雇佣劳动、资本家和工人的利益是完全一致的。进入到庸俗政治经济学阶段，庸俗经济学家继续抱守斯密教条，以此为资本主义制度作辩护。马克思针对这一观点的荒谬性，科学论述了在资本积累过程中，资本化的剩余价值必然分为不变资本和可变资本，剩余产品必然用于生产消费和工人生活消费，以及它们的变化趋势。他认为，资本积累不只是可变资本的积累，同时也是不变资本的积累。从增长的速度上看，不变资本的积累一般总是超过可变资本的积累。资本化的剩余价值，如果要在生产上发挥其职能，必然分成可变资本和不变资本两部分。"剩余产品究竟以怎样的比例分为可变资本和不变资本，这取决于资本的平均构成，而且资本主义生产愈发达，直接花费在工资上的那部分相对地也就愈小。"② 这些分析和论述为他进一步揭示资本主义积累的一般规律和无产阶级贫困化奠定了稳固的理论基础。

---

① 《马克思恩格斯文集》第 5 卷，人民出版社 2009 年版，第 680 页。
② 《马克思恩格斯全集》第 26 卷第 2 册，人民出版社 1973 年版，第 561 页。

第二，深刻批判了把工人贫困和失业归因于资本主义的"自然人口规律"的错误。按照古典及庸俗政治经济学家所谓的资本积累的自然规律或"自然人口规律"的逻辑，工资因资本积累而提高，工资提高刺激工人人口增加，直至劳动充斥市场、资本同工人的供给比较相对不足，导致工资下降；反之，工资下降，工人人口逐渐减少，资本同工人人口比较相对过剩，又出现劳动供不应求、工资提高等情况。针对这一教条的错误，马克思认为把工人贫困和失业归根于自然原因是对资本主义人口规律的严重歪曲，具有为资本主义制度辩护的色彩。他具体考察了资本积累过程的两个不同阶段，即资本有机构成不变条件下和资本有机构成提高条件下的资本积累，着重分析了资本有机构成提高所导致的相对过剩人口的形成，科学地论述了资本积累和工人人口的关系，深刻地揭示了资本主义积累规律和人口规律。他认为所谓的"自然人口规律"是资产阶级经济学家对客观经济现象的曲解，"随着已经执行职能的社会资本量的增长及其增长程度的提高，随着生产规模和所使用的工人人数的扩大，随着他们劳动的生产力的发展，随着财富的一切源流的更加广阔和更加充足，资本对工人的更大的吸引力和更大的排斥力互相结合的规模也不断扩大，资本有机构成和资本技术形式的变化速度也不断加快，那些时而同时地时而交替地被卷入这些变化的生产部门的范围也不断增大。因此，工人人口本身在生产出资本积累的同时，也以日益扩大的规模生产出使他们自身成为相对过剩人口的手段。这就是资本主义生产方式所特有的人口规律"①。

二、资本积累理论的内涵

马克思、恩格斯资本积累理论的科学性体现在：在科学阐释资本积累源泉的基础上首次提出了资本积累的科学概念；第一次深刻揭示了资本积

---

① 《马克思恩格斯文集》第5卷，人民出版社2009年版，第727—728页。

累的实质；极大地充实和丰富了古典政治经济学关于资本积累量的决定因素的思想；科学阐明了资本主义积累的一般规律；在政治经济学史上首创性地提出科学的资本原始积累理论；为科学分析资本主义积累的历史趋势作出了独创性的贡献。具体而言，马克思、恩格斯的资本积累理论包括以下四个方面。

第一，分析资本的再生产过程，揭示资本积累的实质和资本主义占有规律。

首先，马克思研究了资本的简单再生产过程，因为它是扩大再生产的基础和出发点。由于这一过程的重复或连续性，会呈现出资本的一次孤立的生产过程所看不到的新特征，消除它作为一次孤立的生产过程的虚假特征，以进一步揭示出资本主义生产的实质。在这一过程的分析中可看到：资本家用于购买劳动力的可变资本即支付给工人的工资，是工人自己创造的。资本家的全部资本，也是由工人的劳动创造的，工人的个人消费从属于资本家追逐剩余价值的需要，是资本生产和再生产的一个要素。可见，不仅资本家的可变资本，而且全部资本都是雇佣工人劳动创造的，它还生产和再生产出资本关系本身，体现了物质资料再生产和生产关系再生产的统一。马克思在这一过程的考察中指出："它不仅生产商品，不仅生产剩余价值，而且还生产和再生产资本关系本身：一方面是资本家，另一方面是雇佣工人。"①

其次，马克思继续从扩大再生产的角度揭示出资本主义生产的实质，因为资本主义再生产的特征是扩大再生产。他纠正了古典政治经济学把资本家的劳动报酬当作资本积累源泉的错误，提出追加资本"一开始就没有一个价值原子不是由无酬的他人劳动产生的"②。马克思把剩余价值看作资本积累的真正的唯一的源泉，并在此基础上提出了关于资本积累的科学概念，认为"把剩余价值当做资本使用，或者说，把剩余价值再转化为资本，叫做资本

---

① 《马克思恩格斯文集》第 5 卷，人民出版社 2009 年版，第 666 页。
② 《马克思恩格斯文集》第 5 卷，人民出版社 2009 年版，第 672 页。

积累"①；"积累就是资本以不断扩大的规模进行的再生产"②，即扩大再生产的资本主义形式。用扩大再生产的观点来看，追加资本的来源就是资本化的剩余价值，它一开始就是由雇佣工人的无酬劳动产生的。资本积累的实质是剩余价值的资本化，更进一步地说，对过去无酬劳动的所有权，成为现今以日益扩大的规模占有活的无酬劳动的唯一条件。资本家积累得越多，就越能更多地积累。由此得出结论，"规模扩大的再生产或积累再生产出规模扩大的资本关系：一极是更多的或更大的资本家，另一极是更多的雇佣工人"③。此外，在科学阐释资本积累源泉和深刻揭示资本积累实质的基础上，马克思还周密研究了决定资本积累量的各种因素，认为后者除取决于剩余价值分为资本和收入的比例外，还取决于资本对劳动力的剥削程度、社会劳动生产率水平、所用资本和所费资本的差额、预付资本量的大小等。

最后，马克思阐述了商品生产所有权规律转变为资本主义占有规律。资本主义占有规律的内容是："所有权对于资本家来说，表现为占有他人无酬劳动或它的产品的权利，而对于工人来说，则表现为不能占有自己的产品。"④即占有生产资料的资本家占有工人生产的商品，并占有包含其中的剩余价值；而工人却不能占有产品，只能保持劳动力以便作为商品继续出卖。这一占有规律在资本的一次生产过程表现为一次性占有，在资本的简单再生产过程表现为不断反复地占有，在资本的扩大再生产过程表现为不断扩大的占有。商品生产按自身的内在规律发展到资本主义生产方式产生后，商品生产所有权规律就转变为资本主义占有规律。马克思对此评价为"以商品生产和商品流通为基础的占有规律或私有权规律，通过它本身的内在的、不可避免的辩证法转变为自己的直接对立物"⑤。

---

① 《马克思恩格斯文集》第 5 卷，人民出版社 2009 年版，第 668 页。
② 《马克思恩格斯文集》第 5 卷，人民出版社 2009 年版，第 671 页。
③ 《马克思恩格斯文集》第 5 卷，人民出版社 2009 年版，第 708 页。
④ 《马克思恩格斯文集》第 5 卷，人民出版社 2009 年版，第 674 页。
⑤ 《马克思恩格斯文集》第 5 卷，人民出版社 2009 年版，第 673 页。

第二，分析资本有机构成在积累进程中质的变化，论证相对过剩人口的形成和资本主义人口规律。

首先，马克思对资本积累过程的考察是为了研究资本增长对工人阶级命运的影响，其中"最重要的因素是资本的构成和它在积累过程进行中所起的变化"①。他首先提出了资本有机构成范畴，认为资本的构成从物质方面看，由生产资料和劳动力构成，表现为资本的技术构成；从价值方面看，由不变资本部分和可变资本部分构成，表现为资本的价值构成。马克思把由资本技术构成决定并且反映技术构成变化的资本价值构成，叫作资本的有机构成，用不变资本和可变资本之比来表示，它包括个别资本有机构成和社会资本的平均有机构成。马克思在资本主义积累的一般规律的研究中，所触及的是社会资本的平均有机构成。

其次，他考察了资本构成的质的变化，先"假定资本的构成不变，也就是说，为了推动一定量的生产资料或不变资本始终需要同量劳动力，同时其他情况也不变，那么，对劳动的需要和工人的生存基金，显然按照资本增长的比例而增长，而且资本增长得越快，它们也增长得越快"②。当资本积累的需要超过劳动力的增加时，对工人的需求就会超过工人的供给，就会导致工资提高。然而，这丝毫不会改变资本主义生产的基本性质。由于资本积累而暂时提高劳动力的价格，"实际上不过表明，雇佣工人为自己铸造的金锁链已经够长够重，容许把它略微放松一点"③。斯密所说的资本的增长，引起工资提高的情况，仅仅存在于有机构成不变情况下的资本增长阶段。但是资本积累的过程会越出这一阶段，一旦资本主义制度的一般基础奠定下来，在资本积累过程中就一定会出现一个时刻，社会劳动生产率的发展成为资本积累的最强有力的杠杆。社会劳动生产率的水平，表现为一个工人在一定时间内，以同样的劳动强度转化为产品的生产资料的相对量。工人用来进行劳动

① 《马克思恩格斯文集》第 5 卷，人民出版社 2009 年版，第 707 页。
② 《马克思恩格斯文集》第 5 卷，人民出版社 2009 年版，第 708 页。
③ 《马克思恩格斯文集》第 5 卷，人民出版社 2009 年版，第 714 页。

的生产资料的量，随着工人的劳动生产率的增长而增长。劳动生产率的增长，表现为劳动的量比它所推动的生产资料的量相对减少，或者说，表现为劳动过程的主观因素的量比它的客观因素的量相对减少。生产资料的量比推动它的劳动力的量相对增长，便是资本的技术构成提高，从而资本的有机构成也会随着提高。马克思还分析了资本积聚和资本集中对资本有机构成提高的重大影响，并对社会积累的这两种具体形式进行了考察。指出单个资本通过资本积聚和集中增大后，为采用先进的技术装备来提高劳动生产力创造了条件，其结果不仅使新形成的资本的有机构成越来越高，而且也使旧资本在物质更新后的资本有机构成越来越高。

最后，马克思考察了资本有机构成质的变化对劳动需求的影响，分析了相对过剩人口的形成，由此产生了资本主义生产方式特有的人口规律。换言之，在雇佣工人创造的剩余价值的资本化中，随着个别资本通过积累、积聚和集中，社会财富日趋集中在少数资本家手中。在资本积累的发展中，资本家必然要不断改进技术，提高劳动生产率，从而使可变资本在总资本中的比率越来越小，资本有机构成不断提高。而资本有机构成不断提高的结果，要求扩大个别资本的规模，从而更加剧了社会财富的集中。在资本积累增大和资本有机构成提高的共同作用下，劳动力的供给和需求呈现出两方面变化，一方面资本对劳动力的需求相对地有时甚至是绝对地减少，另一方面劳动对资本的供给不断增加，劳动力的供过于求必然出现相对过剩人口，无产阶级因失业而陷于贫困。"资本主义积累不断地并且同它的能力和规模成比例地生产出相对的，即超过资本增殖的平均需要的，因而是过剩的或追加的工人人口。"[①]马克思认为过剩的工人人口是资本积累的必然产物，它表现为流动的形式、潜在的形式和停滞的形式。反过来，这种过剩人口又叫作产业后备军则成为资本积累的杠杆，甚至成为资本主义生产方式存在的一个条件。"对资本主义生产来说，人口自然增长所提供的可供支配的劳动力数量是绝对不

---

① 《马克思恩格斯文集》第 5 卷，人民出版社 2009 年版，第 726 页。

够的。为了能够自由地活动，它需要有一支不以这种自然限制为转移的产业后备军。"①

第三，揭示了资本主义积累的一般规律，论证了无产阶级贫困的必然性。

基于资本积累过程中资本有机构成作用机制的分析，马克思深刻地揭示出资本主义积累的一般规律，把它表述为："社会的财富即执行职能的资本越大，它的增长的规模和能力越大，从而无产阶级的绝对数量和他们的劳动生产力越大，产业后备军也就越大。可供支配的劳动力同资本的膨胀力一样，是由同一些原因发展起来的。因此，产业后备军的相对量和财富的力量一同增长。但是同现役劳动军相比，这种后备军越大，常备的过剩人口也就越多，他们的贫困同他们所受的劳动折磨成反比。最后，工人阶级中贫苦阶层和产业后备军越大，官方认为需要救济的贫民也就越多。这就是资本主义积累的绝对的、一般的规律。"②进一步，马克思继续指出无产阶级贫困的必然性："这一规律制约着同资本积累相适应的贫困积累。因此，在一极是财富的积累，同时在另一极，即在把自己的产品作为资本来生产的阶级方面，是贫困、劳动折磨、受奴役、无知、粗野和道德堕落的积累。"③

在对无产阶级贫困化问题的认识上，马克思从原因、表现和后果上作了探讨。在原因上，他认为雇佣劳动制是根源，资本积累是直接原因。他指出："不管工人的报酬高低如何，工人的状况必然随着资本的积累而恶化。"④资本积累过程从资产阶级方面来说，就是资本规模扩大和社会财富集中的过程，就是资本有机构成不断提高的过程。从无产阶级方面来说，资本有机构成不断提高的过程，就是其沦为失业和陷于贫困的过程。再从无产阶级贫困化的表现上看，可分为绝对贫困和相对贫困两种形式。尽管马克思并未明确

---

① 《马克思恩格斯文集》第 5 卷，人民出版社 2009 年版，第 731 页。
② 《马克思恩格斯文集》第 5 卷，人民出版社 2009 年版，第 742 页。
③ 《马克思恩格斯文集》第 5 卷，人民出版社 2009 年版，第 743 页。
④ 《马克思恩格斯文集》第 5 卷，人民出版社 2009 年版，第 743 页。

使用"绝对贫困化"和"相对贫困化"概念，但他本人及之后的经典论著事实上论及了相对贫困和绝对贫困，他指出："虽然工人生活的绝对水平依然照旧，但他的相对工资以及他的相对社会地位，也就是与资本家相比较的地位，却会下降。"[1] 恩格斯也进一步指出，认为无产阶级的贫困越来越增长，"这样绝对地说是不正确的。工人的组织，他们的不断加强的抵抗，会在可能范围内给贫困的增长以某种遏制"[2]。由于这些阻碍因素的存在，绝对贫困成为有时发生的现象，而且也不是固定发生在某一部分工人中的现象，因而它相对地、有条件地存在于资本主义发展进程中。无产阶级贫困化的后果，就是资本主义积累的历史趋势。

第四，分析了资本的原始积累过程，指出了资本主义积累的历史趋势。

马克思在资本原始积累过程的分析中指出，"所谓原始积累只不过是生产者和生产资料分离的历史过程"[3]。这个过程一方面使社会的生活资料和生产资料迅速集中到少数人手中并转化为资本，另一方面使大批直接生产者——小生产者被剥夺了生产资料而转化为雇佣工人，它是资本主义生产方式的起点。在原始积累的历史中，首要因素是大量的人突然被强制地同自己的生存资料分离，被当作不受法律保护的无产者抛向劳动市场，形成这一全部过程的基础是对农民的土地剥夺。此外，马克思还分析了国债制度、现代税收制度和保护关税制度等方法进行资本的原始积累，所有这些方法都利用国家权力，也就是利用集中的有组织的社会暴力，来大力促进从封建生产方式向资本主义生产方式的转变过程。

在对资本积累和资本原始积累的比较中，马克思最后指出了资本主义积累的历史趋势。他认为在资本主义积累的一般规律作用下，必然造就资产阶级财富或资本的积累和无产阶级失业或贫困的积累，这一后果使资本主义基本矛盾表现为无产阶级和资产阶级之间的矛盾，决定了资本主义生产方式的

---

[1] 《马克思恩格斯文集》第 3 卷，人民出版社 2009 年版，第 67 页。

[2] 《马克思恩格斯文集》第 4 卷，人民出版社 2009 年版，第 410 页。

[3] 《马克思恩格斯文集》第 5 卷，人民出版社 2009 年版，第 822 页。

产生、发展和灭亡。伴随着资本积累、积聚和集中的发展，资本主义社会生产力有了长足进步，但同时也使其发展面临矛盾：一方面资本主义生产日益社会化，并且随着资本主义生产社会化程度越来越高，社会分工越来越细，生产也越来越专业化，狭小的国内市场进一步拓展而形成国际市场。日益发展的社会化大生产本质上必然要求社会共同占有生产资料。另一方面，生产资料的所有权却日益集中到少数大资本家手中，形成对资本的垄断。少数大资本家的财富日益增大，无产阶级的贫困和被剥削程度不断加深，生产资料的私人占有与生产的社会性不能相容。在资本主义社会，资产阶级和无产阶级之间的关系成为最基本的阶级关系，资产阶级对无产阶级的剥削关系决定了这两个阶级矛盾的对抗性质。在资本主义基本矛盾的发展及阶级矛盾的对抗中，资本主义自身为向社会主义转变准备了条件。从物质条件上看，准备了高度发达的生产力和社会化的大生产，使社会主义制度的建立有了物质基础；从阶级力量上看，产生和锻炼了实现社会主义历史使命的无产阶级，无产阶级因其处于被剥削地位而最富革命彻底性，因其和社会化大生产相连而成为先进生产力代表，因在社会化大生产实践中锻炼而具备高度组织性和纪律性。随着无产阶级的觉悟和组织程度日益成熟，马克思指出："资本的垄断成了与这种垄断一起并在这种垄断之下繁盛起来的生产方式的桎梏。生产资料的集中和劳动的社会化，达到了同它们的资本主义外壳不能相容的地步。这个外壳就要炸毁了。资本主义私有制的丧钟就要响了。剥夺者就要被剥夺了。"① 这是无产阶级对资产阶级的剥夺，资本主义自身发展的客观规律，造成了对资本主义私有制自身的否定。"这种否定不是重新建立私有制，而是在资本主义时代的成就的基础上，也就是说，在协作和对土地及靠劳动本身生产的生产资料的共同占有的基础上，重新建立个人所有制。"② 这里的重建个人所有制不是历史上的小私有制，而是联合起来的社会个人的所有制，即

---

① 《马克思恩格斯文集》第 5 卷，人民出版社 2009 年版，第 874 页。
② 《马克思恩格斯文集》第 5 卷，人民出版社 2009 年版，第 874 页。

生产资料社会主义公有制。马克思对资本主义积累的历史趋势的独到分析，用恩格斯的话来说，这一"关于剥夺者被剥夺的概括是非常光辉的"[①]。

三、马克思、恩格斯资本积累理论的意义

马克思主义经典作家的资本积累理论的提出至今已有百余年，资本主义在经历了 19 世纪到 21 世纪的发展后，伴随着社会生产力的发展和生产关系的局部调整，资产阶级对无产阶级剥削和统治手段的有了新的变化，工人阶级的个人物质生活状况有了明显改善和提高。国内外有一些学者认为，无产阶级贫困化"已经消失"，资本主义积累的一般规律"不复存在"；也有一些学者提出无产阶级的绝对贫困化"已经消失"，但相对贫困化依然存在；还有些学者提出因资本有机构成提高导致工人失业不再成为工人贫困的主要原因，从而认定马克思在这个基础上的资本主义积累的一般规律"不再成立"。

尽管当前社会历史条件发生了很大变化，新科技革命浪潮推动社会生产力有了极大发展，资本主义生产关系不断进行着自我调整，但值得注意的是，资本主义在当代发展的同时，种种矛盾和弊端已扩散到世界范围内，如生产和消费的矛盾、垄断资产阶级和工人阶级的矛盾、发达国家和发展中国家之间的矛盾以及发达国家之间的矛盾等。伴随着资本积累的扩大，资本有机构成不断趋向提高，一定量的资本可吸收的劳动力必然减少，在当代资本主义现实中制约着劳动力的就业，结构性失业日益突出。与此同时，无产阶级贫困化在经济全球化背景下继续表现为工人阶级的贫困化，相对贫困难以缓解，绝对贫困时有发生，贫困化的表现形态多样化。因此，由资本有机构成所导致的失业在当代依然是工人阶级贫困的不容抹杀的重要原因，马克思主义经典作家的资本积累理论仍然具有正确性。一百多年以来，这一理论不

[①] 《马克思恩格斯全集》第 31 卷，人民出版社 1972 年版，第 340 页。

仅没有过时和消失，而且在社会历史条件的巨大变迁中，对于我们科学认识资本主义世界的阶级矛盾、失业和贫困问题乃至资本主义的历史走向仍具有重要的现实指导意义。

第三节　列宁的基本观点

列宁的资本积累思想集中体现在他对资本主义经济问题的论述上，是对马克思、恩格斯资本积累理论的继承和完善，本节将从以下四个方面进行分析和阐述。

一、资本积累是资本主义制度的规律

列宁指出"资本主义社会不进行积累就不能存在，因为竞争迫使每个资本家在破产的威胁下扩大生产"[1]。他基于对资本积累重要性的认识，分析了资本主义再生产的特征不是简单再生产，他提出："我们先假定研究的是简单再生产，即假定生产不扩大，一直保持原有的规模；这就是说，全部额外价值都被资本家用于非生产方面，即用于个人需要而不用于积累。"[2] 同时，列宁又进一步分析道："简单再生产实际上是不会有的，这一方面是因为整个社会的生产不可能每年都停留在原有的规模上，另一方面是因为积累是资本主义制度的规律。因此，我们要考察一下，规模扩大的社会生产或者说积累是如何进行的。在积累时，资本家只把一部分额外价值用于个人需要，另一部分则用于生产方面，即转化为生产资本要素以扩大生产。"[3] 这表明资本主义再生产的特征是扩大再生产，资本积累则是扩大再生产的源泉。

---

① 《列宁全集》第 1 卷，人民出版社 1984 年版，第 83 页。
② 《列宁全集》第 1 卷，人民出版社 1984 年版，第 59—60 页。
③ 《列宁全集》第 1 卷，人民出版社 1984 年版，第 60—61 页。

二、资本主义的技术发展造成相对人口过剩

列宁深刻指出："在资本主义社会里，技术和科学的进步意味着榨取血汗的艺术的进步。"① 在技术发展带来的后果上，他分析道："这种技术进步使企业主对工人的活劳动的需要相对减少，劳动力也就必然供过于求，因此雇佣劳动愈来愈依附资本，雇佣劳动受剥削的程度不断提高。"② 对于技术发展造成的相对人口过剩，他提出流动的、潜在的和停滞的人口过剩的三种形式。在对经济浪漫主义的评价中，他指出"过剩人口是过剩生产的必然补充物，是资本主义经济的必然附属品，没有它，资本主义经济既不能存在，也不能发展"③。在对民粹派经济学的批判中他继续指出："他们完全不懂得大批后备工人对我国资本主义的存在与发展的必要性……资本主义只能是跳跃式地发展，因而需要出卖劳动力的生产者人数，应当始终高于资本主义对工人的平均需求。"④

三、资本积累与工人阶级贫困化

列宁在研究经济落后国家特别是俄国如何实现经济发展的问题中，认识到资本积累对经济发展具有重要意义。他指出："积累确实是生产超过收入（消费品）的表现。为了扩大生产（绝对意义上的'积累'），必须首先生产生产资料，而要做到这一点，就必须扩大制造生产资料的社会生产部门，就必须把工人吸收到那一部门中去，这些工人也就对消费品提出需求。可见，'消费'是跟着'积累'或者跟着'生产'而发展的。"⑤ 这就是他的生产资料

① 《列宁全集》第 23 卷，人民出版社 1990 年版，第 19 页。
② 《列宁专题文集　论无产阶级政党》，人民出版社 2009 年版，第 187 页。
③ 《列宁全集》第 2 卷，人民出版社 1984 年版，第 149 页。
④ 《列宁全集》第 3 卷，人民出版社 1984 年版，第 536—537 页。
⑤ 《列宁全集》第 2 卷，人民出版社 1984 年版，第 125 页。

生产优先增长的思想，并认为生产超过收入是"任何积累所必需的，而一切积累在消费品市场并未相应扩大甚至还缩小的情况下也为生产资料开辟新的市场"①。此外，在资本积累的后果上，列宁在论及工人阶级贫困化时作出了绝对贫困化和相对贫困化的划分。他指出："工人的贫困化是绝对的，就是说，他们确实愈来愈穷，不得不生活得更坏，吃得更差，更吃不饱，更多的人栖身在地窖里和阁楼上。"②"工人的相对贫困化，即他们在社会收入中所得份额的减少更为明显。工人在财富迅速增长的资本主义社会中的比重愈来愈小，因为百万富翁的财富增加得愈来愈快了。"③总之，工人阶级贫困化应指资本主义各国整个工人阶级各方面的贫困状况，绝对贫困化和相对贫困化是这一问题有机统一、不可分割的两个方面。

四、资本积累的历史趋势是剥夺者必将被剥夺

列宁在研究资本主义发展和市场扩大的相互关系时，深入分析了资本积累的过程就是工人无产阶级日益团结和觉悟的过程——这一过程为剥夺者被剥夺准备阶级力量。他指出："资本主义的发展必然引起全体居民和工人无产阶级需要水平的增长。这种增长的造成，一般是由于产品交换的频繁，而产品交换的频繁又使城市和乡村间、各个不同地区间的居民的接触更为频繁。造成这种情形的，还有工人无产阶级的密集，这种密集提高着这个阶级的觉悟程度和人的尊严感，使他们有可能同资本主义制度的掠夺趋向作有效的斗争。"④他还进一步指出："资本主义制度在使工人愈来愈依赖资本的同时，创造着联合劳动的伟大力量。"⑤此后，列宁科学地预见了资本主义的历

---

① 《列宁全集》第 2 卷，人民出版社 1984 年版，第 129 页。
② 《列宁专题文集　论资本主义》，人民出版社 2009 年版，第 77 页。
③ 《列宁专题文集　论资本主义》，人民出版社 2009 年版，第 78 页。
④ 《列宁全集》第 1 卷，人民出版社 1984 年版，第 84—85 页。
⑤ 《列宁专题文集　论马克思主义》，人民出版社 2009 年版，第 70 页。

史进程，认为资本积累为资本主义走向灭亡准备了物质条件。他说："马克思考察了资本主义的发展过程，从商品经济的最初萌芽，从简单的交换一直到资本主义的高级形式，到大生产……一切资本主义国家（无论老的或新的）的经验，使工人中一年比一年多的人清楚地看到了马克思这一学说的正确性。……资本主义在全世界获得了胜利，但是这一胜利不过是劳动对资本的胜利的前阶。"① 在此基础上，他最后指出："马克思历史地证明并在这里简略地概述：正像以往小生产由于自身的发展而造成消灭自身的条件一样，现在资本主义生产方式也自己造成使自己必然走向灭亡的物质条件。"②

---

① 《列宁专题文集　论马克思主义》，人民出版社 2009 年版，第 70 页。
② 《列宁专题文集　论辩证唯物主义和历史唯物主义》，人民出版社 2009 年版，第 193 页。

第九章

资本循环和周转及社会资本再生产理论的论述

资本循环、资本周转和社会资本再生产理论是马克思主义政治经济学的重要组成部分。这些理论所涉及的不仅是资本主义商品流通和社会资本再生产的主要规律与基本特征，而且也是社会化大生产条件下社会生产和再生产的基本问题与一般特征。

第一节　古典政治经济学家的基本观点

一、关于资本的基本观点

古典经济学家大多数把资本看成是物，而不像马克思那样将资本视为一种关系。从配第到休谟，资本理论是逐渐发展起来的。配第在某些场合区分了资本和货币，即资本可以增殖，而货币不能。但多数情况下他把资本和货币混为一谈。诺思是第一个明确提出资本的概念的人。他提出，如果放债人多于借债人，利息将下降。不是低利息使商业活跃，而是在商业发展时"国民资本"使利息下降[①]。"货币无非是衡量的尺度，……它们又是适于存放多余资本的特殊基金。"[②] 因此，诺思明确区分了资本和货币。

休谟对资本的认识又进了一步，他触及了资本形态的问题。休谟认为同一资本投在商业中可以获取利润，贷放出去可以获取利息。这表明他意识到了同一资本可以用作职能资本，也可以用作借贷资本。

---

① ［英］D.诺思：《贸易论》，桑伍译，商务印书馆 1976 年版，第 19 页。
② ［英］D.诺思：《贸易论》，桑伍译，商务印书馆 1976 年版，第 29 页。

在英国古典经济学家中，第一次比较系统地研究资本理论的是斯密。他一方面指出资本是为资本家提供利润的积累，另一方面又认为资本是继续生产的积累，即生产资料。由于斯密没有把第一种观点即把资本理解为一种生产关系的思想贯彻到底，因此他在分析资本时，又把资本和资本的物质要素等同，把资本和生产资料混为一谈。资本家是积累有储存品的人，而他的储存品"分成两部分，他希望从中取得收入的部分，称为资本。另一部分，则供目前消费"①。这样资本被规定为生产资料本身，否定了资本体现的是一种特定的生产关系。

斯密把资本区分为固定资本和流动资本在经济学史上有重要意义。他指出："商人的资本不断以一个形态用出，以另一个形态收进；而且也只有依靠这种流通，依靠这种继续的交换，才有利润可图。因此，这样的资本可称为流动资本。""资本又可用来改良土地，购买有用的机器和工具，或用来置备无须易主或无须进一步流通即可提供利润的东西。这样的资本可称为固定资本。"② 与魁奈的"原预付"和"年预付"相比，斯密把其普遍化了，即从租地农场主的资本扩展到了一切形式的资本，从而重农学派关于资本一年周转一次和多年周转一次的农业中的特殊区别，被斯密的周转时间不同这个一般区别所代替。为此，重农学派关于年预付和原预付的区别，就被斯密的流动资本和固定资本的区别所替代。但斯密对流动资本和固定资本的说明则远远落后于魁奈。魁奈一开始就正确地按照价值的转移方式区别原预付和年预付，而斯密是按照给资本所有者提供收入或利润的方式来区别固定资本和流动资本，这会混淆投资的不同部门和生产资本在周转过程中价值转移的不同方式问题。

大卫·李嘉图认为："即使在亚当·斯密所说的那种早期状态中，虽然

---

① ［英］亚当·斯密：《国民财富的性质和原因的研究》上卷，郭大力、王亚南译，商务印书馆 1972 年版，第 255 页。

② ［英］亚当·斯密：《国民财富的性质和原因的研究》上卷，郭大力、王亚南译，商务印书馆 1972 年版，第 255 页。

资本可能是由猎人自己制造和积累的，但他总是要有一些资本才能捕猎鸟兽。"① 资本这个历史范畴在他那里是超历史的范畴。在不变资本和可变资本的区别方面，和斯密相比，李嘉图有了新的发展。他说，影响商品价值的，不仅是直接花费在商品上的劳动，而且还有花费在协助这种劳动的器具、工具和建筑物上的劳动。② 在这里，李嘉图区别了两种劳动：直接花费在商品上的劳动和花费在协助这种劳动的器具、工具和建筑物上的劳动。这种区别是很重要的：前者是可变资本购买的劳动力在生产过程中消耗的劳动，后者是不变资本在生产过程中转移的劳动。李嘉图又提出，在每一种社会状态中，不同行业所使用的工具、器具、建筑物和机器的耐久程度可能彼此不同，生产它们所需的劳动量也可能各不相同；维持劳动的资本和投在工具、机器和建筑物上的资本可能结合的比例也是多种多样。③ 在这里，他又区别了两类资本：一类是维持劳动的资本，另一类是投入工具、机器和建筑物上的资本。前者是可变资本，后者是不变资本。

继李嘉图之后，拉姆赛对资本作了进一步的研究。他事实上区分了不变资本和可变资本，并对固定资本和流动资本作了新的解释。拉姆赛认为，固定资本不仅包括机器、工具、建筑物、役畜和种畜，而且包括半成品等各种原料、土地耕种者的种子和制造业者的原料，还包括各种肥料、农业用的篱笆和工厂中消费的燃料。流动资本只由在工人完成他们的劳动产品以前已经预付给工人的生活资料和其他必需品构成。很明显，他的固定资本事实上是指不变资本，流动资本是指可变资本。

琼斯探索了资本构成提高的趋势，观察到"辅助资本"同推动这一资本的工人人数相比在不断增长这一现象。他说，随着积累的进展，随着技术的

---

① [英] 李嘉图：《政治经济学及赋税原理》，郭大力等译，商务印书馆 1962 年版，第 17—18 页。

② [英] 李嘉图：《政治经济学及赋税原理》，郭大力等译，商务印书馆 1962 年版，第 17 页。

③ [英] 李嘉图：《政治经济学及赋税原理》，郭大力等译，商务印书馆 1962 年版，第 23—24 页。

进步，"用来协助劳动"的资本对"用来支付劳动"的资本的比例不断发生变化，资本的构成不断提高，这是一种必然趋势。

二、关于再生产的观点

对社会总资本再生产问题进行初次尝试性分析的是康替龙（Richard Cantillon）。他把社会划分为三大集团：一是土地所有者，二是租地农场主，三是手工业者。租地农场主生产的全部土地产品大致分成三份：三分之一用来补偿租地农场主的费用；三分之一用来作为自己的"利润"；三分之一作为地租交给土地所有者。土地所有者用自己得到的土地产品的等价物购买手工业者的制造品，租地农场主也用一部分土地产品购买城市的制造品。这样经过流通，城市居民大致得到土地产品的半数，这些产品便成为城市居民主要是手工业者的食物和原料。可见康替龙在分析社会总产品在各阶级间的流通方面已经迈出了重要一步。而由西方经济学家绘制的康替龙流通图是古典再生产分析的最早图式。

魁奈的《经济表》是古典经济文献中分析社会产品再生产的最杰出的文献。是对康替龙理论的重大发展。它要说明的中心问题是：假设其他情况不变，一个国家在一年内的社会产品在简单再生产的条件下是如何实现的？魁奈的分析有三个前提：一是生产规模不变；二是交换按等价原则进行，价格不变；三是没有国外市场。他的研究对象是资本主义大农业占统治地位的、由土地所有者阶级、生产者阶级和不生产者阶级构成的社会。年总产品实现的步骤是：一是土地所有者用一部分货币从生产者阶级那里购买粮食；二是土地所有者用余下的货币向不生产者阶级购买工业品；三是不生产者阶级用出卖工业品所得的货币向生产者阶级购买粮食；四是生产者阶级用从土地所有者阶级所得的货币向不生产者阶级购买工业品；五是不生产者阶级向生产者阶级购买原料。这样，年产品经过流通便分配于三大阶级之间，价值得到补偿，产品在实物形式上得到恢复，简单再生产就可以继续进行下去。

魁奈把社会总产品的流通作为各阶级之间的流通来分析，把资本主义生产过程看作是再生产过程的形式，把流通过程只看作是这种再生产过程的形式，把货币流通看作是资本流通的一个因素，从再生产过程的分析中说明社会各阶级收入的来源，说明资本和收入的交换、再生产消费和最终消费之间的关系，把消费者和生产者之间的流通包括在资本的流通之内，这都是颇具见地的见解。总之，《经济表》的出现是古典再生产分析的一个重大飞跃，为社会总产品再生产的图景描绘了一个大致正确的轮廓。

斯密认为单个资本家的财产分为三个部分：消费资料、固定资本和流动资本。而国家或社会的总财产是全体居民财产之和，因此，总财产也分为相应的三个部分。消费资料部分主要是食物、衣服和住宅。固定资本主要包括机器和工具、生产建筑物、土地改良费用以及培养才能的费用。流动资本包括货币、食物、材料和制成品。

斯密认为，流动资本中，除了货币，其他三项通常在一年（或一年以上，或不到一年），就会转化为固定资本或消费资料。而固定资本和流动资本的目的就是生产消费资料。由于流动资本不断转化，它本身就要不断得到补充。斯密认为，流动资本的补充来自三个部分：土地产品、矿山产品和渔业产品。土地、矿山和渔业的产品除了补偿投入本部门的资本并支付利润以外，还要补偿社会所有其他资本并支付利润。

关于工业和农业部门之间的流通，斯密认为，制造业者每年消费的食物和原料，从农民那里得到补充；农民每年消费的工业品，从制造业者那里得到补充。货币是工业和农业之间资本流通的必要手段。至于土地、矿山和渔业三者之间的流通，斯密说，投在矿山和渔业中的资本，至少有一部分要从土地产品中得到补充。

以上是斯密最初对社会再生产和流通的阐述。在继续分析下去的时候，斯密由于其关于商品价值全部分解为收入的教条，而使得其再生产无法完成。为此，斯密提出了总收入和纯收入的概念。斯密对总收入和纯收入的定义是这样的：一个大国全体居民的总收入，包括他们的土地和劳动的全部年产品；在总收入中减去固定资本的维持费用和流动资本的维持费用，其余下来供居民自由使用的便是纯收入。① 这样斯密抛开了他的教条把不变资本纳入了社会总产品价值中。斯密认为固定资本由总收入补充，而不是来自纯收入。而流动资本的补充有一部分来自纯收入。斯密对固定资本和流动资本再生产的分析是马克思再生产理论重要的思想来源。

李嘉图从资本积累引起利润率下降的角度考察了扩大再生产的可能性。李嘉图认为，资本的积累和生产规模的扩大，必然导致利润率递减。当利润率下降时，只要利润总量仍在增加，扩大再生产就可能继续下去。相反，如果利润总量下降，即使产量和价值都随生产规模的扩大而增加，扩大再生产也不可能继续进行下去。李嘉图认为资本主义扩大再生产的界限是利润，他还明确地说，投资是增加年产量的一种手段；生产最后一部分产品的困难使农产品价格提高，从而使工资上涨，但工人只是名义工资上涨，实际生活状况恶化，"真正得到利益的只有地主"②。从而李嘉图得出结论，土地所有者阶级的存在是资本主义扩大再生产的障碍。

由于李嘉图把商品价值分解为工资和利润这两种收入，而漏掉了不变资本，这一点被拉姆赛发现。拉姆赛指出："全部产品不仅分为工资和利润，而且还必须有一部分补偿固定资本。"③"无论总产品的数额是多少，其中用来补偿在生产过程中以不同形式消费了的全部东西的那个量，不应当有任何变动。只要生产以原有的规模进行，这个量就必须认为是不变的。"④拉姆赛考察了整个国家的再生产，他认为，工业的原料，工业和农业中使用的工具，工业中的机器，生产和储存产品所必需的建筑物，这些都是全部预付资本的组成部分，是总产品的组成部分。拉姆赛其实就是讲社会总产品包含有

---

① ［英］亚当·斯密：《国民财富的性质和原因的研究》上卷，郭大力、王亚南译，商务印书馆 1972 年版，第 263 页。

② ［英］李嘉图：《政治经济学及赋税原理》，郭大力等译，商务印书馆 1962 年版，第 106 页。

③ ［英］拉姆赛：《论财富的分配》，李任初译，商务印书馆 1984 年版，118 页。

④ ［英］拉姆赛：《论财富的分配》，李任初译，商务印书馆 1984 年版，113 页。

不变资本。他还把整个国家的再生产和单个资本家的再生产分别考虑。就国家而言，再生产过程是以产品补偿产品；就单个资本家而言，再生产过程是价值补偿价值。所以，在理论上，拉姆赛意识到了再生产问题实际上是价值补偿和实物补偿问题。但他没能明白，就社会资本而言，在再生产过程中，以产品补偿产品和以价值补偿价值这两方面都必须加以考虑。

三、关于经济危机的观点

资本主义世界是 1825 年才爆发第一次经济危机，所以，古典经济学家对危机的关注不是很多，提出关于资本主义经济危机理论的代表性的学者是李嘉图和西斯蒙第。李嘉图认为，人们的消费欲望是无限制的，因此，人们"所欠的只是资财；但是除了增加生产以外再没有其他方法可以提供这种资财"[1]。这样，无限制的消费需要，必然要求生产的无限扩大；生产的扩大是不可能满足无限制的消费需要的增长的。他说，在资本主义经济中，"产品只是用产品或劳务购买的，货币只是实现交换的媒介。某一种商品可能生产过多，在市场上过剩的程度可能使其不能偿还所用资本；但就全部商品来说，这种情形是不可能有的"[2]。所以，李嘉图承认资本主义生产可能出现个别商品的生产过剩，但否认资本主义存在普遍的生产过剩经济危机的可能性。可以看出，李嘉图得出的结论是基于以下两点：把资本主义商品生产抽象成单纯的物物交换，把货币抽象为单纯的交换媒介，否认资本主义社会爆发经济危机的可能性；把资本主义商品生产抽象为简单再生产，否认经济危机爆发的必然性。

西斯蒙第对资本主义经济理论研究的一个突出贡献就是他确认资本主义经济必然产生普遍的生产过剩的经济危机。他认为："把一个国家变成一个

---

[1] ［英］李嘉图：《政治经济学及赋税原理》，郭大力等译，商务印书馆 1962 年版，第 249 页。
[2] ［英］李嘉图：《政治经济学及赋税原理》，郭大力等译，商务印书馆 1962 年版，第 249 页。

连续生产的工人组成的庞大工厂，不但绝对不能生产财富，而且会造成普遍贫困。"① 当生产不能和收入交换，生产就会陷于停顿。所以，生产应该适合社会收入。"社会里的人应该使自己的消费适合自己的收入，……如果它生产的年产品送到市场上找不到消费者，再生产就会陷于停顿，国家就会由于过剩产品而陷于灭亡。"② 西斯蒙第已经认识到资本主义经济必然产生普遍的生产过剩的经济危机。即由于社会生产的目的是利润，在自由竞争作用的驱使下，掌握生产资料的人追求生产的无限扩张，而社会不公平的分配制度又使财富集中在少数人手中，从而使市场越来越狭窄。产品的实现会受到严重障碍，最后必然导致以生产过剩为特征的经济危机。马克思认为："在西斯蒙第看来，危机并不象李嘉图所认为的那样是偶然的，而是内在矛盾的广泛的定期的根本爆发。"③ 为了维持生产和消费之间的平衡，避免危机的发生，西斯蒙第提出了三种方法："第一、利用准备出售的富裕产品养活无处出卖劳动力的工人，让他们建造世俗或宗教的公共建筑物；第二、鼓励富人过奢华的生活，让他们消费穷人的劳动；第三、给所有的公众提供一项脑力劳动或一种爱国的工作，以便打法由于技术进步而节省下来的劳动时间。"④ 他企图通过调节收入和资本，分配和生产之间的关系来解决矛盾的方法是无法奏效的，因为矛盾来自资本主义制度本身。对于西斯蒙第，马克思认为他的危机理论达到了古典经济学家所能达到的最高界限。

第二节　马克思、恩格斯基本理论的研究过程

在进一步研究马克思等经典作家相关理论之前，有必要对这一系列理论形成过程先行审视。

---

① ［瑞士］西斯蒙第：《政治经济学新原理》，何钦译，商务印书馆1964年版，第60页。
② ［瑞士］西斯蒙第：《政治经济学新原理》，何钦译，商务印书馆1964年版，第60页。
③ 《马克思恩格斯全集》第26卷第3册，人民出版社1974年版，第55页。
④ ［瑞士］西斯蒙第：《政治经济学新原理》，何钦译，商务印书馆1964年版，518页。

一、马克思资本的循环和周转理论形成过程

资本的循环和周转是资本运动过程的组成部分。具体说来，资本运动过程是生产过程和流通过程的统一，资本运动要从生产过程过渡到流通过程。反映资本运动过程的理论，也要从研究资本生产剩余价值的过程向资本实现剩余价值的过程过渡。资本循环理论就是研究剩余价值如何实现的，它是马克思科学的流通理论的组成部分，所以，资本流通理论的创造过程，也就是资本循环理论的形成过程。

资本流通理论产生的时间比资本生产理论要晚些。如果说，资本生产剩余价值的理论在 19 世纪 40 年代已经奠定了基础，那么，资本流通，亦即剩余价值实现的理论则开始于 19 世纪 50 年代。

在《1857—1858 年经济学手稿》的"资本章"中，马克思把资本的流通过程列为第二篇，对资本循环和周转进行了考察。此时，循环和周转是同时考察的。马克思指出："我们现在要考察的是资本循环本身，或者说，资本流通。初看起来，生产处于流通的彼岸，而流通处于生产的彼岸。资本的循环——设定为资本流通的流通——包括两个要素。在这种流通中，生产表现为流通的终点和起点，反过来也一样。"① 实际上周转也是这样。《手稿》已经区分了产业资本的三种形式，阐述了资本运动的连续性和运动的速度；区分了固定资本和流动资本及其对资本周转时间的影响，分析了资本的平均周转。马克思在 1858 年 1 月 29 日给恩格斯的信中，对资本周转、周转在不同种类的企业里的差别，以及它对利润和价格的影响等问题作了探讨。同年 3 月 2 日，马克思在给恩格斯的信中，又同恩格斯探讨了机器设备更新的平均时间问题。马克思在写于 1859 年 2 月的《我自己的笔记本的提要》中，列出了要研究的关于循环和周转的内容。在《〈政治经济学批判〉第三章提纲草稿》中将资本的流通过程列为专门一节，包括了循环和周转理论的基本内容。

---

① 《马克思恩格斯全集》第 30 卷，人民出版社 1995 年版，第 510 页。

19 世纪 60 年代初，在《1861—1863 年经济学手稿》中，第二部分是关于资本流通的理论；在《1863—1865 年经济学手稿》中，有专门的关于"资本的流通过程"的"第二册"，对资本流通理论首次作了系统论述。第二册"资本的流通过程"共分三大章：第一章论述资本流通，第二章论述资本周转，第三章论述再生产问题。这个手稿的结构，同恩格斯编辑的《资本论》第二卷的结构大体一致。可以认为，马克思的资本流通理论这时已经基本形成。

1865—1870 年期间，马克思写了《资本论》第二卷的其他若干个手稿，特别是在 1870 年间，马克思写了关于"资本的流通过程"的手稿，"是第二册的唯一相当完整的文稿"①。这个手稿的内容共分三章，第一章论述的是资本循环问题，马克思详细地分析了资本循环过程中资本的三种职能形式，这些分析已经非常接近《资本论》第二卷中的最后论述。可见，马克思的资本循环理论，以及整个资本流通过程的理论，在 1870 年前后已经完全形成了。

二、马克思社会资本再生产理论形成过程

马克思在 1851 年写作的《反思》这一手稿中，就有对斯密的再生产理论之批判和对社会总产品实现过程的研究，他针对斯密和托马斯·图克在两种贸易和货币流通规律问题上的一些观点进行了评论。19 世纪 50 年代末，在《1857—1858 年经济学手稿》中，马克思不仅基本上建立了自己的价值理论和剩余价值理论，而且在此基础上进一步探讨了社会总产品的实现问题。为了说明这一问题，马克思制定了一个经济表，它是马克思再生产图式的雏形，也标志着马克思再生产理论的萌芽及其初步成果。

在《1861—1863 年经济学手稿》的"剩余价值理论"部分中，马克思对魁奈的《经济表》作了具体分析。他指出，这是把资本的整个生产过程表现为再生产过程，并把再生产过程的各种形式和因素都概括在一个图表中的一

---

① 《马克思恩格斯文集》第 6 卷，人民出版社 2009 年版，第 7 页。

种尝试，"这个尝试是在十八世纪三十至六十年代政治经济学幼年时期做出的，这是一个极有天才的思想，毫无疑问是政治经济学至今所提出的一切思想中最有天才的思想"①。

但是，魁奈的《经济表》尽管是一个极有"天才"的思想，其中包含有许多合理的因素，但也只是一种尝试，并没有真正科学地说明社会总资本再生产的过程。马克思批判地吸取了《经济表》中的合理因素，创立了科学的再生产理论，也绘制了一个《经济表》，并在 1863 年 7 月 6 日写的一封书信中告诉恩格斯，要用它"来代替魁奈的表"②。马克思 1863 年设计的《经济表》反映了马克思在再生产理论的研究上取得的重大突破，它标志着马克思再生产理论的初步形成，是马克思再生产理论形成史上的一个重要的里程碑。

三、马克思经济危机理论的形成过程

早在 19 世纪 40 年代，马克思就开始着手进行有关经济危机问题的研究，他认为，经济危机是私有制和竞争以及生产无政府状态的必然结果，是资本主义所固有的顽疾。在《共产党宣言》中，他与恩格斯又从资本主义条件下生产力与生产关系的对立中，进一步揭露了经济危机爆发的必然性。他指出："几十年来的工业和商业的历史，只不过是现代生产力反抗现代生产关系、反抗作为资产阶级及其统治的存在条件的所有制关系的历史。只要指出在周期性的重复中越来越危及整个资产阶级社会生存的商业危机就够了。"③

马克思对经济危机理论比较系统的阐述，最早出现在《1857—1858 年经济学手稿》中，在手稿的第二篇"资本的流通过程"开头部分和第三篇"结果实的资本"论述利润理论时，马克思展开了他对危机理论的研究。在此，马克思把商品按资本出售即 W′—G′ 看作是对资本运动的重要限制。他指

---

① 《马克思恩格斯全集》第 26 卷第 1 册，人民出版社 1972 年版，第 366 页。
② 《马克思恩格斯文集》第 10 卷，人民出版社 2009 年版，第 206 页。
③ 《马克思恩格斯文集》第 2 卷，人民出版社 2009 年版，第 37 页。

出："因为一种生产推动另一种生产，从而在他人资本的工人身上为自己创造出消费者，所以对于每一单个资本来说，工人阶级的由生产本身造成的需求表现为'足够的需求'。这种由生产本身造成的需求驱使生产超越它在对工人的关系上所应进行的生产的比例；一方面，生产必须超越这种比例；另一方面，如果'超过工人本身需求的'需求消失了和缩减了，那就会出现崩溃。"①

在《1861—1863 年经济学手稿》的"剩余价值理论"部分，马克思主要在"李嘉图的积累理论。对这个理论的批判，从资本的基本形式得出危机"中，对经济危机理论作了集中论述②。他认为，引起危机的现实问题"只有在本身同时就是再生产过程的流通过程中，这一点才能初次显露出来"，它表明"在考察商品的简单形态变化时已经显露出来的危机可能性"的发展，通过资本运动获得了"内容"和"基础"③。

第三节　马克思、恩格斯的基本观点

一、资本循环和资本周转理论的基本观点

马克思在对古典经济学家的资本理论的批判继承下，发展了自己的资本理论。他在古典经济学家只看到物的地方，都能透过物的表象，揭露人与人之间的关系。马克思说："资本不是物，而是一定的、社会的、属于一定历史社会形态的生产关系，后者体现在一个物上，并赋予这个物以独特的社会性质。"④马克思对固定资本与流动资本的划分不同于古典经济学家。古典经济学家划分的标准，有的是根据物体本身的位置是否移动，有的是根据耐用

---

① 《马克思恩格斯全集》第 30 卷，人民出版社 1995 年版，第 403 页。
② 《马克思恩格斯全集》第 26 卷第 1 册，人民出版社 1972 年版，第 5 页。
③ 《马克思恩格斯全集》第 26 卷第 2 册，人民出版社 1973 年版，第 585—586、579 页。
④ 《马克思恩格斯文集》第 7 卷，人民出版社 2009 年版，第 922 页。

程度是否相同，有的是根据物品本身的属性是否一致等。马克思是按照资本价值的周转性质和方式来划分的，并把这种划分同劳动二重性的理论结合起来，正确地说明了旧价值的转移和新价值的创造何以能在同一劳动过程中同时进行。马克思认为，剩余价值虽不能在流通领域产生，但它就是在资本流通的循环运动中带来的。资本"是一种运动，是一个经过各个不同阶段的循环过程……它只能理解为运动，而不能理解为静止物"①。因此马克思从资本的一切形态及其循环的统一性出发，研究了资本在运动中所经过的各种不同的阶段和循环过程的各种不同形态。他指出，资本在循环过程中，要经过三个不同的阶段，即货币资本转化为生产资本的阶段，生产资本转化为商品资本的阶段，商品资本转化货币资本的阶段。和这三个阶段相适应，资本也采取了三种不同的形态，即货币形态、生产形态和商品形态，从而资本的循环也就有了三种形态，那就是货币资本的循环、生产资本的循环和商品资本的循环。

（一）货币资本循环

在现实的产业资本运动中，货币资本投资是运动的起点。马克思首先对货币资本循环作了阐述。

资本循环过程要经过三个阶段，即购买阶段、生产阶段和售卖阶段。货币资本的循环的第一阶段是购买阶段，资本家作为买者出现在商品市场和劳动市场，他的货币转化为商品，即 G—W。它包括两个购买序列，一个是 G—A，一个是 G—Pm，分别购买到劳动力和生产资料。从这开始，生产资料和劳动力就存在一定的比例，"生产资料的数量，必须足以吸收劳动量，足以通过这个劳动量转化为产品。如果没有充分的生产资料，买者所支配的超额劳动就不能得到利用；他对于这种超额劳动的支配权就没有用处。如果现有生产资料多于可供支配的劳动，生产资料就不能被劳动充分利用，不能

---

① 《马克思恩格斯文集》第 6 卷，人民出版社 2009 年版，第 121 页。

转化为产品。"这时，"他以货币形式预付的价值，现在处在一种实物形式中，在这种形式中，它能够作为会生出剩余价值（表现为商品）的价值来实现。换句话说，它处在具有创造价值和剩余价值的能力的生产资本的状态或形式中"①。当这个过程结束，就完成了由货币资本到生产资本的转化。而在这一转化中，生产资本的实物形式已经在可能性上包含了资本主义生产过程的结果，那就是生产的不稳定性和经济周期性。在这一阶段，单纯的货币职能转化为资本职能，是因为社会中已经存在了资本关系，"资本关系所以会在生产过程中出现，只是因为这种关系在流通行为中，在买者和卖者互相对立的不同的基本经济条件中，在他们的阶级关系中本来就已经存在"②。

　　第二阶段是生产阶段，"资本流通被中断，而资本的循环过程在继续，资本从商品流通领域进入生产领域"③。在这个阶段，资本不仅在形态上发生了变化，在数量上也发生了变化，它实现了价值增殖。"生产资本在执行职能时，消耗它自己的组成部分，使它们转化为一个具有更高价值的产品量。因为劳动力仅仅作为生产资本的一个器官发生作用，所以，劳动力的剩余劳动所产生的产品价值超过产品形成要素价值的余额，也是资本的果实。劳动力的剩余劳动，是资本的无偿劳动，因而它为资本家形成剩余价值，一个无须他花费任何等价物的价值。因此，产品不只是商品，而且是包含着剩余价值的商品。它的价值 = P+M，等于生产这种商品所耗费的生产资本的价值P，加上这个生产资本产生的剩余价值 M。"④ 由于有 G—A 的存在，工人自身的维持，要求每天进行消费，所以，A—G—W 的转化是反复进行的，进而"要求产品作为商品的流通已经有了高度的发展，从而商品生产也已经有了广泛的规模"⑤。马克思认为资本主义生产规模有自我扩大的趋势，"商品

---

① 《马克思恩格斯文集》第 6 卷，人民出版社 2009 年版，第 34 页。
② 《马克思恩格斯文集》第 6 卷，人民出版社 2009 年版，第 39 页。
③ 《马克思恩格斯文集》第 6 卷，人民出版社 2009 年版，第 42 页。
④ 《马克思恩格斯文集》第 6 卷，人民出版社 2009 年版，第 45 页。
⑤ 《马克思恩格斯文集》第 6 卷，人民出版社 2009 年版，第 42 页。

生产的物的条件，会以越来越大的规模作为其他商品生产者的产品，作为商品，和他相对立。资本家也必须以相同的规模作为货币资本家出现，或者说，他的资本必须执行货币资本职能的规模将会扩大。"①

第三阶段是售卖阶段。即 W′—G′。这一阶段把包含剩余价值的商品转化为包含剩余价值的货币，完成商品资本到货币资本的转化。资本经过两个互相对立的流通阶段：1.G—W 和 2.W—G，而又处在可以重新开始同一个循环过程的形式中。可以这样说，产业资本循环的第一阶段是剩余价值的准备阶段，第二阶段是剩余价值的生产阶段，第三阶段是剩余价值的实现阶段。

这一阶段的资本运动公式即可以表示为 W′—G′。从形式上看，W′—G′ 是一般的商品流通行为、商品的售卖行为，表现的是一般商品的职能。但这个一般商品售卖行为又取得了资本性质。马克思说："因此，在第一阶段 G—W 和最后阶段 W—G 之间，出现了一种本质的区别。在前一个阶段上，预付的货币执行货币资本的职能，是因为它借助于流通而转化为各种具有特殊使用价值的商品。在后一个阶段上，商品能够执行资本的职能，只是由于在它的流通开始以前，它已经现成地从生产过程中取得了资本性质。"②马克思认为这一阶段会引起经济的扩张和收缩。"由于资本抛弃它的商品形式和采取它的货币形式的速度不同，或者说，由于卖的速度不同，同一个资本价值就会以极不相同的程度作为产品形成要素和价值形成要素起作用，再生产的规模也会以极不相同的程度扩大或者缩小。"③这样，资本经过了三个阶段的转化，它们分别属于流通领域和生产领域，在流通阶段是货币资本形式和商品资本形式，在生产阶段是生产资本形式。资本的量增加了，并会再次投入到新的循环。货币资本的总运动是 G—W…P…W′—G′。"它经过一系列互相联系的、互为条件的转化，经过一系列的形态变化，而这些形态变化也就形成总过程的一系列阶段。在这些阶段中，两个属于流通领域，一个

---

① 《马克思恩格斯文集》第 6 卷，人民出版社 2009 年版，第 43 页。
② 《马克思恩格斯文集》第 6 卷，人民出版社 2009 年版，第 46 页。
③ 《马克思恩格斯文集》第 6 卷，人民出版社 2009 年版，第 48 页。

属于生产领域。在每个这样的阶段中，资本价值都处在和不同的特殊职能相适应的不同形态上。在这个运动中，预付的价值不仅保存了，而且增长了，它的量增加了。最后，在终结阶段，它回到总过程开始时它原有的形式。因此，这个总过程是循环过程。"① 可见，"资本的循环，只有不停顿地从一个阶段转入另一个阶段，才能正常进行。如果资本在第一阶段 G—W 停顿下来，货币资本就会凝结为贮藏货币；如果资本在生产阶段停顿下来，一方面生产资料就会搁置不起作用，另一方面劳动力就会处于失业状态；如果资本在最后阶段 W′—G′ 停顿下来，卖不出去而堆积起来的商品就会把流通的流阻塞"②。

货币资本循环的特点主要有：第一，该循环最明白地表明资本主义生产的动机。"正因为价值的货币形态是价值的独立的可以捉摸的表现形式，所以，以实在货币为起点和终点的流通形式 G…G′，最明白地表示出资本主义生产的动机就是赚钱。"③ 第二，生产过程是预付价值增值的手段。第三，G…G′ 公式让货币资本表现为能生出货币的货币。"从价值生出剩余价值，不仅表现为过程的开始和终结，而且明显地表现在金光闪闪的货币形式上。"④ 第四，"货币资本的循环，是产业资本循环的最片面，从而最明显和最典型的表现形式；产业资本的目的和动机——价值增殖，赚钱和积累——表现得最为醒目（为贵卖而买）"⑤。这种循环是以流通为前提的，它要受流通、商业制约。

（二）生产资本循环

马克思认为生产资本循环的总公式是：P…W′—G′—W…P。生产资本

---

① 《马克思恩格斯文集》第 6 卷，人民出版社 2009 年版，第 60 页。

② 《马克思恩格斯文集》第 6 卷，人民出版社 2009 年版，第 63 页。

③ 《马克思恩格斯文集》第 6 卷，人民出版社 2009 年版，第 67 页。

④ 《马克思恩格斯文集》第 6 卷，人民出版社 2009 年版，第 68 页。

⑤ 《马克思恩格斯文集》第 6 卷，人民出版社 2009 年版，第 70 页。

循环"不仅表示剩余价值的生产，而且表示剩余价值的周期再生产；它表示，处在生产形式上的产业资本不是执行一次职能，而是周期反复地执行职能"①，所以生产资本循环形式分为简单再生产和扩大再生产两种形式。

在 P⋯P 两极之间的总流通 W′—G′—W 既是一般商品流通，又包含资本价值的流通：在简单再生产条件下，"商品资本 W′ 一旦转化为货币，货币总额中代表资本价值的那一部分就在产业资本的循环中继续流通；另一部分，即已经转化为金的剩余价值，则进入一般的商品流通"②。在这里，"G，作为货币资本，使资本循环继续进行。G，作为收入花掉（G—W），则进入一般流通，而退出资本循环。只有执行追加货币资本职能的那一部分，才进入资本循环。在 W—G—W 中，货币只执行铸币的职能；这个流通的目的是资本家的个人消费。"③这种两重性是资产阶级经济学家看不到的，他们从现象形态看问题，把资本流通混同于简单商品流通，因而看不到危机的必然性。马克思分析了生产资本循环正常进行的条件和资本主义经济必然遇到的根本性矛盾，强调了资本主义经济危机发生的必然性，其危机的特点是 W—G—W 流通和中断，即资本流通因简单商品流通受阻而中断。这主要表现在资本家相互之间购买的缩减上。"W—G—W 这样一个交换，要求 W 和商品量 W′ 的各种生产要素相等，并要求这些生产要素互相之间维持原有的价值比例；这就是假定，商品不仅按照它们的价值购买，而且在循环中不发生价值变动；不然的话，过程就不能正常进行。"④这就是说，"如果第二形态变化 G—W 遇到障碍（例如市场上缺乏生产资料），循环，再生产过程的流，就会中断，这和资本凝结在商品资本形式上的情形一样"⑤。因此，"商品资本在市场上互相争夺位置。后涌入的商品，为了卖掉只好降低价格出售。以前

---

① 《马克思恩格斯文集》第 6 卷，人民出版社 2009 年版，第 75 页。
② 《马克思恩格斯文集》第 6 卷，人民出版社 2009 年版，第 77 页。
③ 《马克思恩格斯文集》第 6 卷，人民出版社 2009 年版，第 82 页。
④ 《马克思恩格斯文集》第 6 卷，人民出版社 2009 年版，第 85—86 页。
⑤ 《马克思恩格斯文集》第 6 卷，人民出版社 2009 年版，第 86 页。

涌入的商品还没有变成现金，支付期限却已经到来。商品持有者不得不宣告无力支付，或者为了支付不得不给价就卖。这种出售同需求的实际状况绝对无关。同它有关的，只是支付的需求，只是把商品转化为货币的绝对必要。于是危机爆发了"①。

马克思接着分析了积累和规模扩大的再生产，强调剩余价值生产的不断扩大，是资本主义生产的一般趋势。但是，"生产过程可能扩大的比例不是任意规定的，而是技术上规定的，因此，已经实现的剩余价值虽然要资本化，但往往要经过若干次循环的反复，才能增长到（也就是积累到）它能实际执行追加资本的职能的规模，即能进入处在过程中的资本价值的循环的规模"②。

扩大再生产的生产资本循环公式是：公式 P⋯W′—G′—W′⋯P′。这时，生产资本循环"按更大的规模，以更大的价值被再生产出来的生产资本，并且又作为已经增大的生产资本，开始它的第二次循环，或者说，更新它的第一次循环。一旦这第二次循环开始，P 就又成为起点；不过，这个 P，和第一个 P 相比，已经是一个更大的生产资本"③。

剩余价值转化为资本的条件："如果 G 作为货币资本投入与第一个企业并存的另一个独立的企业，那很明显，它只有达到这个企业所需要的最低限量时，才能用于这个企业。如果它是用来扩大原有的企业，P 的各种物质要素的比例和它们的价值比例，也要求 G 具有一定的最低限量。在这个企业中所使用的一切生产资料，不仅互相间有质的关系，而且有一定的量的关系，一种比例量。加入生产资本的各种要素的这些物质比例，以及它们所承担的价值比例，规定了一个最低限量，G 必须达到这个最低限量，才能作为生产资本的增长部分转化为追加的生产资料和劳动力，或者只转化为前者。"④

① 《马克思恩格斯文集》第 6 卷，人民出版社 2009 年版，第 89 页。
② 《马克思恩格斯文集》第 6 卷，人民出版社 2009 年版，第 91 页。
③ 《马克思恩格斯文集》第 6 卷，人民出版社 2009 年版，第 92—93 页。
④ 《马克思恩格斯文集》第 6 卷，人民出版社 2009 年版，第 96 页。

在阐述生产资本循环的过程中，马克思从资本运行要求连续性和资本运行具有扩大趋势这些客观规律出发，进一步阐述了货币资本的形态和作用。货币资本大致有三种形态，其一，在循环中执行购买职能的货币资本，它包括现实的购买手段、作为购买基金和支付基金的贮藏手段；其二，本来处在循环中，但由于资本流通因外部原因发生职能中断而闲置的、潜在的货币资本。"贮藏货币表现为货币资本的形式，货币贮藏表现为随着资本积累暂时发生的过程，这是因为而且只是因为货币在这里充当潜在的货币资本。"① 其三，处在资本循环之外，当不执行职能的货币资本，主要包括由剩余价值转化成货币，但尚达不到扩大再生产所需一定额度的货币资本，以及用来防止和消除市杨因素（价格变动、销售暂时停滞等）干扰的准备货币资本或准备金。"这种起着积累资金作用的贮藏货币，就可以用来代替货币资本或它的一部分。这样，货币积累基金就充当准备金，来消除循环中出现的干扰……它作为这样的准备金，和我们在 P…P 循环中看到的购买手段或支付手段的基金是不同的……不是执行职能的货币资本的组成部分，而是处在积累的预备阶段中的资本的组成部分，是还没有转化为能动资本的剩余价值的组成部分。"②

（三）商品资本循环

商品资本循环的总公式是：$W'—G'—W…P'—W'$。马克思将商品资本循环与货币资本循环及生产资本循环做了对比，强调了它的三个特点。其一，商品资本循环形式以 $W—G—W$ 这种总流通形式开始自己的循环。也就是说，这一循环形式显示出，产生资本价值必须经过一个总流通过程，才能开始再生产。"W' 不仅表现为前面两种循环的产物，而且表现为它们的前提，因为，只要生产资料本身至少有一部分是另一些处在循环中的单个

---

① 《马克思恩格斯文集》第 6 卷，人民出版社 2009 年版，第 97 页。

② 《马克思恩格斯文集》第 6 卷，人民出版社 2009 年版，第 98—99 页。

资本的商品产品，一个资本的 G—W 就已经包含另一个资本的 W′—G′。"①
其二，商品资本循环是以包含剩余价值的商品资本作为起点的，这意味着，
一个产业资本生产的全部商品的消费是资本本身循环正常进行的条件。从
W′—G′来看，W′可以是生产资料，也可以是消费资料；购买 W′的 G′，
可以是社会上的再生产基金，也可以是消费基金，因此，商品资本循环形式
包含着社会总产品的分配关系。"在 W′…W′形式中，全部商品产品的消费
是资本本身循环正常进行的条件。……消费是全部——个人的消费和生产的
消费——作为条件进入 W′的循环。"因而"在这个形式上，社会总产品的
分配已经包含在资本的循环中，它同任何单个商品资本的产品的特殊分配一
样，一方面分为个人消费基金，另一方面分为再生产基金"②。其三，只有在
商品资本循环中才显示出，产业资本循环必须有相同形式的其他资本与之并
存，作为自己循环的前提。

（四）产业资本正常循环的条件及流通费用

资本三种循环形式的区别，只是单纯形式上区别，实际上，不仅每一种
循环形式都把其他循环形式作为前提，而且一种循环形式的循环反复已经包
含着其他循环形式。马克思说："资本的所有部分都依次经过循环过程，而同
时处在循环过程的不同阶段上。这样，产业资本在它的循环的连续进行中，
就同时处在它的一切循环阶段以及和各该阶段相适应的不同的职能形式上。"③

马克思给出了资本循环的条件，"由于资本的每个不同部分能够依次经
过相继进行的各个循环阶段，从一个阶段转到另一个阶段，从一种职能形式
转到另一种职能形式，因而，只是由于产业资本作为这些部分的整体同时处
在各个不同的阶段和职能中，从而同时经过所有这三个循环"④。

---

① 《马克思恩格斯文集》第 6 卷，人民出版社 2009 年版，第 101 页。
② 《马克思恩格斯文集》第 6 卷，人民出版社 2009 年版，第 108、109 页。
③ 《马克思恩格斯文集》第 6 卷，人民出版社 2009 年版，第 119 页。
④ 《马克思恩格斯文集》第 6 卷，人民出版社 2009 年版，第 119 页。

因此，产业资本的正常循环要求有以下两个条件：保持空间上的并存性和时间上的继起性。

资本在流通领域中采取商品资本和货币资本的形式存在着，这些商品资本和货币资本构成了流通资本。为经营流通资本所耗费的劳动或支出叫流通费用。马克思把流通费用分为三类，即纯粹流通费用、保管费用和运输费用。纯粹流通费用就是由商品的价值形式变化而耗去的费用，它的特征是既不生产使用价值，也不形成和转移价值，更不创造剩余价值。纯粹流通费用是一种单纯为资本价值形式的转换，即由货币变为商品和由商品变为货币而支付的费用，包括买卖时间（用在买卖上的时间，是一种不会增加转化了的价值的流通费用，它缩小预付资本生产地执行职能的范围，是产品的一种扣除）、簿记和货币等引起的费用。保管费用有两种，一种是每个社会都有的、与商品生产无关的、而在商品制度下则是采取商品储备形式的保管费用；另一种是只与商品生产有关，特别是同资本主义商品生产有关，即同危机、投机和价格波动等有关的保管费用。运输费用就是商品场所的变更所引起的费用。"商品在空间上的流通，即实际的移动，就是商品的运输。运输业一方面形成一个独立的生产部门，从而形成生产资本的一个特殊的投资领域。另一方面，它又具有如下的特征：它表现为生产过程在流通过程内的继续，并且为了流通过程而继续。"① 运输属于生产过程在流通领域的继续，所以，运输费用是生产费用。运输费用和保管费用一样，都属于生产性流通费用，根本不同于纯粹流通费用。

（五）资本周转理论

马克思指出："资本的循环，不是当做孤立的过程，而是当做周期性的过程时，叫做资本的周转。这种周转的持续时间，由资本的生产时间和资本的流通时间之和决定。""对资本家来说，他的资本的周转时间，就是他必须

① 《马克思恩格斯文集》第 6 卷，人民出版社 2009 年版，第 170 页。

预付他的资本，以便使它增殖并回到它原有形态的时间。"①

　　马克思认为，应该用货币资本形式或生产资本形式而不是商品资本形式来考察资本周转。"因为资本的周转总是以货币形式或商品形式的资本价值的预付开始，并且总是使循环中的资本价值回到它预付时的形式。"②

　　马克思从资本价值流通方式的角度，分别对固定资本、流动资本作出了规定。"固定资本的独特的流通，引起独特的周转"③，接着从资本实物形态运动的角度，分析了资本在流通过程中的劳动期间、生产时间中的非劳动期间和流通时间的长短与周转时间的关系，从而资本的周转时间就得到了明确的规定。马克思认为资本价值的流通方式与资本周转的各种运动期间的长短对周转时间起决定性作用。他尤其阐述了整个社会固定资本平均周期的发展趋势及其与资本主义经济危机发生的关系。"这种由一些互相联结的周转组成的长达若干年的周期（资本被它的固定组成部分束缚在这种周期之内），为周期性的危机造成了物质基础。在周期性的危机中，营业要依次通过松弛、中等活跃、急剧上升和危机这几个时期。虽然资本投入的那段期间是极不相同和极不一致的，但危机总是大规模新投资的起点。因此，就整个社会考察，危机又或多或少地是下一个周转周期的新的物质基础。"④马克思接着进一步分析了资本的周转时间对资本增殖程度的影响：其一是周转时间的构成对预付资本量的影响。周转时间由生产时间和流通时间构成。为了保证生产能在整个周转时间连续地进行，预付资本量就不能只填满生产时间，它还要把流通时间引起的空隙填补起来。也就是说，原先在生产时间中的资本一旦进入流通时间，必须追加资本填入；流通时间越长，填入的资本就越多。其二，周转产生游离货币资本的机制。"由单纯的周转运动这一机制游离出来的货币资本（还有由固定资本依次流回而形成的货币资本，以及在每个劳动

---

①　《马克思恩格斯文集》第 6 卷，人民出版社 2009 年版，第 174 页。
②　《马克思恩格斯文集》第 6 卷，人民出版社 2009 年版，第 173 页。
③　《马克思恩格斯文集》第 6 卷，人民出版社 2009 年版，第 182 页。
④　《马克思恩格斯文集》第 6 卷，人民出版社 2009 年版，第 207 页。

过程中可变资本所需的货币资本），只要信用制度发展起来，必然会起重要的作用，同时也必然是信用制度的基础之一。"① 这说明，在市场经济中，货币资本形态有其他形态的资本不可替代的作用。发达市场经济离不开信用制度。而信用制度的基础则在企业。其三，流通时间内价格的变动及可变资本周转速度对预付资本有影响。

周转期间不同的可变资本对整个生产的影响是不同的。资本周转期间长的生产部门的发展会给社会生产带来压力。"这些部门，如铁路建设，在一年或一年以上的较长时间内不提供任何生产资料和生活资料，不提供任何有用效果，但会从全年总生产中取走劳动、生产资料和生活资料。相反，在资本主义社会，社会的理智总是事后才起作用，因此可能并且必然会不断发生巨大的紊乱。一方面，货币市场受到压力，反过来，货币市场的缓和又造成大批这样的企业的产生，也就是造成那些后来对货币市场产生压力的条件。货币市场受到压力，是因为在这里不断需要大规模地长期预付货币资本。"而"另一方面，社会的可供支配的生产资本受到压力。因为生产资本的要素不断地从市场上被取走，而投入市场来代替它们的只是货币等价物，所以，有支付能力的需求将会增加，而这种需求本身不会提供任何供给要素。因此，生活资料和生产材料的价格都会上涨"②。同样，"在那些生产可以急剧增长的产业部门（真正的制造业、采矿业等等），由于价格的提高，会发生突然的扩大，随即发生崩溃"③，这还会影响到劳动市场。因为在其劳动期间内，这种部门会占用大量劳动力，而劳动期间一旦完成，又会将大量劳动力释放出来，从而导致社会生产紊乱。

马克思从解决商品流通中所需货币量的角度，强调了信用制度的作用，他认为，信用制度对于社会节省耗费在金银货币上的非生产费用有重大作用，这种节省就是对社会生产力的提高。资本主义社会没有信用制度显然

① 《马克思恩格斯文集》第 6 卷，人民出版社 2009 年版，第 313 页。
② 《马克思恩格斯文集》第 6 卷，人民出版社 2009 年版，第 348 页。
③ 《马克思恩格斯文集》第 6 卷，人民出版社 2009 年版，第 349—350 页。

"不能存在"，"对于信用制度在它提供货币资本或使货币资本发生作用时所具有的生产力，也不应该有任何神秘的观念"①。由于资本循环中的闲置货币资本、准备金、周转机制中游离出的货币资本，是信用制度的微观基础。可以得出它是市场经济的产物。

二、社会资本再生产理论的基本观点

（一）个别资本再生产和社会资本再生产的关系

在研究社会资本再生产问题时，马克思认为："社会资本的运动，由社会资本的各个独立部分的运动的总和，即各个单个资本的周转的总和构成。""各个单个资本的循环是互相交错的，是互为前提、互为条件的，而且正是在这种交错中形成社会总资本的运动。"②

（二）"产品补偿"和"价值补偿"问题

马克思认为："再生产过程必须从 W′ 的各个组成部分的价值补偿和物质补偿的观点来加以考察。"③ 从实物形式考察，马克思把社会总产品划分为两个部类：生产生产资料的第 I 部类和生产消费资料的第 II 部类；从价值形式考察，马克思把社会总产品划分为三个组成部分：不变资本、可变资本和剩余价值。前者是研究社会资本再生产的第一个基本前提，即实物构成原理；后者是研究社会资本再生产的第二个基本前提，即价值构成原理。

（三）社会资本简单再生产的实现条件或平衡条件

简单再生产是没有资本积累从而生产规模不发生变化的再生产。马克思

---

① 《马克思恩格斯文集》第 6 卷，人民出版社 2009 年版，第 383 页。

② 《马克思恩格斯文集》第 6 卷，人民出版社 2009 年版，第 390、392 页。

③ 《马克思恩格斯文集》第 6 卷，人民出版社 2009 年版，第 436 页。

从两个基本前提出发，通过深入研究，发现了社会资本简单再生产的实现条件或平衡条件。由此得出结论："在简单再生产中，第 I 部类的商品资本中的 v+m 价值额（也就是第 I 部类的总商品产品中与此相应的比例部分），必须等于不变资本 IIc，也就是第 II 部类的总商品产品中分出来的与此相应的部分；或者说，I（v+m）= IIc。"① 等式的含义是：第一部类的可变资本与剩余价值之和等于第二部类的不变资本。这就是说，生产生产资料的第一部类的资本家和工人对消费资料的需求，在价值量上等于生产消费资料的第二部类的资本家对生产资料的需求。从这个条件可以导出：第一部类全部产品的价值之和等于第一部类与第二部类的不变资本价值之和。从这个条件还可以导出：第二部类全部产品的价值之和，等于第一部类与第二部类的可变资本与剩余价值之和。满足了上述条件，社会资本简单再生产就得以正常进行。

（四）社会资本扩大再生产的实现条件或平衡条件

扩大再生产是发生资本积累从而生产规模扩大的再生产。马克思同样从两个基本前提出发，通过深入研究，发现了社会资本扩大再生产的实现条件或平衡条件。从社会扩大再生产需要追加生产资料的角度看，基本条件是："既然把积累作为前提，I（v+m）就大于 IIc，而不像简单再生产那样，和 IIc 相等"②，即 I（v+m）>IIc。从社会再生产需要追加消费资料的角度来看，基本条件是："I（v+m/x）必须总是小于 II（c+m），其差额就是第 II 部类的资本家在 IIm 中无论如何必须由自己消费的部分"，即 II（c+m）–I（v+m/x）>IIm/x。马克思指出："资本主义积累的事实排斥了 IIc = I（v+m）这一可能性。不过，甚至在资本主义积累中，仍然可能发生这样的情况：由于过去的一系列生产期间进行积累的结果，IIc 不仅与 I（v+m）相等，而且甚至大于 I（v+m）。这就是说，第 II 部类的生产过剩了，而这只有通过一次大

---

① 《马克思恩格斯文集》第 6 卷，人民出版社 2009 年版，第 446—447 页。
② 《马克思恩格斯文集》第 6 卷，人民出版社 2009 年版，第 580 页。

崩溃才能恢复平衡，其结果是资本由第 II 部类转移到第 I 部类。"①马克思通过举例说明（在《资本论》第二卷第二十一章第三节）实现条件是：第一部类原有的可变资本价值、追加的可变资本价值与本部类资本家用于个人消费的剩余价值之和，等于第二部类原有的不变资本价值与追加的不变资本价值之和。从这个条件可以导出：第一部类全部产品价值之和等于第一部类与第二部类原有的不变资本价值与追加的不变资本价值之和。从这个条件还可以导出：第二部类全部产品价值之和等于第一部类与第二部类原有的可变资本价值、追加的可变资本价值、用于资本家个人消费的剩余价值之和。满足了上述条件，社会资本扩大再生产就能得以正常进行。

（五）社会资本再生产的实现条件或平衡条件会转变成失常的条件

马克思发现了社会资本再生产的实现条件或平衡条件，同时指出，自发的资本主义生产方式不可能满足这种实现条件或平衡条件。"商品生产是资本主义生产的一般形式这个事实，已经包含着在资本主义生产中货币不仅起流通手段的作用，而且也起货币资本的作用，同时又会产生这种生产方式所特有的、使交换从而也使再生产（或者是简单再生产，或者是扩大再生产）得以正常进行的某些条件，而这些条件转变为同样多的危机的可能性；因为在这种生产的自发形式中，平衡本身就是一种偶然现象。"②

三、资本主义经济危机理论的基本观点

马克思认为，危机是资本主义的内在矛盾，必然会导致失衡，并进而发展到极端的情况。分析资本主义内在矛盾如何孕育、产生、发展、激化，客观上就是分析资本主义经济如何在宏观上必然失衡进而爆发危机的原因。这

---

① 《马克思恩格斯文集》第 6 卷，人民出版社 2009 年版，第 587—588 页。

② 《马克思恩格斯文集》第 6 卷，人民出版社 2009 年版，第 557 页。

种分析贯穿于马克思的主要著作特别是他的《资本论》中。他关于商品、货币、市场、信用、社会资本再生产等资本主义经济现象的系列分析，就是为了阐述资本主义经济存在的矛盾必然会导致危机。

在直接的产品交换中（W—W），任何参与交换的个人都是既买又卖，产品的交换存在直接的同一性，买和卖不仅对于产品交换的双方来说是同一个行为，而且作为同一个人的活动来说也是相互统一的两个行为，这种买卖的平衡使得经济危机既不存在可能性，也不存在现实性。当货币进入商品流通领域充当一般等价物之后，打破了产品交换在时间、空间和个人方面的限制，而交换内部原有的统一被分裂成为要么买（G—W）要么卖（W—G）这两种行为的外部对立。这种对立导致商品使用价值和价值的矛盾、私人劳动和社会劳动的矛盾、具体劳动和抽象劳动的矛盾不断地运动和发展，由此预示着商品流通并不必然出现需求与供给的平衡，一旦实物经济演化为货币经济，持续的生产过剩即经济危机就成为可能。之所以说这里仅仅包含危机的可能性，是因为"这种可能性要发展为现实，必须有整整一系列的关系，从简单商品流通的观点来看，这些关系还根本不存在"①。

那么实现危机可能性向现实性转化的"一系列关系"究竟包含哪些内容呢？马克思并没有在《资本论》的某个章节集中予以论述。这一系列关系实际上指的就是资本主义经济关系，它们既存在于市场经济运行的一般机理之中，也包含在资本主义生产方式所特有的制度环境之内。具体说来这些实现条件表现在：

第一，对价值增殖的无休止追逐是推动资本积累规模螺旋式上升、生产能力无限扩张的内在动因。在马克思的理论框架中，资本积累被看成是资本主义经济成长的原始动力，资本家作为资本的人格化代表，其唯一的目的就是疯狂追求资本的价值增殖，他不会满足于生产过程在原有规模上的重复，为达到最大可能占有工人无酬劳动的目的，他一定会把剩余价值不断地转化

---

① 《马克思恩格斯文集》第 5 卷，人民出版社 2009 年版，第 135 页。

为新的追加资本，促成资本积累的螺旋式上升和生产规模累积性扩张。这种基于资本积累动机所形成的供给能力天然地存在着过度生产的问题，这构成了资本主义生产方式内生性的经济矛盾。正如马克思所指出的："资本主义生产的真正限制是资本自身，这就是说：资本及其自行增殖，表现为生产的起点和终点，表现为生产的动机和目的；生产只是为资本而生产，而不是反过来生产资料只是生产者社会的生活过程不断扩大的手段。"①

第二，大工业生产方式的产生提供了资本及生产能力跳跃式扩张的外在条件和客观基础。根据马克思的分析，仅有资本积累的内在驱动力还不足以形成生产过剩，这是因为"现代工业这种独特的生活过程，我们在人类过去的任何时代都是看不到的，即使在资本主义生产的幼年时期也不可能出现"。但是，当机器大工业产生之后，"随着积累和伴随积累而来的劳动生产力的发展，资本的突然膨胀力也增长了"②。这一方面是因为职能资本在增长，另一方面因为信用所能创造的追加资本在扩张，还因为机器、运输工具等提供了迅速将剩余产品转化为追加生产资料所需的技术条件。"一旦与大工业相适应的一般生产条件形成起来，这种生产方式就获得一种弹性，一种突然地跳跃式地扩展的能力，只有原料和销售市场才是它的限制。"③"当机器工业如此根深蒂固，以致对整个国民生产产生了决定性影响时；当对外贸易由于机器工业而开始超过国内贸易时；当世界市场逐渐兼并了新大陆、亚洲和澳洲的广阔地区时；最后，当走上竞赛场的工业国家为数众多时；——只是从这个时候起，才开始出现不断重复的周期，它们的各个相继的阶段都为时数年，而且它们总是以一场普遍危机的爆发而告终。"④ 由此可见，危机成为现实是大工业生产与资本积累共同作用的结果，其中机器大工业是形成过剩生产能力的客观技术基础。

---

① 《马克思恩格斯文集》第 7 卷，人民出版社 2009 年版，第 278 页。

② 《马克思恩格斯文集》第 5 卷，人民出版社 2009 年版，第 729 页。

③ 《马克思恩格斯文集》第 5 卷，人民出版社 2009 年版，第 519 页。

④ 《马克思恩格斯全集》第 49 卷，人民出版社 1982 年版，第 240 页。

第三，激烈的市场竞争和变革的物质技术不仅加速了生产过剩，而且造就了过剩的工人人口和过剩的资本积累。根据马克思的分析，同一生产部门的资本家在激烈的市场竞争中，为了最大限度地获取和实现剩余价值，往往借助于先进的生产技术，提高劳动生产率，以便达到商品的个别价值低于社会价值的目的。这在客观上加速了资本有机构成的变动步伐，由于可变资本与不变资本相比越来越小，庞大的工人人口不再为生产过程所需要，因而也就出现了劳动力过剩和闲置。当竞争在全社会范围内，即不同生产部门之间展开时，基于要素进出壁垒为零的假设前提，马克思得出了平均利润率趋于下降的规律。这一趋势暴露出资本积累所推动的生产力无条件发展与资本价值增殖目的之间的冲突，即"资本主义生产所生产出的商品量的多少，取决于这种生产的规模和不断扩大生产规模的需要，而不取决于需求和供给、待满足的需要的预定范围"[1]。可以看出，与生产过剩相伴随的不仅是产品过剩，更是资本过剩和劳动人口过剩，这进一步表明生产一旦获得了向规模化、标准化方向发展的物质技术条件后，就有可能脱离需求的约束而自行扩张，最终不仅不能达到资源的充分利用，反而会导致要素的闲置和浪费，"这就是资本主义积累的绝对的、一般的规律"[2]。

第四，固定资本的周转特点也为经济的周期性波动提供了实现条件。马克思在分析资本周转时指出，预付资本的价值周转周期是"所使用的固定资本的价值量和寿命，会随着资本主义生产方式的发展而增加，固定资本的发展使这种寿命延长，而另一方面，生产资料的不断变革——这种变革也随着资本主义生产方式的发展而不断加快——又使它缩短。因此，随着资本主义生产方式的发展，生产资料的变换也加快了，它们因无形损耗而远在有形寿命终结之前就要不断补偿的必要性也增加了。可以认为，大工业中最有决定意义的部门的这个生命周期现在平均为 10 年。但是这里的问题不在于确切

---

① 《马克思恩格斯文集》第 6 卷，人民出版社 2009 年版，第 88 页。

② 《马克思恩格斯文集》第 5 卷，人民出版社 2009 年版，第 742 页。

的数字。有一点是很清楚的：这种由一些互相联结的周转组成的长达若干年的周期（资本被它的固定组成部分束缚在这种周期之内），为周期性的危机造成了物质基础。在周期性的危机中，营业要依次通过松弛、中等活跃、急剧上升和危机这几个时期。虽然资本投入的那段期间是极不相同和极不一致的，但危机总是大规模新投资的起点"①。如果进一步考察再生产过程的平衡关系，可以看出社会再生产要能够顺利进行，必须保持两大部类以及各个生产部门之间一定的比例关系，而固定资本的实物补偿特点决定了一部分生产资料的价值不能及时、也无须获得实物补偿，要转为贮藏货币游离于社会再生产过程之外，从而打破了再生产中的平衡关系。这种货币资本的生产过剩，实际上只是生产过剩的表象和反映。要实现社会生产按比例发展是相当偶然的，而非均衡则是经济运行常态。"因此，就整个社会考察，危机又或多或少地是下一个周转周期的新的物质基础。"②马克思认为资本主义生产中"平衡本身就是一种偶然现象"③。

第五，资本主义对抗性分配关系致使工人阶级日益贫困化和消费萎缩，内在地决定了加速扩张的生产规模最终在狭窄的市场中无法获得市场实现。按马克思的分析，直接剥削的条件和实现剥削的条件并非同一概念，两者在时间和空间上是分离的，资本家在生产过程中力图最大限度地剥削雇佣工人，达到攫取剩余价值的目的，导致了工人人口的相对过剩和日益贫困化；而问题的另一方面在于，生产的无限扩张要求市场的不断扩大，以资本雇佣劳动为特征的资本主义生产关系虽然有可能促成消费在绝对数量上的增加，但相对于生产规模而言，这种消费需求显现出萎缩的态势。正如马克思指出的，在资本主义，"社会消费力既不是取决于绝对的生产力，也不是取决于绝对的消费力，而是取决于以对抗性的分配关系为基础的消费力；这种分配关系，使社会上大多数人的消费缩小到只能在相当狭小的界限以内变动的最

① 《马克思恩格斯文集》第 6 卷，人民出版社 2009 年版，第 206—207 页。
② 《马克思恩格斯文集》第 6 卷，人民出版社 2009 年版，第 206 页。
③ 《马克思恩格斯文集》第 6 卷，人民出版社 2009 年版，第 557 页。

低限度。其次，这个消费力还受到追求积累的欲望，扩大资本和扩大剩余价值生产规模的欲望的限制"①。由于商品的出售"同需求的实际状况绝对无关。同它有关的，只是支付的需求，只是把商品转化为货币的绝对必要。于是危机爆发了"②。"一切现实的危机的最终原因，总是群众的贫穷和他们的消费受到限制，而与此相对比的是，资本主义生产竭力发展生产力，好像只有社会的绝对的消费能力才是生产力发展的界限。"③

第六，信用制度的发展成为生产过剩和商业过度投机的主要杠杆，强化和加速了危机的出现。按照马克思的分析，倘若没有信用体系，资本积累所导致的生产扩张将不断遭遇到工人工资收入和消费需求的限制，呈现为可以伸缩的再生产过程，但是货币经济中的信用关系不断打破对生产扩张的束缚和限制。"信用的最大限度，等于产业资本的最充分的运用，也就是等于产业资本的再生产能力不顾消费界限而达到极度紧张。"④其结果是信用创造的虚假需求并不能真正解决生产与消费间的尖锐冲突，"在再生产过程的全部联系都是以信用为基础的生产制度中，只要信用突然停止，只有现金支付才有效，危机显然就会发生"⑤，因此生产能力过剩的危机往往会表现为货币流通的危机和信用的崩溃。

---

① 《马克思恩格斯文集》第 7 卷，人民出版社 2009 年版，第 273 页。
② 《马克思恩格斯文集》第 6 卷，人民出版社 2009 年版，第 89 页。
③ 《马克思恩格斯文集》第 7 卷，人民出版社 2009 年版，第 548 页。
④ 《马克思恩格斯文集》第 7 卷，人民出版社 2009 年版，第 546 页。
⑤ 《马克思恩格斯文集》第 7 卷，人民出版社 2009 年版，第 555 页。

第十章

资本主义发展阶段和历史进程的论述

对资本主义生产方式及其规律的研究，同对资本主义发展阶段和历史进程的研究是密切地联系在一起的。关于资本主义发展阶段及其历史进程的理论观点，是马克思主义政治经济学基本理论的必然赓续，是马克思主义政治经济学的重要组成部分。

第一节　古典政治经济学家的基本观点

由于历史的局限性，古典经济学关于资本主义发展阶段和历史进程问题没有进行系统的论述，但是在李嘉图和西斯蒙第的著作中有突出的表述。李嘉图认为资本主义是商业完全自由的制度，如果没有外在干预的影响，资本主义就会自然地、永恒地发展下去，他断言在资本主义社会中个人利益和社会利益并不矛盾，追求个人利益是人们社会经济行动的动机和目的，每个人在对他自己最有利，也可能是对国家最有利的情况下运用其劳动和资本，不受任何限制和束缚，这个社会就会在财富日益增长中顺利地发展，利己心、追求快乐、避免痛苦的功利主义是支配人们行为的准则，斯密所称颂的那只"看不见的手"自会引导这个社会前进，从而使国家受益无穷。在资本主义发展问题上，他相信人们的欲望是没有止境的，需求是无限的，任何人从事生产都是为了消费或销售。李嘉图认为："我把人类的欲望和爱好看作是无限的。我们都希望增加我们的享受或能力，它同样地促进需求。"① 产品总是

---

① ［英］P. 斯拉法主编：《李嘉图著作和通信集》第 6 卷，胡世凯译，商务印书馆 1980 年版，第 154 页。

要用产品或劳务来购买的，货币只是实现交换的媒介，既然这样，人们绝不会总是生产那些没有需求的商品。"如果商品已经生产出来，就必然有某些具有消费这些商品的愿望和力量的人，换个说法就是，对这些商品必然有需求。"① 如果出现某一种商品生产过剩，就减少生产这种商品，而多生产另一种商品。经过资本的自由转移，实现了对生产的调节，资本按照各行业所需要的真实数量得到合理的分配，社会不会出现普遍的生产过剩。在《政治经济学及赋税原理》第 19 章 "论工商业途径的突然变化"中，李嘉图也只承认局部的生产过剩，否认普遍生产过剩的可能性，从而对资本主义的未来发展抱有信心。资本主义被他看作是可以实现自行调节、不断运行的经济机制。他认为："个人的生长过程是由青年而壮年，而老死；但是国家的发展过程却不如此。国家达到最旺盛的状态以后，再向前进时诚然可能受到阻碍，但它们的自然趋势却是永远地继续发展，使它们的财富和人口永远不会减少。"②

西斯蒙第在收入决定生产理论的基础上论证了资本主义必然产生经济危机。根据收入决定生产观点，年收入的总量必须用来交换年生产的总量；通过这项交换，每个人都可以得到自己的消费品，都要取得一笔再生产的资本，要为一项再生产而进行投资，并提出新的要求。因此西斯蒙第认为："如果年收入不能购买全部年生产，那么一部分产品将要卖不出去，不得不堆在生产者的仓库里，积压生产者的资本，甚至使生产陷入停顿。"③ 这种情况表明生产超过了收入，也即生产超过了消费，生产和消费的这种矛盾的发展必然导致经济危机。在他看来，收入是决定消费的，收入不足就是消费不足，经济危机产生的根本原因是消费不足。西斯蒙第指出，资本主义经济危机不是偶然的，而是资本主义内在矛盾的结果，这在经济学说史上是一个功绩。马克思指出："西斯蒙第深刻地感觉到，资本主义生产是自相矛盾的；一

---

① ［英］P. 斯拉法主编：《李嘉图著作和通信集》第 2 卷，蔡受百译，商务印书馆 1979 年版，第 308 页。

② ［英］李嘉图：《政治经济学及赋税原理》，郭大力等译，商务印书馆 1976 年版，第 226 页。

③ ［瑞士］西斯蒙第：《政治经济学新原理》，何钦译，商务印书馆 1977 年版，第 84 页。

方面，它的形式——它的生产关系——促使生产力和财富不受拘束地发展；另一方面，这种关系又受到一定条件的限制，生产力愈发展，这种关系所固有的使用价值和交换价值、商品和货币、买和卖、生产和消费、资本和雇佣劳动等等之间的矛盾就愈扩大。他特别感觉到了这样一个基本矛盾：一方面是生产力的无限制的发展和财富的增加——同时财富由商品构成并且必须转化为货币；另一方面，作为前一方面的基础，生产者群众却局限在生活必需品的范围内。因此，在西斯蒙第看来，危机并不象李嘉图所认为的那样是偶然的，而是内在矛盾的广泛的定期的根本爆发。他经常迟疑不决的是：国家应该控制生产力，使之适应生产关系呢，还是应该控制生产关系，使之适应生产力？在这方面，他常常求救于过去；他成为'过去时代的赞颂者'，或者也企图通过别的调节收入和资本、分配和生产之间的关系的办法来制服矛盾，而不理解分配关系只不过是从另一个角度来看的生产关系。他中肯地批判了资产阶级生产的矛盾，但他不理解这些矛盾，因此也不理解解决这些矛盾的过程。不过，从他的论据的基础来看，他确实有这样一种模糊的猜测：对于在资本主义社会内部发展起来的生产力，对于创造财富的物质和社会条件，必须有占有这种财富的新形式与之适应；资产阶级形式只是暂时的、充满矛盾的形式，在这种形式中财富始终只是获得矛盾的存在，同时处处表现为它自己的对立面。这是始终以贫困为前提、并且只有靠发展贫困才能使自己得以发展的财富。"①

第二节　马克思、恩格斯的基本观点

一、关于资本主义的起源：原始积累的基本观点

资本主义制度并不是天然的，而是在历史上逐渐发展起来的。资本

---

① 《马克思恩格斯全集》第 26 卷第 3 册，人民出版社 1974 年版，第 55 页。

主义时代是从 16 世纪开始的，主要是由 15 世纪以来的地理大发现所导致的大规模的原始积累而引起的。"美洲金银产地的发现，土著居民的被剿灭、被奴役和被埋葬于矿井，对东印度开始进行的征服和掠夺，非洲变成商业性地猎获黑人的场所——这一切标志着资本主义生产时代的曙光。"①

从历史上看，原始积累的因素固然很多，积累的方式在各个国家也表现不同，但是殖民制度在其中起了非常大的作用。伴随地理大发现以及由此而来的世界市场的建立，殖民掠夺和买卖黑奴便成为许多西欧国家进行原始积累的重要手段之一。继西班牙、葡萄牙之后，英国成为当时最大的殖民者，其殖民的范围几乎遍及世界各地。许多殖民地国家既被当作提供丰富资源的产地，又被作为销售产品的市场，英国从中大发其财。正因为如此，在英国，"巨额财产像雨后春笋般地增长起来，原始积累在不预付一个先令的情况下进行"②。同英国一样，荷兰也是靠殖民起家的国家。"荷兰——它是 17 世纪标准的资本主义国家——经营殖民地的历史，'展示出一幅背信弃义、贿赂、残杀和卑鄙行为的绝妙图画'。"③ 总之，殖民制度成为许多国家原始积累最强有力的手段之一。

殖民掠夺和奴隶贸易的出现，大大促进了贸易和航运的发展，从而也促进了资本的快速发展。殖民地为迅速产生的工场手工业保证了销售市场，保证了通过对市场的垄断而加速的积累。"在欧洲以外直接靠掠夺、奴役和杀人越货而夺得的财宝，源源流入宗主国，在这里转化为资本。"④ 可以说，早先经济发达的国家，无不是强力推行殖民制度的国家。因此，马克思认为："在真正的历史上，征服、奴役、劫掠、杀戮，总之，暴力起着巨大的作用。但是在温和的政治经济学中，从来就是田园诗占统治地位……事实上，

---

① 《马克思恩格斯文集》第 5 卷，人民出版社 2009 年版，第 860 页。
② 《马克思恩格斯文集》第 5 卷，人民出版社 2009 年版，第 862 页。
③ 《马克思恩格斯文集》第 5 卷，人民出版社 2009 年版，第 861 页。
④ 《马克思恩格斯文集》第 5 卷，人民出版社 2009 年版，第 864 页。

原始积累的方法决不是田园诗式的东西。"①

资本主义生产方式的建立，在经济上必须具备两个基本的条件：第一，是大批的自由劳动者的存在，他们有人身自由，但由于没有生产资料和生活资料，所以，不得不出卖自己的劳动力给资本家；第二，是大量货币财富在少数人手中的积累，这些人因为握有大量的货币财富，因而有可能雇佣大批工人，进行大规模的资本主义生产。产生这两个条件的过程，马克思理解为："创造资本关系的过程，只能是劳动者和他的劳动条件的所有权分离的过程，这个过程一方面使社会的生活资料和生产资料转化为资本，另一方面使直接生产者转化为雇佣工人。因此，所谓原始积累只不过是生产者和生产资料分离的历史过程。这个过程所以表现为'原始的'，因为它形成资本及与之相适应的生产方式的前史。"②

二、关于自由竞争的基本观点

恩格斯在他早期的经济学著作《国民经济学批判大纲》中，已经一般地指出了资本主义私有制下竞争和垄断之间的辩证关系。例如，在《国民经济学批判大纲》中指出，竞争的对立面是垄断，由重商主义时期的垄断引起对自由竞争的渴求，而自由竞争的统治又是建立在私人利害关系上的，每个人在竞争中都想取得垄断地位，因而又引起垄断，即"竞争转为垄断。另一方面，垄断挡不住竞争的洪流；而且，它本身还会引起竞争"③。在《1844年经济学哲学手稿》中，马克思也指出："竞争的必然结果是资本在少数人手中积累起来，也就是垄断的更惊人的恢复。"④他们这时所说的垄断，还是在一般意义上指资本主义占有的垄断。在《哲学的贫困》和一些

---

① 《马克思恩格斯文集》第 5 卷，人民出版社 2009 年版，第 821 页。
② 《马克思恩格斯文集》第 5 卷，人民出版社 2009 年版，第 822 页。
③ 《马克思恩格斯文集》第 1 卷，人民出版社 2009 年版，第 73 页。
④ 《马克思恩格斯文集》第 1 卷，人民出版社 2009 年版，第 155 页。

书中，马克思明确指出，竞争是由封建垄断产生的，竞争是对封建垄断的否定。现代的垄断则是由竞争产生的，它对竞争来说是否定的否定，所以"垄断产生着竞争，竞争产生着垄断。垄断资本家彼此竞争着，竞争者逐渐变成垄断资本家"①。

在《资本论》创作过程中，马克思在资本和剩余价值理论基础上，阐明了资本积聚和资本集中的规律，阐述了资本积聚和资本集中的区别和联系，揭示了资本日益积聚和集中的必然性，指出竞争的激烈程度同互相竞争的资本的多少成正比，同互相竞争的资本的大小成反比，提出"在一个生产部门中，如果投入的全部资本已融合为一个单个资本时，集中便达到了极限"②。《资本论》第二卷还指出，在那些需要在较长时间内大量投资的企业，特别是只能大规模经营的企业，就需要集资经营，所以在发达的资本主义时期，"一方面大量资本集中在单个资本家手里，另一方面，除了单个资本家，又有联合的资本家（股份公司），同时信用制度也发展了"③。对于这种资本集中的更高形式，马克思在写于1865年的《资本论》第三卷的手稿中，有更详细的论述。在分析信用在资本主义发展中的作用时，马克思认为，资本的所有权和资本机能的分离、资本集中和生产集中的现象，都随着股份公司的迅速发展而高度发展了。股份公司没有克服资本主义固有的矛盾，反而在新的生产形式的过渡点，"它在一定部门中造成了垄断，因而引起国家的干涉"④。

三、关于资本主义发展到垄断阶段的基本观点

19世纪60年代下半期，马克思在写作《资本论》第三卷手稿时，资本主义仍处在自由竞争的发展阶段。这时，资本主义信用制度还不发达，交易

---

① 《马克思恩格斯全集》第4卷，人民出版社1958年版，第178页。
② 《马克思恩格斯文集》第5卷，人民出版社2009年版，第723页。
③ 《马克思恩格斯文集》第6卷，人民出版社2009年版，第260页。
④ 《马克思恩格斯文集》第7卷，人民出版社2009年版，第497页。

所还以经营债券为主要业务，在资本主义体系中还是一个次要因素，生产领域中股份公司也为数不多。但是，马克思还是注意到信用和股份资本的出现及其对资本主义经济发展所带来的重大影响。他多次论述了证券交易所以及动产信用公司等新型金融企业，认为大股份银行是现代最不寻常的经济现象之一。在《资本论》第三卷手稿中，马克思论述了股份资本的形成、作用及其意义。他指出，股份公司这种资本主义企业的新组织形式，为在更大范围内集中资本从而建立更大的企业造成了可能。当股份公司扩大到足以囊括某一生产部门的大部分生产时，垄断也就形成了。恩格斯在整理《资本论》第三卷时，对马克思的上述思想作了重要补充，认为在马克思逝世之后，一些规模无比巨大的新式企业开始建立起来了，这些新式企业是马克思生前存在的股份公司的"二次方"或"三次方"。这些垄断组织的出现，既促进了生产以更快的速度增加，但同时又造成了经常性的生产过剩，而且还造成对国外市场的掠夺，导致各国实行保护关税政策。这种政策的直接后果就是在受保护的工业部门中成立了新的垄断组织。这就表明，"竞争已经为垄断所代替，并且已经最令人鼓舞地为将来由整个社会即全民族来实行剥夺做好了准备"①。

在写作《资本论》的过程中，马克思更详细地深入地研究了信用在资本主义发展中的作用。《资本论》第一卷在考察资本的积累过程时，阐明了随着资本主义的生产发展而形成的信用事业，把分散在社会表面上的大大小小的货币资金吸引到单个的或联合的资本家手中，并且很快成为竞争的武器，"最后，它转化为一个实现资本集中的庞大的社会机构"②。《资本论》第二卷在考察货币资本的运动时，已经预见到银行对工业的控制，提出资本循环所遇到的干扰越大，"产业资本家就必须持有越是大量的货币资本，才有可能等到干扰被排除；因为随着资本主义生产的进展，每一单个生产过程的规模

---

① 《马克思恩格斯文集》第7卷，人民出版社 2009 年版，第 497 页。
② 《马克思恩格斯文集》第5卷，人民出版社 2009 年版，第 722 页。

会扩大，预付资本的最低限量也会随之增加，所以除了其他情况外，又加上这个情况，使产业资本家的职能越来越转化为各自独立或互相结合的大货币资本家的垄断"①。《资本论》第三卷在考察信用在资本主义生产中的作用时，更明确地指出大股份公司的迅速发展，大资本通过信用机构合并小资本，不仅在一定部门中造成了垄断，"它再生产出了一种新的金融贵族，一种新的寄生虫，——发起人、创业人和徒有其名的董事；并在创立公司、发行股票和进行股票交易方面再生产出了一整套投机和欺诈活动"②。信用制度完全打破了"资本似乎是本人劳动和节约的果实这样一种资本主义制度的最后幻想"，"不仅利润来自对他人劳动的占有，而且用来推动和剥削他人劳动的资本也来自他人的财产，这种财产是由货币资本家提供给产业资本家支配的，并且为此货币资本家也剥削产业资本家"③。在这里，马克思比以前更细致地考察了资本过剩问题。他指出，在资本主义社会里，货币资本的过剩，不过证明了资本主义生产的局限性。"货币资本本身的过剩，不是必然地表示生产过剩，甚至也不是必然地表示缺少投资领域。"④ 运用这种过剩资本的唯一障碍是资本增殖的规律。

在 19 世纪最后 30 年，资本主义逐渐由自由竞争阶段过渡到垄断阶段。随着资本主义进入垄断阶段而产生的各种新的经济现象，到 19 世纪 80 年代末和 90 年代初已经日益显露出来。因此，恩格斯生前已比较清楚地看到这种新现象并对由自由竞争转变为垄断的统治，垄断组织的形式卡特尔和托拉斯，大量资本输出，以交易所为代表的金融资本的作用，争夺殖民地和世界市场的战争等问题进行了科学分析。

恩格斯在《反杜林论》初版中，对更加迅猛发展的大股份公司这种经济现象作了进一步的论述，特别是考察了生产社会化同资本的积累和集中过程

---

① 《马克思恩格斯文集》第 6 卷，人民出版社 2009 年版，第 124 页。
② 《马克思恩格斯文集》第 7 卷，人民出版社 2009 年版，第 497 页。
③ 《马克思恩格斯文集》第 7 卷，人民出版社 2009 年版，第 574—575 页。
④ 《马克思恩格斯文集》第 7 卷，人民出版社 2009 年版，第 573 页。

之间的关系。他指出，股份公司这种社会化形式正在迅速发展，甚至作为资本主义社会正式代表的国家也不得不把大规模生产和交通工具转化为"国家财产"。大股份公司和国有企业的发展，使资本家和职能资本愈益分离，"资本家的全部社会职能现在由领工薪的职员来执行了。资本家除了拿红利、持有剪息票、在各种资本家相互争夺彼此的资本的交易所中进行投机以外，再也没有任何其他的社会活动了"①。也就是说，资本主义的寄生性和腐朽性更加强了。恩格斯进而说明，无论是转入股份公司手中，或者变为国家垄断资本主义，都没有改变生产力的资本主义性质，也不能解决资本主义制度的基本矛盾，反而使这种矛盾更加尖锐化。

在 1891 年出版的《社会主义从空想到科学的发展》德文第四版中，恩格斯最先明白地揭示出：资本主义开始由自由竞争过渡到垄断。他在德文第四版的序言中写道：新增添的内容有"在第三章接近末尾处关于在这期间已经变得很重要的新的生产形式'托拉斯'的补充"②。在这个"补充"中，恩格斯分析了竞争转化为垄断的新现象、托拉斯的产生及其作用。他指出："国内同一工业部门的大生产者联合为一个'托拉斯'，即一个以调节生产为目的的联盟；他们规定应该生产的总产量，在彼此间分配产量，并且强制实行预先规定的出售价格。但是，这种托拉斯一遇到不景气的时候大部分就陷于瓦解，正因为如此，它们就趋向于更加集中的社会化：整个工业部门变为一个唯一的庞大的股份公司，国内的竞争让位于这一个公司在国内的垄断。"换句话说，"在托拉斯中，自由竞争转变为垄断"；可是，这并没有克服资本主义的基本矛盾，而是表明了"资本主义社会的无计划生产向行将到来的社会主义社会的计划生产投降"。而且"任何一个民族都不会容忍由托拉斯领导的生产，不会容忍由一小撮专靠剪息票为生的人对全社会进行如此露骨的剥削"③。

---

① 《马克思恩格斯文集》第 9 卷，人民出版社 2009 年版，第 295 页。
② 《马克思恩格斯文集》第 3 卷，人民出版社 2009 年版，第 497 页。
③ 《马克思恩格斯文集》第 3 卷，人民出版社 2009 年版，第 558、752 页。

对于这种自由竞争变为垄断的新现象，恩格斯在编辑《资本论》第三卷时所写的一些增补和注释中，也有精辟的分析。首先，他说明了旧日的自由竞争制度已经到了末日，竞争已经被垄断所代替。然后，他考察了垄断的两种形式：卡特尔和托拉斯。这两种垄断组织，都是由整个大生产部门的大工业家组成的，"其目的是调节生产，从而调节价格和利润"①。托拉斯的生产社会化和垄断程度比卡特尔高：在卡特尔的场合，"一个委员会确定每个企业的产量，并最后分配接到的订货"，在托拉斯的场合，把一个工业部门的全部生产，"集中成为一个大股份公司，实行统一领导"，"技术方面的管理，仍然留在原来的人手中，但是营业方面的领导则已集中在总管理处手中"②。恩格斯指出，垄断并没有消灭竞争，一旦资本主义经济的"风暴"来临，垄断组织往往就分崩离析，而且"在此期间，这种卡特尔只有一个目的，那就是使小资本家比以前更快地被大资本家吃掉"③。这些都证明，虽然生产需要调节，但是负有这个使命的，肯定不是资本家阶级，而是取得了社会主义革命胜利和建立了革命专政的无产阶级。在 1865 年间写的《资本论》第三卷手稿中，马克思已经指出，对生产加上共同性、干涉性和预见性的统制，是同资本主义生产的发展规律不相容的。在上述"补充"中，得到进一步论证，竞争为垄断所代替，并不意味着资本主义制度可以在全社会范围内调节生产，而是"已经最令人鼓舞地为将来由整个社会即全民族来实行剥夺做好了准备"④。

19 世纪 80 年代，随着垄断资本的形成过程日益明显地表现出来，恩格斯也日益具体地考察和分析了这种现象。他已经初步考察了垄断资本的形成，例如在《论美国资本的积聚》中，他已经谈到美国那些拥有亿万资本的富豪的出现以及他们在国民经济中的地位和作用。他指出："一方面资本大

---

① 《马克思恩格斯文集》第 7 卷，人民出版社 2009 年版，第 136 页注释 16。
② 《马克思恩格斯文集》第 7 卷，人民出版社 2009 年版，第 496 页。
③ 《马克思恩格斯文集》第 7 卷，人民出版社 2009 年版，第 136 页注释 16。
④ 《马克思恩格斯文集》第 7 卷，人民出版社 2009 年版，第 497 页。

规模积聚，另一方面群众日益贫困。结局只有一个，这就是社会革命！"①

　　垄断代替自由竞争的历史趋势，还突出地表现在证券交易所（实际是金融资本）对整个国民经济的统治作用越来越强大。恩格斯指出，1865 年交易所在资本主义体系中还是一个次要因素，但之后，"情况已经发生了变化，这种变化使今天交易所的作用大大增加了，并且还在不断增加。这种变化在其进一步的发展中有一种趋势，要把全部生产，工业生产和农业生产，以及全部交往，交通工具和交换职能，都集中在交易所经纪人手里，这样，交易所就成为资本主义生产本身的最突出的代表"②。此外，积累也在以不断加快的速度进行着，在英国，生产的扩展已赶不上积累的增长，单个资本家的积累已经不能在扩大他的营业方面用掉，到处都有新的股份公司出现。工业部门、商业部门、银行等逐渐转变为股份企业，而股份企业又在转变为托拉斯；同样的过程在农业领域中也在进行着，地产的最高所有权已转到交易所手中。一切国外投资也都采取了股份公司的形式。由于资本输出的大量增加，使殖民地纯粹地变成了交易所的附属品，"欧洲列强为了交易所的利益在几年前就把非洲瓜分了"③。恩格斯关于交易所的论述，已涉及了垄断资本主义一系列本质的特征，深刻地揭示了资本主义垄断阶段的开始。以交易所为代表的金融资本的统治，大量资本输出以及争夺殖民地和世界市场的战争，这些也都是资本主义开始向帝国主义阶段过渡而出现的特征。在 19 世纪 80 年代末和 90 年代初，恩格斯曾陆续地考察到资本主义发展的这些新现象，并且做了精辟的论述。

　　19 世纪 50 年代，马克思、恩格斯在研究资本主义经济发展的过程中，十分重视当时西欧国家一再出现的经济危机，尤其是金融危机，从而着重考察了信用对资本主义发展的作用。他们一再论述了证券交易所以及动产信用公司等新型金融企业，称这种新出现的大股份银行为康采恩，认为它是"现

---

　　① 《马克思恩格斯全集》第 19 卷，人民出版社 1963 年版，第 339 页。
　　② 《马克思恩格斯文集》第 7 卷，人民出版社 2009 年版，第 1028 页。
　　③ 《马克思恩格斯文集》第 7 卷，人民出版社 2009 年版，第 1030 页。

代最不寻常的经济现象之一，应当最认真地加以研究"①。马克思在《1857—1858 年经济学手稿》中，在拟定自己的研究计划时，就列入了"资本作为信用""资本作为股份资本""资本作为货币市场"，最后，还列入了殖民地、对外贸易，世界市场等项，表现了他对这些问题的重视。

19 世纪 80 年代初，马克思、恩格斯清楚地揭露了英国工人贵族、工联主义和机会主义的出现，同"英国在世界市场上的垄断权和英国的殖民地垄断权"②的关系。这种现象也是资本主义腐朽性增加的一种表现。正如列宁所曾经指出的："马克思和恩格斯两人都没有活到世界资本主义的帝国主义时代，因为这个时代最早也只能说是在 1898—1900 年间开始的。但是英国的特点是，它从 19 世纪中叶起至少就具备了帝国主义的两大特征：（1）拥有极广大的殖民地；（2）拥有垄断利润（因为它在世界市场上占垄断地位）。就这两点来说，英国当时是各资本主义国家中的一个例外，恩格斯和马克思在分析这一例外时非常明确地指出了这种现象和机会主义在英国工人运动中的胜利（暂时的胜利）之间的联系。"③

19 世纪 80 年代，垄断资本形成的一些征兆已经显露出来。恩格斯除了考察拥有亿万资本的金融巨头的出现以外，在《家庭、私有制和国家的起源》一书里，又揭露了资产阶级政府"交易所"的联盟。他并且曾经指出："公债越增长，股份公司越是不仅把运输业而且把生产本身集中在自己手中，越是把交易所变成自己的中心，这一联盟就越容易实现。"④

19 世纪 80 年代，同样值得注意的是恩格斯已经预见到，资本主义制度由于基本矛盾不断尖锐化，必然在资本主义列强之间爆发世界战争。虽然限于历史条件，他当时还没有具体说明产生这种世界战争的原因，但是他已经天才地预见到它的严重后果。1887 年，他在《波克罕〈纪念一八〇六至

---

① 《马克思恩格斯全集》第 12 卷，人民出版社 1962 年版，第 26 页。
② 《马克思恩格斯文集》第 10 卷，人民出版社 2009 年版，第 480 页。
③ 《列宁选集》第 2 卷，人民出版社 2012 年版，第 710 页。
④ 《马克思恩格斯文集》第 4 卷，人民出版社 2009 年版，第 192 页。

一八〇七年德意志极端爱国主义者〉一书引言》中写道："对于普鲁士德意志来说，现在除了世界战争以外已经不可能有任何别的战争了。这会是一场具有空前规模和空前剧烈的世界战争。那时会有800万到1000万的士兵彼此残杀，同时把整个欧洲都吃得干干净净，比任何时候的蝗虫群还要吃得厉害。三十年战争所造成的大破坏会集中在三四年里重演并殃及整个大陆；到处是饥荒、瘟疫，军队和人民群众因极端困苦而普遍野蛮化；我们在商业、工业和信用方面的人为的运营机构会陷于无法收拾的混乱状态，其结局是普遍的破产；旧的国家及其传统的治国才略一齐被摧毁，以致王冠成打地滚落在街上而无人拾取；绝对无法预料，这一切将怎样了结，谁会成为这场斗争的胜利者；只有一个结果是绝对没有疑问的，那就是普遍的衰竭和为工人阶级的最后胜利创造条件。"[①] 恩格斯这个预言后来完全被历史发展所证实了。列宁对这个预见给予极高的评价，认为这是"多么天才的预言！在这个明确的、简要的、科学的阶级分析中，每一句话的含义是多么丰富！"[②]

恩格斯在《资本论》第三卷出版以后所写的题为《交易所》的增补中，着重研究了"交易所"的新作用，实际上是证券市场亦即金融资本的新作用。这种证券市场之所以能够逐渐支配工业和农业，是由于股份公司的不断增加，从而股票不断聚集在交易所里。不仅工业逐渐变成了股份企业，从炼铁业、化学工业、机器制造业到纺织业，一个部门接着一个部门遭遇这种境遇，而且商业和银行也是这样，甚至农业也有同样的情况。"大大扩充的银行，特别是在德国（在各式各样的官僚名义下），日益成为抵押土地的持有者；连同这些银行的股票一起，地产的实际的最高所有权被转移到了交易所手中。"[③] 显然，恩格斯在这里所考察的，实质上是金融资本对国民经济的统治，但是恩格斯限于当时的历史条件，还没有形成关于金融资本的完整理论，这个任务是后来由列宁完成的。

---

① 《马克思恩格斯文集》第4卷，人民出版社2009年版，第331页。
② 《列宁选集》第3卷，人民出版社2012年版，第552页。
③ 《马克思恩格斯文集》第7卷，人民出版社2009年版，第1029页。

　　在分析了资本积累随着股份公司的发展而加速增长的情况以后，恩格斯又揭示了资本主义腐朽性和寄生性的加强。他指出，随着资本的积累，靠食利金生活的人数也增加了，"这种人对营业上经常出现的紧张已感到厌烦，只想悠闲自在，或者只揽一点像公司董事或监事之类的闲差事"①。

　　恩格斯还注意到资本输出的新情况，在他编辑出版的《资本论》第三卷中，已经对过剩资本输出问题作了探索。他指出："自 1867 年最近一次的普遍危机爆发以来，已经发生了巨大的变化。由于交通工具的惊人发展，——远洋轮船、铁路、电报、苏伊士运河，——第一次真正地形成了世界市场。除了以前垄断工业的英国，现在又出现了一系列的同它竞争的工业国家；欧洲的过剩资本，在世界各地开辟了无限广阔和多种多样的投资领域，所以资本比以前分散得更加广泛，并且地方性的过度投机也比较容易克服了。"同时，由于卡特尔和托拉斯的出现，国内市场的竞争也后退了，国外市场上的竞争也由于保护关税的实行而受到限制；当然"这种保护关税本身，只不过是最后的、全面的，决定世界市场霸权的工业战争的准备"②。在《交易所》里，恩格斯进一步指出，在新的阶段里，"一切国外投资都已采取股份形式"。同时，殖民地的性质也发生了变化，"现在，这纯粹是交易所的附属物"③。换句话说，在"交易所"的支配下，欧洲资本主义国家已经把殖民地当作过剩资本的投资场所了。恩格斯在这里虽然还没有把资本输出看作是垄断阶段的资本主义的特征，但是实际上已经重视向殖民地输出资本的问题了。此外，恩格斯还揭露了欧洲列强为"交易所"的利益而瓜分殖民地的现象。

　　当然，由于恩格斯晚年仍是资本主义从自由竞争向垄断过渡的时期，他只能就某些征兆和趋势作出科学的分析和初步的揭示，还不可能提出关于帝国主义形成、发展的完备理论。但他的伟大贡献在于提出了这个重大的时代

---

① 《马克思恩格斯文集》第 7 卷，人民出版社 2009 年版，第 1029 页。

② 《马克思恩格斯文集》第 7 卷，人民出版社 2009 年版，第 554 页注释 8。

③ 《马克思恩格斯文集》第 7 卷，人民出版社 2009 年版，第 1030 页。

性课题，并为它的解答奠定了科学的理论和方法论基础。列宁后来正是在这一基础上，沿着恩格斯开辟的道路，完成了创立马克思主义的帝国主义理论的历史使命。

第三节　列宁基本观点的发展

一、资本主义发展理论

马克思在《资本论》中以英国为典型，揭示了资本主义产生和形成的一般规律。在英国，以暴力掠夺为基本特征的原始积累对资本主义形成起了极其重要的作用。列宁根据马克思主义一般原理，以 19 世纪末的俄国为历史背景，具体地论证了资本主义关系形成特别是其中的经济方面的过程，从而丰富和发展了马克思主义的理论。

列宁在《论所谓市场问题》《俄国资本主义的发展》等著作中分析了市场问题。列宁明确指出，所谓"市场"，是同社会分工不可分离的，社会分工是商品经济和资本主义经济的全部基础，而"市场"正是商品经济中社会分工的表现。资本主义在它的形成过程中就自然为自己提供了与它的发展相适应的市场。市场的进一步扩大，使自然经济迅速瓦解。

关于资本主义发展的一般过程，列宁认为商品内在矛盾的发展，又必然引起小生产的分化，使绝大多数人贫困和破产，变为依靠出卖自己的劳动力为生的雇佣工人，少数人逐渐发财致富，变为掌握、占有生产资料的资本家，与此同时，劳动力成为商品，生产资料成为资本。这样，商品生产转变成资本主义生产。在资本主义的历史发展中有两个关键：1.直接生产者的自然经济转化为商品经济；2.商品经济转化为资本主义经济。与此同时，列宁批判了农民破产缩小了国内市场的错误观点，因为他们不了解小生产者破产和分化的实质，并忽略了小生产者的阶级结构。人民大众贫困化、小生产者破产是资本主义生产的条件并加强着资本主义。因为，人民大众贫困化就是小生产者破产成为雇佣工人，而雇佣工人的存在是资本主义存在的重要前提；同时，小生产者破产是自然经济的瓦解过程，这意味着对市场的依赖性加强，对工人的生活资料、生产资料提出了市场需求。因此，小生产的破产不是说明了国内市场缩小，相反证明国内市场的扩大。国内市场发展的程度反映着国内资本主义发展的程度。

二、农业中资本主义形成理论

马克思在研究资本主义社会经济形态时指出，不论在工业还是在农业中，商品生产的发展和雇佣劳动的产生，总是资本主义生产关系形成的一般前提。列宁在《俄国资本主义的发展》中揭示了资本主义生产关系形成的一般前提在农业的发展过程中还有自己的特点。

关于农民的分化。列宁运用马克思主义原理，具体地论证了俄国农民分化的性质、过程和各种表现形式。列宁指出，俄国农民所处的经济环境完全是商品经济，俄国农村经济具有任何商品经济与资本主义所固有的一切矛盾，这些矛盾的发展促使农民分化。随着农民的分化，旧的家长制的经济结构完全被破坏，在农村出现了新类型的居民——农村的资产阶级与无产阶级。他们是商品经济和资本主义经济占统治地位的社会基础。农村的资产阶级即富农，他们雇用雇农，从事的商业活动、高利贷活动、购买土地和改良经营等，都具有资本主义性质。他们在人数上只占农民中的少数，但在占有的生产资料及农产品数量上都占绝对优势。农村的无产阶级（包括有份地的雇佣工人和无地的农民）占农民中的一半。由于在农业中，资本主义的渗入和发展较为迟缓，而且其发展形式多种多样，农民的分化通常不形成纯粹的无产阶级，而是形成拥有小块土地的雇佣工人。除了这种新型的农村居民之外，还有中农。中农的特点是商品经济不大发展，其地位极不稳定。他们只是在顺利的条件下才能维持自己的生活，而在大多数场合下，要出卖部分劳动力才能收支相抵，因而经常被抛到无产阶级队伍中。中农的分化加深了农村的贫富悬殊和对立。

关于地主经济向资本主义经济的转化。列宁分析了农奴制盛行时代的地主经济即劳役经济的特点，以及在农奴制改革后，从劳役经济过渡到资本主义经济的过程。列宁指出，劳役经济有四个特点，即自然经济占统治地位，直接生产者分有一般生产资料特别是土地，并被束缚在土地上，农民对地主的人身依附是这种经济制度的条件，技术极端低下。而在农奴制改革后，劳役经济的基础被破坏了，但它的残余还未最终消灭，因此，这时的经济制度是一种过渡的制度，也就是工役制（劳役经济的直接残余）和资本主义制度的结合。所谓工役制，这是附近农民用自有的农具耕种地主的土地，而地主则用土地、实物或货币来偿付。所谓资本主义制度就是雇佣工人用业主的农具来耕种土地。但这种结合并不稳定，由于农民进一步分化，农村无产者的增加，资本主义制度排挤工役制而不断发展，适用于资本主义经营的农业机械的使用更加速了这一过程，最后实现了向资本主义经济制度的过渡。

三、工业中资本主义发展阶段理论

列宁研究了俄国的具体情况，根据马克思所阐明的原理，揭示了资本主义在俄国工业中的产生和发展的特殊形式。列宁分析了资本主义在工业中的三个主要的发展阶段。关于小商品生产，他指出最初的工业是以家庭形式出现的，这时的家庭工业还是自然经济的一部分，它还没有从农业中分离出来。从家长制农业中分离出来的工业的第一种形式是手工业，它依照消费者的订购来进行生产或替消费者进行加工，它是城市生活的必要组成部分，也成为农民经济的补充。随着商品经济的发展，手工业者与市场接触频繁，手工业者逐渐变为商品生产者，而手工业者之间的竞争也日益剧烈并发生分化，大多数人沦为无产者，少数人则扩大生产并使用雇佣劳动，于是资本主义作坊产生了。所以，资本主义工业是在小商品生产瓦解的基础上产生和发展起来的。

关于资本主义工场手工业和家庭工业，列宁考察了资本主义工场手工业的基本特点并揭示了资本主义家庭劳动的作用及其本质。工场手工业是一种以分工为基础的协作，是由小手工业直接发展起来的。它是手工业和带有原始资本形式的小商品生产与大机器工业（工厂）之间的中间环节。一方面它从小手工业的基础上产生，另一方面，它因采用分工提高了劳动生产率，为过渡到机器大工业准备了前提。

关于机器大工业，指出大机器工业的基本标志是在生产领域中使用机器的体系，它是资本主义发展的高级阶段。从工场手工业过渡到大机器工业，在资本主义发展史上具有特别重要的意义。因为只有到大机器工业时代，才彻底破坏了旧的生产方式，使社会关系发生根本变革。大机器工业引起经济技术的革新，使工业和农业最后彻底分离，并使劳动社会化。

四、关于资本主义发展的最新阶段

列宁的帝国主义理论根据资本主义发展的新情况，全面地总结了前人的研究成果，吸收了其中一切合理的内容，特别是希法亭的理论成果，解决了前人尚未解决的问题，明确指出帝国主义是资本主义发展的最新阶段，资本主义发展经历了两个阶段，即自由竞争资本主义阶段和垄断资本主义即帝国主义阶段，科学地确定了两个时期的深刻的原则区别，一个是"古典"资本主义比较稳定的长期统治时期，另一个是猛烈、跃进和充满尖锐冲突的垄断资本主义时期。

列宁对资本主义发展的新阶段作了全面的科学论证。深刻地揭示了帝国主义的各个基本经济特征。他指出，与自由竞争的资本主义相比，帝国主义的显著特征在于："（1）生产和资本的集中发展到这样高的程度，以致造成了在经济生活中起决定作用的垄断组织；（2）银行资本和工业资本已经融合起来，在这个'金融资本的'基础上形成了金融寡头；（3）和商品输出不同的资本输出具有特别重要的意义；（4）瓜分世界的资本家国际垄断同盟已经形成；（5）最大资本主义大国已把世界上的领土瓜分完毕。"① 列宁对五大特征作了具体论述。

由生产集中和资本集中产生垄断。列宁认为帝国主义最重要和最根本的特征就是由生产和资本的集中产生垄断。大量确凿的材料证明，生产积聚和资本集中达到相当高的程度，资本主义经济自然而然地走向垄断。这一方面是因为几十个巨型企业彼此之间容易订立协定，另一方面是因为企业规模宏大使自由竞争受到妨碍，从而产生垄断的倾向。资本主义经济危机也推进了生产和资本集中的发展。资本主义世界连续爆发了 1873 年、1882 年、1890 年和 1900—1903 年的经济危机。严重的危机加剧了竞争，出现了资本主义发展史上空前猛烈、规模巨大的企业兼并与吞并的浪潮，使生产集中迅猛发展。列宁指出："危机（各种各样的危机，最常见的是经济危机，但不是只有经济危机）又大大加强了集中和垄断的趋势。"②

列宁研究了欧洲主要资本主义国家垄断组织发展的几个基本时期，阐明了垄断组织的发展过程，也就是帝国主义形成的过程。"对垄断组织的历史可以作如下的概括：（1）19 世纪 60 年代和 70 年代是自由竞争发展的顶点即最高阶段。这时垄断组织还只是一种不明显的萌芽。（2）1873 年危机之后，卡特尔有一段很长的发展时期，但卡特尔在当时还是一种例外，还不稳固，还是一种暂时现象。（3）19 世纪末的高涨和 1900—1903 年的危机。这时卡特尔成了全部经济生活的基础之一。资本主义转化为帝国主义。"③ 当然不同的国家生产集中和垄断发展会有不同情况，但它们又有共同趋势，所以"某些资本主义国家之间的差别，例如实行保护主义还是实行自由贸易，只能在垄断组织的形式上或产生的时间上引起一些非本质的差别，而生产集中产生垄断，则是现阶段资本主义发展的一般的和基本的规律"④。

---

① 《列宁专题文集　论资本主义》，人民出版社 2009 年版，第 176 页。
② 《列宁专题文集　论资本主义》，人民出版社 2009 年版，第 119 页。
③ 《列宁专题文集　论资本主义》，人民出版社 2009 年版，第 112 页。
④ 《列宁专题文集　论资本主义》，人民出版社 2009 年版，第 111 页。

　　垄断和竞争的关系是一个极其重要的问题。列宁论证了垄断是在竞争中实现的，是在自由竞争的环境中成长起来的，但垄断的实现不能消除竞争。大垄断企业具有巨大的规模和技术力量，这是自由竞争时期的企业所不能比拟的。因此，在此前提下产生的竞争就具有更加残酷、更加激烈的特点。列宁对帝国主义条件下垄断和竞争的关系作了科学的考察后指出："自由竞争是资本主义和一般商品生产的基本特性；垄断是自由竞争的直接对立面，但是我们眼看着自由竞争开始转化为垄断：自由竞争造成大生产，排挤小生产，又用更大的生产来代替大生产，使生产和资本的集中达到这样的程度，以致从中产生了并且还在产生着垄断，即卡特尔、辛迪加、托拉斯以及同它们相融合的十来家支配着几十亿资金的银行的资本。同时，从自由竞争中生长起来的垄断并不消除自由竞争，而是凌驾于这种竞争之上，与之并存，因而产生许多特别尖锐特别剧烈的矛盾、摩擦和冲突。"①资本主义垄断代替自由竞争，是帝国主义最基本的经济特征。垄断是帝国主义的经济本质，对资本主义垄断的论证，是列宁研究帝国主义问题中具有决定意义的突破。

　　银行资本与工业资本的融合以及金融资本的统治。列宁从银行资本的集中和积聚研究帝国主义时代的银行。在竞争的作用下，银行的数量和企业的数量一样，在逐渐减少，越来越多的货币资金集中于少数最大的银行。这种集中过程通过多种方式表现出来：一种是大银行直接吞并小银行，把小银行不断排挤掉，使它们在全部存款总数中所占的比重日益降低。一种是大银行使用各种方法去"联合"它们，尤其是通过"参与制"这种隐蔽地实行银行资本集中和积聚的形式，使它们变成实际上的分行，吸收它们加入"自己的"集团。在集中过程中，少数处于整个资本主义经济领导地位的银行成立垄断协定，组织银行托拉斯。从此，一些最大的银行把越来越多的银行业务和利润集中在自己手中。银行的集中发展到最高阶段就形

---

　　① 《列宁专题文集　论资本主义》，人民出版社 2009 年版，第 175 页。

338 | 马克思主义经典作家关于政治经济学一般原理的基本观点研究

成银行的垄断。

在银行集中形成垄断后，银行作用起了根本的变化。资本主义自由竞争时期的银行，主要是作为支付的中介发挥作用，它收集社会上闲散的货币和资本贷给资本家使用以获取而且只是获取借贷利息的差额。而在资本主义垄断时期则不同，随着资本的集中和银行周转额的增加，分散的资本家合成了一个集体的资本家。银行替几个资本家办理往来账，似乎只是执行着一种纯粹技术性的、纯粹辅助性的业务。而当这种业务的范围扩展到很大的时候，极少数垄断者就控制着整个资本主义社会的工商业业务，就能通过银行的联系，通过往来账及其他金融业务，首先确切地了解各个资本家的业务状况，然后加以监督，用扩大或减少、便利和阻拦信贷的办法来影响他们，最后则完全决定他们的命运、决定他们的收入、夺去他们的资本，或者使他们有可能迅速而大量地增加资本等。这种新作用就是：银行"就由中介人的普通角色发展成为势力极大的垄断者"①。

实现了垄断统治的工业资本和银行资本会融合而形成金融资本，并出现金融资本和金融寡头的统治。列宁从生产占首位的原理出发，给金融资本下了科学的定义："生产的集中；从集中生长起来的垄断；银行和工业日益融合或者说长合在一起，——这就是金融资本产生的历史和这一概念的内容。"②列宁强调了金融资本同生产集中和垄断的内在联系，深刻揭示了金融资本的实质：金融资本既不是单纯的银行垄断资本，也不是单纯的工业垄断资本，而是在生产集中和垄断的基础上，由银行资本和工业资本融合起来而产生的一种新型资本。自由竞争时期是工业资本占统治地位，帝国主义时期则是金融资本占统治地位，帝国主义时代就是金融资本统治的时代。

列宁首先分析了金融寡头在国内的经济统治。金融寡头在经济上的统治主要是通过"参与制"利用掌握一定股权的方式对企业实行支配。金融

---

① 《列宁专题文集　论资本主义》，人民出版社 2009 年版，第 120 页。
② 《列宁专题文集　论资本主义》，人民出版社 2009 年版，第 136 页。

寡头控制着总公司，总公司通过收买股票、掌握股票控制额的办法使别的公司从属于自己，成为自己的"女儿公司"，各"女儿公司"又以同样办法控制更多的"孙女公司"，从而形成了金融垄断的金字塔，站在塔尖上的是一小撮金融寡头，下面层层控制着大量社会资本。这样，就能以较少的资本支配着比自身大得多的资本，以至把许多重要的经济部门都控制在自己手里。列宁还揭露了所谓"资本的民主化"的谬论，实际上不过是加强金融寡头实力的一种手段。他又指出金融寡头通过其他方式，如创办企业、发行有价证券、办理公债等来攫取巨额利润，加强自己在经济上的统治地位。列宁还分析了金融寡头在政治上的统治。金融寡头既然统治了整个社会经济，那么，"它就绝对不可避免地要渗透到社会生活的各个方面去，而不管政治制度或其他任何'细节'如何"①。金融寡头通过同政府的"个人联合"等实现垄断资本和国家政权的结合，金融寡头已成为事实上的真正的统治者。

资本输出的特殊意义。资本输出的基础是在垄断资本主义条件下，帝国主义国家形成相对过剩资本。金融资本与金融寡头的垄断统治，一方面使少数在世界上处于垄断地位的最富裕的帝国主义国家的垄断资本家手里，集中了数量极其巨大的货币资本；另一方面，由于资本主义在一些企业、工业部门和国家的发展不平衡，资本主义在少数国家中已经"成熟过度"了，"有利可图"的投资场所已经不够了，在这种情况下，在这些资本主义国家里产生了大量的相对过剩资本。这些"过剩"资本必然要被输出到国外去，以谋取高额垄断利润。帝国主义的垄断统治，决定了资本输出的根本目的和动机是要在国外谋取高于国内垄断利润的利润。列宁认为这种"过剩"资本具有相对的性质。

列宁对资本输出的必要性和可能性进行了研究。在先进国家里出现了大量的已经积累起来的"过剩"资本，但在国内已找不到能保证垄断利润的合

---

① 《列宁专题文集　论资本主义》，人民出版社 2009 年版，第 147 页。

适的投资场所，这是必要条件。这些资本输出的可能性在于："许多落后的国家已经卷入世界资本主义的流转，主要的铁路线已经建成或已经开始兴建，发展工业的起码条件已有保证等等"，而"在这些落后国家里，利润通常都是很高的，因为那里资本少，地价比较贱，工资低，原料也便宜"①。资本主义垄断的不断发展造成大量的资本输出，其基本形式是：生产资本的输出和借贷资本的输出。

资本输出为垄断资本家带来惊人的利润，因此，列宁又进一步指出资本输出已成为帝国主义压迫和剥削世界上大多数民族和国家的坚实基础，造成了极少数最富国家的资本主义寄生性的坚实基础，资本输出扩大和加深了资本主义在全世界的进一步发展，促使金融资本在全世界编织起"可以说是真正布满了世界各国"的金融密网，这种金融资本的依赖和联系的国际网，是金融资本统治全世界的坚实基础。

资本家同盟分割世界。资本家同盟分割世界的基础是垄断。由国内垄断到国际垄断，这是垄断发展的必然趋势。国际垄断是在国内垄断的基础上发展起来的，反过来又进一步巩固了国内垄断。当国际垄断形成之后，垄断组织分割的已经不限于国内市场，而且扩大到世界市场。资本家同盟分割世界，是垄断资本家首先在不同程度上把本国的生产完全霸占在自己手里，然后极力向外扩张的"自然"结果。资本家瓜分世界，是因为集中已经达到了这样的阶段，使他们不得不走上这条获取利润的道路。国际垄断在当时的主要形式是国际卡特尔。各资本家垄断同盟之间通过订立全世界的协定，形成国际卡特尔。列宁认为这种国际垄断的出现，意味着垄断的巨大发展，具有特殊意义，标志着全世界资本集中和生产集中的一个新的、比过去高得多的阶段，列宁称之为超级垄断。

列宁对资本家垄断同盟在经济上对世界市场的分割和重新分割是一个不断进行的过程作了阐释。帝国主义各国的金融巨头企图用国际垄断同盟来消

---

① 《列宁专题文集 论资本主义》，人民出版社 2009 年版，第 151 页。

除竞争、共同分割世界，彼此都获得了相当的利益。为此，它们签订了各种各样的协议。大垄断组织之间分割世界的协议是不稳固的，不断地从经济上重新分割世界是完全可能的，并且是必然的。垄断组织为了攫取巨额垄断利润，通过协议在经济上瓜分世界。当这些协议已经变得不能满足它们的要求时，它们就必然要破坏这种协议，进行再分割。而垄断资本瓜分世界的唯一原则和可行的办法是"按资本""按实力"。可是原来的实力并不能长期保持平衡，它总是随着经济和政治的不平衡发展而不断变更着。当"实力"变更到和旧的势力范围不相适应的时候，就必然会发生新的冲突，要求重新瓜分世界。各国垄断组织之间的国际协议是暂时的、相对的，而它们之间的竞争与斗争是长期的绝对的。

帝国主义列强分割世界。"资本主义向垄断资本主义阶段的过渡，即向金融资本的过渡，是同瓜分世界的斗争的尖锐化联系着的。"① 列宁分析了分割和重新分割世界的问题，指出在资本主义各国的殖民政策之下，我们这个行星上未被占据的土地都被霸占完了，"世界瓜分完毕"是"这个时期的特点"，然而"所谓完毕，并不是说不可能重新瓜分了"，"相反，重新瓜分是可能的，并且是不可避免的"②。列宁充分在利用了他所能得到的从1876—1914 年列强分割世界的材料，具体地分析了世界领土被分割的情况以及发展趋势：在 19 世纪和 20 世纪之交，世界是分割完毕了，1876 年以后，殖民地领土有极大的扩张：6 个最大的强国的殖民地领土增加了一半以上。而殖民地领土的扩张是非常不平衡的，一方面有年轻的进步非常快的资本主义国家（美、德、日）；另一方面有进步慢的老牌的资本主义国家（法、英）及经济上最落后的俄罗斯。金融资本统治加剧了各国的经济政治发展的不平衡，这些新发展起来的国家占有的殖民地与它的实力不相称，必然要求重新分割世界。

---

① 《列宁专题文集 论资本主义》，人民出版社 2009 年版，第 165 页。
② 《列宁专题文集 论资本主义》，人民出版社 2009 年版，第 164 页。

列宁对帝国主义基本经济特征的分析，揭示了垄断资本主义阶段的各种基本的经济关系，指出了资本帝国主义的实质。虽然随着历史的发展，垄断资本主义出现了新的表现形式，但是列宁的理论依然是人们认识现代资本主义的正确途径。

第十一章

垄断资本主义理论的论述

关于垄断资本主义理论主要涉及四个方面的问题：古典政治经济学对垄断问题所进行的探索及其主要结论；马克思主义垄断资本理论体系创立过程；马克思、恩格斯关于垄断的基本观点；列宁对马克思、恩格斯理论的发展及马克思主义垄断资本主义理论的创立。

第一节　古典政治经济学家的初步探索

由于时代和历史条件的限制，古典政治经济学家对资本主义的垄断问题鲜有涉及。不过，与马克思同时代的两位经济学家，一个是纳索·威廉·西尼尔（Nassau William Senior，1790—1864），另一个是约翰·穆勒（John Mill，1806—1873），尽管不再是马克思意义上的古典经济学家了，还是对垄断问题作了一些探讨。

西尼尔是在讨论商品的价值（价格）时提到垄断问题的。他认为，在垄断条件下生产的商品的价值（价格）一般高于非垄断商品的价值（价格）。他所指的"垄断"，意为生产者独占某些自然生产要素而造成了不平等的竞争。这些要素一般是"土地或环境的特殊有利条件，或体力和智力方面的特殊才能，或一般所未知的操作方法"等①。垄断商品的价值（价格）之所以高于非垄断商品的价值（价格），是因为再生产获得了上述要素的"协助"。为了更具体地说明垄断商品价值（价格）的决定，西尼尔区分了四种类型的垄断：第一类是"独占者并没有生产方面的独占权，只有作为一个生产者的

① ［英］西尼尔：《政治经济学大纲》，蔡受百译，商务印书馆 1977 年版，第 158 页。

某些独占设备，可以在不减少设备、甚至增加设备的情况下增加它的产量"。第二类"跟上述方式正处于相反的极端。在这一情况下，无论生产者的欲求或生产者的顾虑都不是价格的制约因素，这里不害怕竞争，而供额也无法增加"。第三类则"比较常见，情况处于上述两个极端之间……在这类情况下，独占者是唯一生产者，并且通过增益劳动和增益节制的运用，其生产可以无限定地增加"。第四类是"生产必须借助于为数有定限而效能有高低的自然要素，但是它所提供的相对助力，会随着所投下的劳动和节制的量的每一次增加而逐渐减少"①。

西尼尔认为，上述所列举的四种垄断条件下生产出来的商品的价值（价格）有不同的变化趋势。第一类商品的价值（价格）有接近生产成本的趋势；第二类商品的价值（价格）则没有一定的限度；第三类商品随着产量的增加，其价格会较接近生产成本；第四类商品的价值（价格）有与用最大生产费用来生产他的那部分产品的生产成本相一致的趋势。从上述四种垄断类型的划分中，我们还可以看出西尼尔实际上分析了资本主义条件下垄断形成的多个原因。第一个类型和第三个类型都表明垄断产生于专利权，二者的区别在于垄断程度不同：前者是垄断竞争厂商、后者是垄断厂商。第二个类型指明垄断产生于自然条件，应该是自然垄断。第四个类型实际是指对土地的垄断。

显然，西尼尔的分析牵涉到复杂的垄断问题中的两个问题——垄断价格和垄断成因。今天看来，西尼尔关于垄断的理论观点还十分粗糙，其垄断价格理论中存在显而易见的错误；对垄断形成原因的分析也只限于经济表象，还远没有深入到现象背后去探究其实质。而且，他所论述的垄断问题也只是涉及有限垄断的某些方面。但是，在自由资本主义发展的时代，西尼尔能敏锐地捕捉到大乐章中的不谐音符，先期对垄断问题进行研究，给后继者们以重要提示和启发，这不能不说是西尼尔在经济学说史上的重要贡献。

---

① ［英］西尼尔：《政治经济学大纲》，蔡受百译，商务印书馆 1977 年版，第 158—162 页。

与西尼尔相比，穆勒对垄断形成原因的分析要显得深入一些。穆勒认为，以劳动分工和劳动联合为基础的大规模生产会导致垄断。"在市场最广大、商业信用和创业精神最普及、年资本增长额最大、个人拥有的大资本最多的国家，各个产业部门都愈来愈强烈地显露出了大企业代替小企业的趋势。……仅仅从生产和最大限度的提高劳动效率的角度看，这一变革是完全有利的。……不管从小生产变为大生产可能具有什么样的缺点，在从大生产转变为更大规模的生产时，却没有这些缺点。若在一行业，根本不可能存在独立的小生产体制，或者一体制已被取代了，已完全确立了许多工人受一个机构管理的体制，那么，在这种情况下，进一步扩大生产规模通常就是绝对有利的。"①

穆勒认为，在一个行业内，形成"许多工人受一个机构管理的体制"的动因来自"大企业代替小企业的趋势"和"变革"。而且，与目前仍在流行的认为垄断会导致腐败与停滞的观点相反的是，穆勒并不认为垄断一定有损于经济效果，相反，他认为"在很多情况下，进行大规模生产，可以大大提高生产效率"②。穆勒力言"合并许许多多小资本形成大资本""大大促进了大规模生产"的股份公司具有"很多而且很重要"的优点③，指责亚当·斯密"永远不能指望股份公司在没有垄断权的条件下维持下去"的说法是将"正确的原理加以夸张"，坚信随着"（生产）联合精神和（生产）联合能力的持续增长，无疑还会产生更多这样的公司"④。

不仅如此，作为最早发现自由市场"失灵"的经济学家，穆勒还探究了

---

① ［英］穆勒：《政治经济学原理及其在社会哲学上的若干应用》，赵荣潜等译，商务印书馆 1991 年版，第 165—166 页。

② ［英］穆勒：《政治经济学原理及其在社会哲学上的若干应用》，赵荣潜等译，商务印书馆 1991 年版，第 155 页。

③ ［英］穆勒：《政治经济学原理及其在社会哲学上的若干应用》，赵荣潜等译，商务印书馆 1991 年版，第 160 页。

④ ［英］穆勒：《政治经济学原理及其在社会哲学上的若干应用》，赵荣潜等译，商务印书馆 1991 年版，第 163 页。

煤气、自来水等具有自然垄断性质的公益事业的经营问题。"凡是对公众具有真正重要意义的事业，如果大规模经营才有利可图，以致几乎不允许自由竞争，那么维持几套昂贵的设备来向社会提供这种服务，就是对公共资源的一种不经济的分配。较好的办法是立即把它看作是公用事业，如果这种事业不适宜于政府经营，那就应该将它交给最有利于公众的条件经营它的公司。"①

由于自然垄断表现出规模经济，所以独家经营的经济效果肯定要比几家经营时高。这是穆勒所看到的自然垄断"优点"的一面。然而，自然垄断作为垄断的一种形式之一，同样会带来由竞争的缺位所引起高价格、高利润、低产出等问题。于是，穆勒主张对自然垄断实行政府干预和管制。"例如，就铁路来说，……国家决不应放弃控制权，而只能像法国那样，给予暂时的特许权。"②

穆勒试图弄清垄断与竞争之间的关系。垄断和竞争往往被看作两种对立的市场状态，容忍垄断统治就意味着承受竞争的削弱甚至消除。而穆勒力图告诉人们二者的关系远不是非此即彼那样简单。尽管穆勒认为垄断不一定会带来低效率，但是他仍然坚持"自由放任是一般原则"。"对竞争不管是在多么小的范围内加以限制，都会带来极为有害的后果。"③ 穆勒在对比大企业和小企业时发现，"在自由竞争条件下，竞争的结果将表明在具体条件下是独资企业还是股份公司最适宜生存，因为效率高、最经济的一方最终能靠降价挤垮另一方"④。由此看来，在穆勒的观念中，垄断和竞争不是截然对立的，

---

① ［英］穆勒：《政治经济学原理及其在社会哲学上的若干应用》，赵荣潜等译，商务印书馆1991年版，第167页。

② ［英］穆勒：《政治经济学原理及其在社会哲学上的若干应用》，赵荣潜等译，商务印书馆1991年版，第167页。

③ ［英］穆勒：《政治经济学原理及其在社会哲学上的若干应用》，赵荣潜等译，商务印书馆1991年版，第520页。

④ ［英］穆勒：《政治经济学原理及其在社会哲学上的若干应用》，赵荣潜等译，商务印书馆1991年版，第165页。

竞争中产生了垄断，垄断中还有竞争，二者既并存又对立。

从穆勒关于垄断的论述来看，他主要讨论了三个问题——垄断形成的原因、垄断与效率的关系、垄断与竞争的关系等。穆勒关于生产集中是垄断产生的经济根源的看法与后来马克思的分析十分接近，深刻而中肯。穆勒指出垄断尤其是自然垄断存在规模经济，所以垄断不一定与效率相冲突，这种分析已被证明是正确的。穆勒关于垄断和竞争可以并存的观点对20 世纪 30 年代 E.J. 张伯伦的垄断竞争理论和 J. 罗宾逊的不完全竞争理论有重要提示作用。与西尼尔一样，穆勒在垄断理论上的贡献也属开先河式的贡献。

总体上看，马克思之前的古典经济学所探究的垄断的形成问题、垄断价格问题、垄断与经济效率问题和垄断与竞争问题等均涉及垄断理论的主要方面，无论其分析和结论正确与否，都为后世留下了宝贵的经济学遗产。

第二节　马克思、恩格斯和列宁基本观点的发展

经济学对垄断问题的关注是随着垄断自身的产生和发展而逐渐走进经济学家的研究视野的。古典政治经济学以经济自由主义为理论基石，其关注的焦点一般在于自由放任原理、竞争和劳动价值论等方面。

19 世纪后半期，随着垄断资本主义的形成与发展，对垄断问题的研究才得以实现重大的推进——马克思主义经济学的关注。首先是马克思、恩格斯对垄断资本的形成所做的较为分散的论述和对未来社会所做的某些预见。进入 20 世纪以后，希法亭、布哈林和卢森堡等着重分析了在垄断条件下，资本主义经济关系的变化和资本主义社会内部矛盾的加深，在垄断资本理论的许多方面作出了开创性的贡献。列宁则把垄断资本问题与帝国主义战争和无产阶级革命联系起来，他的"帝国主义论"标志着马克思主义垄断资本理论体系的最终完成。

就马克思主义垄断资本理论自身体系的发展过程而言，大致经过了三个

不同阶段：19 世纪中期，马克思、恩格斯草创垄断资本研究新体系；19 世纪末期，恩格斯对垄断资本理论进行新补充；20 世纪初，列宁最终确立马克思主义垄断资本理论体系。

一、19 世纪中期马克思、恩格斯对垄断资本理论的探索

这一时期，马克思、恩格斯对刚刚出现的资本主义垄断现象及时地进行了观察、总结和论证，较早开展了对垄断资本的研究工作，提出了不同于古典经济学的理论路数，开创了马克思主义垄断资本理论的先河。早在 1846 年底到 1847 年，马克思就在《哲学的贫困》第二章第三节"竞争和垄断"中最先阐明了封建垄断和资本主义垄断的本质不同，说明了垄断和竞争的关系，指出资本主义垄断是"由竞争产生的"，它是"现代垄断""资产阶级的垄断"，既是对封建垄断的否定，也是对自由竞争的否定。[①]19 世纪 50 年代，马克思、恩格斯都非常关注过剩资本扩张运动及其给殖民地带来的种种影响，如马克思的《中国革命和欧洲革命》（1853）、《鸦片贸易史》（1858）、《不列颠在印度统治的未来结果》（1853）以及恩格斯的《俄国在远东的成功》（1858）等都是研究这种影响的著作。这些早期成果为后来的开先河式的理论贡献奠定了一定的基础。

较集中地反映了 19 世纪中后期时期马克思主义垄断资本理论主要成就的是马克思的《资本论》和恩格斯的《反杜林论》。马克思在《资本论》中对垄断资本的分析主要是科学地论证了资本主义垄断形成的必然性。在《资本论》第一卷第七篇第 23 章"资本积累的一般规律"、第 24 章第 7 节"资本主义积累的历史趋势"等章节中，马克思揭示了资本集中或资本吸引资本的规律，预见了垄断形成的必然性，指出资本积聚和资本集中是形成大资本的两种方式，认为如果在一个部门投入的全部资本"如果投入的全部资本已

---

① 《马克思恩格斯文集》第 1 卷，人民出版社 2009 年版，第 141 页。

融合为一个单个资本时，集中便达到了极限"①。

在《资本论》第三卷第一篇第6章"几个变动的影响"中，马克思分析了商品价格的变动对利润率的影响，认为资本家联盟往往在原料的供给和产品的销售环节较先出现，如"在原料昂贵时期，产业资本家就联合起来，组成协会，来调节生产"的现象②。第三卷第五篇第27章"信用在资本主义生产中的作用"，专门讨论资本主义信用制度在垄断形成过程的作用，认为自由竞争和信用制度是资本集中的"两个最强有力的杠杆"③。在这一章中，马克思还分析了垄断资本的独占性、寄生性和扩张性等多种本性，并指出了股份公司作为垄断组织的一种现成的形式中所包含的否定"自我"的新因素，认为新的金融贵族是一种"新的寄生虫"④。而股份制是资本主义矛盾在"作为私人财产的资本在资本主义生产方式本身范围内的扬弃"，"表现为通向一种新的生产形式的单纯过渡点"⑤。对垄断资本的独占性，马克思在《资本论》第三卷第七篇第50章"竞争的假象"中也有说明。

恩格斯《反杜林论》仔细研究了股份公司和资本主义国有企业这种垄断组织形式出现的根源、实质和意义，提出资本主义生产中的"新的生产力已经超过了这种生产力的资产阶级利用形式"，"同资本主义生产方式对它的种种限制发生冲突了"⑥。新生产力"要求在事实上承认它作为社会生产力的那种性质"，但资产阶级为此而实行的股份公司制和国有企业都没有消除生产力的资本属性，不过，它们包含了"解决冲突的线索"。⑦

在马克思《哥达纲领批判》《1861—1863年经济学手稿》、恩格斯《共产主义原理》《社会主义从空想到科学的发展》以及他们的合著《共产党宣言》

---

① 《马克思恩格斯文集》第5卷，人民出版社2009年版，第723页。
② 《马克思恩格斯文集》第7卷，人民出版社2009年版，第136页。
③ 《马克思恩格斯文集》第1卷，人民出版社2009年版，第722页。
④ 《马克思恩格斯文集》第7卷，人民出版社2009年版，第497页。
⑤ 《马克思恩格斯文集》第7卷，人民出版社2009年版，第495、497页。
⑥ 《马克思恩格斯文集》第9卷，人民出版社2009年版，第284—285页。
⑦ 《马克思恩格斯文集》第9卷，人民出版社2009年版，第294、295页。

中，马克思、恩格斯对资本主义的未来发展趋势做出分析，认为科学社会主义是资本主义的继承和发展，在垄断资本的生产组织形式中含有某些未来社会的可能因素，如计划调节生产、社会个人所有制等。

从内容上看，在草创期，马克思、恩格斯对资本主义垄断形成的原因、垄断资本的性质和未来发展趋势都作了初步但深刻的探索，为马克思主义垄断资本理论的进一步发展奠定了坚实的基础。不过马克思、恩格斯的论述较为分散，其垄断资本理论还没有形成完善的体系。

二、19 世纪末期恩格斯对垄断资本理论的新论述

19 世纪末期，垄断资本运动风起云涌，垄断组织大量出现，恩格斯观察现实经济的新情况，对垄断资本理论又做出了新的补充。1880 年，恩格斯把《反杜林论》中的有关三章修改为《社会主义从空想到科学的发展》，增加了对"托拉斯"的分析，研究了大托拉斯对生产、分配和销售的控制与垄断，指出资本主义社会生产的"无计划"向将来"计划生产投降"的趋势。同时，恩格斯重申了托拉斯的寄生本性和资本属性。

恩格斯的对垄断资本理论的补充工作另一个主要方面体现在整理和增补马克思的《资本论》上。首先是在《资本论》第三卷加入了《交易所》一节。马克思逝世以后，恩格斯着手整理出版马克思的著作，尤其是《资本论》。第三卷的整理工作是从 1888 年开始的，一直到 1894 年德文第一版出版。在第三卷出版时恩格斯加入了《交易所》一节。恩格斯结合垄断资本发展的新现象，提出从 1866 年以来，即马克思在 1865 年完成《资本论》手稿以后，资本主义社会经济出现了新情况，资本集中的速度远远超过了生产的扩展，大大促进了股份公司的发展。不仅工业、商业和银行业等领域都出现了托拉斯等巨大的股份公司，而且还存在一种趋势，即几乎全部生产和全部流通都集中在交易所经纪人手中，交易所成为资本主义生产本身的最突出的代表。从这一节的内容上看，恩格斯是想对 19 世纪 70 年代以来的新现象作出系统

性的研究。其次是在《资本论》第一卷再版和第二、三卷的出版时，在马克思论述垄断资本的相关地方做出新注释，或者对马克思的观点做出解释，或者在马克思来不及完善的地方作出补充。如马克思在 1865 年仍然认为"价格"调节供给是"一般原则"，资本家联盟来调节生产并不很稳固。恩格斯对这种看法做出了补充，认为在垄断组织发展迅速的新时期，"整个大生产部门的工厂主组成卡特尔（托拉斯），其目的是调节生产，从而调节价格和利润……虽然生产需要调节，但是负有这个使命的，肯定不是资本家阶级。在此期间，这种卡特尔只有一个目的，那就是使小资本家比以前更快地被大资本家吃掉"①。恩格斯还在为《资本论》第一卷第四版新增的注解中提出，英美两国最新的托拉斯，"力图至少把一个生产部门的全部大企业联合成一个握有实际垄断权的大股份公司"②。恩格斯还在第三卷第五篇第27章中插入一段话，阐述了垄断资本的扩张、垄断与自由竞争的关系和垄断资本的剥削等问题。恩格斯的补充实际上已经表明：自由资本主义已经为垄断资本主义所取代。

三、20 世纪初列宁创立马克思主义垄断资本主义理论体系

促使列宁对垄断资本进行研究的动因来自两个方面：一是来自现实的垄断资本迅猛发展。当列宁开始研究垄断资本问题时，时间已经进入到 20 世纪初期，资本主义发展的最新经济政治状况需要科学地分析、总结。二是来自其时理论界的混乱状况。马克思、恩格斯逝世以后，研究垄断资本日益成为马克思主义经济学的中心课题，许多马克思主义理论家或左翼作家已作出许多有益的探索，如希法亭、布哈林和卢森堡等。但是，伯恩施坦等人以卡特尔、托拉斯等垄断组织的发展为依据，否定马克思的资本主义危机理论，

---

① 《马克思恩格斯文集》第 7 卷，人民出版社 2009 年版，第 136 页注释 15。
② 《马克思恩格斯文集》第 5 卷，人民出版社 2009 年版，第 723 页注释 77b。

第二国际也逐渐蜕变为帝国主义战争的追随者和辩护士。在这种背景下，列宁开始了对垄断资本的分析和研究。

列宁首先坚持和补充论证了马克思关于生产集中引起垄断的理论。马克思在谈到资本不断集中的趋势时，指出了垄断产生的必然性。列宁继承了这些思想，在《俄国生产的积聚》《论工人运动的形式》等文中都作补充性论证。尤其是《帝国主义是资本主义的最高阶段》一书，其第一章"生产的集中和垄断"可以同《资本论》第一卷第七篇"资本的积累过程"直接衔接起来。其第二章"银行和银行的新作用"也可视作《资本论》第三卷第五篇第二十七章"信用在资本主义生产中的作用"的续篇。

列宁还依据时代的变化，在马克思垄断形成理论的基础上，断定资本主义已经发展到垄断资本主义阶段。他在《论民族自决权》《第二国际的破产》《帝国主义和社会主义运动中的分裂》以及《社会主义与战争》等文章中多次指出存在"根本不同的两个资本主义时代"，"另一个时代已经到来"，认为这个"新"资本主义就是垄断资本主义或者"帝国主义"，并确切地断定帝国主义作为资本主义发展的"最高阶段"，是在 20 世纪初达到的。

列宁对垄断资本独占性、腐朽性和扩张性等特性进行了详细而具体的研究。在《资产阶级与和平》《战争与革命》和《论对马克思主义的讽刺和"帝国主义经济主义"》中，列宁谈到垄断资本的独占性，认为垄断资本不仅在经济上代替了自由竞争，而且在政治上掌握了政权，"垄断资本主义（帝国主义就是垄断资本主义）的政治上层建筑，就是从民主转向政治反动。民主适应于自由竞争"①。列宁对垄断资本腐朽性的观点，在《资本主义和会议》《落后的欧洲和先进的亚洲》、《第二国际的破产》《打着别人的旗帜》和《关于自决问题的争论总结》中得到较好的表述。列宁基于对垄断资本输出及对殖民地的剥削和控制、帝国主义强国体系的形成等分析，提出了帝国主义是"过时的、腐朽的、垂死的"资本主义的观点。对于垄断资本的扩张性，

---

① 《列宁选集》第 2 卷，人民出版社 2012 年版，第 748 页。

列宁在《资本主义和工人移民》《第二国际的破产》《国际社会党委员会》和《俄国社会民主工党国外支部代表会议》中都有涉及。在《意土战争的结局》《保卫中立》《五一和战争》《革命的无产阶级和民族自决权》和《无产阶级革命的军事纲领》等篇中,分析了垄断资本支持、推动下的帝国主义战争,指出"20 世纪这个'猖狂的帝国主义'世纪的历史,充满了殖民地战争"[①]。在《给布哈林的小册子"世界经济和帝国主义"写的序言》《论对马克思主义的讽刺和"帝国主义经济主义"》等篇中,列宁分析了金融资本的垄断性和扩张性。

列宁坚持并推进了马克思、恩格斯关于垄断资本主义蕴含着向未来社会过渡的新因素的看法。在《英国的宪法危机》《一年 4000 卢布和六小时工作制》以及《泰罗制是用机器奴役人的制度》等篇中,列宁分析了垄断资本主义经济和生产中的深刻矛盾,断言"垄断的时代就要结束了",认为"把社会主义问题提到第一位是十分自然的"的事。在《关于民族问题的批评意见》《论"废除武装"的口号》《俄国的休特古姆派》《论欧洲联邦口号》《告国际社会委员会和各国社会党书的提纲草稿》等篇中,列宁提升了理论高度,认为资本主义"崩溃的客观条件"已经"成熟",无产阶级革命群众已经"存在",并超越托拉斯走向"社会主义";帝国主义的"出路"就是社会主义。

最集中反映列宁垄断资本理论的著作是《帝国主义是资本主义的最高阶段》(简称《帝国主义论》),这部著作的出版,标志着马克思主义垄断资本理论体系的最终确立。第一次世界大战的爆发,促使列宁加紧了对垄断资本的研究,《帝国主义是资本主义的最高阶段》和上面提到的许多文章大都写于第一次世界大战期间及前后。《帝国主义是资本主义的最高阶段》既是对垄断资本主义问题已有认识的系统总结,也是新思想的发展和升华。列宁为这本书的写作作了充分的准备,他总共阅读了德、法、英、俄四种文字的148 本专著,从德、法、俄三种文字的 49 种期刊上摘录了 232 篇论文,作

---

① 《列宁专题文集　论社会主义》,人民出版社 2009 年版,第 7 页。

了详细的读书笔记。他这方面的笔记被称为"关于帝国主义的笔记",现在《列宁全集》中载有专门的章节。

《帝国主义是资本主义的最高阶段》对帝国主义的本质和特征进行了更全面、更准确、更深刻的分析和表述。列宁在继承马克思、恩格斯观点的基础上说明垄断的形成是资本主义发展的必然趋势,正式宣告帝国主义是资本主义的"垄断阶段",也是"最高阶段",指出帝国主义在经济上实行垄断,在政治上走向反动,因而是资本主义崩溃的前夜。列宁系统而具体研究了垄断资本的种种特性,如独占性、腐朽性和扩张性,认为帝国主义的经济本质就是"垄断"。列宁论述了垄断资本的多种形式,如卡特尔、托拉斯以及大银行等,认为垄断资本的高级形式是金融资本。在《帝国主义是资本主义的最高阶段》中,列宁用了整整一章(即第三章)来讨论金融资本和金融寡头对经济实体的影响与控制,认为金融资本是一种新的资本形态,帝国主义的统治就是金融资本的统治。列宁总结出垄断资本主义的五大基本特征,以此再次说明资本主义发展的阶段性,批驳了考茨基的观点。列宁发现了垄断资本主义这种"最新"的资本主义所蕴含的新因素,断定社会主义是资本主义的未来和发展,认为帝国主义的历史地位决定它必然向更高级的社会制度"过渡"。至此,列宁完成了无产阶级革命条件已经成熟命题的论证。

十月革命胜利后,列宁还对帝国主义理论多次进行了总结。1918 年列宁在《论党纲修改》的报告中提到"还应当把关于社会主义革命时代的论述补充进去"[1]。到 1920 年,列宁还说"早在几十年前,就可以而且完全有理由宣布资本主义'在历史上已经过时了'"[2]。总之,列宁以自己的心血和智慧使马克思主义垄断资本理论体系最终得以确立,成为我们宝贵的思想财富。

---

[1] 《列宁专题文集 论社会主义》,人民出版社 2009 年版,第 65 页。
[2] 《列宁选集》第 4 卷,人民出版社 2012 年版,第 166 页。

第三节　马克思、恩格斯的垄断资本理论

马克思、恩格斯关于垄断资本主义的论述主要包括以下几个方面。

一、垄断资本产生的论述

(一) 垄断产生的必然性

马克思《资本论》对资本主义的分析主要是基于对自由竞争的资本主义的分析。但是，他研究资本积累的趋势时，发现了资本集中或资本吸引资本的规律。这个规律证明资本的积累经常导致生产资料同劳动者越来越分离、分散的生产资料越来越集中，最终势必导致垄断的形成。在马克思看来，追逐利润的最终目的，使得资本家极力扩大资本和生产规模以获得更多的竞争优势。因为资本主义条件下的"竞争的结果总是许多较小的资本家垮台，他们的资本一部分转入胜利者手中，一部分归于消灭"①。而资本家扩大资本和生产规模的途径有两个：一是资本的积聚，即把部分剩余价值转化为资本；二是资本的集中。与资本的积聚不同，资本的集中是"已经形成的各资本的积聚，是它们的个体独立性的消灭，是资本家剥夺资本家，是许多小资本转化为少数大资本。这一过程和前一过程不同的地方就在于，它仅仅以已经存在的并且执行职能的资本在分配上的变化为前提"；在现实经济生活中表现为资本"在一个人手中膨胀成很大的量"，而"在许多人手中丧失了"②。这是通过单纯改变既有资本的分配，通过单纯改变社会各组成部分的量的组合来实现的。

---

① 《马克思恩格斯文集》第 5 卷，人民出版社 2009 年版，第 722 页。
② 《马克思恩格斯文集》第 5 卷，人民出版社 2009 年版，第 722 页。

在马克思的分析中，除了自由竞争引起生产和资本的集中从而导致垄断以外，资本主义的信用制度也对垄断的形成起到相当大的作用。马克思认为，自由竞争和信用制度是资本集中的两个最强有力的杠杆。作为一种崭新的力量，信用事业"随同资本主义的生产而形成起来。起初，它作为积累的小小的助手不声不响地挤了进来，通过一根根无形的线把那些分散在社会表面上的大大小小的货币资金吸引到单个的或联合的资本家手中；但是很快它就成了竞争斗争中的一个新的可怕的武器；最后，它转化为一个实现资本集中的庞大的社会机构"①。在发达的信用制度基础上产生的股份公司加速生产集中有重要的意义。马克思作了一个比较，认为"积累，即由圆形运动变为螺旋形运动的再生产所引起的资本的逐渐增大，同仅仅要求改变社会资本各组成部分的量的组合的集中比较起来，是一个极缓慢的过程。假如必须等待积累使某些单个资本增长到能够修建铁路的程度，那么恐怕直到今天世界上还没有铁路。但是，集中通过股份公司转瞬之间就把这件事完成了"②。

同西尼尔只看到专利权、自然条件、土地独占等形成垄断的表象因素相比，马克思有着更深刻的研究视角，他深入到经济现象背后，在揭示资本主义社会的经济运行规律的过程中去探寻垄断形成的内在动因。而穆勒关于大规模生产导致垄断的观点与马克思的理论高度相比，由于仍然没有找到垄断产生的内在经济根源而显得浅显单薄。

(二) 资本集中引起垄断

经济发展史完全证实了马克思的分析。19 世纪 60—70 年代，资本主义的自由竞争已经发展到了顶峰，此时，垄断组织的萌芽已经出现。1857 年的德国开始有了第一个卡特尔。1873 年危机以后，卡特尔形式的垄断组织更是发展加速。马克思指出："在一个生产部门中，如果投入的全部资本已融合为

---

① 《马克思恩格斯文集》第 5 卷，人民出版社 2009 年版，第 722 页。
② 《马克思恩格斯文集》第 5 卷，人民出版社 2009 年版，第 724 页。

一个单个资本时，集中便达到了极限。"① 这里应该是分散资本结合为垄断资本。恩格斯依据对现实经济的新现象的观察，在马克思《资本论》第三卷中加入了自己的分析："一些新的产业经营的形式发展起来了。这些形式代表着股份公司的二次方和三次方。"② 这是股份资本结合为更大的垄断资本。后来，列宁也深刻指出，"因为几十个大型企业彼此之间容易达成协议；另一方面，正是企业的规模巨大造成了竞争的困难，产生了垄断的趋势。"总之，"生产集中产生垄断，则是现阶段资本主义发展的一般的和基本的规律"③。

二、垄断资本性质的论述

垄断资本因其不同的内在规定性，而具有与一般资本不同的特殊性质。马克思、恩格斯主要分析了垄断资本的独占性、寄生性与扩张性。

（一）垄断资本的独占性

垄断资本的独占性首先表现为对自由竞争的排挤。19 世纪晚期，垄断组织已经大量出现。恩格斯观察现实经济的新现象后，发现如果"国内同一工业部门的大生产者联合为一个'托拉斯'，即一个以调节生产为目的的联盟；他们规定应该生产的总产量，在彼此间分配产量，并且强制实行预先规定的出售价格"。在垄断资本的支配下，"整个工业部门变为一个唯一的庞大的股份公司，国内的竞争让位于这一个公司在国内的垄断"④。总之，"历来受人称赞的竞争自由已经日暮途穷，必然要自行宣告明显的可耻破产"⑤。

不仅如此，垄断资本的独占性还体现在对商品价格的操纵上。马克思认

---

① 《马克思恩格斯文集》第 5 卷，人民出版社 2009 年版，第 723 页。

② 《马克思恩格斯文集》第 7 卷，人民出版社 2009 年版，第 496 页。

③ 《列宁专题文集　论资本主义》，人民出版社 2009 年版，第 108、111 页。

④ 《马克思恩格斯文集》第 9 卷，人民出版社 2009 年版，第 394 页。

⑤ 《马克思恩格斯文集》第 7 卷，人民出版社 2009 年版，第 496 页。

为垄断企业有可能长期操纵产品价格，使其偏离常规运行轨道。他提出了价值规律在垄断条件下的发展形式："如果各不同生产部门中剩余价值平均化为平均利润的过程，遇到人为的垄断或自然的垄断的障碍，特别是遇到土地所有权的垄断的障碍，以致有可能形成一个高于生产价格和高于受垄断影响的商品的价值的垄断价格，那么，由商品价值规定的界限也不会因此消失。某些商品的垄断价格，不过是把其他商品生产者的一部分利润，转移到具有垄断价格的商品上。"① 价值规律的这个发展形式表明，在垄断企业控制了生产和销售的部门里，产品的市场价格会发展为新一种价格形态——垄断价格。垄断价格通过影响以生产价格为中心的市场价格的运动来发挥在经济生活中的决定作用。

从马克思的论述中，我们可以发现西尼尔的不足。西尼尔认为由于得到了某些生产要素的"协助"，垄断价格高于一般商品的价格。这个观点似是而非。其一，很难笼统地说垄断价格一定高于非垄断商品价格，因为垄断价格的高度仍然要受市场的限制。而且，他所讨论的垄断价格只是自由竞争条件下出现的垄断价格，只是发生在个别生产厂商、个别生产部门的特殊现象。这种垄断对整个经济的影响非常微弱，谈不上具有独占性。其二，垄断价格之所以"高"，原因不在于商品生产要素的"协助"，而在于垄断势力和地位的存在。

（二）垄断资本的寄生性与腐朽性

穆勒认为"用大生产体制代替小生产体制所节省的很大一部分劳动，是资本家自己的劳动"②。但是，马克思、恩格斯注意到，资本主义股份公司成立以后，"实际执行职能的资本家转化为单纯的经理，别人的资本的管理人，而资本所有者则转化为单纯的所有者，单纯的货币资本家"③。这个单纯的货

---

① 《马克思恩格斯文集》第 7 卷，人民出版社 2009 年版，第 975 页。

② ［英］穆勒：《政治经济学原理及其在社会哲学上的若干应用》，赵荣潜等译，商务印书馆1991 年版，第 159 页。

③ 《马克思恩格斯文集》第 7 卷，人民出版社 2009 年版，第 495 页。

币资本家就是新的金融贵族。他们完全脱离生产和实体经济活动，"资本家除了拿红利、持有剪息票、在各种资本家相互争夺彼此的资本的交易所中进行投机以外，再也没有任何其他的社会活动了"①。不仅如此，"因为财产在这里是以股票的形式存在的，所以它的运动和转移就纯粹变成了交易所赌博的结果；在这种赌博中，小鱼为鲨鱼所吞掉，羊为交易所的狼所吞掉"。资本主义信用越来越具有纯粹冒险家的性质，成为"一种没有私有财产控制的私人生产"②。相反，"资本家的全部社会职能现在由领工薪的职员来执行了"③。

实际上，垄断资本的出现表明资本占有形式和组织形式的社会化。在股份公司里，资本的职能要求摆脱资本家的个人管理，实现社会管理。所以，诸如穆勒"节省资本家劳动"之类的说法就是替垄断资本家进行辩护的言词。马克思、恩格斯深刻指出："一切在资本主义生产方式内多少还可以站得住脚的辩护理由都消失了。"④ 这种新的金融贵族只不过是"一种新的寄生虫"。而列宁则称之为"以'剪息票'为生，根本不参与任何企业经营、终日游手好闲的食利者阶级"⑤。

(三) 垄断资本的扩张性

由于追逐利润的目的、实现社会再生产的要求和利润率下降及竞争的压力，资本主义生产方式自确立以来，资本的运动就具有扩张性。这种扩张性不仅表现在国民经济范围之内，更表现为资本的国际运动。而自垄断资本主义形成以后，资本的国际运动就上升为资本的国际化、全球化。在资本的扩张性的研究中，马克思、恩格斯主要分析了资本主义在世界范围内的扩张运动。实际上，资本扩张运动的本质就是"过剩资本"输出。"所谓的资本过剩，

---

① 《马克思恩格斯文集》第 9 卷，人民出版社 2009 年版，第 295 页。

② 《马克思恩格斯文集》第 7 卷，人民出版社 2009 年版，第 497、498 页。

③ 《马克思恩格斯文集》第 9 卷，人民出版社 2009 年版，第 295 页。

④ 《马克思恩格斯文集》第 7 卷，人民出版社 2009 年版，第 498 页。

⑤ 《列宁专题文集 论资本主义》，人民出版社 2009 年版，第 186 页。

实质上总是指利润率的下降不能由利润量的增加来抵消的那种资本……的过剩。"① 在这里，资本本身即意味着"创造世界市场的趋势已经直接包含在资本的概念本身中。任何界限都表现为必须克服的限制"②。资本的扩张性使得"资产阶级社会的真正任务是建成世界市场（至少是一个轮廓）和确立以这种市场为基础的生产"③。

马克思、恩格斯分析了资本输出在世界范围内带来的双重影响。其积极、进步的一面是，资本的扩张加强了世界各地之间的联系，资本"要力求摧毁交往即交换的一切地方限制，征服整个地球作为它的市场"④。这样，"过去那种地方的和民族的自给自足和闭关自守状态，被各民族的各方面的互相往来和各方面的互相依赖所代替了。物质的生产是如此，精神的生产也是如此。各民族的精神产品成了公共的财产。民族的片面性和局限性日益成为不可能"。同时，资本扩张也给资本输入地带来贫困、灾难和经济的不独立，"资产阶级使农村屈服于城市的统治。它创立了巨大的城市，使城市人口比农村人口大大增加起来，因而使很大一部分居民脱离了农村生活的愚昧状态。正像它使农村从属于城市一样，它使未开化和半开化的国家从属于文明的国家，使农民的民族从属于资产阶级的民族，使东方从属于西方"⑤。

三、马克思、恩格斯关于垄断资本主义发展趋势的论述

（一）垄断资本主义仍然是资本主义

马克思、恩格斯认为自由竞争向垄断过渡是社会化的生产力的要求。社

---

① 《马克思恩格斯文集》第 7 卷，人民出版社 2009 年版，第 279 页。
② 《马克思恩格斯全集》第 30 卷，人民出版社 1995 年版，第 388 页。
③ 《马克思恩格斯文集》第 10 卷，人民出版社 2009 年版，第 166 页。
④ 《马克思恩格斯全集》第 30 卷，人民出版社 1995 年版，第 538 页。
⑤ 《马克思恩格斯文集》第 2 卷，人民出版社 2009 年版，第 35 页、第 36 页。

会化的生产力"要求摆脱它作为资本的那种属性，要求在事实上承认它作为社会生产力的那种性质"。它"迫使资本家阶级本身在资本关系内部可能的限度内，越来越把生产力当做社会生产力看待"①。但是，他们都坚持垄断资本主义仍然是资本主义。因为资本主义生产方式"无论向股份公司的转变，还是向国家财产的转变，都没有消除生产力的资本属性。在股份公司的场合，这一点是十分明显的。而现代国家也只是资产阶级社会为了维护资本主义生产方式的一般外部条件使之不受工人和个别资本家的侵犯而建立的组织"。所以，垄断条件下的"资本关系并没有被消灭，反而被推到了顶点"②。列宁进一步确认了马克思、恩格斯的这个观点，也认为帝国主义"无疑是资本主义发展的一个特殊阶段"③。

（二）垄断资本主义蕴含着向未来社会过渡的新因素——资本主义的自我否定

尽管垄断资本主义仍然是资本主义性质的，但它却包含着向未来社会过渡的新因素。马克思、恩格斯认为自由竞争向垄断过渡是社会化的生产力的要求，而社会化的生产力"要求消除这种矛盾，要求摆脱它作为资本的那种属性，要求在事实上承认它作为社会生产力的那种性质"④。也就是说，在马克思、恩格斯看来，资本主义向帝国主义过渡是生产力冲破生产关系的一种表现，或者说是资本主义生产关系发生了部分质变而被迫作出的一种调整。这是"资本主义生产方式在资本主义生产方式本身范围内的扬弃，因而是一个自行扬弃的矛盾，这个矛盾明显地表现为通向一种新的生产形式的单纯过渡点"⑤。

① 《马克思恩格斯文集》第9卷，人民出版社2009年版，第294页。
② 《马克思恩格斯文集》第9卷，人民出版社2009年版，第295页。
③ 《列宁专题文集　论资本主义》，人民出版社2009年版，第176页。
④ 《马克思恩格斯文集》第9卷，人民出版社2009年版，第294页。
⑤ 《马克思恩格斯文集》第7卷，人民出版社2009年版，第497页。

(三) 科学共产主义是资本主义的继承和发展——有关未来社会的设想

马克思、恩格斯充分肯定了垄断资本主义信用制度的发展对未来社会的积极意义。"信用制度加速了生产力的物质上的发展和世界市场的形成；使这二者作为新生产形式的物质基础发展到一定的高度，是资本主义生产方式的历史使命。"① 资本主义的这种信用制度虽然"一方面，把资本主义生产的动力——用剥削他人劳动的办法来发财致富——发展成为最纯粹最巨大的赌博欺诈制度，并且使剥削社会财富的少数人的人数越来越减少"，但"另一方面，造成转到一种新生产方式的过渡形式"②。工人自己的合作工厂作为打破旧的生产形式的一个缺口，资本和劳动之间的对立在这种工厂内已经被扬弃，可如果"没有从资本主义生产方式中产生的信用制度，合作工厂也不可能发展起来"③。马克思、恩格斯认为，垄断资本内部蕴藏着"改造为非孤立的单个人的所有制，也就是改造为联合起来的、社会的个人的所有制"④ 的巨大能量，这是关于未来社会所有制方面的推测。

马克思、恩格斯认为，科学共产主义应克服资本主义的固有矛盾从而获得继续发展的潜力。在他们看来，"各种经济时代的区别，不在于生产什么，而在于怎样生产，用什么劳动资料生产"⑤。所以，实行计划调节生产应该是未来社会所具有的本质特征之一。因为资本主义"大工业使建立一个全新的社会组织成为绝对必要的，在这个全新的社会组织里，工业生产将不是由相互竞争的单个的厂主来领导，而是由整个社会按照确定的计划和所有人的需要来领导"⑥。恩格斯设想，"只有按照一个统一的大的计划协调地配置自己的生产力的社会，才能使工业在全国分布得最适合于它自身的发展和其他生产

---

① 《马克思恩格斯文集》第 7 卷，人民出版社 2009 年版，第 500 页。
② 《马克思恩格斯文集》第 7 卷，人民出版社 2009 年版，第 499、500 页。
③ 《马克思恩格斯文集》第 7 卷，人民出版社 2009 年版，第 499 页。
④ 《马克思恩格斯文集》第 8 卷，人民出版社 2009 年版，第 386 页。
⑤ 《马克思恩格斯文集》第 5 卷，人民出版社 2009 年版，第 210 页。
⑥ 《马克思恩格斯文集》第 1 卷，人民出版社 2009 年版，第 682—683 页。

要素的保持或发展"①。在恩格斯的分析中，资本主义的股份制和托拉斯已经克服了资本主义生产的无计划性，"如果我们从股份公司进而来看那支配着和垄断着整个工业部门的托拉斯，那么，那里不仅没有了私人生产，而且也没有了无计划性"②。"在托拉斯中，自由竞争转变为垄断，而资本主义社会的无计划生产向行将到来的社会主义社会的计划生产投降。"③对将来的新社会而言，"这种新的社会制度首先必须剥夺相互竞争的个人对工业和一切生产部门的经营权，而代之以所有这些生产部门由整个社会来经营，就是说，为了共同的利益、按照共同的计划、在社会全体成员的参加下来经营。这样，这种新的社会制度将消灭竞争，而代之以联合"④。恩格斯确信"必须从大工业的历史中，从它目前的现实状况中，特别是从那个成为大工业发源地并唯一地使大工业获得典型发展的国家中，去了解真正的大工业；这样就不会想到要把现代科学社会主义浅薄化"⑤。

第四节　列宁的垄断资本理论

列宁关于垄断资本的理论，主要包括以下内容。

一、垄断资本形成的论述

（一）垄断资本主义的正式提出

马克思、恩格斯虽然在理论上对垄断资本主义作出了有力的分析，对

---

① 《马克思恩格斯文集》第 9 卷，人民出版社 2009 年版，第 313 页。
② 《马克思恩格斯文集》第 4 卷，人民出版社 2009 年版，第 410 页。
③ 《马克思恩格斯文集》第 9 卷，人民出版社 2009 年版，第 395 页。
④ 《马克思恩格斯文集》第 1 卷，人民出版社 2009 年版，第 683 页。
⑤ 《马克思恩格斯文集》第 9 卷，人民出版社 2009 年版，第 315 页。

日新月异的经济现实也给予了足够的关注，如 1880 年 11 月，马克思在给弗·阿·左尔格的一封信中提道："要是你能给我找到关于加利福尼亚经济状况的详细的（有内容的）材料，我将非常高兴，钱当然是由我付。我很重视加利福尼亚，因为资本主义的集中所引起的变化，在任何地方都没有象在这里表现得如此露骨和如此迅速。"① 但是，在马克思、恩格斯的时代，垄断资本的发展还不是很充分，所以，他们并没有明确地作出资本主义已经进入垄断资本主义阶段的断言。但到 19 世纪末以后，尤其是 1900—1903 年危机以后，垄断资本和垄断组织已经在主要资本主义国家取得了统治地位。列宁依据这种新的发展情况，多次肯定地断言："对于欧洲，可以相当精确地确定新资本主义最终代替旧资本主义的时间是 20 世纪初。"②"20 世纪是从旧资本主义到新资本主义，从一般资本统治到金融资本统治的转折点。"③

列宁之所以能作此断言，除了其本人具有高度的理论修养外，更主要是因为他所处的时代较马克思、恩格斯所处的时期发生了很大的变化。列宁写作《帝国主义是资本主义的最高阶段》时的 1916 年正值垄断资本主义发展的蓬勃期。基于丰富的经济现实，列宁高度评价马克思伟大的理论贡献："在半个世纪以前马克思写《资本论》的时候，绝大多数经济学家都认为自由竞争是一种'自然规律'。官方学者曾经力图用缄默这种阴谋手段来扼杀马克思的著作，因为马克思对资本主义所作的理论和历史的分析，证明了自由竞争产生生产集中，而生产集中发展到一定阶段就导致垄断。现在，垄断已经成了事实。"④

（二）"帝国主义是资本主义的最高阶段"的提出

列宁坚持了马克思生产集中引起垄断的看法，承认"生产集中产生垄断，

① 《马克思恩格斯全集》第 34 卷，人民出版社 1972 年版，第 453 页。
② 《列宁专题文集 论资本主义》，人民出版社 2009 年版，第 111 页。
③ 《列宁专题文集 论资本主义》，人民出版社 2009 年版，第 135 页。
④ 《列宁专题文集 论资本主义》，人民出版社 2009 年版，第 111 页。

则是现阶段资本主义发展的一般的和基本的规律"①。但是他不想就此停住自己前进的脚步，认为"首先必须把从民族运动的角度来看根本不同的两个资本主义时代严格区别开来。一个时代是封建制度和专制制度崩溃的时代，是资产阶级民主制的社会和国家形成的时代，当时民族运动第一次成为群众性的运动，它通过报刊和参加代表机关等等途径，以不同方式把一切阶级的居民卷入了政治。另一个时代，就是我们所处的各资本主义国家已经完全形成、宪制早已确立、无产阶级同资产阶级的对抗大大发展的时代，这个时代可以叫做资本主义崩溃的前夜"②。这后一个时期，也就是"19 世纪的最后30 多年，是向帝国主义新时代过渡的时期"③。这时候，资本主义的某些基本特性已经变成了与自己相反的东西，"经济上的基本事实，就是资本主义的自由竞争为资本主义的垄断所代替"④。因而帝国主义"是资本主义的垄断阶段""无疑是资本主义发展的一个特殊阶段"⑤；帝国主义"是高度发展的资本主义经济"⑥，是资本主义发展的最高阶段。把帝国主义看作是资本主义发展的一个阶段、一个"新"的资本主义形态，是列宁的理论贡献。

同时，列宁还认为，20 世纪初，垄断资本的发展不仅超出了资本主义生产关系的范围，而且"在各先进国家里，资本的发展超出了民族国家的范围"⑦，"这时世界资本主义生产力的发展已经越出了民族国家划分这种狭隘范围"⑧。尤其是第一次世界大战，加速了垄断资本与国家政权的结合，"做了 25 年来没有做到的事情。工业国家化不仅在德国而且在英国也得到发展。一般垄断转变为国家垄断"⑨。"我们清楚地看到，在金融资本时代，私人垄

---

① 《列宁专题文集　论资本主义》，人民出版社 2009 年版，第 111 页。
② 《列宁选集》第 2 卷，人民出版社 2012 年版，第 375 页。
③ 《列宁选集》第 2 卷，人民出版社 2012 年版，第 714 页。
④ 《列宁专题文集　论资本主义》，人民出版社 2009 年版，第 175 页。
⑤ 《列宁专题文集　论资本主义》，人民出版社 2009 年版，第 175、176 页。
⑥ 《列宁专题文集　论资本主义》，人民出版社 2009 年版，第 294 页。
⑦ 《列宁选集》第 2 卷，人民出版社 2012 年版，第 561 页。
⑧ 《列宁全集》第 26 卷，人民出版社 1988 年版，第 164 页。
⑨ 《列宁专题文集　论资本主义》，人民出版社 2009 年版，第 288 页。

断组织和国家垄断组织是交织在一起的。"①

二、关于垄断资本特性的论述

关于垄断资本特性的研究，列宁在继承马克思、恩格斯理论的基础上作了更加深入的分析，对其中某些个别观点或做更具体的描绘，或做更有益的补充。

（一）垄断资本的独占性

列宁对垄断资本排挤自由竞争的现象观察得十分清晰，"生产已经达到巨大的和极为巨大的规模"的垄断组织，"垄断既表现为托拉斯、辛迪加等等，也表现为大银行的莫大势力、原料产地的收买和银行资本的集中等等"②。"垄断组织则到处实行垄断的原则：利用'联系'来订立有利的契约，以代替开放的市场上的竞争。"③ 但是，列宁并没有简单地看待垄断与竞争之间的关系，他认为垄断是自由竞争的对立面，"想找到什么'固定的原则和具体的目的'来'调和'垄断和自由竞争，当然是办不到的事情"④。这一点与马克思、恩格斯是一致的。但他进一步指出，垄断条件下仍然存在竞争，这就是垄断竞争。这种竞争"已经不是小企业同大企业、技术落后的企业同技术先进的企业竞争。现在已经是垄断者扼杀那些不服从垄断组织、不受垄断组织的压迫和支配的企业了"⑤。这种竞争的存在表明"从自由竞争中生长起来的垄断并不消除自由竞争，而是凌驾于这种竞争之上，与之并存，因而产生许多特别尖锐特别剧烈的矛盾、摩擦和冲突"⑥。认识到垄断竞争的存在

---

① 《列宁专题文集　论资本主义》，人民出版社 2009 年版，第 160 页。
② 《列宁选集》第 2 卷，人民出版社 2012 年版，第 748 页。
③ 《列宁专题文集　论资本主义》，人民出版社 2009 年版，第 153 页。
④ 《列宁专题文集　论资本主义》，人民出版社 2009 年版，第 135 页。
⑤ 《列宁专题文集　论资本主义》，人民出版社 2009 年版，第 194 页。
⑥ 《列宁专题文集　论资本主义》，人民出版社 2009 年版，第 175 页。

是列宁的又一理论贡献。这比 1933 年 E.H. 张伯伦《垄断竞争理论》和 J. 罗宾逊《不完全竞争经济学》的出版要早十多年。

(二) 垄断资本的寄生性

马克思、恩格斯所说的垄断资本的寄生性，主要是指脱离现实经济，丧失社会职能的金融贵族的寄生性。列宁除了关注到这一点以外，还分析了垄断资本对其他国家和殖民地实行的剥削。列宁认为，随着货币资本大量积聚于少数国家，"给那种靠剥削几个海外国家和殖民地的劳动为生的整个国家打上了寄生性的烙印"[1]。"帝国主义意味着瓜分世界而不只是剥削中国一个国家，意味着极少数最富的国家享有垄断高额利润。"[2]

同时，对外输出的垄断资本还因日益"支持一切落后的、垂死的、中世纪的东西"[3]，必然具有不可避免的腐朽性质。众所周知，在中国近代史上，帝国主义列强多次参与反对中国的民族民主革命。列宁把臭名昭著的"善后大借款"作为典型例证，"它掠夺中国，帮助中国那些反对民主和自由的人！""'欧洲'支持准备实行军事独裁的袁世凯。为什么它要支持袁世凯呢？因为这是一笔有利可图的生意。""在几星期内，一下子就赚得1500 万卢布的纯利！""整个欧洲的当权势力，整个欧洲的资产阶级，都是与中国的一切反动势力和中世纪势力勾结在一起的。"[4] 所以，垄断资本又被列宁称为"最反动的、衰朽的、过时的、走下坡路的、趋向没落的金融资本"[5]。

列宁指出，垄断资本的腐朽性、寄生性还在于它可能形成一种人为的阻碍技术进步的经济力量。"这种垄断是从资本主义生长起来并且处在资本主

---

① 《列宁专题文集　论资本主义》，人民出版社 2009 年版，第 186 页。
② 《列宁专题文集　论资本主义》，人民出版社 2009 年版，第 190 页。
③ 《列宁专题文集　论资本主义》，人民出版社 2009 年版，第 81 页。
④ 《列宁专题文集　论资本主义》，人民出版社 2009 年版，第 82 页。
⑤ 《列宁专题文集　论资本主义》，人民出版社 2009 年版，第 95 页。

义、商品生产和竞争的一般环境里，同这种一般环境始终有无法解决的矛盾。尽管如此，这种垄断还是同任何垄断一样，必然产生停滞和腐朽的趋向。在规定了（即使是暂时地）垄断价格的范围内，技术进步因而也是其他一切进步的动因，前进的动因，就在一定程度上消失了。"[①]

（三）垄断资本的扩张性

随着资本主义由自由竞争阶段进入到垄断阶段，资本的扩张就以商品输出为主转变为以资本输出为主。马克思、恩格斯主要对商品输出做过研究。列宁则对资本输出有独到的见解。列宁认为，"只要资本主义还是资本主义，过剩的资本就不会用来提高本国民众的生活水平（因为这样会降低资本家的利润），而会输出国外，输出到落后的国家去，以提高利润"[②]。20世纪初世界范围内的各种政治经济条件表明，垄断资本主义已经从"萌芽状态生长为统治的体系"[③]，已经"形成了少数（五六个）帝国主义'大'国的体系"[④]，列宁指出了在此期间资本向外扩张一般有三种方式或手段：第一，直接向殖民地或半殖民地或落后国家输出职能资本或借贷资本，让"资本主义生产愈来愈迅速地被移植到殖民地。殖民地无法摆脱对欧洲金融资本的依附"[⑤]，并"用金融剥削的千万条绳索紧紧缠绕住其他国家"[⑥]。第二，"资本大王"瓜分世界投资场所和原料输出地。"帝国主义就是有产阶级各阶层屈服于金融资本，就是五六个'大'国（其中多数现在都参加战争）瓜分世界。"[⑦] 资本家的垄断同盟"随着资本输出的增加，随着最大垄断同盟的国外联系、殖民地联系和'势力范围'的极力扩大，这些垄断同盟就'自然地'走向达成世界

---

① 《列宁专题文集　论资本主义》，人民出版社 2009 年版，第 185 页。
② 《列宁专题文集　论资本主义》，人民出版社 2009 年版，第 151 页。
③ 《列宁专题文集　论资本主义》，人民出版社 2009 年版，第 194 页。
④ 《列宁全集》第 28 卷，人民出版社 1990 年版，第 38 页。
⑤ 《列宁全集》第 28 卷，人民出版社 1990 年版，第 34 页。
⑥ 《列宁专题文集　论资本主义》，人民出版社 2009 年版，第 286 页。
⑦ 《列宁选集》第 2 卷，人民出版社 2012 年版，第 475 页。

性的协议，形成国际卡特尔"①。第三，发动战争。战争是资本家的垄断同盟重新瓜分世界的冲突引起的。"因为新兴的帝国主义国家如果不用暴力手段来重新瓜分殖民地，就不能得到比较老的（又比较弱的）帝国主义列强现在享有的那些特权。"②"帝国主义最基本的特性之一恰恰在于，它加速最落后的国家中的资本主义的发展，从而扩大和加剧反对民族压迫的斗争。这是事实。由此必然得出结论：帝国主义势必经常产生民族战争。"③可见，与一般资本的扩张相比，垄断资本的扩张，"托拉斯不限于使用经济手段，而且还常常采取政治手段乃至刑事手段"④。

列宁还特别研究了资本的输入有时会对落后国家和资本主义的发展带来促进作用，他认为"资本输出在那些输入资本的国家中对资本主义的发展发生影响，大大加速这种发展。因此，如果说资本输出会在某种程度上引起输出国发展上的一些停滞，那也一定会有扩大和加深资本主义在全世界的进一步发展作为补偿的"⑤。但是，到垄断资本主义时期，"帝国主义给工人阶级带来的是空前尖锐的阶级斗争、贫困、失业、物价高涨、托拉斯的压迫、军国主义"⑥。

三、关于垄断资本形式的论述

关于垄断资本的各种形式，马克思、恩格斯都没有专门的论述，而列宁的论述则较多。列宁认为："甚至现代帝国主义的托拉斯和银行，尽管在发达的资本主义的条件下到处同样不可避免，但在不同国家里其具体形式却并不相同。"⑦"每个卡特尔、托拉斯、辛迪加以及每家大银行，都是一种垄断

---

① 《列宁专题文集　论资本主义》，人民出版社 2009 年版，第 155 页。

② 《列宁选集》第 2 卷，人民出版社 2012 年版，第 713 页。

③ 《列宁专题文集　论社会主义》，人民出版社 2009 年版，第 7 页。

④ 《列宁选集》第 2 卷，人民出版社 2012 年版，第 749 页。

⑤ 《列宁专题文集　论资本主义》，人民出版社 2009 年版，第 153 页。

⑥ 《列宁全集》第 26 卷，人民出版社 1988 年版，第 295 页。

⑦ 《列宁选集》第 2 卷，人民出版社 2012 年版，第 777 页。

组织。"① 垄断资本组织的简单形式有卡特尔、辛迪加、托拉斯和康采恩等四种，而其高级形式是金融资本。

列宁认为这种高级形式的垄断资本是由银行资本和工业资本的融合，"是最大的、发展到垄断地步的、同银行资本融合起来的工业资本"②。它是既不同于工业资本又不同于银行资本的一种新的资本形态。在列宁看来，"20 世纪是从旧资本主义到新资本主义，从一般资本统治到金融资本统治的转折点"③。列宁特别关注银行资本在垄断资本形成的过程中的作用。从表面上看，"银行为某些资本家办理往来账，似乎是在从事一种纯粹技术性的、完全辅助性的业务。而当这种业务的范围扩展到很大的时候，极少数垄断者就控制整个资本主义社会的工商业业务，就能通过银行的联系，通过往来账及其他金融业务，首先确切地了解各个资本家的业务状况，然后加以监督，用扩大或减少、便利或阻难信贷的办法来影响他们，以至最后完全决定他们的命运，决定他们的收入，夺去他们的资本，或者使他们有可能迅速而大量地增加资本等等"④。于是，"银行就由中介人的普通角色发展成为势力极大的垄断者，它们支配着所有资本家和小业主的几乎全部的货币资本，以及本国和许多国家的大部分生产资料和原料产地"⑤。

看来，银行与工业的日益混合生成，势必造成资本家垄断组织的"经营"变为金融寡头的统治。可以说，帝国主义的统治就是金融资本的统治。

四、垄断资本主义的基本特征的论述

列宁总结垄断资本主义具有五大基本特征："(1) 生产和资本的集中发

---

① 《列宁选集》第 2 卷，人民出版社 2012 年版，第 714 页。
② 《列宁选集》第 2 卷，人民出版社 2012 年版，第 753 页。
③ 《列宁专题文集　论资本主义》，人民出版社 2009 年版，第 135 页。
④ 《列宁专题文集　论资本主义》，人民出版社 2009 年版，第 125 页。
⑤ 《列宁专题文集　论资本主义》，人民出版社 2009 年版，第 120 页。

展到这样高的程度，以致造成了在经济生活中起决定作用的垄断组织；（2）银行资本和工业资本已经融合起来，在这个‘金融资本的’基础上形成了金融寡头；（3）和商品输出不同的资本输出具有特别重要的意义；（4）瓜分世界的资本家国际垄断同盟已经形成；（5）最大资本主义大国已把世界上的领土瓜分完毕。"①

在今天看来，垄断资本主义的特征已经发生了很大的变化。不过，列宁已经指出："帝国主义是发展到垄断组织和金融资本的统治已经确立、资本输出具有突出意义、国际托拉斯开始瓜分世界、一些最大的资本主义国家已把世界全部领土瓜分完毕这一阶段的资本主义。"② 这就表明，列宁所列举的这五个特征具有特定的时间界限和阶段界限，也就意味着这些特征可能会随着垄断资本主义世纪现状的发展而发生变化。

五、关于无产阶级革命条件成熟的论述

(一) 社会主义是资本主义的未来

马克思、恩格斯认为，垄断资本主义蕴含着向未来社会过渡的新因素。列宁将该论断又向前推进一步，认为"国家垄断资本主义是社会主义的最充分的物质准备"③、"社会主义现在已经在现代资本主义的一切窗口中出现，在这个最新资本主义的基础上前进一步的每项重大措施中，社会主义已经直接地、实际地显现出来了"④。例如，"在美利坚合众国这个最先进的国家里，在这个拥有几乎是充分的政治自由和最发达的民主机构以及劳动生产率增长很快的国家，把社会主义问题提到第一位是十

---

① 《列宁专题文集　论资本主义》，人民出版社 2009 年版，第 176 页。
② 《列宁专题文集　论资本主义》，人民出版社 2009 年版，第 176 页。
③ 《列宁专题文集　论社会主义》，人民出版社 2009 年版，第 125 页。
④ 《列宁专题文集　论资本主义》，人民出版社 2009 年版，第 235 页。

分自然的"①。

（二）无产阶级革命条件已经成熟

在列宁看来，20 世纪初的世界，"现在已不能像过去那样在资本主义平稳发展和逐步向新的国家扩展的比较平静、文明、和平的环境中生活了，因为另一个时代已经到来。金融资本可以把某一个国家排挤出而且必将排挤出大国的行列，夺走其殖民地和势力范围……夺走小资产阶级所享有的'大国的'特权和额外的收入"②。列宁认为：世界已经处在"资本主义崩溃的客观条件已经成熟、社会主义的无产阶级群众已经存在的时代"③。列宁结合 20 世纪初世界各主要资本主义国家的历史、经济、政治、战争的多种因素，成功完成了无产阶级革命条件成熟的命题。这样，列宁不仅把马克思、恩格斯的垄断资本理论大大推进了一步，而且将自己的理论变成革命行动的指南。

---

① 《列宁全集》第 24 卷，人民出版社 1990 年版，第 284 页。
② 《列宁选集》第 2 卷，人民出版社 2012 年版，第 475—476 页。
③ 《列宁全集》第 26 卷，人民出版社 1988 年版，第 121 页。

第 十 二 章

未来社会经济特征的论述

马克思、恩格斯提出的未来社会经济特征的预言，是马克思主义经济学说的重要内容，是广义政治经济学的重要组成部分。马克思、恩格斯在批判地继承近代以来空想社会主义者，特别是 19 世纪初叶法国杰出的空想社会主义思想家圣西门、傅立叶和英国杰出的空想共产主义思想家欧文的社会主义学说的（有价值思想资料）的基础上，提出了他们关于未来社会经济特征的预言。

第一节　空想社会主义者的基本观点

几乎所有的资产阶级古典经济学家都从他们的资产阶级本性出发，自觉地把资本主义生产方式看成永恒的生产方式，从而把资本主义社会的经济特征也都变成永恒的经济特征。空想社会主义者的最大的功绩是把资本主义制度看成一种暂存的必然走向没落和灭亡的制度，从而对资本主义制度固有的种种弊端和罪恶，进行了尖锐的批判，并在这种批判之中和这种批判之后，提出了用于取代资本主义的未来社会，并在不同程度上勾画了未来社会主义蓝图。

一、圣西门的基本观点

昂利·圣西门（Henri Saint-Simon，1760—1825）是 19 世纪初叶法国杰出的空想社会主义思想家。他目睹了他所参与资产阶级革命而逐渐确立起来的资产阶级统治带来了日益显著的社会矛盾和社会灾难，少数富有的大资产阶级不仅窃取了全部政治权力，而且还在被没收的贵族、教会的地产上进行投机和在承办军需上牟取暴利而大发横财；而广大劳动群众依然在政治上受奴役，毫无自由、平等、博爱可言；在经济上受剥削，陷入饥寒交迫，挣扎在死亡线上。从而，他懂得了资本主义制度只是对一小撮大资产者有利而对广大劳动群众无利的制度，便对资本主义采取了激烈的批判和否定态度，并且提出了用"实业制度"代替资本主义制度的构想。

"实业制度"是圣西门为人类设计的未来理想和永恒正义王国的蓝图，其宗旨是要使一切人得到最大限度的自由和保证社会实现最大的安宁。他指出，只要实行"实业制度"，社会的安宁就会完全有保证了，国家的繁荣昌盛将以最快的速度开始发展，社会将具备只有人的本性才敢想象的各种个人幸福和公共幸福。

圣西门提出的"实业制度"，就是把管理社会的大权，由新旧贵族、军人和政客手中，转到实业家和学者手中，由实业家和学者成为统治阶级，掌握社会经济、政治和文化等多方面权力的社会制度。圣西门讲的实业家，不仅包括工人、农民和其他劳动者，而且还包括工厂主、农场主、商人和银行家。这些人，构成所谓"人民金字塔"，该塔底和基础是广大工人、农民和其他劳动者，工厂主、农场主、商人和银行家既继续保持着自己的企业，又拥有行政管理才能，使之拥有发号施令的权力和享有经济特权，居于该塔的最上几层。也就是说，在"实业制度"下，资产阶级不仅在经济上处于统治阶级，而且在政治上也处于国家政权统治者的位置。恩格斯一针见血地指出：在圣西门那里，除了无产阶级的倾向外，资产阶级倾向还有一定的影响。

在圣西门主张的实业制度下，社会生产坚持有计划进行，无政府状态将彻底被克服。他指出，应该制定明确的和配合得十分合理的工作计划，以保证整个社会生产、科学和艺术以及有利于居民的一切公共事业，按协作的共同目的进行，整个社会有组织的分工将把人民之间紧密地联系起来，到那时，生产不再由多个企业主指挥，而是由社会机关主持，生产的无政府状态就将被有计划、有组织的生产所代替。不过，他有时也认为未来的社会制度应称作为"协作制"，并不以生产资料公有制为前提，而是在保留资本主义私人占有制的基础上把富有的企业主、商人和银行家吸引到实业制度中来，其所以如此，在他看来是因为人们不能强迫财产所有者把自己的资本投入未来社会的企业。

圣西门主张，在实业制度中，不承认任何特权，人与人之间实行完全平等原则，从而把真正具有能力优势作为掌握权力的基础。也就是说，人们在这种制度中的地位，既不决定于家庭出身，又不是毫无差别，而是依靠他们在经济、科学知识或实业方面的优异才能来取得。在此基础上，圣西门在个人收入的分配方面进一步提出了每个人的收入都应该与他们的才能和贡献成正比的思想。他指出，在实业制度下，实行"按能力计报酬，按功效定能力"。在这里，他事实上已经提出了"按劳分配"的思想。但他错误地把工厂主、农场主、商人和银行家看成劳动者，从而把这些人的利润收入看成是劳动收入，同时，他还主张，在个人收入分配方面还应考虑个人所占有资本获得收入，从而在事实上把资本主义的剥削收入保留在实业制度中。

在圣西门主张的实业制度下，一切人都能得到最大限度的自由。"社会组织的唯一的和固定的目的，应当是尽善尽美地运用科学、艺术和手工业所取得的知识来满足人们的需要，推广、发展和尽可能积累这些知识。"[①]它们的职能主要是把人们联合起来共同去影响自然界，把人力作用于物，社会实行的每一个措施都是为了改进所有社会成员的政治、经济和道德的处境，社会中人数最多的阶级，即农民、工人和店员，不仅智力已相当发展，预见能力非常锐敏，而且还热爱劳动，具有管理动产和不动产的能力。法律上应该承认他们是享有充分权利的社会成员。

恩格斯曾经高度肯定圣西门的上述思想。他指出："如果说我们在圣西门那里发现了天才的远大眼光，由于他有这种眼光，后来的社会主义者的几

---

① 《圣西门选集》第 1 卷，商务印书馆 1958 年版，第 279 页。

乎所有并非严格意义上的经济学思想都以萌芽状态包含在他的思想中。"①

但由于圣西门本人世界观的局限，加上法国社会发展的历史条件的限制，圣西门的上述思想难免存在着一些根本弱点，即不了解资本主义雇佣劳动制度的本质，不了解资本主义发展的客观法则，幻想在他提出的"实业制度"中保存资本主义私有制和资本主义利润，特别是主张"实业制度"应当用和平方式实现，所以这种"实业制度"的设想必然陷入空想。

二、傅立叶的基本观点

夏尔·傅立叶（Charles Fourier，1772—1837）是法国杰出的空想社会主义者。他的一生除了约一年半的时间应征入伍以外，几乎都在商业领域度过。虽然在年轻时因继承一笔遗产而独立经过商，但破产之后只能到他人商业企业中从事服务工作。低下的社会地位，使他易于接近劳动人民，同情劳动人民的疾苦；长期从事商业工作使他能深刻地认识到资本主义商业中的种种罪恶行径，从而促进他思考出建立一种新的、合理的、公正的社会组织，用以代替被他称为的"复活的奴隶制"——资本主义制度。

为了消除资本主义社会的各种罪恶现象和固有弊端，使社会摆脱贫困、痛苦、灾难和不幸，保证人类的天然情欲得到自由和正常的满足，使人民得到最大幸福，实现普遍的和谐，傅立叶设计出一种新的制度即"和谐制度"。

他设计的社会的基本单位被称为生产—消费协作社即"法郎吉"，其含义为消除了无政府状态的有组织的生产。每个法郎吉的人数是 1600 人至 2000 人，而最理想的人数为 1620 人。之所以 1620 人为最理想，是因为在他看来，人们有十二种情欲，十二种情欲体现在人身上就会产生 810 种性格，而每个人的每种情欲都应得到满足，为了使每种性格的人都有几种喜爱的工作，所以法郎吉的人数最好是 810 人的两倍。

---

① 《马克思恩格斯文集》第 9 卷，人民出版社 2009 年版，第 275 页。

在傅立叶那里，每个法郎吉占地 1 平方公里，既组织生产，又组织生活，是一种生产和消费的联合组织。在它的下面，根据不同种类的劳动，划分为若干个队——"谢利叶"，在"谢利叶"下面，根据自愿的原则组成若干小组，每组由 7—9 人组成。整个法郎吉全体成员都住在一所能容纳1600—2000 人的豪华宫殿式大厦，即"法伦斯泰尔"之中，在它的中部为食堂、图书馆、交易所、教堂等公共机关，它的一侧为工厂，另一侧为住宅和大厅。各个法郎吉之间是一种平等友好的关系。它们相互交换自己的产品，进行大范围的劳动协作，以完成开凿运河、治理沙漠等大型公共工程。

在傅立叶设计的社会中，国家政权实际上已不复存在，各法郎吉设有被称为"阿瑞斯"的权威评判会。"阿瑞斯"由各谢利叶的领导人，与其有重大经济利益关系的资本家以及德高望重的法郎吉成员组成，其职能咨询多于行政。根据经验和科学知识，对法郎吉的某些计划发表意见，以提供给各谢利叶参考。各谢利叶可以采纳，也可以不采纳。

在傅立叶的所谓社会中，法郎吉是新型的工农业结合和城乡结合的组织形式。工业生产"将不象现在这样都集中在不幸的人群所聚集的城市中，而将遍布于全球的乡村和法郎吉"①。而且工业只是农业的附属和补充，整个社会以农业为主体。这是因为，在傅立叶看来，人们对于农业的爱好大于对工业的爱好。所以法郎吉的全年劳动量应当大部分投到农业上，小部分投到工业上。人们既从事农业，又从事工业，不仅城乡差别不复存在，工农差别也在这里可以消除。

在法郎吉内，每个人不仅可以根据自己的劳动爱好选择谢利叶，而且可以同时参加 30—40 个谢利叶，在同一天中可以到六七个谢利叶去从事劳动。每个人在一个谢利叶内劳动的时间，每天最多不超过 1.5—2 小时。由于劳动具有多样性，克服了只从事一种劳动的单调和呆板，既发挥了每个人的聪明才智，又满足了人们的最高情欲——创造欲和竞赛欲，这就极大地促进社

---

① [法]《傅立叶选集》第 3 卷，汪耀三译，商务印书馆 1985 年版，第 200 页。

会生产力的提高。

傅立叶设想，法郎吉中的个人消费品的分配，按劳动、资本的多少和才能的大小进行。其中 5/12 按劳分配，4/12 按资本分配，3/12 按才能分配。在按劳分配的这一部分中，笨重的、不吸引人但却十分必要的劳动，例如刈草、看马，报酬较高。按资本分配的这一部分，由于资本主要由资本家投资，资本家可以只靠投资的利息生活，而且由于法郎吉的劳动生产率比较高，从而收入较高，分配给股东的股息将大大超过现存资本主义社会，这就必然会刺激资本家向法郎吉投资。法郎吉中设有交易所，进行股票交易，股票可以继承和出卖。参加按才能分配的人，主要是有才的作家、艺术家、科学家，他们的劳动价值和个人收入的数量，由法郎吉成员表决来决定。各法郎吉成员，不一定只参加这三种分配中的一种，有可能分别参加这三种分配，只要他持有股票、进行艺术创作或科学研究，又参加谢利叶劳动，他就可以获得资本收入、劳动收入和才能收入。按傅立叶的设想，到那个时候，人们在法郎吉的收入很多，都能储蓄或入股，人们都能感到自己成为所有者了。可见，傅立叶主张未来的和谐社会不是消灭私有制，而是把雇佣劳动者变为私有者。

傅立叶设想的法郎吉的所有成员都居住在具有各种大小不等、设施标准有异的房间之中。由于法郎吉的各个成员收入不同，他们的生活水平就不同。在这里每个人依据自己的收入状况，租用不同的房间，选用不同的饭菜。只有富人才住得起高级的房间和吃得起高档的饭菜，而且富人比穷人每日多吃两餐，多吃 2—4 倍食品，穷人只能享用低档的饭菜，尽管如此，那时的下层穷人所享用的食品将比我们现在讲究吃食的美食家的食物还要精美、讲究得多。

按傅立叶的设想，在各个法郎吉之间和法郎吉与其成员之间存在商品交换关系，但没有私人商业，商品交换不在法郎吉成员之间进行，商业规模比资本主义社会扩大 20 倍，商业经营人员却减少到 1/20。在法郎吉中建立专门为谢利叶服务的商店和货栈，每个法郎吉成员都能在商店中买到他所需的一切。

虽然傅立叶是在正确地认识了过去的和当时的资本主义之后按照自己的看法想象未来的，其中包括有最天才的预测，但由于历史条件的限制和唯心主义历史观的局限，使他既不可能正确的认识资本主义雇佣劳动制度的本质，又不可能发现资本主义发展的客观规律，更找不到变革旧制度、创造新世界的社会力量。他把实现社会和谐的希望寄托在法郎吉创办人和合作社首脑、谈判家、宣传家、发明家的通力合作，一直幻想一个明智仁义的富人，为他建立法郎吉试验而解囊相助。在晚年时，终于有了一次投资建立"协作移民区"的试验，但很快就失败了，在不触动资本主义统治及其基础的前提下，企图通过改良的方式而建立社会，其结果必然是失败的。

三、欧文的基本观点

罗伯特·欧文（Robert Owen，1771—1858）是英国杰出的空想共产主义的实践家。小时候，他家境贫寒，上完乡村初级小学后当学徒和店员，在20岁时就在英国实业界崭露头角，成为工厂主。由于他逐渐看到工业革命给英国社会带来的弊端和给劳动人民带来的痛苦，激发了对资本主义制度的不满和对无产阶级的深切同情，遂接受空想社会主义，批判资本主义，提出了用"劳动公社"取代现存资本主义的设想，并进行了典型试验。

劳动公社，也称合作公社、方型村、新公社等，是欧文提出的未来社会的基层单位或细胞，是根据联合劳动、联合消费、联合保有财产和特权均等的原则建立起来的公有制联合体。在这个联合体中，除个人日常用品以外没有私有制，实行财产公有、共同劳动、共同分配、权利平等和义务平等，不再有差别、特权、剥削和压迫，不再有资本家和工人，不再有贫富差别。人人都将在其中享受同样的教育和处于同样的生活环境，获得新的思想、情感和精神，人人享受物质生活和精神生活的最大幸福。

欧文设想的劳动公社是由农、工、商、学结合起来的大家庭，是独立的经济组织和社会单位。每个成员各尽所能，彼此团结互助，各公社之间也用同样的方式彼此往来。每个劳动公社由500—3000人组成，一般占地800—1000英亩，分成若干个150—300英亩大小的农场。公社的整个布局按平行四边形的结构来安排。主要建筑物分布于公社的中央，呈正方形。当中是会议厅、图书馆、食堂、学校、幼儿园等。周围建有住宅以及入学儿童的集体宿舍、托儿所、医院、招待所、贮藏室或仓库。这些建筑群外是花园，花园外面是农场、牧场和各种工厂。公社社员的卧室，欧文进行了精心的设计，以便最大限度地为他们提供实用的和理想的居住条件，而且他们享受现存社会的资本家也享受不到的幸福生活。

欧文提出的劳动公社中按照年龄和经验的不同，把社员划分"组"。这个组是公社内社会管理、劳动分工和教育容纳在一起的最基层的组织，这就使每一年龄的人所从事的职业，最适合于这一组人的本性。例如，25岁到30岁的人组成的"组"，一般不从事生产和领导工作，主要负责保管和分配社会财富以及进行视察、科学研究和艺术活动。

劳动公社的最高权力机构是全体社员大会。它决定公社的一切重大问题，由其选举产生公社理事会和各种专业委员会来组织、领导和管理公社的各种事务，包括军队、警察、法庭、监狱在内的整个国家机器，都被废除。

劳动公社内的生产是公有制基础上的有计划的集体生产。每个人必须依据年龄和经验的不同，义务地从事一定的工作。凡必须参加生产劳动的社员，既要从事农业劳动，又要从事工业劳动，还要进行科学研究，而且尽可能调换工种，以尽可能从事全面的技术活动。旧的分工在这里全面消失，生产劳动不再成为负担，而是一种轻松愉快的活动，从而大大提高了社员的生产积极性，促进生产力无限发展，满足公社一切成员的物质生活和精神生活的需要。

在个人消费品的分配方面，公社实行每个成员各尽所能、按需要分配的原则，一切人都可以无忧无虑地到公社仓库去领取他所需要的任何物品，公社食堂将向他们提供优质的食品和服务。在同一公社内部废除商品，废除买卖，但在公社之间还必须进行商品交换以调剂余缺，其交换工具不是货币，而是代表一定数量劳动的凭证。

普遍的良好的教育，掌握丰富的科学知识，是公社建设的一个重要环节。欧文很重视公社内部的教育事业，主张开办各种学校，特别强调教育与生产劳动相结合，通过教育，使每个社会树立共同利益和共同目的的观念，铲除自私自利的思想，培养诚实、正直、勤劳和集体主义精神的新人。

从 1824 年起，欧文用自有资金分别在美国和英国进行改造资本主义、实现劳动公社理想的多次试验，都以失败而告终。尽管这样的试验连同他的改革设想有积极的意义，但由于欧文不了解用以取代资本主义的未来社会是社会历史发展的必然产物，不懂得要通过革命手段，幻想通过和平的、改良的途径来改造资本主义，其失败是不可避免的，必然的。

第二节　马克思、恩格斯的基本观点

一、未来社会经济特征之预言提出的客观原因

马克思、恩格斯预测未来社会经济特征有以下四个方面的客观原因。

一是正在与资产阶级进行斗争的无产阶级的迫切要求。在 19 世纪 30—40 年代无产阶级有组织地开展反对资产阶级的斗争中，空想社会主义者的见解曾经长期地占支配地位，即使到了 19 世纪末，法国和英国的相当多的一部分社会主义者还信奉这种见解。而这种见解只是对未来社会经济关系的一些空想。诚然，其中有不少积极的结论，但空想社会主义经济思想本身不利于无产阶级觉醒，只能导致革命失败，因而不是科学的社会主义经济思想。于是，正在与资产阶级进行斗争的无产阶级迫切要求产生包括未来社会经济特征在内的科学的共产主义经济思想。而唯有马克思、恩格斯才能担当起创始人的责任。1846 年春，著名的社会活动家约瑟夫·魏德迈就写信给马克思说："你得设法尽快写好你的《政治经济学》。要知道，人们希望读到

阐述共产主义的某种有条理的东西，因为他们不愿意满足于一般空话，也不相信通过普遍教育能建立共产主义，而对于他们，我们的确提供不出任何东西。"

二是教育正在斗争中的无产阶级的实际需要。为了胜利地开展反对资产阶级的斗争，不仅需要教育无产阶级，使他们科学地认识自己在资本主义社会中的真正地位，自己受压迫和受剥削的真正根源，资本主义制度的不合理性，而且需要教育无产阶级，使他们深切地明了代替资本主义的是一个什么样的社会，在这个社会里经济关系具有哪些新的特征。只有通过人类社会发展的一般规律的揭示，科学地阐明社会主义社会和共产主义社会的美好未来，才能够在无产阶级面前展现资本主义灭亡以后的远景，使他们坚定自己的信念，从而增强反对资产阶级的信心和勇气。为此，要求新世界观的创始人在揭示资本主义不合理性的同时，展示未来新社会的经济特征。恩格斯这样写道："我们决不想把新的科学成就写成厚厚的书，只向'学术'界吐露。正相反，我们两人已经深入到政治运动中；我们已经在知识分子中间，特别是在德国西部的知识分子中间获得一些人的拥护，并且同有组织的无产阶级建立了广泛联系。我们有义务科学地论证我们的观点，但是，对我们来说同样重要的是：争取欧洲无产阶级，首先是争取德国无产阶级拥护我们的信念。"[1]

三是回击和反驳资产阶级对马克思主义的诬蔑和诋毁，并与其他形形色色的错误思潮划清界限的需要。出于对马克思主义诞生和传播的恐惧，资产阶级及其御用学者们总是千方百计地对马克思主义采取攻击、诬蔑和诋毁的手段。例如，他们攻击马克思主义者在未来的社会中也要"消灭个人挣得的自己劳动的财产"，胡说什么消灭了私有制后"一切活动就会停止"，诬蔑共产党人在未来社会中"消灭家庭"、实行"公妻制"等。其他形形色色的错误思潮也不同程度地对马克思主义关于未来社会的见解进行歪曲。为了回击

---

① 《马克思恩格斯文集》第 4 卷，人民出版社 2009 年版，第 233 页。

资产阶级的进攻，为了与其他形形色色的错误思潮划清界限，马克思、恩格斯就不能不以无产阶级革命家的胆识，毫不隐瞒关于未来社会经济特征的各种主张。他们在合著的《共产党宣言》中这样写道："现在是共产党人向全世界公开说明自己的观点、自己的目的、自己的意图并且拿党自己的宣言来反驳关于共产主义幽灵的神话的时候了。"①

四是制定党的正确纲领的现实要求。要推翻资产阶级统治、实现社会主义和共产主义，无产阶级必须建立自己的政党。无产阶级政党要想实现自己的目的，必须制定正确的纲领。而党的正确纲领的制定，除了一定要涉及党的原则、立场、观点以外，还必须涉及党对未来的更加美好的新社会的基本看法的科学阐明。例如，未来社会中所有制性质和状况、社会总产品分配和个人消费品分配的原则和方式等。马克思认为，一个无产阶级政党的原则性纲领，不仅是党的一切言论和行为的总纲领，而且将"在全世界面前树立起一些可供人们用以判定党的运动水平的界碑"②。因此，马克思、恩格斯纠正制定党纲时关于当前的资本主义社会和未来的新社会的错误见解，坚持在党纲中阐明党对当前资本主义社会和未来的新社会经济特征的正确看法，是党制定正确的纲领的现实要求。

正因为上述几个方面的主要原因，马克思、恩格斯在批判和改变旧世界的同时，也努力预测和发现社会主义和共产主义新世界，预测和发现社会主义和共产主义经济关系的新特征。

二、未来社会经济特征之预言的提出过程

早在马克思、恩格斯的世界观从唯心主义向唯物主义、从革命民主主义向共产主义转变的开始，他们便提出了对未来社会经济方面的一些预言。

---

① 《马克思恩格斯文集》第 2 卷，人民出版社 2009 年版，第 30 页。
② 《马克思恩格斯全集》第 34 卷，人民出版社 1972 年版，第 130 页。

1843 年 10 月恩格斯在考察了英国、法国和德国的社会主义思潮的发展状况以后,不仅肯定了德国一些青年黑格尔分子提出的只有经过"集体所有制"为基础的社会革命,才能建立符合他们抽象原则的社会制度,而且认为这种急剧的革命,已经是不可避免的了。差不多在同一时间,马克思在《论犹太人问题》、《〈黑格尔法哲学批判〉导言》《1844 年经济学哲学手稿》以及恩格斯在《政治经济学批判大纲》等论文之中,都分别提出了消灭现存的资本主义私有制和建立公有的制度、实现工人的自身解放、劳动者将重新掌握自己等观点。恩格斯还提出,未来社会"社会应当考虑,靠它所支配的资料能够生产些什么,并根据生产力和广大消费者之间的这种关系来确定,应该把生产提高多少或缩减多少,应该允许生产或限制生产多少奢侈品"①。

此时的马克思、恩格斯提出了与德国古典哲学优秀代表黑格尔、费尔巴哈以及空想社会主义者不同的关于未来社会的新思想萌芽,但有时还借助黑格尔的异化理论和费尔巴哈的人本主义等来表达自己的思想,在内容上还带有一些伦理主义和空想主义的痕迹。

马克思、恩格斯在完成了世界观转变之后,不再把未来社会的一般特征归结为人的自我异化的扬弃和人性的复归,而是自觉地按他们创立的历史唯物主义原理,通过对资本主义制度内在矛盾的分析来描述,从而把未来社会称为"消除阶级和阶级对立的联合体""由社会全体成员组成的联合体"。在这个联合体内,人们将共同地、有计划地利用生产力;把生产发展到能够满足全体成员需要的规模;消除牺牲一些人的利益来满足另一些人的需要的情况;通过消灭旧的分工,进行生产教育、变换工种、共同享受大家创造出来的福利,以及城乡之间的融合,使社会全体成员的才能得到全面的发展。他们也不再沿用空想社会主义者们的"财产公有"的提法,明确地提出未来社会生产资料所有制是公有制。在未来社会产品分配上,马克思、恩格斯对圣西门等人提出的"按能力计报酬"的见解仍然持批判态度,而主张"按需分配"。

---

① 《马克思恩格斯文集》第 1 卷,人民出版社 2009 年版,第 76 页。

从《共产党宣言》问世到 19 世纪 60 年代中叶《资本论》第一卷付印，是马克思、恩格斯未来社会经济特征理论的成熟期。此时，马克思在《1848年至 1850 年法兰西阶级斗争》一文中明确提出了"劳动权就是支配资本的权力，支配资本的权力就是占有生产资料，使生产资料受联合起来的工人阶级支配"①。特别是在《资本论》第一卷中，马克思提出，在未来社会"自由人联合体"中，不仅"用公共的生产资料进行劳动"，而且在分配上，"每个生产者在生活资料中得到的份额是由他的劳动时间决定的"②。在这里，马克思已明确地提出了未来社会的一定发展阶段上生产资料公有制原则和个人消费品实行按劳分配原则，从而在事实上提出了未来共产主义社会的基本特征和将出现不同发展阶段的思想。

在这一时期，马克思还明确地提出了未来社会不存在商品货币关系，不存在商品交换，社会以合理的计划生产代替价值规律和竞争的作用。此外，还对未来社会时间节约、儿童教育、家庭关系、个人的全面发展等提出了一系列见解。

《资本论》第一卷出版到《哥达纲领批判》的写作，也就是 19 世纪 60年代后期到 70 年代中叶，是马克思、恩格斯未来社会经济特征预言的发展时期。此时，马克思写作的《哥达纲领批判》，是他们未来社会经济特征理论的新探索。在这里，马克思明确地提出了未来社会划分为两个阶段及其原因，并且比较详细地表述了这两个发展阶段在经济特征方面的差异。

19 世纪 70 年代中叶以后，是马克思、恩格斯未来社会经济特征预言的完善时期。此时，主要表现为恩格斯对他本人和马克思提出的未来社会经济特征预言的总结和补充。1890 年 8 月 21 日恩格斯在给奥·伯尼克的信中提出：未来社会"同现存制度的具有决定意义的差别"，在于"在实行全部生产资料公有制（先是国家的）基础上组织生产"③。他在《反杜林论》一书中

---

① 《马克思恩格斯文集》第 1 卷，人民出版社 2009 年版，第 113 页。
② 《马克思恩格斯文集》第 5 卷，人民出版社 2009 年版，第 96 页。
③ 《马克思恩格斯文集》第 10 卷，人民出版社 2009 年版，第 588 页。

写道：当社会成为全部生产资料的主人，可以按照社会计划来利用这些生产资料的时候，消灭了旧式分工，生产劳动就从一种负担变成一种快乐。恩格斯还在《社会主义从空想到科学的发展》一书中写道：一旦社会占有了生产资料，商品生产就将被消除，而产品对生产者的统治也将随之消除。社会生产内部的无政府状态将为有计划的自觉的组织所代替。于是人们变成为自然界的自觉的和真正的主人。

三、预测未来社会经济特征的方法

一般说来，马克思、恩格斯预测未来社会经济特征的方法，同马克思、恩格斯研究政治经济学的其他问题所使用的方法一样，从根本上说来是辩证唯物主义和历史唯物主义的方法。但是，需要指出的是，马克思、恩格斯在早期对未来社会经济特征的预测时，还未能自觉地使用这一方法，而且，当他们创立了辩证唯物主义和历史唯物主义之后，他们在预测未来社会经济特征时，对这一根本方法的具体运用，也与马克思主义政治经济学的其他研究对象有所不同。

马克思、恩格斯对未来社会经济特征的预测，有一个演变过程，反映在预测方法上，也有一个演变过程。他们最早预测未来社会经济特征时，辩证唯物主义和历史唯物主义在那时还未创立，因而还不可能使用辩证唯物主义和历史唯物主义的方法，只能说萌芽状态的辩证唯物主义和历史唯物主义方法在他们预测社会主义经济特征过程中得到一些运用和体现。

在辩证唯物主义和历史唯物主义创立以前，马克思、恩格斯关于社会主义经济特征的预言的提出，受德国古典哲学特别是黑格尔的异化理论和费尔巴哈的人本主义的影响，因而他们关于未来社会主义经济特征的预言还难免存在着德国古典哲学观点和术语的痕迹，自然，也就不可避免地带有伦理主义和空想主义的色彩。例如，马克思在《1844 年经济学哲学手稿》中在论证社会主义和共产主义时，受黑格尔异化理论和费尔巴哈人本主义的影响，把私有财产看作是"人的自我异化",从而进一步认为"共产主义是对私有财产即人的自我异化的积极的扬弃,因而是通过人并且为了人而对人的本质的真正占有;因此,它是人向自身、也就是向社会的即合乎人性的人的复归,这种复归是完全的复归,是自觉实现并在以往发展的全部财富的范围内实现的复归。这种共产主义,作为完成了的自然主义,等于人道主义,而作为完成了的人道主义,等于自然主义,它是人和自然界之间、人和人之间的矛盾的真正解决,是存在和本质、对象化和自我确证、自由和必然、个体和类之间的斗争的真正解决。它是历史之谜的解答,而且知道自己就是这种解答"①。再如,恩格斯在《英国状况——评毛马斯·卡莱尔的〈过去和现在〉》一文中关于未来社会主义和共产主义的预测,受到费尔巴哈人本主义的影响。他写道:"人只须认识自身,使自己成为衡量一切生活关系的尺度,按照自己的本质去评价这些关系,根据人的本性的要求,真正依照人的方式来安排世界,这样,他就会解开现代的谜语了。"②

诚然,马克思、恩格斯关于社会主义和共产主义经济特征的最初预言,就力图持有一种与空想社会主义者完全不同的方法,在批判旧世界中发现新世界,努力从客观的、感性的历史必然过程中引出社会主义和共产主义,因而就有了一些不同于前人和同时代人的新方法论的萌芽,但他们在预言未来社会的方法论方面还明显地带有来自前辈的影响和痕迹。恩格斯说过:正如人的胚胎在其发展的最初阶段还要再现出我们的祖先鱼类的鳃弧一样,他们早期的著作(当然包括含有对未来社会经济特征的预测的著作在内)中,到处都可以发现现代社会主义从它的祖先之一即德国哲学起源的痕迹。

当他们创立起辩证唯物主义和历史唯物主义的新的世界观和方法论之后,德国古典哲学的异化理论、人本主义的痕迹在他们预测社会主义和共产主义经济特征时便从根本上得到克服,从而使他们能够有一个最为科学的方

---

① 《马克思恩格斯文集》第 1 卷,人民出版社 2009 年版,第 185—186 页。
② 《马克思恩格斯全集》第 3 卷,人民出版社 2002 年版,第 521 页。

法论对社会主义和共产主义的经济特征进行预测。

列宁对此总结得非常正确。他写道："马克思的全部理论，就是运用最彻底、最完整、最周密、内容最丰富的发展论去考察现代资本主义。自然，他也就要运用这个理论去考察资本主义的即将到来的崩溃和未来共产主义的未来的发展。

"究竟根据什么材料可以提出未来共产主义的未来发展问题呢？

"这里所根据的是，共产主义是从资本主义中产生出来的，它是历史地从资本主义中发展出来的，它是资本主义所产生的那种社会力量发生作用的结果。马克思丝毫不想制造乌托邦，不想凭空猜测无法知道的事情。马克思提出共产主义的问题，正像一个自然科学家已经知道某一新的生物变种是怎样产生以及朝着哪个方向演变才提出该生物变种的发展问题一样。"①

列宁对马克思关于预测未来社会的方法论的概括是如实的。马克思并没有像空想社会主义者那样凭空猜测未来社会，而是把未来社会如实地看作是被黑格尔称之为"市民社会"即资本主义社会的一个必然发展，所以他开始研究政治经济学，以求对"市民社会"的彻底解剖，并从解剖"市民社会"中发现必然会产生出来的那个新的社会主义和共产主义社会。

马克思在解剖"市民社会"过程中获得了极其重大的发现："人们在自己生活的社会生产中发生一定的、必然的、不以他们的意志为转移的关系，即同他们的物质生产力的一定发展阶段相适合的生产关系。这些生产关系的总和构成社会的经济结构，即有法律的和政治的上层建筑竖立其上并有一定的社会意识形式与之相适应的现实基础。物质生活的生产方式制约着整个社会生活、政治生活和精神生活的过程。不是人们的意识决定人们的存在，相反，是人们的社会存在决定人们的意识。社会的物质生产力发展到一定阶段，便同它们一直在其中运动的现存生产关系或财产关系（这只是生产关系的法律用语）发生矛盾。于是这些关系便由生产力的发展形式变成生产力的

---

① 《列宁专题文集　论社会主义》，人民出版社 2009 年版，第 25 页。

桎梏。那时社会革命的时代就到来了。随着经济基础的变更，全部庞大的上层建筑也或慢或快地发生变革。在考察这些变革时，必须时刻把下面两者区别开来：一种是生产的经济条件方面所发生的物质的、可以用自然科学的精确性指明的变革，一种是人们借以意识到这个冲突并力求把它克服的那些法律的、政治的、宗教的、艺术的或哲学的，简言之，意识形态的形式。我们判断一个人不能以他对自己的看法为根据，同样，我们判断这样一个变革时代也不能以它的意识为根据；相反，这个意识必须从物质生活的矛盾中，从社会生产力和生产关系之间的现存冲突中去解释。无论哪一个社会形态，在它所能容纳的全部生产力发挥出来以前，是决不会灭亡的；而新的更高的生产关系，在它的物质存在条件在旧社会的胎胞里成熟以前，是决不会出现的。所以人类始终只提出自己能够解决的任务，因为只要仔细考察就可以发现，任务本身，只有在解决它的物质条件已经存在或者至少是在生成过程中的时候，才会产生。大体说来，亚细亚的、古希腊罗马的、封建的和现代资产阶级的生产方式可以看做是经济的社会形态演进的几个时代。资产阶级的生产关系是社会生产过程的最后一个对抗形式，这里所说的对抗，不是指个人的对抗，而是指从个人的社会生活条件中生长出来的对抗；但是，在资产阶级社会的胎胞里发展的生产力，同时又创造着解决这种对抗的物质条件。因此，人类社会的史前时期就以这种社会形态而告终。"①

在这里，马克思明确地指出了作为最后一个对抗形式的资本主义社会形态向社会主义和共产主义社会形态发展、资本家私人占有生产资料的经济关系向社会全体成员共同占有生产资料发展，并不是决定于人们的意识，而是决定于资本主义社会中的物质条件。资本主义社会在它所容纳的全部生产力发挥出来以前，是决不会灭亡的；而新的更高的社会主义和共产主义社会，在它存在的物质条件在旧社会的胎胞里成熟以前，是决不会产生

---

① 《马克思恩格斯文集》第 2 卷，人民出版社 2009 年版，第 591 页。

出现的。马克思之所以能够预测资本主义私有制一定为公有制所代替，是因为"解决它的物质条件已经存在或者至少是在生成过程中的时候"。恩格斯也认为，社会主义和共产主义必胜的信念，来源于"可以感触到的物质事实"，"现代社会主义必获胜利的信心，正是基于这个以或多或少清晰的形象和不可抗拒的必然性印入被剥削的无产者的头脑中的、可以感触到的物质事实，而不是基于某一个蛰居书斋的学者的关于正义和非正义的观念"①。

所以，马克思、恩格斯十分重视观察、了解资本主义社会生产力的发展历史和现状，如实地肯定了资产阶级生产方式造成了社会生产力的巨大增长。他们在《共产党宣言》中这样写道："资产阶级在它的不到一百年的阶级统治中所创造的生产力，比过去一切世代创造的全部生产力还要多，还要大。自然力的征服，机器的采用，化学在工业和农业中的应用，轮船的行驶，铁路的通行，电报的使用，整个整个大陆的开垦，河川的通航，仿佛用法术从地下呼唤出来的大量人口——过去哪一个世纪料想到在社会劳动里蕴藏有这样的生产力呢？"②

其后，马克思、恩格斯进一步看到了资本主义社会生产力发展的重要表现形式——劳动社会化和生产社会化。马克思在《资本论》第一卷中就已写明，资本主义生产方式的发展，已使规模不断扩大的劳动过程的协作形式日益发展，科学日益被自觉地应用于技术方面，土地日益被有计划地利用，劳动资料日益转化为只能共同使用的劳动资料，一切生产资料因作为结合的社会劳动的生产资料使用而日益节省，各国人民日益被卷入世界市场网，从而资本主义制度日益具有国际的性质。

马克思特别重视资本主义社会中的科学技术成就，发现由于资本家对剩余价值无止境的追逐，使科学技术在日趋扩大的程度上变成了直接的生产

---

① 《马克思恩格斯文集》第9卷，人民出版社2009年版，第165页。
② 《马克思恩格斯文集》第2卷，人民出版社2009年版，第36页。

力，从而已为资本主义私有制发展成为社会主义和共产主义公有制准备了客观物质条件。所以，马克思把作为科学运用于生产的重大成就的蒸汽、电力和自动纺机，看作是"革命家"。恩格斯曾经这样讲过："在马克思看来，科学是一种在历史上起推动作用的革命的力量。任何一门理论科学中的每一个新发现，即使它的实际应用甚至还无法预见，即使马克思感到衷心喜悦，但是当有了立即会对工业、对一般历史发展生产力革命影响的发现的时候，他的喜悦就完全不同了。"

正是由于资本主义社会生产力的迅速发展，并且由于这种发展所引起的劳动的社会化和生产的社会化，使资本主义经济关系的外壳由相适应或相容变为不相适应或不相容，使得这种外壳由能促进社会生产力发展的形式变成束缚社会生产力发展的桎梏。因此，一方面，资本主义生产方式暴露出自己无能继续驾驭这种生产力；另一方面，这种生产力本身以日益增长的威力要求消除这种矛盾，要求摆脱它作为资本的那种属性，要求在事实上承认它作为社会生产力的那种性质。

显然，由于资本主义生产方式已不能继续驾驭这种生产力，资本主义生产方式的终究灭亡就具有不可避免性；由于生产力性质要求生产资料社会化的占有和全体社会成员共同支配和调节，生产资料社会主义公有制和共产主义公有制取代生产资料资本主义私有制同样不可避免。因而，资本主义生产方式必然崩溃，生产资料的社会主义和共产主义公有制取代生产资料资本主义私有制，都是从资本主义母胎中产生出来的，都是不以人们主观意志为转移的历史必然性。

于是，恩格斯就提出了他和马克思完全一致的预见："当人们按照今天的生产力终于被认识了的本性来对待这种生产力的时候，社会的生产无政府状态就让位于按照社会总体和每个成员的需要对生产进行的社会的有计划的调节。那时，资本主义的占有方式，即产品起初奴役生产者而后又奴役占有者的占有方式，就让位于那种以现代生产资料的本性为基础的产品占有方式：一方面由社会直接占有，作为维持和扩大生产的资料，另一方面由个人直接占有，作为生活资料和享受资料。"①

　　马克思、恩格斯在对资本主义生产方式的辩证考察基础上，还提出了资本主义生产的物质内容与社会形式的区别，为预测未来社会主义经济关系的某些特征提供了依据。

　　在马克思、恩格斯看来，资本主义再生产过程是物质资料再生产过程和资本主义生产关系再生产过程的统一。马克思这样写道："资本主义生产过程是社会生产过程一般的一个历史地规定的形式。而社会生产过程既是人类生活的物质生存条件的生产过程，又是一个在特殊的、历史的和经济的生产关系中进行的过程，是生产和再生产着这些生产关系本身，因而生产和再生产着这个过程的承担者、他们的物质生存条件和他们的互相关系即他们的一定的经济的社会形式的过程。"②资本主义再生产二重性理论的提出，使马克思能够在对未来社会经济特征进行预测时，抽掉其独特的资本主义性质，抽象其物质生产的资本主义外壳，保留其物质资料生产过程的一切物质内容，保留其一切社会形态下的物质资料生产过程的一切共同规定，特别是保留其社会化大生产条件下的物质资料生产过程的一切共同规定，发现社会主义再生产过程和作为社会化大生产的社会主义再生产过程的某些经济特征。例如，抽掉了资本主义生产的资本主义外壳，单就物质资料再生产考察，从资本主义生产到社会主义生产，不可避免地保留社会生产力发展的连续性，社会主义必然采用资本主义社会遗留下来的大机器生产；社会主义再生产过程也仍然会客观地存在各生产部门之间比例关系等。

　　马克思、恩格斯还通过对资本主义生产方式的深入解剖，论证了资本主义社会中显露出来的社会弊病是现存生产方式的必然结果，同时也是这一生产方式快要瓦解的征兆。资本主义生产方式中的弊病的科学揭示，为马克思、恩格斯开阔了思路，并由此提出了未来社会不同于资本主义生产方式的

---

①　《马克思恩格斯文集》第 3 卷，人民出版社 2009 年版，第 561 页。

②　《马克思恩格斯文集》第 7 卷，人民出版社 2009 年版，第 926 页。

一系列经济特征的预言。例如，资本主义社会中，生产呈现无政府状态，劳动者是自然的奴隶；未来社会将消除无政府状态，使劳动者驾驭自然，社会生产实行有计划调节。资本主义社会的劳动，是在资本监督下的不自由的劳动；而在未来社会中，劳动者作为生产资料的主人，是生产实现了共同管理条件下的自主劳动。资本主义社会中，生产的目的是为了满足资本对剩余价值的追逐；在未来社会中，生产的目的不仅保证一切社会成员有富足的和一天比一天充裕的物质生活，而且还可能保证他们的体力和智力获得充分的自由运用和发展。资本主义社会中，劳动者从事极为片面的工作；而在未来社会中，劳动者可以自由地全面地发展。资本主义社会生产资料的私有制和生产的无政府状态，必然出现社会劳动的巨大浪费；而未来社会建立在共同占有生产资料和有计划地组织社会生产的基础上，必然带来社会劳动的巨大节省。资本主义制度下社会劳动者只能按劳动力价值获得自己所创造财富的一部分；未来社会条件下从根本上铲除了剥削制度，劳动者之间实行个人消费品按劳分配和按需分配。

不仅如此，马克思、恩格斯还通过对资本主义生产方式的深入考察，在正在瓦解的经济运动形式内部发现未来的、能够消除这些弊病的、新的生产组织和交换组织的因素。这种新的生产组织和交换组织的因素在资本主义社会中被发现，由于它是未来的社会经济生活中的生产组织和交换组织的因素，故在事实上也是对资本主义社会中存在的某些可以为未来社会所继承的生产组织形式和交换组织形式、某些在未来社会中必然采取的生产组织方式和交换组织方式的预测。

马克思、恩格斯对资本主义社会生产力和生产关系矛盾运动的考察，揭示了猛烈增长着的生产力对它的资本属性的反抗，要求承认它的社会本性的这种日益增长的必要性，迫使资本家阶级本身在资本关系内部一切可能的限度内，愈来愈把生产力当作社会生产力看待。其结果是，为适应社会化的生产力而产生出如股份公司、合作工厂这样一些社会化的经济形式和经营方式。恩格斯提出，在一定的发展阶段上，这种形式也嫌不够了：资本主义社会的正式代表——国家不得不承担起对生产的领导。这种转化为国家财产的必然性首先表现在大规模的交通机构，即邮政、电报和铁路方面。恩格斯还揭示了资本主义条件下猛烈增长的现代生产力与资本主义商品交换规律不相容，产生了某些暂时对经济生活起调节作用的调节组织形式。他写道："迅速而巨大地膨胀起来的现代生产力，一天比一天厉害地不在顺从它们应当在其中运动的资本主义商品交换规律——这个事实，资本家本人今天也越来越强烈地意识到了。""整个大生产部门的工厂主组成卡特尔（托拉斯），其目的是调节生产，从而调节价格和利润。不言而喻，这种试验只有在经济气候比较有利的时候才能进行。风暴一到来，它们就会被抛弃，并且会证明，虽然生产需要调节，但是负有这个使命的，肯定不是资本家阶级。"①

恩格斯上面所述的股份公司，合作工厂，国有并国营的邮政、电报、铁路，卡特尔，托拉斯等形式的出现，已经表明作为私人财产的资本在资本主义生产方式本身范围内的扬弃。当然，这种扬弃并不等于已经向未来的社会生产方式过渡。这些生产组织形式和经营方式也不等于未来社会的经济组织形式和经营方式，但它应当被看作是由资本主义生产方式转化为联合的生产方式的过渡形式。在资本主义经济关系范围内、限度内的这些经济组织形式和经营形式的出现，预示了解决资本主义目前膨胀的生产力与它的资本主义经济关系外壳之间的矛盾的方向，证明了社会化的生产力所要求的与之相适应的新的生产组织形式和经营方式只能是联合的生产组织形式和联合的经营方式。从一定意义上讲，它们是正在崩溃的资本主义社会里孕育着的新社会的因素。于是，马克思、恩格斯立足于解剖产生未来社会的资本主义形态，坚持他们创立的发展论，就能非常科学地预测出未来社会经济生活中必然出现的生产组织形式和经营方式。

此外，马克思、恩格斯运用他们创立的最彻底、最完整、最周密、内容最丰富的发展论去预测未来的社会经济关系的特征，也就不会把未来的社会

---

① 《马克思恩格斯文集》第 7 卷，人民出版社 2009 年版，第 136 页注释 16。

经济特征看成一种一成不变的东西，而只把它们看成不断发展、不断改变的东西。在马克思、恩格斯看来，同其他任何社会制度一样，在未来的社会中，社会生产力也是不断发展的（而且比资本主义社会有更快的发展），这样迅速发展的社会生产力必然要求它在其中运动的新的社会生产关系、未来社会的经济特征也要不断地作出调整，进行改变，从而使二者相适合。恩格斯正是这样写道："所谓'社会主义社会'不是一种一成不变的东西，而应当和任何其他社会制度一样，把它看成是经常变化和改革的社会。"①

在马克思、恩格斯看来，不仅未来的整个社会是经常变化和改革的，未来社会的各种具体经济特征也不是凝固不变的，而是不断发展、不断变化的。恩格斯针对《柏林人民论坛》关于未来社会分配方式辩论发表下述评论："在《人民论坛》上也发生了关于未来社会中的产品分配问题的辩论：是按照劳动量分配呢，还是用其他方式。人们对于这个问题，是一反某些关于公平原则的唯心主义空话而处理得非常'唯物主义'的。但奇怪的是谁也没有想到，分配方式本质上毕竟要取决于有多少产品可供分配，而这当然随着生产和社会组织的进步而改变，从而分配方式也应当改变。但是，在所有参加辩论的人看来，'社会主义社会'并不是不断改变、不断进步的东西，而是稳定的、一成不变的东西，所以它应当也有个一成不变的分配方式。而合理的想法只能是：（1）设法发现将来由以开始的分配方式，（2）尽力找出进一步的发展将循以进行的总趋向。可是，在整个辩论中，我没有发现一句话是关于这方面内容的。"②

显然，运用他们自己创立的发展论，不仅使马克思、恩格斯能够科学地预测开始进入未来社会的经济特征，而且还能够科学地预测这些经济特征在未来社会中进一步发展的方向和趋势。一句话，马克思、恩格斯正确运用并进一步发挥了自己创立的辩证唯物主义和历史唯物主义的方法论，正确运用

---

① 《马克思恩格斯文集》第 10 卷，人民出版社 2009 年版，第 588 页。
② 《马克思恩格斯文集》第 10 卷，人民出版社 2009 年版，第 586 页。

并进一步发挥自己创立的发展论，才使他们在所处于的资本主义时代能够对未来社会经济特征及其变动进行科学预测。恩格斯说得完全对："只要进一步发挥我们的唯物主义论点，并且把它应用于现时代，一个强大的、一切时代中最强大的革命远景就会立即展现在我们面前。"①

四、未来社会经济特征预言的内容

马克思、恩格斯有关未来社会经济特征的最富代表性、成熟性的预言，主要有两个方面的内容：

其一是资本主义被消灭之后，经过由资本主义向未来新社会即共产主义社会的过渡时期，人类社会必将出现一个与资本主义根本不同的新社会。这个新社会的不同发展阶段上有着完全相同的、但与资本主义根本不同的以下特征：

第一，生产力有了比资本主义更高的发展水平。在未来的社会中，人的劳动生产力达到了这样高的水平，以致在人类历史上破天荒第一次创造了这样的可能性：在所有的人实际合理分工的条件下，不仅进行大规模生产以充分满足全体社会成员丰裕的消费和造成充实的储备，而且使每个人都有充分的闲暇时间从历史上遗留下来的文化——科学、艺术、交际方式等等——中间承受一切真正有价值的东西；并且不仅是承受，而且还要把这一切从统治阶级的独占品变成全社会的共同财富和促使它进一步发展。

第二，社会全部生产资料由社会全体成员共同所有，共同支配。在未来社会里，私有制必须废除，代替它的是共同使用全部生产工具和按共同协议来分配产品。

第三，商品货币关系不复存在。在一个集体的、以生产资料公有制为基础的社会中，生产者不交换自己的产品；用在产品上的劳动，在这里也不表

---

① 《马克思恩格斯文集》第 2 卷，人民出版社 2009 年版，第 597 页。

现为这些产品的价值，不表现为这些产品所具有某种物的属性，因为这时，同资本主义社会相反，个人的劳动不再经过迂回曲折的道路，而是直接作为总劳动的组成部分存在着。简言之，一旦社会占有了生产资料，商品生产就将被消除。

第四，一切生产部门将由整个社会实行计划管理。未来的社会，将根本剥夺相互竞争的个人对工业和一切生产部门的管理权。一切生产部门将由整个社会来管理，也就是说，为了公共的利益按照总的计划和在社会全体成员的参加下经营。更具体地讲，那时生产已经不掌握在个别私人企业主的手里，而是掌握在公社及其管理机构的手里，那也就不难按照需求来调节生产了。

第五，社会生产的目的在于满足社会全体成员多方面的需要。在未来的社会中，通过有计划地利用和进一步发展一切社会成员的现有的巨大生产力，在人人都必须劳动的条件下，人人也都将同等地、愈益丰富地得到生活资料、享受资料、发展和表现一切体力和智力所需的资料。

第六，劳动者在共同劳动中结成平等的相互关系，共同地管理全部社会财富的生产和分配。未来的社会制度，是一种"共和的、带来繁荣的、自由平等的生产者联合的制度"①。在这种社会制度下，每一成员不仅有可能参加生产，而且有可能参加社会财富的分配和管理。

第七，随着阶级及阶级差别消失，国家自行消亡。在从资本主义向未来社会过渡的历史时期中，还存在敌对阶级，无产阶级还需要无产阶级专政的国家政权，以镇压剥削阶级的拼死反抗。但随着整个剥削阶级被消灭，全部生产资料变成国家财产，国家真正成为整个社会的代表时，它就使自己成为多余的了。当不再有需要加以镇压的社会阶级的时候，当阶级统治和根源于资本主义的生产无政府状态的个体生存斗争已被消除，而由此二者产生的冲突和极端行动也随着被消除了的时候，就不再有什么需要镇压了，也就不再

---

① 《马克思恩格斯全集》第 16 卷，人民出版社 1964 年版，第 219 页。

需要国家这种特殊的镇压力量了。国家真正作为整个社会的代表所采取的第一个行动，即以社会的名义占有生产资料，同时也是它作为国家所采取的最后一个独立行动。那时，国家政权对社会关系的干预在各个领域中将先后成为多余的事情而自行停止下来。那时，对人的统治将由对物的管理和生产过程的领导所代替。国家不是被废除的，它是自行消亡的。

其二是新建立起来的共产主义社会，由于发展的成熟程度的不同，可以把它划分为前后两个发展阶段：共产主义社会的第一阶段或低级阶段，即我们今天所讲的社会主义社会；共产主义社会的高级阶段，即我们今天所讲的共产主义社会。前者不是在自身基础上发展起来的，恰好相反，是刚刚从资本主义社会中产生出来的，因此在它的各方面，在经济、道德和精神方面都还带着它脱胎出来的那个旧社会的痕迹，发展得不够成熟，因而，被视为是共产主义社会的低级阶段。而后者则是在自身基础上发展起来的，在它的各方面，资本主义社会的痕迹已不复存在，发展得很成熟，因而被视为共产主义社会的高级阶段。

列宁写道："社会主义同共产主义在科学上的差别是很明显的。通常所说的社会主义，马克思把它称做共产主义社会的'第一'阶段或低级阶段。既然生产资料已成为公有财产，那么'共产主义'这个名词在这里也是可以用的，只要不忘记这还不是完全的共产主义。马克思的这些解释的伟大意义，就在于他在这里也彻底地运用了唯物主义辩证法，即发展学说，把共产主义看成是从资本主义中发展出来的。马克思没有经院式地臆造和'虚构'种种定义，没有从事毫无意义的字面上的争论（什么是社会主义，什么是共产主义），而是分析了可以称为共产主义在经济上成熟程度的两个阶段的东西。"①

在马克思看来，既然社会主义社会只是共产主义的第一阶段或初级阶段，还不是共产主义的高级阶段，那么，共产主义的这两个阶段即共产主义

---

① 《列宁专题文集　论社会主义》，人民出版社 2009 年版，第 38 页。

与社会主义在经济特征上一定存在差异。

马克思在《哥达纲领批判》一文中关于与社会主义社会不同的共产主义高级阶段的正确论述,集中地阐明了共产主义社会与社会主义社会的差异。他写道:"在共产主义社会高级阶段,在迫使个人奴隶般地服从分工的情形已经消失,从而脑力劳动和体力劳动的对立也随之消失之后;在劳动已经不仅仅是谋生的手段,而且本身成了生活的第一需要之后;在随着个人的全面发展,他们的生产力也增长起来,而集体财富的一切源泉都充分涌流之后,——只有在那个时候,才能完全超出资产阶级权利的狭隘眼界,社会才能在自己的旗帜上写上:各尽所能,按需分配!"①

在这里,马克思阐明了社会主义与共产主义在经济方面的下述四大差别:

第一,在社会主义社会中还存在着需要迫使人们奴隶般服从的社会分工,从而存在脑力劳动与体力劳动的对立;而在共产主义社会中,"迫使个人奴隶般地服从分工的情形已经消失,从而脑力劳动和体力劳动的对立也随之消失"。

第二,在社会主义社会中,劳动仅仅是谋生的手段,而在共产主义社会中,"劳动已经不仅仅是谋生的手段,而且本身成了生活的第一需要"。

第三,在社会主义社会中,社会生产力虽然有了比资本主义更高水平的发展,但集体财富的一切源泉远未达到充分涌流;而在共产主义社会中,社会生产力发展到很高的程度,集体财富的一切源泉都已充分涌流。

第四,在社会主义条件下的个人消费品分配方面,人们还不能超出资产阶级权利的狭隘眼界,还必须实行按劳分配;而共产主义社会里,随着集体财富的一切源泉充分涌流,人们才能完全超出资产阶级权利的狭隘眼界,社会才可以实行"各尽所能,按需分配"。

当然,社会主义社会与共产主义社会还可能有其他方面的差别。列宁说

---

① 《马克思恩格斯文集》第 3 卷,人民出版社 2009 年版,第 435—436 页。

得好："关于这个未来，马克思并没有陷入空想，他只是较详细地确定了现在所能确定的东西，即共产主义社会低级阶段和高级阶段之间的差别。"①

五、马克思、恩格斯未来社会经济特征预言的重大意义

马克思、恩格斯未来社会经济特征的预言具有重大的理论意义和现实意义。

第一，马克思、恩格斯关于未来社会经济特征的预言的提出，标志着马克思主义的广义政治经济学的最终完成。

马克思主义的广义政治经济学，不是研究人类社会某一特定阶段经济特征和运动规律的学说，而是研究人类社会的一切特定阶段经济本质、特征和运动规律及其有机统一的学说。因此，它不仅包括以现实存在的资本主义经济特征和运动规律为研究对象的科学，同时还必须包括未来经济特征和运动规律为研究对象的理论。如果只对现实存在或曾经存在的各种社会经济特征及运动规律进行研究，而忽视对人类社会必然出现的社会经济特征及其运动规律进行预测，广义政治经济学就是残缺不全的，就不可能是一个完整体系。马克思、恩格斯对于未来社会经济特征的预测，正好使广义政治经济学得以成为完整的理论体系，使自从有了人类社会以来一直到人类社会的未来，人类社会的各种经济的特征和运动规律得到了系统地揭示和完备地阐明，使广义政治经济学得以最终完成。

第二，马克思、恩格斯关于未来社会经济特征预言的提出，丰富和发展了唯物史观和科学社会主义。

马克思、恩格斯提出未来社会取代资本主义社会绝不是凭空猜想的，而是依据资本主义社会各种固有矛盾特别是资本主义的基本矛盾运动的结果；马克思、恩格斯提出未来社会各个发展阶段共有的特征及各个发展阶段不同

---

① 《列宁专题文集　论社会主义》，人民出版社 2009 年版，第 31 页。

的特征，也不是凭空猜想的，而是从资本主义社会中的高级发展阶段不同于初级阶段的经济特征，也是共产主义社会的初级发展阶段经济特征的继续发展变化的产物。总之，社会历史发展的前一个特定发展阶段为后一个特定发展阶段提供了前提，孕育了后一个特定发展阶段产生的内因、依据；后一个特定发展阶段同时是前一个特定发展阶段的进一步发展，是孕育在前一个特定发展阶段之中的胚胎成长壮大的结果。只有对未来社会经济特征给予科学预测，而不是割裂这一阶段社会历史的发展，一系列历史唯物主义原理便不仅能得到进一步证实，而且能得到丰富和发展。

马克思、恩格斯关于未来社会经济特征的预测，在人类思想史上第一次科学预见了取代资本主义社会的，是以公有制为基础的未来共产主义社会，同时，也第一次把这个未来共产主义社会划分成发展成熟程度不同的两个发展阶段，并对这两个发展阶段形成的原因、共有的经济特征、各自的有差异的经济特征等，给予了科学的阐明，极大地丰富了科学社会主义的理论宝库。

第三，马克思、恩格斯关于未来社会经济特征的预言，为资本主义被消灭之后人类社会的发展指明了方向。

资本主义社会一定会被消灭，这是不以人们的主观意志为转移的。但是，资本主义被消灭之后，人类社会何去何从？人类当然不会继续沿着资本主义道路走，而是向着非资本主义方向走。这个非资本主义方向是什么呢？诚然，马克思、恩格斯并没有给人类提供资本主义被消灭之后社会经济发展的一切细节，一切具体做法，但他们对未来共产主义社会的经济特征的预言，正好为人类社会在资本主义被推翻之后的历史发展指明了正确的方向。这就是走向生产资料的全社会共同所有、共同支配，通过个人消费品的按劳分配逐渐走向按需分配，由商品经济走向产品经济等。

有相当一部分理论工作者认为，马克思、恩格斯关于未来社会经济特征的预言，是在英国这样的比较发达的资本主义经济的基础上提出的，因而，马克思、恩格斯的预言，对于英国等比较发达的资本主义国家的无产阶级社会主义革命成功之后可能有适用性。换句话说，为英国等比较发达的资本主义国家资本主义被推翻之后的历史发展指明了方向，但对于经济比较落后的当今社会主义国家来讲，并不适合。这一见解是极其错误的。诚然，对于当今社会主义国家来说，并不是要建立单一的全民所有制，而是公有制为主体的多种形式的所有制，各种形式的所有制共同发展；不是要搞单一的按劳分配，更不是要搞按需分配，而是要在按劳分配为主体条件下发展按资分配等多种其他分配方式；不是要消灭商品经济，而是要大力发展商品经济等。这是因为，当今社会主义国家还处于发展中国家这一阶段，还不具备实现马克思、恩格斯未来社会经济特征预言的一些条件，由此，我们必须鼓励各种形式的所有制共同发展；为了实现按劳分配，以至实现按需分配，当今我们必须在实行按劳分配的同时，采用按资分配等多种分配形式；为了最终消灭商品货币关系，最终消灭商品生产、货币交换，当今我们必须发展商品经济等。可见，马克思、恩格斯的预言仍然为发展中国家社会历史发展指明了方向。如果背离了马克思、恩格斯的预言，我们今天的经济建设就会迷失方向。

第四，马克思、恩格斯关于未来社会经济特征的预言，对于推进当今的社会主义经济建设，具有重大现实意义。

正如上面所讲的那样，由于当今的社会主义国家经济还处于发展中阶段，马克思、恩格斯关于未来社会经济特征的许多预言，只能在主客观条件成熟之后，方能实行，而现在并不能立即实行。但是，这并不意味着马克思、恩格斯的预言都只具有指明前进方向的作用，都只能具有未来的适用性。其实，正好相反，马克思、恩格斯的不少预言，对当今社会主义经济建设来讲，也是有直接的适用性。例如，马克思指出："一切节约归根到底都归结为时间的节约。正像单个人必须正确地分配自己的时间，才能以适当的比例获得知识或满足对他的活动所提出的各种要求一样，社会必须合乎目的地分配自己的时间，才能实现符合社会全部需要的生产。因此，时间的节约，以及劳动时间在不同的生产部门之间有计划的分配，在共同生产的基础上仍然是首要的经济规律。这甚至在更加高得多的程度上成为规律。"①
此外，关于未来社会微观经济管理的必要性、未来社会提高劳动生产率、未
来社会人口生产及其控制、未来社会再生产的比例关系和总产品的实现条件
等，对于当今社会主义国家的经济建设来讲，都具有普遍的适用性。显然，
马克思、恩格斯未来社会经济特征的预言，对于社会主义经济建设，具有现
实的重要指导意义。

---

① 《马克思恩格斯全集》第 30 卷，人民出版社 1995 年版，第 123 页。

总 策 划：辛广伟

项目统筹：崔继新

责任编辑：曹 歌 邓创业

封面设计：肖 辉 王欢欢

版式设计：严淑芬

图书在版编目（CIP）数据

马克思主义经典作家关于政治经济学一般原理的基本观点研究／顾海良 主编．

—北京：人民出版社，2017.12

（马克思主义经典著作基本观点研究丛书／俞可平等 主编）

ISBN 978－7－01－017212－5

I.①马… II.①顾… III.①马克思主义－政治经济学－理论研究 IV.① A811.66

中国版本图书馆 CIP 数据核字（2016）第 320622 号

马克思主义经典作家关于政治经济学一般原理的基本观点研究

MAKESI ZHUYI JINGDIAN ZUOJIA GUANYU ZHENGZHIJINGJIXUE YIBAN YUANLI DE

JIBEN GUANDIAN YANJIU

顾海良 主编

人民出版社 出版发行

（100706 北京市东城区隆福寺街 99 号）

北京汇林印务有限公司印刷 新华书店经销

2017 年 12 月第 1 版 2017 年 12 月北京第 1 次印刷

开本：710 毫米 ×1000 毫米 1/16 印张：26

字数：370 千字

ISBN 978－7－01－017212－5 定价：57.00 元

邮购地址 100706 北京市东城区隆福寺街 99 号

人民东方图书销售中心 电话（010）65250042 65289539